中国共产党
消除民族地区贫困
百年奋战

ZHONGGUO GONGCHANDANG XIAOCHU MINZU DIQU PINKUN

BAINIAN FENZHAN

张丽君　吴本健　巩蓉蓉　等著

中国财经出版传媒集团

经济科学出版社
Economic Science Press

图书在版编目（CIP）数据

中国共产党消除民族地区贫困百年奋战/张丽君等著.
—北京：经济科学出版社，2021.7
ISBN 978 - 7 - 5218 - 2727 - 9

Ⅰ.①中…　Ⅱ.①张…　Ⅲ.①中国共产党 - 民族
地区 - 扶贫 - 研究　Ⅳ.①F126

中国版本图书馆 CIP 数据核字（2021）第 148504 号

责任编辑：于海汛　陈　晨
责任校对：郑淑艳
责任印制：范　艳　张佳裕

中国共产党消除民族地区贫困百年奋战

张丽君　吴本健　巩蓉蓉　等著

经济科学出版社出版、发行　新华书店经销

社址：北京市海淀区阜成路甲 28 号　邮编：100142

总编部电话：010 - 88191217　发行部电话：010 - 88191522

网址：www. esp. com. cn

电子邮箱：esp@ esp. com. cn

天猫网店：经济科学出版社旗舰店

网址：http://jjkxcbs. tmall. com

北京季蜂印刷有限公司印装

710×1000　16 开　23.5 印张　410000 字

2021 年 7 月第 1 版　2021 年 7 月第 1 次印刷

ISBN 978 - 7 - 5218 - 2727 - 9　定价：96.00 元

出 版 说 明

一叶红船映初心，百年荣光梦启航。《中国共产党消除民族地区贫困百年奋战》是时值中国共产党成立 100 周年之际，庆祝中国共产党百年华诞的献礼作品；是国家民委创新团队支持计划"民族地区贫困与发展研究创新团队"（2018 – 1 – 01）、中央民族大学自主科研项目（科研创新团队计划）"中国共产党消除民族地区贫困百年奋战"（项目编号：2021CXTD02）的阶段性成果之一；同时受到国家社科基金重大研究专项"社会主义核心价值观融入脱贫攻坚长效机制研究"（项目编号：20VHJ005），国家自然科学基金面上项目"新时期的小额信贷与相对贫困治理：理论反思、机制分析及路径优化"（项目编号：72073151），2020 年北京市习近平新时代中国特色社会主义思想研究中心重大项目"习近平总书记关于扶贫工作重要论述研究"（项目编号：20LLLJA008），国家民委民族研究项目招标课题"民族地区脱贫成果巩固与相对贫困治理研究"（项目编号：2020 – GMD – 047）经费的资助。

中央民族大学经济学院的部分学生参与了实地调研和报告撰写，在此过程中，得到了少数民族地区相关的政府部门、群众的支持和帮助，在此表示感谢。

写作分工

统筹、拟订提纲、编撰	黄泰岩	张丽君	吴本健	
统　稿	吴本健	巩蓉蓉	罗　玲	王　蕾
第一章	张丽君	巩蓉蓉		
第二章	张丽君	杨　梓	赵　钱	
第三章	李　哲	邓　蕾	傅颖腾	
第四章	梁怡萱	窦　伟	刘金承	
第五章	杨思琪	牛林漪	吴本健	
第六章	吴本健	马雨莲	李艾乐	
第七章	袁伟伦	易家印	杨庄立	林湘宁
第八章	张欣悦	姜　萍	孟小筱	

▶ 前 言 ◀

胸怀千秋伟业，恰是百年风华

如期兑现百年承诺的庄严时刻——2021年2月25日，习近平总书记在全国脱贫攻坚总结表彰大会上庄严宣告，我国脱贫攻坚战取得了全面胜利。

一个彪炳史册的人间奇迹——截至2020年底，经过全党全国各族人民共同努力，现行标准下9899万农村贫困人口全部脱贫，832个贫困县全部摘帽，12.8万个贫困村全部出列，区域性整体贫困得到解决，完成了消除绝对贫困的艰巨任务。[①]

无愧于时代的伟大荣光——一部中国史，就是一部中华民族同贫困作斗争的历史，就是各民族共同缔造、发展、巩固统一的伟大祖国的历史。

历史镜头记录的时间刻度——在迎来中国共产党成立100周年的重要时刻，我们党在团结带领人民创造美好生活、实现共同富裕的道路上迈出了坚实的一大步。

百年征程波澜壮阔，百年初心历久弥坚

开天辟地——中国共产党在新民主主义革命时期担起民族复兴大任。1921年，中国共产党自诞生之日起，就坚持把为中国人民谋幸福、为中华民族谋复兴作为初心使命，团结带领中国人民为创造自己的美好生活进行了长期艰苦奋斗。自此，我国共产主义事业有了坚强的领导核心，饱受剥削与压迫的中国人民有了值得信赖的组织者与领导者，这是近代中国革命历史上划时代的里程碑，是开天辟地的大事件。在早期开展的革命斗争中，中国共产党团结带领人民找到了一条农村包围城市、武装夺取政权的正确革命道路，在革命根据地开展了一系列反贫困实践，以"革命共同体"推动的"治贫共同体"初步形成了。新民主主义革命时期，我们党团结带领广大农民"打土豪、分田地"，实行"耕者有其田"，帮助穷苦人民翻身得

[①] 《习近平：在全国脱贫攻坚总结表彰大会上的讲话》，新华网，2021年2月25日，http://www.xinhuanet.com/politics/leaders/2021－02/25/c_1127140240.htm。

解放，赢得了最广大人民的支持和拥护，夺取了中国革命胜利，建立了新中国，为摆脱贫困创造了根本政治条件。

改天换地——中国共产党在社会主义革命和建设时期完成兴国大业。新中国成立之初，怎样建设社会主义、如何推进中国的现代化进程是摆在中国共产党面前的主要问题，中国共产党开始探索自己的社会主义建设道路，团结带领人民完成社会主义革命，确立社会主义基本制度，推进社会主义建设，组织人民自力更生、发愤图强、重整山河，为摆脱贫困、改善人民生活打下了坚实基础。

翻天覆地——中国共产党在改革开放和社会主义现代化建设时期开启富国大业。1978年，党的十一届三中全会的召开是新中国成立以来党的历史上具有深远意义的伟大转折，开启了改革开放和社会主义现代化的伟大征程。邓小平同志深刻揭示了社会主义本质，作出"贫穷不是社会主义"的论断，提出"先富带动后富，最终达到共同富裕"的思想，首次提出"小康社会"概念，并提出了中国现代化建设的"三步走"战略，确立了社会主义初级阶段的基本路线，明确了现代化与贫困之间的关系，强调了共同富裕及其实现方式等问题。

惊天动地——中国共产党在中国特色社会主义新时代推进并立志在21世纪中叶实现强国大业。党的十八大以来，党中央鲜明提出，全面建成小康社会，最艰巨最繁重的任务在农村，特别是在贫困地区。没有农村的小康，特别是没有贫困地区的小康，就没有全面建成小康社会。以习近平同志为核心的党中央举旗定向、谋篇布局，系统回答了新时代应当坚持和发展什么样的中国特色社会主义、怎样坚持和发展中国特色社会主义这个重大时代课题，将扶贫开发工作纳入"五位一体"总体布局和"四个全面"战略布局，坚持和完善中国特色社会主义制度，推进国家治理体系和治理能力现代化，解决了许多长期想解决而没有解决的难题，办成了许多过去想办而没有办成的大事，贫困群众的面貌发生了前所未有的变化，迎来了实现中华民族伟大复兴的光明前景。

中华民族一家亲，同心共筑中国梦

中国少数民族地区集资源富集区、水系源头区、生态屏障区、文化特色区、边疆地区、贫困地区"六区"合一身，这是其发展底色，受地理区位、自然环境及历史等多方面因素影响，导致其与中东部发达地区的发展差距越拉越大，全国主要贫困地区与民族地区渐趋耦合。民族地区贫困状况的改善关系着国家能否真正实现共同富裕这一伟大目标。中国共产党带领全国各族人民发扬手足相亲、守望相助的光荣传统，同心同德、艰苦奋斗，为扶持贫困地区特别是少数民族贫困地区的人民尽快改变贫穷落后面貌而努力，至今已奋战百年。尤其是党的十八大以来，以习近平同志为核心的党中央从全面建成小康社会全局出发，把扶贫开发工作摆在治国理政的突出位置，全面打响脱贫攻坚战，确保民族地区与全国同步全面建成小康社会。如今，从"全球最不适宜人类居住地区"的宁夏西海固到"每天要吃半斤土"的新疆和田、从"山高坡陡路难行"的贵州赫章到"深山峡谷里与世隔绝"的云南贡山县独龙江乡、从"山沟两岔穷圪垯"的湖南湘西土家族苗族自治州十八洞村（精准扶贫首倡地）到"坐落在悬崖峭壁"的四川凉山阿土勒尔村……少数民族地区发生了翻天覆地的变化，各族人民群众的获得感、幸福感、安全感显著增强，中华民族共同体意识进一步铸牢。这一伟大成就不仅意味着中华民族千百年来存在的绝对贫困问题在我们这一代人的手里历史性地得到解决，也为人类社会治理贫困问题贡献了中国智慧、中国力量，提供了中国方案、中国经验，创造了世界减贫史上的中国速度、中国奇迹。

重温百年壮阔史诗，以史为鉴再起航

人类，从历史深处走来；历史，是人类永恒的财富。本书在厘清中国共产党在民族地区减贫的理论逻辑基础上，展现自1921年中国共产党诞生以来，劈波斩浪驶向辉煌的史诗画卷，再现中国共产党人消除民族地区贫困的百年奋战史，感受用鲜血、汗水、泪水、勇气、智慧、力量写就的百年历史。通过系统追溯中国共产党在民族地区减贫的扶贫阶段、扶贫政策、扶贫方式的演变过程，科学建构起百年来民族地区反贫困事业的演化脉络是本书研究的目的所在，力图在宏观层面上对中国共产党在民族地区反贫困政策体系有一个比较准确、清晰的把握，总结贫困治理过程中产生的经验，全面梳理百年来民族地区的扶贫实践和成就；在微观层面上对各阶段有关扶贫政策的产生背景、依据原则、主要内容、理论与实践验证等环节做具体分析，总结反贫困各阶段的扶贫特点和成效。

本书共八章。第一章从中国共产党的初心使命出发，阐述了建党百年以来，一代代中国共产党人不忘初心、牢记使命，谱写谋求民族独立、人民解放和国家富强、人民幸福的壮丽史诗，从带动论、动力论、发展论、阶段论四个方面科学构建起中国共产党在民族地区扶贫工作的理论框架。第二章至第七章，全面总结了中国共产党在民族地区扶贫工作的实践历程。中国共产党的反贫困思想是由各个时期中国共产党的主要领导人集中全党智慧提出并在扶贫实践中逐渐发展起来的。不同的历史时期，扶贫所处的阶段、特点、目标、任务重点等存在明显差异，从而使以实践为导向形成的反贫困思想能够更好地适应和指导扶贫工作。本书将中国共产党在民族地区扶贫工作历程划分为六个阶段：为了人民当家作主的奋战：中国共产党诞生及其带领穷苦人民的革命斗争（1921~1949）；为了制度和物质保障的奋战：社会主义制度建立和全面建设（1950~1977）；为了群众温饱的奋战：改革开放红利初显（1978~1985）；为了特殊类型贫困区域的奋战：有计划、有组织、大规模开发式扶贫（1986~2000）；为了战胜新标准下的贫困而奋战：21世纪提高贫困标准再出发（2001~2011）；为了消灭绝对贫困的脱贫攻坚战：新时代向贫困发起总攻（2012~2020）。每一章节总结归纳每一阶段中国共产党的反贫困思想，基于各阶段民族地区的贫困现实，梳理国家及各地区扶贫政策和各阶段扶贫开发实践的特点，呈现出中国共产党带领全国各族人民共克时艰、积极探索创造人类减贫奇迹的艰难历程和辉煌成就。第八章，更深层次揭示了中国共产党治理贫困成功的奥秘及其对世界反贫困事业的启示，展现了中国共产党成就千秋伟业的坚定信心和美好前景。向史而新，我国反贫困事业还将继续，本书旨在从长效解决贫困问题的角度寻求体系化建设路径，为进一步推动反贫困事业提供参考，为实现下一个百年目标贡献力量。

由于著者水平有限，本书在结构和内容上仍然存在诸多不当或疏漏之处，敬请各位专家、读者批评指正。

▶ 目 录 ◀

第一章　中国共产党在民族地区减贫的理论逻辑

消除贫困是人类共同面临的千年难题。中国作为世界上人口最多的国家，极端贫困人口曾一度占到世界极端贫困人口的 40% 以上。改革开放以来，按照现行贫困标准计算，我国 7.7 亿农村贫困人口摆脱了贫困；按照世界银行国际贫困标准，我国减贫人口占同期全球减贫人口 70% 以上。① 特别是在全球贫困状况依然严峻、一些国家贫富分化加剧的背景下，我国提前 10 年实现《联合国 2030 年可持续发展议程》中提出的消除一切形式和表现的贫困与饥饿的目标。纵览古今、环顾全球，还没有一个国家能在这么短的时间内实现几亿人脱贫。

翻开中国史册，中华民族有让世人惊叹的繁华和盛世，但饥饿、灾荒却几乎在每一页都留下了挥之不去的阴影，尤其进入近代，中国山河破碎、积贫积弱，人民生活在水深火热之中。中国共产党百年史就是一部团结带领全国各族人民为美好生活共同奋斗的历史。百年来，一代代中国共产党人不忘初心、牢记使命，谱写了谋求民族独立、人民解放和国家富强、人民幸福的壮丽史诗，推动中华民族站起来、富起来、强起来，取得了举世瞩目的伟大成就。认识和把握事物的理论逻辑对于认识和把握事物的内在属性、发展方向和未来趋势具有根本性的方法论意义和实践价值。② 中国共产党在民族地区减贫的理论逻辑是指全面消除绝对贫困进程中的内在必然性和影响反贫困实践的本质规定性，总结和凝练这一理论逻辑，对于揭秘百年来中国共产党在民族地区贫困治理的内在密码，深刻理解我国几千年来的绝对贫困问题得到历史性解决的奥秘，解读中国特色社会主义反贫困理论的核心要义和时代价值具有理论意义和实践价值。

---

① 任仲平：《气吞山河的壮阔行进》，载于《人民日报》2021 年 3 月 3 日。

② 罗建文、石巧红：《论我国脱贫攻坚战取得全面胜利的理论逻辑和实践逻辑》，载于《重庆工商大学学报（社会科学版）》2021 年第 6 期，第 12 页。

第一节　中国共产党在民族地区减贫的价值取向

习近平指出："带领人民创造美好生活，是我们党始终不渝的奋斗目标。必须始终把人民利益摆在至高无上的地位，让改革发展成果更多更公平惠及全体人民，朝着实现全体人民共同富裕不断迈进。"① 中国共产党在民族地区减贫的百年历程，是我们党带领全国各族人民群众创造美好生活的生动写照，体现了"人民至上"的价值取向。

一、初心与使命：为中国人民谋幸福，为中华民族谋复兴

千年梦想，百年奋斗，圆梦今朝。摆脱贫困是中华民族千百年来恒久不变的美好愿景，战胜贫困是各族儿女为之奋斗的伟大征程。历朝历代君主均以天下苍生为己任，"穷则独善其身，达则兼济天下"是古代仁人志士的理想标杆与处世哲学，"仁爱"与"厚善"的理念赋予中华先民与天抗争、扶贫济弱的文化基因。消除贫困是一条贯穿中国不同革命和建设阶段的主线，百年征程中，中国共产党带领亿万人民，铸就不屈不挠之精神，传承生生不息之力量，书写了恢宏的脱贫史诗，完成了人类历史上亘古未有的壮举。

中国共产党始终不忘初心、牢记使命。1921 年，中国共产党登上历史舞台，将为中国人民谋幸福、为中华民族谋复兴作为其建设的初心与使命，义无反顾地肩负起实现中华民族伟大复兴的历史使命。② 即使在战争年代，中国共产党也不忘初心牢记使命，致力于消除贫困，提高人民生活水平。毛泽东同志指出："组织革命战争，改良群众生活，这是我们的两大任务。"③ 同时，还将反贫困问题提高到政治问题的高度，指出贫困问题的解决以及民生建设的成败将直接关系中国共产党能否得到百姓的支持，不能以战争环境为借口不去搞经济建设。革命战争的目的在于推翻压迫、剥削

---

① 《习近平：决胜全面建成小康社会　夺取新时代中国特色社会主义伟大胜利——在中国共产党第十九次全国代表大会上的报告》，新华网，2017 年 10 月 27 日，http://www.xinhuanet.com/politics/2017－10/27/c_1121867529.htm。

② 习近平：《论中国共产党历史》，中央文献出版社 2021 年版，第 180 页。

③ 《毛泽东选集（第一卷）》，人民出版社 1991 年版，第 139 页。

人民的"三座大山",消除贫困,改善民生。新中国成立后,在党中央的坚强领导下,发扬筚路蓝缕、以启山林的精神,战胜一切脱贫道路上的艰难险阻,反贫困工作不断推进。改革开放以来,贫困作为游荡在发展中的"幽灵"和缠绕于人类社会肌体上的最大毒瘤依然未被消除。① 消除贫困是党和国家一直以来所肩负的重要使命。我们总结历史经验,不断艰辛探索,终于找到了实现中华民族伟大复兴的正确道路,取得了举世瞩目的成果。这条道路就是中国特色社会主义道路。2021 年,习近平总书记在全国脱贫攻坚总结表彰大会上向世界庄严宣布:"我国脱贫攻坚战取得了全面胜利",这意味着民族地区同全国一道全面建成小康社会,这一响彻人类文明的时代之音奏响了中国脱贫事业的铿锵赞歌,中国减贫事业"当惊世界殊"。百年来,中国共产党不畏艰难险阻,团结带领全国各族人民浴血奋斗、发愤图强,就是为了坚持初心和兑现承诺;回视历程,我们今天取得脱贫攻坚战的决定性成果并不是一蹴而就的,是百年奋斗谱写出的一曲曲壮歌;是凝结了几代人的智慧结晶并一以贯之不懈奋斗而来的。"只有不忘初心、牢记使命,永远奋斗,才能让中国共产党永远年轻……只要全党全国各族人民团结一心、苦干实干,中华民族伟大复兴的巨轮就一定能够乘风破浪、胜利驶向光辉的彼岸。"②

(一) 反贫困事关国家长治久安,民族团结

我国地域辽阔,面积广大;邻国众多,边境线长;民族多样,结构复杂;问题复杂,矛盾交织。民族地区贫困问题不仅影响着人的物质生活与精神生活,由贫困问题所衍生出的社会冲突、政治危机等也关乎着国家的安全与稳定。中国共产党自成立以来,就强调要加强民族团结,从民族团结誓词碑的设立到民族区域自治制度的实行,再到"全面建成小康社会,一个民族都不能少",将我国民族团结进步事业推向一个新的发展阶段。邓小平曾指出:"少数民族问题解决得不好,国防问题就不可能解决好。"③ 江泽民在中央扶贫开发工作会议上强调:"帮助贫困地区群众脱贫致富,是实现各地区协调发展,全面建设小康社会,进而实现第三步战略目标的必然要求,是逐步实现各族人民共同富裕的重大战略措施,也是维护国家改

---

① 王文长、刘云喜、王玉玲:《少数民族地区反贫困:实践与反思》,中国社会科学出版社 2016 年版,第 4 页。

② 习近平:《论中国共产党历史》,中央文献出版社 2021 年版,第 184 页。

③ 《邓小平文选(第一卷)》,人民出版社 1994 年版,第 165 页。

革、发展、稳定大局的需要。"① 胡锦涛将反贫困列为构建社会主义和谐社会的重要议题，强调维护社会公平公正、协调稳定发展。民族地区是我国深度贫困的集中地带，是攻克深度贫困堡垒的前沿阵地，能否实现民族地区稳定脱贫关系到 2020 年全面建成小康社会目标的实现，也关系到深度贫困地区经济稳定发展和民生改善。习近平总书记从铸牢中华民族共同体意识的高度对民族团结给予了深刻解答。"全面建成小康社会，一个民族都不能少。"② 他指出："我国 56 个民族都是中华民族大家庭的平等一员，共同构成了你中有我、我中有你，谁也离不开谁的中华民族命运共同体。"③ 2013 年 11 月，习近平总书记在湖南省湘西土家族苗族自治州调研时强调："加快民族地区发展，核心是加快民族地区全面建成小康社会步伐。"④ 2014 年 5 月，习近平总书记在第二次中央新疆工作座谈会上要求："要加大扶贫资金投入力度，重点向农牧区、边境地区、特困人群倾斜，建立精准扶贫工作机制，扶到点上、扶到根上、扶贫扶到家。"⑤ 他特别强调"铸牢中华民族共同体意识"和"加强民族团结"，把民族团结上升到"各族人民的生命线"的战略高度，要教育引导各族人民群众在不断增强对伟大祖国、中华民族、中华文化、中国共产党、中国特色社会主义的认同中做到和睦相处、团结共进，加快推进民族地区发展⑥，做到"以发展促团结，以团结聚人心。"⑦ 只有加强各民族交往交流交融，才能实现中华民族一家亲、同心共筑中国梦的时代华章。没有中华民族的伟大复兴，就没有各民族的繁荣发展；没有各民族的团结奋斗，中华民族的伟大复兴也很难实现。因此，铸牢中华民族共同体意识，以"民族大团结、大繁荣、大发展"作为助推少数民族地区同步小康的根本基础，扎实开展团结进步创建活动，最大限

---

① 《江泽民在中央扶贫开发工作会议上的讲话》，中国政府网，2001 年 5 月 25 日，http：//www. gov. cn/gongbao/content/2001/content_61073. htm。

②③ 《习近平：中华民族一家亲 同心共筑中国梦》，新华网，2015 年 9 月 30 日，http：//www. xinhuanet. com/politics/2015 -09/30/c_1116727894. htm。

④ 《民族地区发展，核心是加快民族地区全面建成小康社会步伐》，党建网，2015 年 4 月 25 日，http：//www. dangjian. cn/specials/gjmw/zysy/201504/t20150425_2579231. shtml。

⑤ 《习近平：坚持依法治疆团结稳疆长期建疆 团结各族人民建设社会主义新疆》，人民网 - 习近平系列重要讲话数据库，2014 年 5 月 30 日，http：//cpc. people. com. cn/n/2014/0530/c64094 - 25083518. html。

⑥ 《习近平在青海考察时强调：尊重自然顺应自然保护自然，坚决筑牢国家生态安全屏障》，中国共产党新闻网，2016 年 8 月 25 日，http：//cpc. people. com. cn/n1/2016/0825/c64094 -28663535. html。

⑦ 《习近平在宁夏考察时强调：解放思想真抓实干奋力前进，确保与全国同步建成全面小康社会》，新华网，2016 年 7 月 20 日，http：//www. xinhuanet. com/politics/2016 -07/20/c_1119252332. htm。

度激发民族关系中的正面因子，凝心聚力、携手同行，更好地维护民族地区团结稳定，促进民族地区快速发展，真正实现发展成果由各族人民共享，营造全国各个民族共同居住、共同学习、共同工作、共享幸福的良好社会氛围，实现中华民族的伟大复兴。①

（二）反贫困事关社会主义现代化大局

"中国共产党建立百年来，团结带领中国人民所进行的一切奋斗，就是为了把我国建设成为现代化强国，实现中华民族伟大复兴……在这个过程中，我们党对建设社会主义现代化国家在认识上不断深入、在战略上不断成熟、在实践上不断丰富，加速了我国现代化发展进程，为新发展阶段全面建设社会主义现代化国家奠定了实践基础、理论基础、制度基础。"②

社会主义现代化是中国从落后走向先进的历史过程，实现社会主义现代化必须开展反贫困斗争。新中国成立伊始，中国共产党将马克思主义基本原理与中国具体实际相结合，探索工业现代化带动农业现代化发展道路，在反贫困实践中推进社会主义现代化。改革开放以后，中国共产党对社会主义现代化建设提出了"三步走"的战略安排。进入 21 世纪，现代化建设事业蓬勃发展，民族地区发展也随之进入一个新的发展阶段。2020 年中国全面建成小康社会，这一近期目标的如期完成对社会主义现代化建设大局具有重大意义。打赢脱贫攻坚战使得全面建成小康社会得到了人民认可，经得起历史的考验，为稳步向社会主义现代化迈进奠定了基础。第二个百年奋斗目标明确是在新中国成立 100 年时建成富强民主文明和谐美丽的社会主义现代化强国。为人民谋幸福、为民族谋复兴、为世界谋大同，奋斗在新征程上的中国共产党人必然风华正茂、朝气蓬勃。

二、社会主义的本质要求：消除贫困，改善民生，逐步实现共同富裕

马克思、恩格斯认为，资本主义私有制是导致无产阶级贫困最为根本的原因，只有推翻资本主义制度，建立社会主义公有制度，才能从根本上消灭贫困。邓小平在南方谈话中指出："社会主义的本质，是解放生产力，

① 李俊杰、罗如芳：《习近平关于少数民族和民族地区同步小康的重要论述研究》，载于《民族研究》2019 年第 1 期，第 1～10 页。

② 习近平：《论中国共产党历史》，中央文献出版社 2021 年版，第 302～304 页。

发展生产力，消灭剥削，消除两极分化，最终达到共同富裕。"① 他强调了社会主义发展是为了让全体劳动人民共同享有社会发展成果，努力解决全体劳动人民的贫困问题。习近平总书记指出："消除贫困、改善民生、逐步实现共同富裕，是社会主义的本质要求，是我们党的重要使命。"② 在社会主义国家中，若是贫困地区人民生活条件始终得不到改善，那么社会主义制度优越性就难以体现，社会主义国家也将失去"社会主义性质"色彩。中国共产党在民族地区的反贫困是中国特色社会主义的本质要求，也是中国共产党的重要使命。

（一）科学社会主义是反贫困的目标指引

中国共产党是中国工人阶级的先锋队，同时也是中国人民和中华民族的先锋队。工人阶级政党的理论基础是马克思主义。科学社会主义是马克思主义理论体系的核心，科学社会主义原则是中国共产党反贫困的理论基石。首先，发展才是社会主义，只有发展才能推进中国特色社会主义。在社会主义初级阶段，坚持把发展作为解决我国一切问题的基础和关键。邓小平同志讲道："贫穷不是社会主义，社会主义要消灭贫穷。"③ 中国共产党领导全国人民奋斗和追求的就是消灭贫困，使人民过上民主文明、幸福富裕的生活。自 1978 年改革开放，特别是实施《国家八七扶贫攻坚计划（1994－2000 年）》以来，农村贫困现象明显缓解，贫困人口大幅度减少。1996 年 6 月，江泽民在中央扶贫开发工作会议上指出："加快贫困地区的发展，不仅是一个重大的经济问题，而且是一个重大的政治问题，关系国家的安定团结和长治久安。"④ 党的十六大以来，党中央提出贯彻落实科学发展观，同时作出了"两个趋向"的科学论断，坚持"以工促农、以城带乡"的方针，农业和国民经济的关系发生根本变化。中国的扶贫开发工作在过去主要依靠经济增长和专项扶贫计划推动的基础上，逐步形成了一个集行业政策、区域政策和社会政策于一体的"大扶贫"格局，扶贫工作步入一个新的历史时期。党的十七大高举中国特色社会主义伟大旗帜，深入贯彻落实科学发展观，立足社会主义初级阶段的基本国情，准确分析新时期新阶段的特

① 《邓小平文选（第三卷）》，人民出版社 1993 年版，第 373 页。
② 中共中央党史和文献研究院：《习近平扶贫论述摘编》，中央文献出版社 2018 年版，第 13 页。
③ 《邓小平文选（第三卷）》，人民出版社 1993 年版，第 116 页。
④ 江泽民：《全党全社会进一步动员起来 夺取八七扶贫攻坚决战阶段的胜利——在中央扶贫开发工作会议上的讲话》，载于《人民日报》1999 年 7 月 21 日。

征，充分肯定改革开放以来扶贫开发取得的巨大成就，客观分析存在的矛盾和问题，提出扶贫开发要实现的奋斗目标是"绝对贫困现象基本消除"，并对进一步做好扶贫开发工作提出了新的要求："加大对革命老区、民族地区、边疆地区、贫困地区发展的扶持力度"，"提高扶贫开发水平"，"逐步提高扶贫标准"。党的十八大明确提出了到 2020 年全面建成小康社会的总目标，将我国的减贫工作推向了一个新阶段。习近平在关于扶贫的重要论述中强调："我们搞社会主义，就是要让各族人民都过上幸福美好的生活。"① 截至 2020 年底，困扰中华民族几千年的绝对贫困问题得到历史性解决。

（二）全面建成小康社会是中国共产党作出的庄严承诺

习近平总书记指出："全面建成小康社会，是我们对全国人民的庄严承诺，必须实现，而且必须全面实现，没有任何讨价还价的余地。不能到了时候我们说还实现不了，再干几年。也不能到了时候我们一边宣布全面建成了小康社会，另一边还有几千万人生活在扶贫标准线以下。如果是那样，必然会影响人民群众对全面小康社会的满意度和国际社会对全面小康社会的认可度，也必然会影响我们党在人民群众中的威望和我们国家在国际上的形象。"②

我国历届中央领导集体都非常重视民族地区③发展和小康社会建设，坚持一茬接着一茬干，一棒接着一棒跑。新中国成立初期，面对经济社会发展极其落后的基本国情，以毛泽东为核心的党的第一代中央领导集体明确了"让人民彻底摆脱贫困潦倒的穷日子"的反贫困奋斗目标，制定了一系列战略方针引导少数民族和民族地区经济文化发展，把"少数民族发展、

---

① 中共中央宣传部：《习近平总书记系列重要讲话读本》，人民出版社 2016 年版，第 219 页。

② 中共中央文献研究室：《十八大以来重要文献选编（下）》，中央文献出版社 2018 年版，第 29～30 页。

③ 新中国成立后，为了贯彻落实民族平等政策，保障少数民族的平等权利，自 1950 年起，国家组织开展了大规模的民族识别活动，以民族学者和民族工作者为主要人员的科研队伍，开始了对全国第一次人口普查登记的 400 多个民族名称的识别。1979 年基诺族被识别为单一民族之后，民族识别工作基本宣告结束。1982 年 7 月第三次人口普查，确认了 55 个法定的少数民族，再加上人口最多的汉族，最终确认中华人民共和国共有 56 个民族。民族识别为实行民族区域自治和帮助发展民族经济等民族工作的开展创造了条件。民族地区是少数民族地区的简称。1991 年，新闻出版署、财政部发布的《关于调整少数民族省（区）图书发行折扣的若干规定》第二条指出，少数民族地区是指内蒙古自治区、新疆维吾尔自治区、西藏自治区、宁夏回族自治区、广西壮族自治区和国家规定视同少数民族自治区的青海、云南、贵州，共计 8 个省（区），即民族八省区。

进步放在整个国家利益的层面"。① 1949 年 9 月，在中国人民政治协商会议第一届全体会议上，毛泽东在《中国人民大团结万岁》中向世界宣告："将领导全国人民克服一切困难，进行大规模的经济建设和文化建设，扫除旧中国所遗留下来的贫困和愚昧，逐步地改善人民的物质生活和提高人民的文化生活。"② 社会主义革命和建设时期，我们党带领民族地区完成社会主义改造，为小康社会建设创造了基本条件。邓小平在改革开放初期对中国经济社会发展做规划时，提出了"小康社会"的战略构想。党的十六大开启了全面建设小康社会的新征程，并提出在世纪之交达到小康水平的目标。党的十八大之后全面建成小康社会逐步进入决胜期。③ 习近平总书记高度关注农村扶贫开发问题，他强调："做好扶贫开发工作，支持困难群众脱贫致富，帮助他们排忧解难，使发展成果更多更公平地惠及人民，是我们党坚持全心全意为人民服务根本宗旨的重要体现，也是党和政府的重大职责。"④ 在西南边陲云南、在塞上江南宁夏、在吉林延边、在黑龙江同江、在四川大凉山等地，习近平总书记多次重申"全面实现小康，一个民族都不能少"⑤，"到 2020 年全面建成小康社会，任何一个地区、任何一个民族都不能落下"⑥，"全面小康一个也不能少，哪个少数民族也不能少，大家要过上全面小康的生活"⑦，"全面小康路上不能忘记每一个民族、每一个家庭"⑧。这些重要论述充分体现了我们党对民族地区的高度关注，展现了我们党对各民族"事实上的平等"的执着追求。2020 年如期兑现承诺，民族地区与全国同步全面建成小康社会，是中国历史上的重要里程碑。

---

① 李俊杰、罗如芳：《习近平关于少数民族和民族地区同步小康的重要论述研究》，载于《民族研究》2019 年第 1 期，第 1～10 页。

② 《毛泽东文集（第五卷）》，人民出版社 1996 年版，第 348 页。

③ 杨凤城、朱金鹏：《中国共产党的百年奋斗与全面建成小康社会》，载于《陕西师范大学学报（哲学社会科学版）》2021 年第 1 期，第 37～51 页。

④ 中央党的群众路线教育实践活动领导小组办公室：《党的群众路线教育实践活动学习文件选编》，党建读物出版社 2013 年版，第 57 页。

⑤ 《习近平总书记会见贡山独龙族怒族自治县干部群众代表侧记》，新华网，2015 年 1 月 21 日，http：//www. xinhuanet. com/politics/2015－01/22/c_1114097410. htm。

⑥ 《习近平在宁夏考察时强调：解放思想真抓实干奋力前进，确保与全国同步建成全面小康社会》，新华网，2016 年 7 月 20 日，http：//www. xinhuanet. com/politics/2016－07/20/c_1119252332. htm。

⑦ 《习近平总书记"如约"到延边》，新华网，2015 年 7 月 17 日，http：www. xinhuanet. com/politics/2015－07/17/c_1115950431_5. htm。

⑧ 《习近平春节前夕赴四川看望慰问各族干部群众》，百度－央广网官方号，2018 年 2 月 13 日，https：//baijiahao. baidu. com/s？id＝1592288021261848382&wfr＝spider&for＝pc。

（三）实现共同富裕是中国共产党扶贫的最终目标

共同富裕是科学社会主义的价值诉求、发展方向和根本原则，是中国共产党的奋斗目标。马克思主义认为社会主义生产力迅速发展，以至于生产将以所有人的富裕为目标。中国共产党在民族地区的减贫工作始终服务于共同富裕的大局。以毛泽东为核心的党的第一代中央领导集体将"民族平等、民族团结"作为解决民族问题的根本原则，把帮助少数民族和民族地区发展经济文化、促进各民族共同繁荣作为我们党在解决民族问题上的根本立场。新中国成立以后，毛泽东对如何实现共同富裕进行积极探索。他强调："现在我们实行这么一种制度，这么一种机会，是可以一年一年走向更富更强的，一年一年可以看到更富更强些。而这个富，是共同的富，这个强，是共同的强，大家都有份。"[1] 在毛泽东看来，社会主义制度是实现共同富裕的根本保证，工业化是实现共同富裕的基本途径。为了实现共同富裕，邓小平提出要鼓励一部分地区、一部分人先富起来，最终实现共同富裕的战略构想，他强调："我们提倡一部分地区先富裕起来，是为了激励和带动其他地区也富裕起来，并且使先富裕起来的地区帮助落后的地区更好地发展。提倡人民中有一部分人先富裕起来，也是同样的道理。"[2] 与此同时，他提出："在实现四个现代化进程中，各民族的社会主义一致性将更加发展，各民族的大团结将更加巩固。"[3] 邓小平关于把民族发展与实现民族地区现代化、实现民族共同富裕联系起来的思想，为开创民族工作的新局面指明了方向。[4] 针对地区发展差距日益扩大的问题，在新旧世纪交替之际，江泽民指出："逐步缩小全国各地区之间的发展差距，实现全国经济社会的协调发展，最终达到全体人民的共同富裕，是社会主义本质的要求。"[5] 江泽民强调："没有民族地区的稳定就没有全国的稳定，没有民族地区的小康就没有全国的小康，没有民族地区的现代化就不能说实现了全国的现代化。"[6]

---

① 《毛泽东文集（第六卷）》，人民出版社1999年版，第495页。

② 《邓小平文选（第三卷）》，人民出版社1993年版，第111页。

③ 《邓小平文选（第二卷）》，人民出版社1994年版，第187页。

④ 张伟：《统筹地区发展，促进各民族共同繁荣》，载于《赤峰学院学报（汉文哲学社会科学版）》2011年第5期，第6~14页。

⑤ 中共中央文献研究室：《十五大以来重要文献选编（中）》，中央文献出版社2011年版，第34页。

⑥ 江泽民：《在中央民族工作会议暨国务院第三次全国民族团结进步表彰大会上的讲话》，人民网，1999年9月30日，http://www.people.com.cn/rmrb/199909/30/newfiles/wzb_19990930001001_1.html。

胡锦涛指出："通过深入推进扶贫开发，加快贫困地区经济社会发展，推动缩小贫困地区的发展差距，让全体人民共享改革发展成果，不断为实现共同富裕打下坚实基础。"① 进而，2020 年 10 月，《中共中央关于制定国民经济和社会发展第十四个五年规划和二〇三五年远景目标的建议》中提出："共同富裕是社会主义的本质要求，是人民群众的共同期盼。我们推动经济社会发展，归根结底是要实现全体人民共同富裕。"② 解决少数民族和民族地区的贫困问题是实现"共同富裕"的必然要求。就实现全体人民共同富裕目标来讲，2020 年全面建成小康社会不仅为不断满足人民日益增长的美好生活需要创造更为坚实的物质经济基础，也为作出"共同富裕取得更为明显的实质性进展"的新承诺积累了经验，增强了信心，奠定了基础。③

第二节　中国共产党在民族地区减贫的逻辑结构

我国 56 个民族在分布上的交错杂居、文化上的兼收并蓄、经济上的互相依存、情感上的互相亲近，决定了水乳交融、唇齿相依、休戚相关、荣辱与共的民族关系，造就了"全面建成小康社会，一个不能少；共同富裕路上，一个不能掉队。"④ 从政策到制度，由理念到方略；从目标到步骤，由问题到出路构建起中国共产党在民族地区减贫工作的理论体系，这几个方面，相互联系、相互交织、相互支撑，共为一体，遵循科学的方法论指导减贫实践。

一、带动论——政治优势和社会主义制度优势

摆脱贫困是中国共产党人百年来坚持不懈、久久为功的事业。少数民

---

① 中共中央文献研究室：《十七大以来重要文献选编（下）》，中央文献出版社 2013 年版，第637 页。

② 《习近平：〈关于中共中央关于制定国民经济和社会发展第十四个五年规划和二〇三五年远景目标的建议〉的说明》，人民网 – 习近平系列重要讲话数据库，2020 年 11 月 3 日，http：//jhsjk. people. cn/article/31917564。

③ 张峰：《共同富裕取得更为明显的实质性进展：新的庄严承诺》，载于《人民论坛·学术前沿》2020 年第 24 期，第 82～83 页。

④ 《习近平总书记在十九届中共中央政治局常委同中外记者见面时的讲话（新华网文字实录）》，2017 年 10 月 25 日，中共中央党校（国家行政学院），https：//www. ccps. gov. cn/zt/sjdtbzt/sjdtt/201812/t20181210_115738. shtml。

族地区是我国扶贫工作的主战场。为实现全国各族人民共同富裕，新中国成立以来，历届中央政府都采取了强有力的政策措施。在中国革命与建设以及改革开放的漫漫征途中，党的领导犹如火车头，始终引领着前进的方向。特别是党的十八大以后，扶贫力度加大，成效更为突出。历史从深处走来，回顾中国共产党在民族地区贫困治理的百年历程，可以深刻地感受到中国共产党是民族地区贫困事业逐渐走向深化的中坚力量。

首先，中国共产党在民族地区贫困治理中起着主导作用，领导全国各族人民取得了新民主主义革命的胜利，建立了中国特色社会主义民主政治制度，此后，工人阶级领导的、以工农联盟为基础的人民民主专政的社会主义国家成为我国国体。新中国成立后，消除历史上遗留下来的各民族间经济社会方面存在的差距，进一步让全国各族人民过上美好的生活被提上了中国共产党人的日程。从时间维度看，以毛泽东同志为核心的党的第一代中央领导集体，高度重视民族工作在整个国家大局中的重要战略地位，我国"帮助少数民族地区发展工作"取得了社会主义初步建设时期的巨大成就，被称为我国民族工作的第一个"黄金时期"。改革开放以来，全党全国工作重心从以阶级斗争为纲转移到了以经济建设为中心上来。我们党的民族工作也从"民族问题的实质就是阶级问题"的错误理论指导，转变到了"民族问题主要是民族自身发展问题"即经济文化发展问题上来，少数民族地区的贫困治理也逐渐纳入全国生产开发和全面扶持的范围中。进入新时代，以习近平同志为核心的党中央始终秉持"人民至上"的价值理念，顺应时代发展，带领全党创造了我国减贫史上的最好成绩。[①] 在脱贫攻坚战中，不断加强党对扶贫工作的全面领导，强调各级党委和政府主体责任，聚焦基层党组织建设，以"尽锐出战"为要求选拔和考核扶贫干部，充分发挥党的政治优势、组织优势和密切联系群众优势，把脱贫责任扛在肩上，把脱贫任务抓在手上，切实把党建优势转化为扶贫优势，汇聚奋进新时代开启新征程的磅礴伟力。

其次，中国共产党在民族地区贫困治理中起着推动作用。从空间维度看，发达地区帮扶民族贫困地区已经成为扶贫的重要方式。习近平总书记指出："确保民族地区全面建成小康社会，需要发挥好中央、发达地区和民族地区三个积极性。"[②]"东西部扶贫协作是加快西部地区贫困地区脱贫

① 《习近平谈治国理政（第三卷）》，外文出版社 2020 年版，第 148 页。
② 国家民族事务委员会：《中央民族工作会议精神学习辅导读本》，民族出版社 2015 年版，第 147 页。

进程、缩小东西部发展差距的重大举措，必须长期坚持并加大力度。"①
这些重要论述表明，为确保民族地区与全国同步建成全面小康社会，不能
仅依靠民族地区自身力量和中央政府扶持，需要动员社会各界力量广泛参
与，凝聚起推进同步小康的强大力量。并且，中国共产党能够快速整合社
会资源及动员社会各界力量共同参与到扶贫开发工作中来。从各级党政机
关进行的"定点帮扶"到共青团组织的资助贫困儿童入学的"希望工程"
再到东西对口帮扶等，都彰显了社会主义"集中力量办大事"的制度
优势。

二、动力论——人民是历史的创造者

"人民，只有人民，才是创造世界历史的动力。"② 这一客观真理始终指
导着中国共产党在民族地区的贫困治理。我国始终坚持"以人民为中心"
的发展思想，充分发挥人民群众在建设小康社会进程中的主体力量。中国
共产党来自人民、植根人民、服务人民，从根本上说，党的理论就是一切
为了人民的理论，党的路线就是一切为了人民的路线，党的事业就是一切
为了人民的事业。正因如此，中国共产党才能在理论上鲜明提出、在思想
上明确要求、在实践中始终践行"以人民为中心"的发展思想。在脱贫攻
坚实践中，党中央坚持人民至上、以人为本，把贫困群众和全国各族人民
一起迈向小康社会、一起过上好日子作为扶贫工作的出发点和落脚点，这
也正是一个马克思主义政党的初心使命所系，是一个社会主义国家执政党
的性质宗旨所在，彰显了我们党始终如一的为民情怀。

"一个国家的力量在于群众的觉悟。只有当群众知道一切，能判断一
切，并自觉地从事一切的时候，国家才有力量。"③ 在新民主主义革命时
期，我们党积极探索革命中人民能动精神因素，坚定革命理想信念，唤起
民族情感，明确独立解放意志，并依靠人民群众取得伟大革命胜利，建立
了新中国。在社会主义条件下，人民依然是取得革命、建设和改革胜利的
力量源泉。从毛泽东提出的"全心全意为人民服务"，到邓小平提出的
"社会主义的目的就是要全国人民共同富裕"，到江泽民强调的"建设中

---

① 《习近平在宁夏考察时强调：解放思想真抓实干奋力前进　确保与全国同步建成全面小康社会》，
新华网，2016 年 7 月 20 日，http://www.xinhuanet.com/politics/2016 - 07/20/c_1119252332.htm。
② 《毛泽东选集（第三卷）》，人民出版社 1991 年版，第 1031 页。
③ 《列宁选集（第三卷）》，人民出版社 2012 年版，第 347 页。

国特色社会主义全部工作的出发点和落脚点，就是全心全意为人民谋利益"，到胡锦涛提出的坚持以人为本的科学发展观，再到习近平提出的"坚持以人民为中心的发展思想，坚定不移走共同富裕道路"，我国历届中央政府始终把人民群众对美好生活的向往贯穿在贫困治理中。自打响脱贫攻坚战以来，民族地区发展得怎么样，少数民族贫困群众过得如何，习近平总书记念兹在兹，始终心有牵挂。党的十八大以来，习近平总书记多次深入到民族地区调研，从雪域高原到天山南北，从祖国北疆到西南边陲，都留下了习近平总书记看实情、问冷暖、听民心、解民忧的足迹，走进少数民族群众家里与群众促膝谈心，与乡亲们共商脱贫致富大计，把脉民族地区"穷根"，开出一张张脱贫"药方"。习近平总书记还多次在百忙之中回复群众来信，回信中饱含对少数民族贫困群众的深深牵挂，对奋战在脱贫攻坚一线党员干部的暖心勉励。为保证民族地区能够顺利完成2020年实现贫困人口全面脱贫的艰巨任务，以习近平同志为核心的党中央以深沉的使命责任意识和强烈的历史担当精神，因地制宜、因人而异，在探索中奋斗、在开拓中前进，不断创新扶贫方式、增大扶贫工作力度，不断增加专项扶贫资金投入，探索民族地区不同家庭致贫原因以及脱贫发展出路。国家给予少数民族地区自治的权利，少数民族地区政府从实际情况出发，设计具体扶贫项目并制订实制方案，苦练内功，走上"造血"的发展道路，民族地区扶贫开发工作呈现出全新局面。这也正是中国共产党坚持以人民为中心，忧民之所忧、解民之所急的重要体现。与此同时，习近平总书记特别强调要发挥民族地区贫困群众的主观能动性和首创精神。由于贫困群体参与性差是导致贫困的主要原因，因此，党的十九大报告中专门指出"要注重扶贫同扶志、扶智相结合。"从理念到落实，让贫困群众在项目选择、设计、实施、监督、验收、后续管理过程的每一个环节发挥主体作用，强化贫困群众的主体意识，最大限度地提升贫困群众在脱贫攻坚中的参与感与获得感。发扬自力更生精神，激发改变贫困面貌的干劲和决心，靠自己的努力改变命运，坚持依靠人民群众，充分调动贫困群众积极性、主动性、创造性，坚持扶贫和扶志、扶智相结合，正确处理外部帮扶和贫困群众自身努力关系，培育贫困群众依靠自力更生实现脱贫致富意识，培养贫困群众发展生产和务工经商技能，组织、引导、支持贫困群众用自己辛勤劳动实现脱贫致富，用人民群众的内生动力支撑脱贫攻坚。

三、发展论——发展带动减贫

（一）对西方"福利国家"理论的超越

第二次世界大战以来，西方发达国家越来越广泛地介入民众社会权利的保护过程之中，以此形成的公共政策构成了现代国家的核心制度。在这个意义上，现代国家也被称作"福利国家"。一般认为，西方"福利国家"的公民普遍享有社会权利，因此其社会福利的分配具有普遍性和平等性。事实上，西方"福利国家"没有一个是基于公民的社会权利分享普遍福利的，常常利用福利政策，迎合那些能够为选举作出更大贡献的中产阶级，而不是那些分散的、缺少资源的底层人口。① 与此形成鲜明对比的是，中国特色社会主义制度的本质决定了中国共产党贫困治理的政治逻辑是以福利分配为导向，超越了西方"福利国家"理论，它是普遍的"人民福利"，而不是排他的少数人的特权；是基于"共同富裕"和"全面建成小康社会"的福利分配，而不是为了赢得选举而安抚选民的功利手段；是旨在帮助贫困人口培养形成致富能力的发展意义上的分配制度，而不是"托底式"的功利性救济扶贫。

以福利分配为导向的中国共产党贫困治理逻辑所取得的伟大成就表明：相较于资本主义民主政治，社会主义民主政治能够更加均等地分配福利，能够充分地听取人民的意见和建议，能够最大限度地满足人民群众对美好生活的追求。中国共产党将"共同富裕"作为国家发展的基本方向与制定大政方针的基本原则，始终贯彻"一个都不能少"的理念，基于对基本国情的把握，特别是对民族贫困地区和贫困人口现状和特点的认识，采取了政策保障措施，制定了符合国情的扶贫开发政策，旨在改善贫困人口的福利水平。

（二）经济发展是贫困治理的"硬道理"

通过发展带动减贫，现在已是全球性的普遍共识，也是中国共产党扶贫的重要理念。由于历史和制度原因，我国民族地区发展起点低，广大的

---

① 《为什么说中国的发展式扶贫超越了西方的"福利国家"模式?》，百度－北京日报客户端，2021 年 2 月 26 日，https：//baijiahao. baidu. com/s? id = 1692715623956325913&wfr = spider&for = pc。

人民群众，生产技能、市场竞争力较弱，经济来源较少且不稳定，常有衣食之忧，贫困发生率、贫困程度均高于全国平均水平，贫困的长期性与复杂性并存，使其在发展过程中具有极大的脆弱性。

中国共产党始终坚持以发展带动减贫。一是经济增长带动减贫。邓小平同志深刻地认识到改革开放是社会主义社会发展的直接动力，进而推动以发展促脱贫，将国家工作重心转移到经济建设上来，以改革破解发展中的体制机制弊端。历史也证明了经济发展确实能带动大规模的减贫。改革开放以来，中国经济保持持续高速稳定增长，同时实施一系列有利于贫困人群的扶持政策，从而实现了贫困人口大幅度减少。但是当经济社会发展水平达到一定程度，特别是在经济增长放缓的时候，增长带动减贫的作用逐步减弱，需要创新增长方式、需要增长具有更强的包容性。进入 20 世纪 80 年代，中国的贫困人口呈现"大分散、小集中"的分布特征，致贫原因逐渐变得多元且复杂，传统的经济增长已经很难发挥较好的带动减贫的效果，这实际上也是实施精准扶贫精准脱贫方略的客观基础。以习近平同志为核心的党中央牢记我们党反贫困的初心与使命，重视"三农"（农业、农村、农民）问题，强调发展、改革的重要推动作用，继续沿着反贫困道路不断前行。党的十八大以来，习近平对贫困治理问题的思考不断深入，他指出："发展是解决民族地区各种问题的总钥匙。"[1] 在脱贫攻坚的重要时期，我国继续强调以生产力的发展促进贫困问题的解决，明确提出了"创新、协调、绿色、开放、共享"的新发展理念，并以新理念指导当下的贫困治理工作，要求民族地区"切实把新发展理念贯穿于经济社会发展全过程，确保与全国同步建成全面小康社会。"[2] 这五大发展理念兼具科学性、人文性、前瞻性以及引领性，认真贯彻落实新发展理念关系着民族地区经济社会发展大局。二是区域发展带动减贫。我们党始终强调通过区域发展带动减贫，这是中国开展专项扶贫工作的重要路径。从 1986 年开始确定发展落后连片地区、贫困县，在投入、政策方面进行支持，旨在通过加快区域发展带动民族地区贫困人口脱贫。2014 年中央民族工作会议以来，国家从各方面持续加大对民族地区的支持力度，深入实施西部大开发战略，适时制定了一系列政策规划，既有涵盖民族地区的全局性重大举措，又有专项扶贫政策。从全球和中国区域发展带动减贫效果看，在一定时期和条件

---

① 《习近平关于社会主义政治建设论述摘编》，中央文献出版社 2017 年版，第 155 页。
② 国家民委事务委员会：《中央民族工作会议精神学习辅导读本》，民族出版社 2015 年版，第 136 页。

下，大规模的开发扶贫是有效的扶贫方式，但是随着贫困特征、发展条件的变化，这种方式的局限性便会逐步凸显，带动力效果逐步减弱，因此需要针对个人发展实施针对性政策。三是个人发展带动减贫。"扶贫开发"与"自我发展能力建设"是新时期扶贫工作实践的两个"抓手"，只有"两手都抓""两手都硬"才能达到预期的扶贫脱贫成效。"自我发展能力建设"放眼长远，致力于消除各种致贫因素，如能力、生态、空间、文化、经济等致贫因子对减贫脱贫的制约，切断代际贫困，保障"脱贫不返贫"，巩固脱贫成果。

四、阶段论——一脉相承，螺旋上升

在共同富裕思想指导下，中国共产党深刻思考和探索如何推进中国的农村扶贫开发，让农村贫困地区和贫困人口共享改革发展成果，逐步走出一条中国特色扶贫开发道路。① 但是，实现共同富裕不是同步富裕、同等富裕，而是一个渐进的过程。民族地区的扶贫开发事业作为中国特色社会主义经济建设事业的重要组成部分。百年来，中国共产党在民族地区的扶贫工作呈现螺旋式上升的运动规律，揭示了其背后治理贫困的进化论，表现在：目标演进上，始终朝着"共同富裕"的伟大目标稳步前行；对象演进上，经历渐进式瞄准过程，从全局到区域到村再到户到人，层层递进，不断精细；坚持实事求是的原则，适时调整贫困标准；扶贫模式的演进上，始终与宏观经济发展形势相适应，政策的发展趋向全方位、多维度的格局，体现出与时俱进的特征。

（一）目标演进：从生存权到发展权再到全面发展

中国共产党在民族地区的贫困治理体现了扶贫导向从保证贫困人口生存权到保障人权的价值之变、精神之变，呈现出清晰的发展脉络，以时不我待的历史主动性，推动扶贫事业的全面发展，如今已基本形成了层次多样、规模各异、前后有序、彼此渗透的较为完备的理论体系和政策体系。这为各民族共同团结奋斗、共同繁荣发展，实现全面建成小康社会创造了条件。

贫困的广泛存在严重妨碍人权的充分实现和享有。减缓和消除贫困，是人权保障的重要内容。百年征程中，扶贫工作的总体目标更加清晰——

① 杨凤城、朱金鹏：《中国共产党的百年奋斗与全面建成小康社会》，载于《陕西师范大学学报（哲学社会科学版）》2021 年第 1 期，第 37～51 页。

经历了"前提是保证权力，人民当家作主→温饱→全面小康→人的全面发展→共同富裕伟大目标"的演变过程，这也生动地体现在百姓的命运之中。"大道之行也，天下为公"，自我发展权利和公平正义是人类共同的美好追求。在新民主主义革命时期，掌握自己的命运是那个革命年代人民的最强呼声。中国共产党领导全国各族人民取得了新民主主义革命胜利，实现了人民当家作主。新中国成立初期，全国上下普遍贫穷，民族地区情况尤为突出，对社会资源的占有和分配都处于不利位置。制度上，相当部分的少数民族的社会形态仍处于原始社会残余或奴隶社会、封建农奴制社会阶段①；区位环境上，我国的少数民族人口大多分布在"老、少、边、穷"地区；经济上，发展水平相对较低，如宁夏西海固地区"苦瘠甲天下"，人民"家无隔夜粮、冬无御寒衣"；新疆没有一寸铁路，没有农场和成规模的良田，工业企业几乎全是私营小作坊，人民生活贫困不堪；青海由于交通信息极为闭塞，基本处于与外界隔绝的封闭状态等。如何巩固新生政权，保障人民的物质基础，是这个时代要解决的问题，也是为反贫困工作打牢基础保障。改革开放以来，民族地区反贫困政策的目标设定主要围绕解决贫困人口的基本温饱问题。2001年，江泽民同志在中央扶贫开发会议上宣布："国家八七扶贫计划已基本完成，党中央、国务院确定的在上个世纪末基本解决农村贫困人口温饱问题的战略目标已基本实现。"② 这意味着，中国绝大部分群众解决了温饱问题，总体达到了小康水平，当然，当时达到的小康还是低水平的、不全面的、发展不平衡的小康。2001年，随着贫困标准提升至872元/人（低收入线），全国贫困人口增加至9029万人，还有很多贫困人口未解决温饱问题。③ 伴随着国家整体经济实力的增强和发展战略的演进，政策目标逐渐朝着既包括生存需要，又兼顾发展需要的方向演进。以党的十六大为标志，中国共产党率领全国人民迈入全面建设小康社会的新阶段。党的十八大标志着全面建成小康社会冲刺阶段的到来，如期建成经得起历史考验、人民满意的全面小康社会是时代赋予党的光荣使命。依据《中国农村扶贫开发纲要（2011－2020年）》和2014年中共中央、国务院印发的《关于加强和改进新形势下民族工作的意见》等文件精神，我国

---

① 王文长、刘云喜、王玉玲：《少数民族地区反贫困：实践与反思》，中国社会科学出版社2016年版，第28页。

② 《江泽民文选（第三卷）》，人民出版社2006年版，第247页。

③ 国家统计局农村社会经济调查总队：《2002中国农村贫困监测报告》，中国统计出版社2002年版，第11页。

将扶贫政策的总体目标明确为实现"两不愁，三保障"。作为全面建设小康社会重中之重的民族地区扶贫工作取得了重大进展。民族地区扶贫工作坚持各项权利相互联系不可分割的原则，通过实施产业扶贫、教育扶贫、健康扶贫、生态扶贫、最低生活保障等措施，从资源配置、基础设施建设、政策扶持、产业开发、生态保护、能力提升、易地搬迁等多个方面采取因地制宜的政策措施，注重对贫困人口生存权、受教育权、健康权、社会保障权、政治参与权等各项基本权利的综合保障，形成减贫与保障人权协同推进的良性局面。这不仅符合当前民族贫困地区发展的实际需求，而且为2020 年民族地区与全国同步建成全面小康社会设定了底线目标。2020 年，我国绝对贫困问题已全部解决，2020 年后，扶贫目标转向为追求人的全面发展。人的全面发展是对人民的关怀，是对人类发展现状的担忧以及对全人类实现全面发展的期望，中国共产党将动员和凝聚各族人民踏上新征程，为共同富裕的伟大目标持续努力、接续奋斗。

（二）对象演进：不同约束条件、不同贫困标准下的渐进式瞄准

在社会发展和转型的某一阶段，某一类原因可能居于主导地位，但不意味着其他因素可以忽略不计。理解民族地区的贫困问题不能脱离社会转型整个进程的历史视角，换言之，少数民族地区的致贫原因不是一成不变的，在反贫困工作中，必须结合中国社会转型的进程来认知贫困，从而缓解和清除贫困。相应地，中国共产党根据农村贫困人口和贫困地区发展情况的新变化，不断提出反贫困工作的新标准、新任务、新举措。因此，中国共产党在民族地区的反贫困之路是一条在不同约束条件、不同贫困标准下的渐进式瞄准之路，是一条螺旋式上升的进化之路。反贫困工作对象经历了"全局→区域→片区→村→家庭/个人"的变化过程，这在学术界已得到普遍认可。贫困线是用来识别贫困人口和估计贫困状态的一种标准，背后实质是在不同的历史时期下国家对贫困内涵的理解。从贫困线变动来看，中国的贫困标准基于国家不同时期经济发展需要，一直在不断完善之中，经历了"赤贫→普遍贫困→1986 年第一条贫困线（206 元/人，牧区放宽至200 元，革命老区放宽至300 元）[①]→2001 年贫困标准提高（872 元低收入线）[②]→2011 年现行标准

---

① 《国务院扶贫办新闻发言人解读 1196 元新扶贫标准》，国务院新闻办公室，2009 年 3 月 20 日，http：//www. scio. gov. cn/xwfbh/jjxwfyr/wz/Document/320006/320006. htm。

② 国家统计局农村社会经济调查总队：《2002 中国农村贫困监测报告》，中国统计出版社 2002 年版，第 11 页。

（2010 年不变价 2300 元/人·年）"① 的变化。其中，在新民主主义革命时期，人民大众赤贫化严重；新中国成立之初，国家刚从战争中恢复，积贫积弱，贫困普遍存在，解决吃饱穿暖的问题是主要目标。改革开放初期，中国大地上的反贫困成效与人民群众基本的温饱诉求之间仍存在较大差距。1986 年之前，我国没有明确的扶贫对象。这主要是因为在较长的一段历史里，国家财政无法支持专门的扶贫事业，只能一方面依靠国家全局发展来带动减贫，另一方面采取救济式扶贫帮扶那些最需要帮扶的群体。1985 年 9 月 23 日，中国共产党全国代表会议通过的《中共中央关于制定国民经济和社会发展第七个五年计划的建议》强调："必须十分重视少数民族地区的经济和文化建设，同时采取有力的措施，积极扶持老革命根据地、边疆地区和其他贫困地区改变落后面貌。"鉴于此，1986 年 5 月，国务院成立了贫困地区经济开发领导小组。各有关部委以及各省、地、县也分别成立了相应的领导机构。同时，我国首次确定了农村贫困标准，是人均年纯收入 206元。按照这一标准来衡量，1978 年，中国农村没有解决温饱的贫困人口高达 2.5 亿，占农村总人口的 30.7%。此外，确定了重点扶持区域，即贫困县，首次确定国家重点贫困县 331 个，其中少数民族贫困县达 141 个，占总数的 42.6%。② 但是在原有计划经济体制下的反贫困政策失去了得以为继的制度基础，诸多相关政策难以发挥作用，能够解决民族地区严重贫困问题的相应政策极为匮乏，因此，开展有计划、有组织、大规模的开发式扶贫是当时的必然选择。之后，我国又进行了两次贫困标准大调整，而在每一次贫困标准调整后，民族地区贫困问题就越凸显。其中，2001 年贫困标准由原来的 625 元调高至 872 元的低收入贫困线③，主要是考虑到一些贫困人口未能很好的识别，被排挤在扶贫标准门槛之外，为此将瞄准对象下移至村，扶贫标准的适时调整对民族地区扶贫工作提出更高要求。2011 年，根据国家综合实力和扶贫实际情况，我国提出了新的贫困线标准，将人均收入低于 2300 元（2010 年不变价）的人列为贫困人口，这也是现行的贫困

---

① 国家统计局农村社会经济调查总队：《2015 中国农村贫困监测报告》，中国统计出版社 2015年版，第 13 页。

② 国家统计局农村社会经济调查总队：《2000 中国农村贫困监测报告》，中国统计出版社 2000年版，第 7~8 页。

③ 国家统计局农村社会经济调查总队：《2002 中国农村贫困监测报告》，中国统计出版社 2002年版，第 11 页。

线标准。按此标准，2011 年我国的贫困人口为 1.28 亿人，[①] 扶贫规模再次扩大，扶贫任务的重点从稳定解决扶贫对象温饱问题转向解决温饱和实现脱贫致富并举。2020 年全面建成小康社会后，巩固拓展脱贫攻坚成果、建立解决相对贫困的长效机制将成为未来扶贫工作的核心内容，贫困标准将再次升级。一方面标志着中国的官方扶贫标准正逐步与国际接轨，另一方面为契合人的全面发展需要，贫困标准将转向"多维贫困"方向。事实上，在脱贫攻坚过程中，我国采取的"两不愁、三保障"的脱贫标准已经蕴含了多维贫困的概念，为相对贫困治理工作提供参考。未来，推进"收入 + 多维"的扶贫标准将成为助力巩固拓展脱贫攻坚成果与乡村振兴有效衔接，实现共同富裕底线任务的有力保障。

（三）反贫困模式阶段演进：由问题到出路

鉴于民族地区贫困复杂、多样，中国共产党在民族地区的反贫困工作结合时代问题和民族地区新情况，坚持具体问题具体分析，因地制宜，以理论联系实际，以实践为本、以实践为基，制定反贫困策略，具有鲜明的革命性和实践指导性。随着我国不同经济发展阶段的演变，中国共产党在民族地区每一阶段的反贫困工作发展模式也在相应发生着变化，这是我们党由实际问题出发探寻解决出路的结果，目的就是为了解放和发展社会生产力，提高社会生产效率，最终实现共同富裕。从新中国成立前为保障贫苦大众权利，实现人民当家作主，到新中国成立后的百废待兴而推行的救济式扶贫，到后来的经济体制改革而实行的减贫措施，到开发式扶贫，到综合全面推进扶贫工作，再到新时代的脱贫攻坚，民族地区反贫困模式经过中国一百年的实践，贫困治理目标实现了从"让一部分人先富起来，先富带动后富"到"一个民族不能少""一个不能掉队"的转变，扶贫成就举世瞩目，人民物质生活与精神生活得到了显著改善，离共同富裕的理想又近了一步。以贫困瞄准策略为划分依据，中国共产党在民族地区反贫困经历了六个阶段。

1921~1949 年是中国共产党带领劳苦大众进行革命斗争，实现人民当家作主的奋战。近代以后，外有帝国主义的侵略，内有官僚资本主义及地主阶级长期剥削压迫劳动人民，穷苦大众受剥削程度严重，无法掌握自

---

① 国家统计局农村社会经济调查总队：《2015 中国农村贫困监测报告》，中国统计出版社 2015 年版，第 13 页。

己的命运，威胁着人的生存权利，践踏着人的尊严。解放人权，实现人民
当家作主成为中国共产党的重要使命。为此，中国共产党团结全国各族人
民，经过 28 年的浴血奋战，打败内外反动派和侵略者，推翻"三座大
山"，建立人民当家作主的无产阶级专政的先进国家制度，实现了人民当
家作主。

1950～1977 年是以制度和物质保障下的贫困瞄准为重点。新中国成立
初期，长期战乱和西方资本主义国家的封锁，都给新中国建设造成了极大
的阻碍。我国当时处于"一穷二白"的状态，人民生活水平普遍贫穷落后。
反贫困工作只能在探索中前进：一是开始从制度入手分析中国的贫困问题。
社会主义制度历史更替的规律显示，一些民族地区仍保留的原始公社、奴
隶、农奴、封建地主等落后的社会制度已经与时代发展要求格格不入。二
是从满足人民群众利益角度分析贫困问题。摆脱贫困，提高生活水平是各
族人民的强烈愿望。这一阶段毛泽东同志制定了一系列战略方针引导民族
地区经济文化发展。

1978～1985 年是以解决温饱的贫困瞄准为重点。改革开放以后，制度
性贫困日渐消失，贫困的地域性特征开始显现，贫困人口逐渐向拥有共同
自然条件的特定区域集中转移。囿于改革开放前全国经济发展水平较低，
对民族地区实施的小规模的救济式帮扶、"输血式"的生活救济减贫效果也
极其有限，人民群众基本的温饱诉求还未能得到满足，贫困状态仍然严峻。
受城乡二元经济结构体制影响，导致全国农村大部分地区仍处于贫困状态，
1978 年，农村贫困人口为 2.5 亿，约占全国人口（9.63 亿人）的 1/4。① 这
种不公正的体制设计，实质上是对人们平等权利的侵犯，② 尤其对于民族地
区而言，往往使其陷入不利境遇。因此，1978 年以后，我国通过实施家庭
联产承包责任制，推动农村经济体制改革，同时在财政、物资和技术上给
予民族地区重点扶持。

1986～2000 年是以特殊贫困类型区域瞄准为重点，实施开发式扶贫。
经济发展过程中出现分异，贫富差距问题开始凸显，贫困人口明显向"老、
少、边、穷"地区集中。我国贫困人口分布呈现"大分散、小集中"特征，
少数民族地区成为贫困人口的集中地，除制度和政策原因外，往往还有历

---

① 中华人民共和国国务院新闻办公室：《中国的农村扶贫开发》，载于《人民日报》2001 年
10 月 16 日。

② 王平：《消除贫困与少数民族人权保障——以中国少数民族地区扶贫为例》，载于《人权》
2010 年第 5 期，第 29～31 页。

史、资源禀赋、发展条件的原因，这对加强民族团结、巩固边防、维护祖国统一是十分紧要的，受到党和国家的高度重视，必须从解决普遍性贫困转变为解决区域性贫困。为此，国家成立专门扶贫工作机构，建立以贫困县为对象的目标瞄准机制，将70%的扶贫资金用于贫困县。① 到2000年底，"八七"扶贫攻坚目标基本实现，民族地区贫困人口也由1995年的2086万人下降到1999年的1185万人；贫困发生率由1995年的15.6%下降到1999年的8.7%，下降幅度快于全国平均水平。②

2001~2011年是以贫困村瞄准为重点推进的扶贫工作。经过前几轮的扶贫工作，民族地区的贫困人口大幅减少，但无论救济式扶贫还是开发式扶贫，其本质都是通过某种机制直接或间接让部分资源逆向流动。尤其是以县瞄准为重点的开发式扶贫，其实质是通过公共投资和政策引导改变资源的流向，从追求所涉及资源的最大报酬率转向增加贫困人口的收入、提高其增产增收能力。但曾被认为是扶贫"金钥匙"——开发式扶贫出现了弊端，如扶贫资源的流向往往在县级层面被俘获，而一些贫困民族乡、许多民族聚居村还有很多贫困人口不在国家扶持范围内。截至2000年底，全国少数民族地区仍有1687万人贫困人口没有解决温饱问题，占全国农村没有解决温饱的贫困人口总数一半以上。③ 这些绝对贫困人口，绝大多数不能再用开发式扶贫模式解决他们的问题。因此，2001年政府开始实施村级瞄准机制。2002年，在全国确定了15万个贫困村作为扶贫工作重点，覆盖80%左右的扶贫对象。④ 2005年，将少数民族贫困村优先纳入整村推进的扶贫开发规划，开始了以整村推进为主体，推行专项扶贫和社会保障为"两翼"的扶贫开发新模式。

2012~2020年是到村到户到人瞄准结合实施的精准扶贫阶段。少数民族地区的贫困人口规模大、贫困发生率极其高，因而民族地区成为我国扶贫工作中最难啃的"硬骨头"。2012年新设定的592个国家扶贫工作重点县

---

① 国家统计局农村社会经济调查总队：《2001中国农村贫困监测报告》，中国统计出版社2001年版，第93页。

② 中华人民共和国国务院新闻办公室：《中国的农村扶贫开发》，载于《人民日报》2001年10月16日。

③ 国家统计局农村社会经济调查总队：《2001中国农村贫困监测报告》，中国统计出版社2001年版，第94页。

④ 中华人民共和国国家发展和改革委员会：《扶贫开发整村推进"十二五"规划》，国家乡村振兴局（原国务院扶贫开发领导小组办公室），2012年10月19日，http：//www.cpad.gov.cn/art/2012/10/19/art_50_10362.html。

中，299 个位于民族地区或包含民族自治地方；全国 14 个集中连片特困地区中，11 个位于民族地区或包含民族自治地方;① 深度贫困"三区三州"都在民族地区；而且民族地区存在三类特殊群体，即人口较少民族、"直过民族"、边民。全面建成小康社会，民族地区是短板、重点，也是难点。习近平总书记对民族地区扶贫工作也做出了重要指示："全面建成小康社会，一个民族都不能少。""无论这块硬骨头有多硬都必须啃下。"自此，中国扶贫开发进入了精准扶贫新阶段，向消除绝对贫困发起总攻，到 2020 年如期兑现了全面建成小康社会的庄严承诺。

全面脱贫任务完成后，中国进入巩固拓展脱贫攻坚成果、缓解相对贫困的新时期，将应对多方面发展的不平衡、不充分问题，贫困问题更加复杂，此时扶贫开发不仅仅要围绕解决收入性贫困展开，更要注重对于贫困人口发展能力的培养，实现由收入型扶贫向发展型扶贫的策略转型，将减贫开发的外生性扶贫转化为贫困人口的内生性脱贫，向实现共同富裕的目标迈进。

---

① 《国家扶贫开发工作重点县名单》，国家乡村振兴局（原国务院扶贫开发领导小组办公室），2012 年 3 月 19 日，http://www.cpad.gov.cn/art/2012/3/19/art_343_42.html。

第二章 为了人民当家作主的奋战：中国共产党诞生及其带领穷苦人民的革命斗争（1921～1949）

近代以来，外有帝国主义的侵略，内有官僚资本主义及地主阶级长期剥削压迫劳动人民，国内矛盾日益增加，导致中国经济十分落后，社会动荡，民不聊生，各族人民生活在贫困线上，亿万民众处于贫困甚至赤贫状态。自 1840 年鸦片战争后，从清政府组织的历次反对外国侵略的战争到由农民组织的太平天国运动，到以救亡图存和变法图强为主旨的戊戌维新运动再到号召"扶清灭洋"的义和团运动，均以失败告终。而由新兴的民族资产阶级领导的辛亥革命，尽管推翻了几千年的封建帝制，但最终以与反动势力妥协而告终，中国穷苦大众无法掌握自己的命运，仍然处于贫困、落后和混乱的苦难之中。1921 年 7 月，中国共产党第一次全国代表大会在上海召开，中国共产党正式登上历史舞台，自此在马克思主义先进思想的指导下，为了实现民族独立、国家繁荣富强，最终实现共产主义，开始了艰苦卓绝的伟大征程。在这一征程中，中国共产党积极探索解决中国民族问题的正确道路。事实证明只有在中国共产党的领导下才能解救贫苦大众，中国共产党团结全国各族人民，经过 28 年的浴血奋战，打败内外反动派和侵略者，推翻"三座大山"，建立了人民当家作主的无产阶级专政的先进国家制度的国家，实现人民当家作主，为民族地区进行反贫困事业提供强有力的组织保障。

第一节 中国共产党早期反贫困思想

贫困问题是引发中国近代政治社会危机最为重要的动因，是一条贯穿不同革命阶段的主线。作为党的第一代中央领导集体的核心，毛泽东在领导中国革命和建设的过程中，对"中国为什么存在贫困""怎样消除贫困"

等问题进行了深入思考和长期探索，至今仍具有重要的启示意义。本节旨在从马克思、恩格斯反贫困理论以及列宁反贫困理论中探寻毛泽东反贫困思想的理论渊源，并梳理中国共产党诞生至中华人民共和国成立时期，毛泽东反贫困思想的萌芽形成过程。

一、理论渊源：中国共产党早期反贫困思想萌芽形成的源头

（一）马克思、恩格斯反贫困理论

马克思终其一生都在为反贫困与破除剥削而奋斗，将消灭资本的异化统治与促进人自由而全面的发展视为己任，视全人类的解放事业作为其有限生命的最佳诠释。青年时期，马克思就目睹了资本主义制度下民众受剥削压榨而日益穷困潦倒的生活，拾树枝为盗窃的苛政让他开始关注贫困人群，尖锐的社会现实刺激着他不断探寻变革之路。马克思从历史唯物主义的视域出发，犀利地批判了古典政治经济学的贫困理论，对资本主义制度下无产阶级贫困问题的静态形式和动态演化予以深刻的研究与分析，揭露了资本主义制度下贫困问题的根源，阐述了贫困问题的表征，提出并建构了反对贫困的路径选择。恩格斯作为马克思的革命挚友，他深度剖析了资本主义生产资料私有制下贫困问题的普遍性，刻画了儿童与妇女在阶级剥削下贫困的面貌。他们将贫困问题的根源直接指向资本主义制度，认为唯有制度的变革才是解决贫困问题的根本途径。这些思想理论丰富了马克思主义的科学内涵，沉淀至今仍闪耀着智慧的火光，为我国反贫困事业乃至全人类反贫困斗争提供了理论指导。

1. 生产资料私有制是社会贫困的根源

社会贫困问题在古典政治经济学家眼中被视为"分娩时的阵痛"。亚当·斯密认为，贫困问题是劳动报酬的差异而造成的，低廉的劳动报酬即工资低于社会平均水平是造成贫困的重要因素。为此，亚当·斯密诉诸国民财富的增加来解决贫困问题，凭借国民财富的积累增添市场活力，从而激发市场对劳动力的有效需求，进而增加就业岗位与提高劳动报酬，减少相对过剩人口，改善劳动者的生活境遇，逐渐缓解消除贫困问题。马尔萨斯认为造成贫困的原因是人口数量的无节制增加与生活资料的有限生产之间的矛盾，他在《人口原理》中写道："人类的生存、繁衍与发展离不开诸多生活资料的保障，但是，由于人口按几何级速度增长，人类赖以生存的食

物却只以算术级的速度增加，这种人口数与食物数差额的直接后果，即是食物的短缺和过剩人口的贫困。"① 由此，马尔萨斯提出解决贫困的途径应当是政府施行有力的节育政策以控制人口数量的增长，保证生活资料的合理供给。同马尔萨斯一样，李嘉图也将控制人口的增长速度视为解决贫困问题的应然之策，他认为只有人口数量的增幅滞后于生产资料的生产速度，贫困问题才能得以解决。不同于从"物"的角度来衡量贫困，西斯蒙第认为社会贫困的根源在于国家财富分配的不均。政府盲目地追求国民财富的积累，忽视财富的分配问题，造成资本家积累了大部分的社会财富，社会调节机制随即失灵，不断加大的贫富差距伴随着贫穷、饥饿、犯罪交织在劳动者的生活中。基于以上论述，古典政治经济学家似乎认为贫困问题仅是资本主义制度下经济发展阶段性的顿挫，通过生产力的提高与体制机制的修正就可以克服，劳动者凭借其自身的勤劳与才智就可以摆脱贫困。事实上，这种停留在外部的相对缓解改变不了贫困问题核心的绝对固化。受资产阶级利益与意识束缚的古典政治经济学家们不会也不可能从资本主义制度本身上破题，因此，贫困问题贯穿于资本主义社会形态的始终。

马克思基于对资本主义的透彻分析，站在历史唯物主义的立场上，批判了古典政治经济学家对贫困问题的阐释，一针见血地指出贫困问题的始源性致因，揭露了古典政治经济学家的伪善面具，将矛头直指资本主义生产资料私有制，生产资料所有权与劳动力所有权相分离必将导致贫困问题，成为资本主义社会不可避免的顽疾，同经济危机一样，扭曲着社会的生产与人本质的发展。马克思认为造成工人赤贫的原因无外乎是劳动的异化导致工人同生产资料相分离，通过劳动生产的产品却作为异己物对立于劳动者之外，"遍身罗绮者，不是养蚕人。"就是最真实的写照。生产资料私有制下的资本家掌握着大量的生产资料、生活资料，占据着大部分的社会财富，而劳动者拥有其自身劳动力的所有权，为了维持生活，劳动者只能被动地出卖劳动力，为生产资料的所有者创造大量财富的同时获得微薄的劳动报酬换取生活资料，以维持肉体生存的需要。这种人与物的相对立使得劳动者被动依附在资本与资本家之上，劳动逐渐成为资本家攫取巨额利润的生产要素，使劳动者偏离了人类的本质生活，物质生活的贫瘠与精神生活的空虚成为劳动者生存的底色。随着工业革命的成果不断应用于工业生产之中，大机器生产逐渐代替劳动力手工生产，对劳动力的需求也逐渐降

---

① [英] 托马斯·罗伯特·马尔萨斯：《人口原理》，朱泱译，商务印书馆 2017 年版，第 15 页。

低，资本家为了获取利润完成资本积累，不断降低工人工资与延长工人劳动时间，不断压榨劳动者并侵占其创造的剩余价值，工人只能面临失业或者继续被压榨的选择，日益降低的工资与不断提高的物价使得劳动者陷入贫困的囹圄，赤贫的无产阶级人数不断增加，这一切都是资本主义生产资料私有制种下的恶果。由此可见，造成社会贫困的始源性致因是资本主义生产资料私有制，只有破除资本主义生产资料私有制的藩篱，才能彻底改变异化劳动与人本质的异化，社会贫困问题才有破题之道。

2. 变革社会关系，彻底消灭私有制是消除贫困的主要途径

马克思、恩格斯在揭示社会贫困的始源性致因后，基于对资本主义下社会贫困的静态分析与动态逻辑推演，认为解决社会贫困只有将制度变革作为改变贫困的主要抓手与路径选择，彻底消灭私有制才能消除贫困，将人从异化劳动的束缚中解放出来，消除人与物的对立，促进人自由而全面的发展。

作为生产资料私有制主体的资本家，为了获得超额的利润与实现资本积累，他们不满足于对劳动者剩余价值的一般无偿占有，通过扩大生产并提高商品价格进一步的剥削劳动者，无限度地榨取劳动者的剩余价值仿佛是资本家存在的意义。资本家的无限制压榨不但造成无产阶级与资本家之间的关系出现尖锐的张力，还使得阶级矛盾进一步深化，劳动者的贫困程度逐渐加深。马克思认为，对资本主义的否定是解决贫困问题的前提，资本主义私有制是造成贫困问题的根源，资本主义制度自身不能克服其制度的顽疾，解决悖论性贫困，那些试图通过改良、修正等措施缓解贫困终将是失败的，回避制度性的根本性问题，社会贫困问题将会持续存在。只有将私有制作为革命的对象，彻底推翻资本主义制度，以更先进的社会主义制度替代变革落后的生产关系，进一步提高生产力，最终消除阶级统治与阶级剥削，劳动者才可以获得更多的物质财富并提升精神文明。在未来更为先进的共产主义社会形态中，人与人之间将实现事实上的平等，个人发展与社会发展将达到真正的统一，社会贫困问题将彻底消除，人类社会实现由必然王国向自由王国的飞跃。

3. 解放和发展生产力是消除贫困的根本方法

恩格斯认为，生产力的本源即是具有劳动力的人同一定的生产资料相结合，在适应与改造自然的生产实践中形成满足人类需要的力量，也是人类从事生产活动时能力的展示。推动人类文明发展和进步取决于生产力的水平，当生产力同社会制度相适应的时候，社会因此呈现出繁荣与稳定；

当一定的社会制度阻碍了生产力的发展，这种制度形态就要被全新的社会制度所替代。资本主义制度在反对封建专制统治的阶段中起到了巨大的革命作用，将生产力从封建社会生产关系的桎梏中释放出来，也曾代表最先进的生产力。资本主义在消灭了封建割据的同时构建了统一的世界市场，结束了世界孤立分散的局面，使得世界的整体性进一步加强，促进了各民族、国家的深度交往与联系。虽然资本主义曾起到推动人类文明进步的历史积极性，但随着生产资料私有制与雇佣劳动制度的确立，劳动异化所导致的生产关系逐渐阻碍了生产力的发展，剥夺了劳动者创造的巨大财富，留给劳动者的只剩下贫穷与苦难，生产的主体由劳动者变为机器，劳动者成为资本与机器的附庸，生产力在得到短暂的提升后将进入长期的停滞。

前面曾提及亚当·斯密关于社会贫困的认识，他认为贫困的根源在于国民财富积累的不充分，解决贫困问题从增加国民财富的途径就可以解决。虽然他没有对贫穷问题的本质作出应有的关切，但他从生产力的角度阐述贫困本源，这一点是值得肯定的。在推翻资本主义制度，消除生产资料私有制后，发展生产力就是消除贫困的必由之路与重要举措。只有生产力得到高度发展，建构合理科学的分配方式，人民对生活资料的需要与精神产品的满足才能实现，社会贫困问题才能得以解决。马克思与恩格斯在对生产力的考察过程中揭示出生产力的发展是满足各种实际需要的前提，也是解决贫困的根本方法，如果生产力的发展同人民生活的现实需求之间不平衡，就会造成社会贫困现象的发生。因此，为摆脱贫困，消除两极分化，让贫困群众由在赤贫线苦苦挣扎向共同富裕转变，就必须坚持历史唯物主义的立场，解放生产力，破除阻碍生产力发展的制度上的桎梏；优化体制机制，集中一切力量发展生产力，适时变革分配方式，让劳动人民在更大范围上、更大程度上享受生产力发展带来的幸福生活。

4. 实现共产主义是消除贫困的最终目标

恩格斯认为依靠"合法革命"的途径来解决贫困问题只是资产阶级一厢情愿的幻想，"这种思想本身就是矛盾，事实上不可能实现的，正因为他们想要实现这种思想才遭到失败。"① 那么解决社会贫困问题只能通过变革资本主义制度，诉诸"暴力革命"才能根治贫困问题。恩格斯将反对社会贫困、实现社会主义二者紧密联系在一起，号召全世界的无产阶级联合起来，通过武装斗争推翻资本主义的异化统治，建构社会主义制度，释放潜

---

① 《马克思恩格斯选集（第一卷）》，人民出版社 2012 年版，第 550 页。

藏在劳动异化中的生产力，最终实现共产主义。至此，贫困成为人类文明的记忆符号，人们生活在一个公平、繁荣、和谐的共产主义社会形态中，生产资料为全体劳动者共同所有，社会生产力高度发达，劳动不再外化于人成为谋求生活资料的手段，人类复归到本质生活，劳动者成为主宰自己命运的主人，从支配自己生产活动的异己力量中脱离出来，劳动产品不再同劳动者对立，物质财富极大丰富，精神境界得到极大提高，人们各尽所能，按需分配，这不仅是贫困消除的标志，也是人类史前社会的终结，是人类自由自觉历史的开端。

（二）列宁反贫困理论

列宁作为马克思主义的继承者与革命事业的践行者，领导布尔什维克党赢得了俄国十月革命的胜利，将马克思主义思想付诸实践，缔造了世界上第一个无产阶级专政的国家。列宁在领导俄国人民进行社会主义建设中，基于对俄国实际国情的深入分析与对革命态势的科学把握，在继承与发扬马克思主义反贫困理论的基础上，建构了以发展生产力为中心、实施新经济政策、确立党的领导在反贫困斗争的主导地位为内核的反贫困理论。这不仅丰富了马克思主义反贫困理论的内涵，有效地改善了民众贫困的境遇，巩固了新生的革命政权，也为之后社会主义国家反贫困事业提供了重要经验借鉴。

1. 发展生产力是解决贫困的必由之路

1914 年，沙皇俄国以协约国的身份参加战争，高昂的战争开支压垮了这个落后的国家，国家经济陷入困境，民众生活水平迅速下滑，甚至连基本的生存都难以保证，整个俄国被贫困的阴霾笼罩着。二月革命推翻了沙皇的封建统治，成立了临时的资产阶级政府，但临时资产阶级政府忽视广大民众的利益诉求，仍将贫弱的国家绑上战车投入第一次世界大战中，接连不断的失败不但使俄国逐渐丧失战争的主动权，被战争裹挟的广大劳苦民众与资产阶级的矛盾日益激化。1917 年，列宁领导的无产阶级革命推翻了临时资产阶级政府，成立了世界上首个无产阶级专政的社会主义国家，推动了共产国际运动的发展，将马克思主义从理论构想付诸革命实践，为马克思主义注入了鲜活的生命力与科学性的内涵。

但革命政权鼎革之际面临着严峻的考验，经过数年战争的破坏，俄国的经济几乎处于崩溃的边缘，生活产品严重匮乏，粮食供给仅够城镇居民维持温饱，农村大部分民众处于饥饿状态。因此，改善民众生活质量，恢复并发展生产力成为苏维埃政权亟须解决的问题，这也是新政权得以巩固，以此获得群众对政权认可的重要举措与必然选择。列宁认为，生产力水平低下是导致俄国民众长期处于贫困的直接源头。因此，布尔什维克要领导并调动全民的力量提高生产力水平，通过强化纪律劳动、组织劳动竞赛等途径提高生产效率，进而满足人们对面包、土地、和平的需求，稳定人民的正常生活，恢复国家经济社会的健康发展。列宁指出："无产阶级取得国家政权以后，它的最主要最根本的需要就是增加产品数量，大大提高生产力。"[①] 这表明，列宁将发展生产力作为无产阶级革命政权的本质要求，也将改善民众生活质量视为新政权的现实使命。

2. 创造性地提出和实施新经济政策

1918 年，苏俄内部反革命势力在帝国主义的支持下发起叛乱，苏俄国内战争爆发。列宁试图恢复国民经济、改善民众生活质量的计划被迫中断，为了领导全国人民粉碎反革命势力的反扑，捍卫无产阶级革命成果，列宁实施了"战时共产主义"，加大对国民经济的管控，实行高度集权制以供应战争的需求，为此，苏俄人民做出了巨大的牺牲。在三年的内战中，民众生活水平再度陷入极端恶劣的局面，使本该正常生活的苏俄民众仍然面临饥饿与苦难。"战时共产主义"通过禁止日用物品的自由交易、实行定量配给制、余粮征收制、普遍义务劳动制等强制性经济政策，虽然为赢得国内战争提供了大量的物质支持，但长期的贫困境况不断激化着社会矛盾，阶级关系一度出现尖锐的张力，其中农民为此付出巨大的代价，不时出现农民反抗运动。战争结束后，"战时共产主义"在社会主义建设中表现出其体制的弊端与矛盾，但苏俄奉行向共产主义直接过渡的错误导向，导致"战时共产主义"不但没有得到及时变革，反而进一步呈扩大趋势，造成苏俄经济陷入停滞状态，社会出现动乱引发严重的政治危机。1921 年，喀琅施塔得水兵暴动事件让列宁意识到"战时共产主义"在和平建设时期的不适应性与弊端，并及时修正了向共产主义直接过渡的错误思想。1921 年 3 月，布尔什维克党的第十次代表大会正式提出由"战时共产主义"向新经济政策过渡的方针。新经济政策允许私人之间的自由贸易，将余粮征收制改为粮食税，利用市场经济，充分发挥货币与商业的作用来发展国民经济，改善民众生活。列宁提出新经济政策的直接动因是为了缓解严峻的经济危机与政治动荡的局面，根本目的在于提高生产力，改变人民贫困的生活境遇，

---

① 《列宁选集（第四卷）》，人民出版社 2012 年版，第 623 页。

进而有效满足劳动群众的物质需求与维护其切身利益。新经济政策得到了苏俄工人与农民的极大拥护，工农业生产实现了正常化，经济社会发展逐步恢复到战前水平，社会主义经济建设回到了正轨，工农联盟进一步强化，消弭了此前的经济危机与政治动乱，苏维埃政权得到完善与巩固。

3. 确立党的领导在反贫困斗争的主导地位

万峰磅礴必有主峰，反贫困斗争不仅是苏俄全体劳动者的伟大事业，也是布尔什维克党人为之奋斗的时代嘱托。苏维埃政权在建立之时就面临着严峻的贫困情况，贫困作为普遍性问题长期困扰着俄国人民，贫困问题程度之深、范围之广、时间跨度长，单独依靠工农联盟，很难短时间消除贫困的顽疾。战胜贫困除了要规划详尽的路线图，制定科学的方针、政策外，布尔什维克党的坚强领导是俄国反贫困斗争的根本，只有明确了领导核心，才能更大限度地发动全体人民参与，进而激发社会多元力量，调动全国的资源，掀起反贫困事业的巨大浪潮。缺少布尔什维克党的坚强领导，俄国的反贫困斗争与社会经济建设很难取得成果，俄国人民最根本最实际的利益就是谋求幸福美好的生活，布尔什维克党人一切事业的出发点与落脚点就是为俄国人民创造没有贫困、没有剥削压迫的自由王国，消除贫困既是人民的夙愿也是布尔什维克党人的使命担当，二者休戚与共。布尔什维克党领导全国人民参与反贫困斗争，不仅改善了俄国人民的生活质量，也强化了俄国民众对苏维埃政权的认同感，让人民切身感受到社会主义的优越性。列宁讲道："只有社会主义才可能广泛推行与真正支配根据科学原则进行的产品的社会生产和分配，以便使所有劳动者过最美好、最幸福的生活。"[①]

毋庸置疑，俄国社会主义事业的领导者就是布尔什维克党，其作为俄国反贫困斗争事业的主导力量既是历史的必然也是时代的应然，确立党的主导作用是俄国反贫困斗争的题中应有之义。

二、萌芽形成：新民主主义革命时期中国共产党的反贫困思想

以毛泽东同志为核心的第一代党中央领导集体的反贫困思想在特定的历史境遇下得以孕育。毛泽东同志虽然没有正式提出有关扶贫脱贫问题，但贫穷与落后是近代中国的底色，贫困问题贯穿于中国革命的始终。毛泽东同志

---

① 《列宁选集（第三卷）》，人民出版社 2012 年版，第 546 页。

作为中华人民共和国的主要缔造者，以毛泽东同志为核心的第一代党中央领导集体带领全党全国各族人民完成了新民主主义革命，而在面对积贫积弱的中国无时不在思考着贫困问题，形成了中国共产党早期的反贫困思想，这些思想既丰富了马克思主义反贫困理论，也为今天的反贫困事业留下了弥足珍贵的财富。

新民主主义革命时期，毛泽东同志的反贫困思想并非体现于经典理论著作中，而是在其对中国社会实际调研与土地问题的研究中可以发现端倪。毛泽东同志的反贫困思想的形成是呈历时性的，贯穿于新民主主义革命时期的各个阶段，主要包括：对中国社会阶级的现实分析；对土地问题的研究；反对绝对平均主义；对困难群众的物质帮扶；对中央苏区的文化扶贫等。

（一）制度革命是消除贫困的根本途径

新民主主义革命时期是毛泽东反贫困思想的萌芽时期。十月革命后，马克思主义思想传播到了中国，先进的知识分子接受了马克思主义，并结合中国国情，研究了马克思主义在中国的应用。至于反贫困思想的萌芽形成，则是毛泽东对中国半殖民地半封建社会的贫困问题逐步认识和深入思考后的结果。

青年毛泽东在湖南第一师范学校求学过程中，目睹了洋人在中国的土地上耀武扬威，看到了军阀、官僚和财主们的横行霸道，更看到了穷苦人民在死亡线上的挣扎和呻吟。毛泽东时常思考和求索改变社会现实、解除人民痛苦的途径和方法。在《新青年》影响下，毛泽东观念发生变化，他深深感到，要想救中国，就必须进行根本的改造。自此，毛泽东组织领导成立了新民学会，开始了革命实践的第一步。1918 年，毛泽东从湖南第一师范学校毕业后，在杨昌济的引荐下，他结识了马克思主义者李大钊，开始接触到传播马克思主义的书刊。在 1919 年的五四运动中，毛泽东以《湘江评论》为平台，支援北京学生，明确提出民众的大联合是改造国家、改造社会、解决人民贫困问题的根本方法。这是他思考中国出路的一次质的飞跃。1920 年，湖南自治运动的失败，使毛泽东认识到"政治改良一途，可谓绝无希望。吾人惟有不理一切，另辟道路、另造环境一法。"[①] 毛泽东终于摆脱了对社会改良道路的最后一点幻想，义无反顾地走上了马克思主

---

① 《毛泽东早期文稿》，湖南出版社 1990 年版，第 508 页。

义的革命道路。毛泽东认为，处于如此混乱状态下的中国，只有通过革命，实现制度变革，才能实现民族的解放和人民的幸福。只有压迫剥削人民的腐朽反动制度的覆灭，解放发展生产力的社会主义制度的建立，才能真正改变人民贫困的处境，摆脱民不聊生的状态。

　　毛泽东出生于农民家庭，深知作为一个传统的农业大国，农民占全国人口的绝大多数，农民中蕴含的力量将是主导中国革命的决定性力量。于是在大革命时期，毛泽东就开展了大量的调研工作，在中共三大上正式提出农民问题，并撰写了《农民问题决议》，但这一建议遭到陈独秀的反对，陈独秀未将农民视为革命的同盟军看待。毛泽东为了让党内正确认识到农民是无产阶级革命最大的同盟军，认识到无产阶级是革命的领导力量。1925年毛泽东在韶山撰写了《中国社会各阶级的分析》一文，这篇文章是毛泽东反贫困思想萌芽形成的标志，也正是在这篇文章中刻画出了中国广大贫困群众的苦难生活。他在文中将中国社会分为五层：地主阶级和买办阶级、中产阶级、小资产阶级、半无产阶级、无产阶级，其中地主阶级与买办阶级作为国际资产阶级的附庸寄生在骨瘦如柴的国家上，替资本主义国家攫取利益之余，作为落后生产关系的代表，严重阻碍着中国生产力的发展，通过剥削的手段压榨普通民众的生活资料与发展机会，使得民众陷入赤贫的境遇，最终沦为无产阶级。毛泽东写道："所谓农村无产阶级，是于长工、月工、零工等雇农而言。此等雇农不仅无土地，无农具，又毫无资金，只得营工度日。其劳动时间之长，工资之少，待遇之薄，职业之不安定，超过其他工人。此种人在乡村中是最感困难者，在农民运动中和贫农处于同一紧要的地位。"① 而与农民不同的小手工业者，虽然拥有一定的生产技能，但生活境遇同样深陷贫困之中。毛泽东描述道："小手工业者之所以称为半无产阶级，是因为他们虽然自有简单的生产手段，且系一种自由职业，但他们也常常被迫出卖一部分劳动力，其经济地位略与农村中的贫农相当。其家庭负担之重，工资和生活费用之不相称，时有贫困的压迫和失业的恐慌，和贫农亦大致相同。店员是商店的雇员，以微薄的薪资，供家庭使用，物价年年增长，薪资往往需数年一增，偶与此辈倾谈，便见叫苦不迭。"② 除无产阶级外，半无产阶级也面临贫困的问题，毛泽东将半无产阶级细化为半自耕农与贫农，他指出："贫农是农村中的佃农，受地主的剥削。其经济地位又分两部分，一部分贫农有比较充足的农具和相当数量的资金。所

————————————

①②　《毛泽东选集（第一卷）》，人民出版社1991年版，第8页。

谓另一部分贫农，则既无充足的农具，又无资金，肥料不足，土地歉收，送租之外，所得无几，更需要出卖一部分劳动力。荒时暴月，向亲友乞哀告怜，借得几斗几升，敷衍三日五日，债务丛集，如牛负重。"① 在毛泽东的经典著作《湖南农民运动考察报告》中也体现了贫困民众的艰辛。他写道："据长沙的调查：乡村人口中，贫农占百分之七十，中农占百分之二十，地主与富农占百分之十。百分之七十的贫农中，又分赤贫、次贫二类。全然无业，即既无土地，又无资金，完全失去生活依据，不得不外出当兵，或出去做工，或打流当乞丐，都是赤贫，占百分之二十。半无业，即略有土地，或略有资金，但吃得多，收得少，终年在劳碌愁苦中过生活的，如手工工人、佃农（富佃农除外）、半自耕农等，都是'次贫'，占百分之五十。"② 可见，毛泽东将注意力放置在贫农身上，是因为他认为广大贫困群众长期受地主阶级的压迫与剥削，既是农民运动的中坚，也是推翻封建势力与帝国主义势力的先锋，也是成就未来无产阶级革命胜利的元勋。更重要的是，他剖析出贫困民众的"穷根"，是因为缺失必要的生产资料与资金而导致的"机会上的贫穷"，再加上地主阶级的层层盘剥造成基本生存资料都难以满足，使得贫困成为群众挥之不去的阴影，周而复始地徘徊于生存线之间，导致人的异化与社会关系的异化。毛泽东在《井冈山的斗争》《反对本本主义》等文章中，详细分析了中国革命的性质和道路，明确提出了："包括对外推翻帝国主义，求得彻底的民族解放；对内肃清买办阶级在城市的势力，完成土地革命，消灭乡村的封建关系，推翻军阀政府，必定要经过这样的民权主义革命，方能造就过渡到社会主义的真正基础。"③ 毛泽东通过分析中国革命的现状及发展方向，逐渐形成完善了农村包围城市、武装夺取政权的革命道路，为彻底解决贫困制度根源奠定理论基础。在他看来，"帝国主义、封建主义、官僚资本主义和国民党反动政府残酷无情的压迫和剥削"④ 造成了中国严重的贫困问题，因此要"联合尽可能多的同盟军，组织武装斗争，依照情况，反对内部的和外部的武装的反革命，为争取民族的和社会的解放而斗争。"⑤ 同时，毛泽东还在总结国民革命和土地革命经验教训的基础之上，形成了中国革命"两步走"的战略思想，通过

---

① 《毛泽东选集（第一卷）》，人民出版社 1991 年版，第 7 页。
② 《毛泽东选集（第一卷）》，人民出版社 1991 年版，第 21 页。
③ 《毛泽东选集（第一卷）》，人民出版社 1991 年版，第 28 页。
④ 《毛泽东选集（第一卷）》，人民出版社 1991 年版，第 36 页。
⑤ 《毛泽东选集（第二卷）》，人民出版社 1991 年版，第 14 页。

先进行新民主主义革命，再进行社会主义革命，从而彻底实现制度变革。总之，毛泽东用阶级分析法将中国贫困问题"精准识别"，真实地反映了中国贫困的面貌，将中国各个阶层的疾苦用文字刻画出来，这为日后的反贫困实践奠定了基础，也是毛泽东反贫困思想形成的开端与萌芽期。

（二）社会主义的胜利是消灭贫困的制度保障

毛泽东同志系统分析了农村社会和农民状况，找出中国的贫困问题主要是由过去的半殖民地半封建社会造成的。面对残存的半殖民半封建社会势力和帝国主义列强的侵略剥削，我们党将推翻"三座大山"，建立人民政权作为政党的目标。在毛泽东看来，消除贫困，首先要从制度上铲除贫困滋生的温床，这必须接受先进性组织的领导，坚持正确的方向，沿着正确的扶贫道路前进，唯有如此才能看到胜利的曙光。因此，毛泽东同志作出了"只有社会主义能够救中国"这一科学论断。这一科学论断也成了毛泽东思想中的重要扶贫理念。

1921年7月，中共一大召开标志着中国共产党的正式成立，照亮了中国革命的前程，这是近代中国社会进步和革命发展的客观要求，是开天辟地的大事件。自从有了中国共产党，中国革命的面目就焕然一新了。1922年7月，中共二大根据世界革命形势和中国政治经济状况，制定了党的最高纲领和最低纲领。大会宣言指出，中国共产党是中国无产阶级政党，它的目的是要组织无产阶级，用阶级斗争的手段，建立劳农专政的政治，铲除私有财产制度，渐次达到一个共产主义的社会，这是党的最终奋斗目标，是党的最高纲领。为了实现党的最高纲领，大会提出在目前历史条件下的最低纲领，这就是：消除内乱，打倒军阀，建设国内和平；推翻国际帝国主义的压迫，达到中华民族完全独立；统一中国为真正的民主共和国。中共二大正确地分析了中国的社会性质，中国革命的性质、对象、动力和前途，指出了中国革命要分两步走，在中国近代史上第一次明确地提出了彻底的反帝反封建的民主革命纲领，为中国各民族人民的革命斗争指明了方向，对中国革命具有重大的、深远的意义。1925年1月，党的四大最重要的贡献是第一次明确提出了无产阶级在民主革命中的领导权和工农联盟问题。民主革命必须有最具革命性的无产阶级参加，并且取得领导的地位，才能够夺取胜利。关于工农联盟，在《对于农民运动的议决案》中阐明了农民是无产阶级同盟军，强调了农民在中国民主革命中的重要地位。1925年10月，毛泽东在《〈广东省党部代表大会会场日刊〉发刊词》一文中，指出广东如何与落魄军阀、地主阶级、买办阶级等进行斗争，提出要建立农民群众组织，从而促进革命形势的发展。1935 年 1 月，中共中央政治局在贵州遵义召开的扩大会议中，确立了毛泽东在党和红军的领导地位，也使毛泽东能真正立足全局，以更广阔的空间深刻地考察和思考中国的贫困问题。深刻认识到变革封建制度对解决贫困问题的重要性，论述了推翻压迫人民的三座大山、建立新的国家政权对于解决贫困问题的意义。

（三）解放和发展生产力是治理贫困问题的根本途径

毛泽东的反贫困思想体现在解放与发展生产力上，毛泽东不仅意识到农民力量对革命的影响，而且深刻地认识到群众对党的拥护性和自我脱贫的积极性必须通过生产力来调动，在生产力提升的过程中凝聚群众力量。因为"中国一切政党的政策及其实践在中国人民中所表现的作用的好坏、大小，归根到底，看它对于中国人民的生产力的发展是否有帮助及其帮助之大小，看它是束缚生产力的，还是解放生产力的。"[1] 可见，一国经济的发展是人民拥护和政权巩固与否的关键，群众拥护共产党的原因在于它可以代表人民的利益、满足他们的需求，然而，当生存问题一旦长期解决不了，生产力始终得不到发展和提高，群众就会背离和抛弃之前的追随，拥护将会变成一洼死水。因而毛泽东认为经济如果不发展、贫困如果不消除，领导亿万群众的革命就不算胜利、不够彻底。毛泽东同志在为《政治周报》撰写发刊词时就开宗明义地提出："为什么出版《政治周报》？为了革命。为什么要革命？为了使中华民族得到解放，为了实现人民的统治，为了使人民得到经济的幸福。"[2] 改善人民群众的生活质量，实现共同富裕是毛泽东反贫困思想的最高理想，也是中国共产党人初心与使命的生动体现，贯穿于革命、建设、改革事业的始终。

1933 年，在粉碎了国民党数次"围剿"战争的胜利后，党的内部出现了一些错误的思想，认为革命的成功凭借军事上的胜利就可以获得。有些同志忽视经济工作，将对经济工作的重视视为"右倾主义"，经济建设只有在革命胜利后才可以进行。毛泽东发现这一问题后及时予以纠正，认为革命事业的成功不单单是军事战线上的胜利，经济战线对于革命事业来说同样重要，为了保障革命战争的进行，必须发动广大群众开展经济建设事业。

---

① 《毛泽东选集（第三卷）》，人民出版社 1991 年版，第 28 页。
② 《毛泽东选集（第一卷）》，人民出版社 1967 年版，第 21 页。

为此，毛泽东指出："现在我们一切工作，都应当为着革命战争的胜利，首先是粉碎敌人第五次'围剿'的战争的胜利；为着争取物质上的条件去保障红军的给养与供给；为着改善人民群众的生活，由此更加激发人民群众参加革命战争的积极性；为着在经济战线上把广大人民群众组织起来，并且教育他们，使战争得着新的群众力量；为着从经济建设去巩固工人和农民的联盟，去巩固工农民主专政，去加强无产阶级的领导。"① 赢得数次反"围剿"战争的胜利，除了毛泽东超凡的军事指挥能力外，中央苏区②人民群众也为此做出了巨大贡献。毛泽东认为，如果人民群众的生活水平长期得不到改善，人民在长期的战争中就会感到疲惫，接连取得的军事胜利也会随着人民群众的远离而异化为革命事业的失败。面对国民党与反动商人对根据地施以的"经济封锁"，除了要切实改善群众生活，获得人民群众坚实的支持外，毛泽东认为在革命根据地还要加强经济建设，尤其是对一些生活必需品要进行生产，同时还要向国民党统治区销售，逐渐打破国民党反动派的经济封锁。毛泽东指出："我们要使人民经济一天一天发展起来，大大改良群众生活，大大增加我们的财政收入，把革命战争和经济建设的物质基础确切地建立起来。"③ 此外，毛泽东在《我们的经济政策》一文中，再次强调："在全中国卷入经济浩劫，数万万民众陷入饥寒交迫的困难地位的时候，我们人民的政府却不顾一切困难，为了革命战争，为了民族利益，认真地进行经济建设工作……只有我们实行了有计划的有组织的经济建设工作，才能挽救全国人民出于空前的浩劫。"④

一言以蔽之，毛泽东同志将反贫困事业同经济建设联系在一起，丰富了其反贫困思想的内涵，指明解决贫困的目的在于改良群众生活，加强经济建设的初衷是为了增强党对贫困群众的物质帮扶能力，提高无产阶级政权的"经济韧性"，二者并行而不悖，相得益彰。

（四）农民问题是反贫困斗争的重点问题

中国共产党认为革命斗争的主要力量在农村，因此对农村经济该如何发展，如何带动农民致富有独到的认知。中国共产党的反贫困思想和实践，

① 《毛泽东选集（第一卷）》，人民出版社1967年版，第105页。

② 1930年，赣西南、闽西两地的苏维埃政权相继建立，成为土地革命战争时期最大的革命根据地，中华苏维埃共和国也诞生于此。此后，赣西南与闽西地区就统称为中央苏区。

③ 《毛泽东选集（第一卷）》，人民出版社1967年版，第108页。

④ 《毛泽东选集（第一卷）》，人民出版社1967年版，第120页。

突出农村反贫困问题，为农民去追求平等和公平的权利，并进一步影响到之后我们党反贫困思想的走向，为日后的农村经济发展奠定了基础。

基于对中国社会阶级的正确认识，毛泽东的反贫困思想在尖锐的阶级关系中萌生，随即便开展了对寻乌、兴国、长冈乡、才溪乡等地的社会经济调查。通过深入的调查，毛泽东深刻认识到农民问题是反贫困斗争的重点问题，认为落后的土地所有制是使得劳苦大众陷入贫困的重要原因。为改变广大群众的贫困面貌，毛泽东将变革土地关系的革命视为反贫困的实践路径，并在1929年主持制定了《兴国土地法》，主张通过土地革命的实践来消除贫困，并提出了加强农民教育、反对"绝对平均主义"等思想。

1. 诉诸土地革命的实践消除贫困

中国是一个农业大国，农民占据贫困人口的绝大多数，农民的贫困是中国的根本问题，解决农村贫困问题就是抓住解决贫困问题的"牛鼻子"。毛泽东同志不仅重视农民问题，还从土地所有制的视角认识与解决贫困顽疾。毛泽东明确指出在半殖民地半封建社会中，农民处于被压迫剥削的最底层。在中国这样的农业大国中，农民的贫困问题关乎整个中国反贫困事业的成败。为此，毛泽东多次深入农村进行实地调研考察，并指出，农民贫困问题主要由帝国主义、军阀、地主阶级等人为的压迫与水旱天灾、病害虫害、技术拙劣、生产缩减等天然的压迫两方面造成。他认为要用革命的手段来扫除造成农民贫困的根源，以此来解决农民贫困问题。并主张通过带领农民进行土地斗争，使人民获得土地等生产资料，以提高农民生产革命热情，从而切实做好农民的反贫困工作。毛泽东通过实地调研和不断思考，提出了一系列适合中国国情的方案，解放了农村劳动力，为革命和反贫困斗争提供了坚实的动力。

作为一个农耕文明为底色的古国，土地是中华民族赖以生存的要素，中国历史上的封建君主也试图从土地改革入手，进而实现国富民强。从春秋战国时期的井田制到清代的"摊丁入亩"制度；从太平天国运动的《天朝田亩制度》到孙中山提出的"耕者有其田"，无一不表明土地在国家治理与王朝更替中的重要性。但历代统治者对土地的改革均是以维系封建统治为基础，不会触及所有权的改革。无论是孝文帝的改革还是张居正的"一条鞭法"，国家所有的土地私有权是统治阶级的根本，这就造成了中国社会的阶级对立，也是造成贫困问题的主要因素。马克思指出："土地所有者的权力来源于掠夺。土地所有者也像所有其他人一样，喜欢在他们未曾播种的地上有所收获，甚至对土地的自然产物也索取地租。"① 获取地租就是土地私有制剥削方式的一种，生产资料私有制及由此造成的劳动与财富的分离是一切贫困问题的根源。中国的地主阶级凭借其土地私有权向农民征收地租，剥削的方式不胜枚举，包括见面分割制、量租制、批田制。种种方式的本质不外乎为地主阶级无偿占有农民的剩余劳动乃至必要劳动，通过土地兼并等方式不断压榨农民，造成"富者田连阡陌，穷者无立锥之地"的严峻局面。毛泽东创造性地将马克思主义与中国的实际国情有机结合起来，认为农民受压迫剥削的程度最深，其革命积极性也是最强，农民将会成为无产阶级革命最大的同盟军。对于土地问题的重要意义，毛泽东在1927年土地委员会第一次扩大会议上进行了多方面的论述，他认为解决土地问题的意义有六个方面，使农民获得解放，增加生产，保护革命，废除封建制，发展中国工业及提高文化等。为了争取到农民的支持并达成工农联盟，1928年，毛泽东在总结井冈山土地革命的基础上，主持制定了《井冈山土地法》，这是中国共产党在土地革命战争初期制定的第一部较为成熟的土地法。它的颁布和实施，改变了几千年来地主剥削农民的封建土地关系，从法律上保障了农民对土地的合法权益。它不仅指导了湘赣边界的土地革命斗争，而且为以后中国共产党领导进行伟大的土地革命斗争提供了宝贵的经验。1929年，在江西兴国县制定了中共历史上第二部土地法，这是根据中共六大《农民问题决议案》精神，在《井冈山土地法》的基础上修改制定。《兴国土地法》的制定与颁布是中国共产党在土地革命战争时期重要的纲领性法案，也是毛泽东反贫困思想发展的一个重要节点。《兴国土地法》中有八条关于对土地所有权、使用权的相关规定，具体包括土地分配的数量、分配的区域范围、山林分配方法。第一条就规定"没收一切公共土地及地主阶级的土地归兴国工农兵代表会议政府所有，分给无田地及少田地的农民耕种使用"② 这就将地主阶级私人占有的土地以公共权力行使机构——兴国工农兵代表会议政府强制收回。在分配标准上，毛泽东以人口为标准计算分田，秉持公开、公平、公正的原则，按男女老幼平均分配，实现了孙中山先生"耕者有其田"的美好愿景。分配土地的同时又照顾到部分弱势群体的存在，缺少劳动力的家庭虽然很难从事劳动生产，但依旧可以分得土地，政府并将其安置到公共勤务岗位。为防止土地兼并，规定

---

① 《1844年经济学哲学手稿》，人民出版社2018年版，第32页。
② 《毛泽东农村调查文集》，人民出版社1982年版，第38页。

分配土地禁止买卖，农民仅有使用权，土地所有权为兴国工农兵代表会议政府所有。在土地税征收问题上，将税收分为百分之十五、百分之十、百分之五三类，以第一种税率为主，若遇上自然灾害等不可抗力，经苏维埃政府核准后免于土地税的征收。对土地税的征收是为了维持苏维埃政府的日常运转与供应军队，更重要的是为了改善群众的生活条件。毛泽东通过制定《兴国土地法》变革了沿袭几千年的封建土地所有制，农民拥有了土地，劳动力与生产资料相统一，废除了之前各种繁重的苛捐杂税，农民的生产积极性得到提升，破除了旧的生产关系的束缚，生产力得到解放，农民生活得到了天翻地覆的改变，这些举措也是毛泽东反贫困思想的重要内容。

2. 重视农民教育，消除小农思想的保守性和落后性

马克思、恩格斯不仅深刻地认识到了农民在无产阶级革命中的重大作用，也发现了农民所具有的阶级局限性。马克思谈到 19 世纪的法国农民时认为，法国小农数量很大，但他们的生产方式比较落后，相互之间的交流互动不多，这些群众只是简单相加起来的，"就像一袋马铃薯是由袋中的一个个马铃薯汇集而成的那样。"① 针对小农思想的保守性和落后性，马克思、恩格斯从争取革命力量的角度出发，提出要用无产阶级的先进思想改造小农，从而唤起农民的反抗阶级压迫、参与革命运动的自觉意识。受马克思主义经典作家的影响，中国共产党人一贯重视农民教育问题，在革命、建设和改革中逐渐形成了中国化的马克思主义农民教育思想，这既是马克思主义中国化的重要理论成果，也是对马克思主义农民教育观的丰富和发展。

1920 年 10 月，列宁在俄国共产主义青年团第三次代表大会上指出："在一个文盲的国家里是不能建成共产主义社会的。"② 列宁的这句话凸显了农民教育的重要性。毛泽东是中国农民教育理论的首创者，对列宁的这一思想进行了继承与发展，在重视农民教育问题的同时，提出以思想政治教育为重要手段，对农民自身不可克服的阶级局限性加以改造。在延安时期，毛泽东认为在没有战争的情况下，一方面要进行生产，不断提高群众的生活水平，让老百姓有饭吃，起码不饿肚子；另一方面，还要大力发展教育。只有生产发展了，群众的教育水平上去了，才能更好地与旧政治、旧政府、旧军队进行斗争，如果只会搞政治、搞军队，而不会搞经济和文化教育，

---

① 马克思：《路易·波拿巴的雾月十八日》，人民出版社 2001 年版，第 110 页。
② 《列宁选集（第四卷）》，人民出版社 1995 年版，第 294 页。

共产党就没有多大用处，因为老百姓要吃上饭、穿上衣，避不开发展经济和文化教育。1944 年 3 月，毛泽东在延安大学开学典礼上再一次提到了文化教育问题，强调要加强对边区农民的教育，"我们要使边区所有的老百姓，每人识一千字，搞他十年八年。如果能识一千五百字、两千字、三千字，那更好。我们至少要做到识一千字，每村要有一个冬学。识字要成为群众的识字运动，单靠我们下去教'一、二、三、四'，'人、少、刀、牛、羊'，那是不行的，老百姓里头有识一百字的就可以教别人。"① 新中国成立前夕，1949 年 6 月，毛泽东在《论人民民主专政》中指出："严重的问题是教育农民。农民的经济是分散的，根据苏联的经验，需要很长的时间和细心的工作，才能做到农业社会化，我们应该长期地耐心地教育他们，帮助他们摆脱背上的包袱，同自己的缺点错误作斗争，使他们能够大踏步地前进。"②

3. 改造贫困文化，消除文化贫困

"贫困文化"恶性循环理论是美国社会学家和人类学家奥斯卡·刘易斯提出的，"贫困实际上表现为一种自我维护的文化体系，也就是贫困文化。穷人由于长期生活于贫困中，形成了一套特定的生活方式、行为规范和价值观念，诸如屈从意识，不愿意规划未来、没有实现理想的能力以及怀疑权威等等。此种类型的亚文化一旦形成，便会对周围的人，特别是对其后代产生影响，从而代代相传，贫困本身也就是得以在此文化的制约和保护下不断延续。"③ 而"文化贫困"不同于"贫困文化"，二者有着清晰的界定，"文化贫困"的"文化"是指狭义上的，即知识层面上的界定，指自然科学知识的缺乏与人文知识的贫瘠，还包括劳动力素质技能低、道德素养程度低。而"贫困文化"的内涵与外延不仅仅停留在具体知识层面，"文化贫困"可以从人的受教育情况测量，而"贫困文化"则是一种陷入贫困后的价值理念。

毛泽东等同志通过以共产主义思想改造"贫困文化"，增强了贫困群众对美好生活的信心，使贫困群众在脱贫道路上能动地发挥其主体性作用，并积极投身于革命事业。在土地革命战争时期，毛泽东同志就注重对"贫困文化"的改造。他通过多次实地调研，认识到"贫困文化"造成精神贫

---

① 《毛泽东文集（第三卷）》，人民出版社 1999 年版，第 153～154 页。

② 《毛泽东选集（第四卷）》，人民出版社 1999 年版，第 1482 页。

③ ［美］奥斯卡·刘易斯：《桑切斯的孩子们——一个墨西哥家庭的自传》，李雪顺译，上海译文出版社 2014 年版，第 64 页。

瘠的严重性不亚于物质资料的匮乏，剥夺了群众自身发展的能动性与积极性，消极地面对贫苦的境遇，并将其视为命运使然。"贫困文化"的桎梏与物质贫困往往又交织在一起的，相互影响渗透，将民众束缚在贫困陷阱中长期不能自拔。同时，毛泽东同志注重改善农民"文化贫困"困境。农民在封建社会中是一个被剥夺文化的阶级，教育资源被地主阶级垄断，教育机会被地主阶级子女占据，绝大多数贫困民众享受不到平等的教育，除了在经济上被地主阶级剥削，在精神文化上也同样受地主阶级的盘剥，造成政治、经济、文化上的事实的不平等，这种削弱民智、压制民权的社会造成的结局就是阶级的固化和贫困的代际传递。毛泽东同志认为，必须要做详尽的社会调查来了解中央苏区有关群众的阶级问题、经济问题与文化状况，这是做出正确的斗争策略所必需的。为此，毛泽东同志深入寻乌县、兴国县、木口村、长冈乡、才溪乡等地调查，他认为寻乌县的地主阶级分为三类，"第一种是新的，即接受资本主义影响多的。他们的生活比较奢华。他们看钱看得松，他们什么洋货也要买，衣服穿的是破胸装，头也要挥一个洋装。派遣子弟进学校也颇热心，或者自己就是中学等类学校毕业的……第二种是半新不旧。他们赞成一点'新'，但随即就批评'新'的坏处。他们也办学校，也做教育局长，但他们办的学校是专制腐败的。做教育局长是为了拿到一种权，可得到一些钱，而不是为了什么'开通民智，振兴教育'。但历来的教育局长多半是他们做……"① 可以看出，地主阶级对教育的垄断是造成民众"文化贫困"的原因之一，教育的目的不是为了教化民众使其拥有科学文化知识，提升综合素质，而是地主阶级剥削的另一种变种。但地主阶级对子女的教育尤为重视，毛泽东在对寻乌的文化情况调查中发现，全县女子几乎是不识字，男子的文化程度高于女子。"识字人口占全县男子人口的百分之四十，全县的高小学生大部分是小地主子弟，大地主与富农子弟各占小部分；中学生全部都是地主子弟，其中亦是小地主占大多数；大学生中大多数出于大中地主阶级，小地主只占着五个。"② 地主阶级自身凭借教育获得一定的社会地位，自然寄希望于通过对教育的垄断巩固其阶级利益并实现其子女的阶级向上流动，而广大贫困民众由于缺乏获得优质教育的权利而陷入"文化贫困"的恶性循环。毛泽东通过实地调研，敏锐地发现贫困群众受制于"文化贫困"的困境很难提高自身的

---

① 《毛泽东农村调查文集》，人民出版社 1982 年版，第 125 页。
② 《毛泽东农村调查文集》，人民出版社 1982 年版，第 161 页。

劳动力素质技能，文化程度低下直接造成群众不能掌握更先进的生产工具，从事创收能力更高的工业生产，只能停滞于落后的生产技能，长期束缚于土地，成为地主阶级剥削的对象。同样，由于文化程度不高，农民阶级很难形成概括其阶级利益意识的主义，当他们需要表达自身的主张时，只能陷入"文化失语"的局面。

为了改善贫困群众的"文化贫困"现象，毛泽东通知在中央苏区开展基础性教育活动，提出了苏维埃文化教育的总方针和文化建设的中心任务："苏维埃文化教育的总方针在什么地方呢？在于以共产主义的精神来教育广大的劳苦民众，在于使文化教育为革命战争与阶级斗争服务，在于使教育与劳动联系起来。苏维埃文化建设的中心任务是什么？是厉行全部的义务教育，是发展广泛的社会教育，是努力扫除文盲，是创造大批领导斗争的高级干部。"① 在提出了教育的总方针后，毛泽东在对南半县调查中发现："南半县土地斗争胜利，每个乡苏维埃至少办了一个列宁小学校，普通是每乡两个，特别地方（龙图、牛斗光）办了四个，每校学生四五十人。学校及学生数比旧时国民学校增多一倍。小孩子们说：'若不是土地革命我们没有书读'。"② 在长冈乡的调查中，长冈乡陆续建立起列宁小学、夜学班、识字班、文化俱乐部等教育机构，成为中央苏区的文化扶贫的典范，毛泽东明确要求："每个乡苏维埃都要学习长冈乡的文化教育工作。"③

抗日战争时期，毛泽东与中央领导机关为北上抗日进入陕甘宁边区革命边区。陕甘宁革命边区位处我国西北，也是众多少数民族的聚居地，由于生态环境恶劣，生产条件落后，陕甘宁革命根据地的少数民族群众也是处于贫困的束缚中。少数民族群众不仅识字率低，文化程度不高，部分蒙古族、藏族群众连基本的汉语能力都不具备。毛泽东认为，广大少数民族同汉族一样，也是饱受剥削与压迫的阶级，同反动势力的斗争是各族人民的共同的任务，要真心实意地帮助少数民族改善生活条件，促进生产，激发少数民族对无产阶级革命的拥护，达成与各民族的统一战线。为此，毛泽东将中央苏区"文化扶贫"的实践经验用于陕甘宁革命根据地，根据陕甘宁革命根据地的特殊性，建立了许多针对少数民族的文化教育机构，如回族小学、蒙古族学校、抗日蒙古学校等。加强基础文化教育，提高少

---

① 中共江西省委党校党史教研室：《中央革命根据地史料选编（下册）》，江西人民出版社1983年版，第45页。

② 《毛泽东农村调查文集》，人民出版社1982年版，第163页。

③ 《毛泽东农村调查文集》，人民出版社1982年版，第320页。

数民族的文化水平，并且出版了一系列少数民族文字的出版物，保护少数民族文化，加深各民族之间的交往、交流、交融。毛泽东在陕甘宁革命根据地不但重视对少数民族的"文化扶贫"，还加强对少数民族干部的培养，将优秀的少数民族干部送至抗日军政大学、中央党校、陕北公学等高等院校学习，并在陕北公学设立民族部，专门招收少数民族学生，对于少数民族的教育培养成为党的民族政策的重要内容。陕北公学解散后，1941 年 9 月，延安民族学院成立（今中央民族大学的前身），这是中国共产党建立的第一所民族院校，毛泽东以"团结"作为学校的校风，旨在推动各民族守望相助，共同团结奋斗。并且通过打破地主阶级对教育的垄断，在中央苏区和陕甘宁革命根据地实行义务教育，这有效提高贫困群众的文化知识水平，增强贫困群众的劳动力素质技能，提升摆脱贫困的内生动力，也为更好地传播马克思主义提供了文化支撑。至今，毛泽东在"文化扶贫"实践中积累的宝贵经验对今天的反贫困事业仍然具有借鉴价值。

（五）反对"绝对平均主义"是解决贫困的题中之义

孔子言："丘也闻有国有家者，不患寡而患不均，不患贫而患不安。盖均无贫，和无寡，安无倾。"[①] 这句话被历朝庙堂能臣奉为治国安邦的准则，并深刻影响着后续中国反贫困的实践路由与目标导向。朱熹在《四书章句集注》中阐释道："寡谓民少，贫谓财乏，均谓各得其分，安谓上下相安。"[②] 朱熹认为，这里的均并不是指向绝对平均，是"劳其所得，各得其分"的分配模式，这种解读克服了小农阶级的视野局限性，突破了"农民绝对平均主义"的束缚。但"绝对平均主义"在农民的意识中沉淀时间之长，程度之深，是小农经济在文化上的反映。由于小农经济的长期存在，"绝对平均主义"不免长期根植于中国农民的意识中，很难用一家之说彻底根除。

中国农民的"绝对平均主义思想"是中国古代封建制度在意识形态上的反映，"普天之下，莫非王土"，中国封建社会的土地私有制度，不管是小土地私有制形式还是大土地私有制形式，都不是纯粹的私有制形式，而是在国家最高所有权支配下的土地私有制度，土地的所有权归国家所有，上至王公大臣，下至普通黎民，土地的占有权与使用权均来源于代表国家

---

① 杨伯峻：《论语译注》，中华书局 2017 年版，第 41 页。
② 朱熹：《四书章句集注》，长江出版社 2016 年版，第 24 页。

的最高统治者的授予，依据勋爵、军功等方式赐田于民。但在现实的经济活动中，农民的土地往往被官僚地主所兼并，失去生产资料的农民将对土地兼并的控诉转向对"耕者有其田"的追求，即对"绝对平均主义"的向往。可以说，产生"绝对平均主义思想"是农民的阶级利益与意识在政治上、经济上的表达，是自然经济生产力薄弱的体现，是物质上匮乏的直接反映。

"绝对平均主义"是农民阶级反对封建专制统治的精神利刃，农民阶级扬起"绝对平均主义"的大旗，谱写出农民英雄赞歌，数次农民起义运动都是以"绝对平均主义"作为其革命的理论依据。因为革命领导者总是精准地把握住农民的心理偏好与文化取向，以获得更广大的支持与革命的合法性。从李自成领导的农民起义，提出"均田免粮"的革命口号到洪秀全制定的《天朝田亩制度》中"无处不均匀"的原则，都可以看到"绝对平均主义"在中国文化的深厚烙印。

而毛泽东同志领导的无产阶级革命与反贫困斗争从对象、路径、目的上都与农民革命有着本质上的不同，除了马克思主义的科学指引外，毛泽东用自己思辨的政治智慧与扎实的田野经历将马克思主义基本原理同中国实际国情相结合，认识到农民阶级领导革命的软弱性，缺乏科学的理论指导，农民领导的革命最终走向失败。列宁认为："农民过去的全部生活教会他们憎恨老爷与官吏，但没有教会而且也不能教会他们到什么地方去寻找所有这些问题的答案。"[1] 这也解释了中国农民革命失败的现实原因，农民军获取革命战争的胜利后，迅速堕落于骄奢淫逸的生活，截然将自身蜕化为革命的对立面，革命队伍因利益纠纷逐渐解体，封建主义势力一旦反扑，革命迅速走向失败。"绝对平均主义"的思想只能将民众走向共同贫穷，与共同富裕革命愿景背道而驰，试图以小农经济为依托，以"绝对平均主义"为导向，消除剥削与压迫只能是乌托邦式的空想革命；以"绝对平均主义"为导向，反贫困斗争只能助长农民阶级的软弱性。毛泽东同志认识到"绝对平均主义"思想阻碍着革命事业与反贫困斗争的推进，及时地提出要在经济工作、反贫困斗争中予以反对。他在《关于纠正党内的错误思想》中提出："绝对平均主义的来源，和政治上的极端民主化一样，是手工业和小农经济的产物，不过一则见之于政治生活方面，一则见之于物质生活方面罢了。"[2] 在认识到"绝对平均主义"的本质后，随即提出修正的具体办法：

---

① 《列宁全集（第一卷）》，人民出版社 1986 年版，第 3 页。
② 《毛泽东选集（第一卷）》，人民出版社 1967 年版，第 89 页。

"应指出绝对平均主义不但在资本主义没有消灭的时期，只是农民小资产阶级者的一种幻想；就是社会主义时期，物质分配也要按照'各尽所能按劳取酬'的原则和工作的需要，决无所谓绝对的平均。必须反对不问一切理由的绝对平均主义，因为这不是斗争的需要，适得其反，是于斗争有妨碍的。"①

由此可见，毛泽东"反绝对平均主义"的思想提出，及时遏制了"绝对平均主义"错误在党的各项事业中的蔓延，划清了共产主义与原始共产主义的界限，为日后的反贫困斗争指明了方向，明确提出要遵循"各尽所能，按劳取酬"的分配原则，将物质分配贯穿于反贫困工作的方方面面。事实证明，毛泽东的"反对绝对平均主义"不仅在特定的历史环境中富有科学性意义，并对当今反贫困工作具有指导意义，依旧彰显时代的光辉。

至此，毛泽东的反贫困思想体系的机理架构得以体现，回顾新民主主义革命时期毛泽东反贫困思想的萌芽形成，我们能够深切地感受到毛泽东反贫困的思想脉动、对人民群众的热爱以及对革命事业的偾张激情。为了更快地变革旧中国积贫积弱的面貌，为了更好地满足人民对美好生活的期盼，毛泽东同志在艰难险阻的革命征程中，凭借其深厚的哲学思辨，依托对贫困群众"浸入式"的观察与了解，真诚且不遗余力地探索着反贫困的路由，及时修正错误的观点，用"上下求索"来形容是再贴切不过的。毛泽东反贫困思想闪耀的理论光辉与实践经验为中国人民战胜贫困提供了弥足珍贵的路径导引，许多创新之措也为当今打赢"脱贫攻坚战"，全面建成小康社会的伟大事业留下了一份厚重的借鉴之资；也为马克思主义反贫困理论中国化取得了里程碑式的跃进，丰富了马克思主义反贫困理论的时代内涵，为人类反贫困大计的征程上迈出了夯实的中国脚印。

第二节　新民主主义革命时期民族
地区反贫困的艰难探索

新民主主义革命时期是中国共产党带领人民大众推翻"三座大山"的伟大实践；是反对剥削统治，建立人民民主专政制度的伟大征程；是革命重心由城市向农村地区转移的时期。虽然还没有针对民族地区专门的反贫

---

① 《毛泽东选集（第一卷）》，人民出版社1967年版，第89页。

困政策，但是通过制定正确的民族纲领和民族政策，对民族地区发展采取扶持政策，开展了卓有成效的革命工作。这一阶段大致可分为：中国共产党的成立及第一次国内革命战争时期、第二次国内革命战争时期、抗日战争时期以及第三次国内革命战争时期。[①] 在前两次国内革命战争时期，由于中央革命根据地建立在赣闽粤地区，这三省中少数民族人口较少，对民族地区的具体帮扶在此时期不显著，主要体现在坚持"各民族一律平等"的原则。该工作的开展能为最终的胜利起到引领全局的作用。第五次"反围剿"失败后，考虑到民族地区在军事战略上以天险为屏障，易守难攻，有利于保存发展革命力量，中国共产党开始北上向西南、西北民族地区战略性转移，建立了陕甘宁抗日革命根据地。而西北民族地区同中东部平原地区相比，地势多为高原地带，海拔地势高，气候干旱；受自然环境的制约，西北民族地区人口承载力低，居于此地的少数民族生产力普遍低下，有些民族甚至停留在原始公社的刀耕火种时期，民族地区整体社会发育程度滞后于中东部地区。为此，出于革命事业的需要，必须逐步改善少数民族的生活条件，激发少数民族群众对革命事业的拥护，同少数民族达成最广泛的统一战线。这一时期做了大量的扶持民族地区发展的工作，主要的帮扶措施为：开展减租减息运动、鼓励生产和拥政爱民运动、加强对民族地区经济、文化建设、设立民族区域自治制度等。

一、中国共产党的成立及第一次国内革命战争时期（1921～1927）

这一时期中国共产党制定了正确的民族纲领来指导民族工作，虽然还没有明确提出少数民族的经济政策，但也有所涉及，由此激发了少数民族群众对革命事业的拥护。

中共一大时，我们党就明确表明了民族平等原则。1921 年，中国共产党的第一个党纲中提出："凡承认本党党纲和政策，并愿意为忠实的党员者，经党员一人介绍，不分性别，不分民族，均可接收为党员，成为我们

———————————

① 本书对于新民主主义革命时期的划分依据《毛泽东选集（第一卷）》《毛泽东选集（第二卷）》（人民出版社 1991 年版）中的界定，其中《毛泽东选集（第二卷）》中对抗日战争时期的划分为 1937～1945 年。根据习近平同志九三阅兵讲话精神（《习近平阅兵讲话让人心潮澎湃的 7 句话》，人民网，2015 年 9 月 3 日，http://politics. people. com. cn/n/2015/0903/c1001 - 27543696. html）以及 2016 年教育部对中高职教材德育课、文化基础课涉及抗战的有关内容作出的新规定，将 8 年抗战概念改成 14 年抗战。为充分体现"九一八"事变后 14 年抗战的历史是前后贯通的整体，本书将抗日战争时期划分为 1931～1945 年。

的同志。"① 在党的组织问题上表明了民族平等原则，这是民族平等思想的具体体现。在中共二大，提出了民族自决的主张。在会议上通过的《中国共产党第二次全国代表大会宣言》是这一时期关于民族纲领和民族政策的重要文件，在中共六大之前，其基本思想和观点指导着这一时期中国共产党的民族工作。中共二大宣言分析了当时中国社会的民族问题，全面深刻地剖析了旧中国民族压迫与民族不平等的根源，并指出："中国的反帝国主义的运动也一定要并入全世界被压迫的民族革命潮流中，再与世界无产阶级革命运动联合起来。"② 这明确了中国人民的革命斗争与世界被压迫民族与人民的反帝斗争的关系，是世界人民反帝斗争的一部分。中共三大宣言中指出："我们的使命是以国民革命来解放被压迫的中国民族。"③ 同时会议制定通过了《中国共产党党纲草案》，对实现民族平等和民族联合团结问题做了进一步的规定，提出了给予少数民族地区充分的、平等的、自主决定的权利，还明确提出了"教育与宗教绝对分离。"④ 这是中国共产党早期提出的很重要的宗教政策，完全符合马克思列宁主义对教育与宗教关系的理论原则与政策，而且这里提出"绝对"分离，也表明当时西方宗教势力渗透到中国教育中的严重性和严峻性。中国共产党对于帮助发展少数民族经济及文化十分重视。

1924 年 11 月，瞿秋白发表《十月革命与弱小民族》一文，介绍苏俄解决民族问题的经验时指出，帮助发展少数民族经济及文化是真正消灭民族不平等的正当道路。中共四大通过了《对于民族革命运动之议决案》，对民族革命做了详细论述，指出"无产阶级的社会革命运动"和"多阶级的民族革命运动"汇合起来"才是整个的世界革命"；无产阶级参加民族运动的目的是"要由民族革命引导到无产阶级的世界革命"⑤，无产阶级在民族运动中不能丧失阶级性和世界性。在中共四届一次扩大执行委员会议上，还通过了专门针对国内少数民族问题的决议案，主要体现在对蒙古族、回族

---

① 中共中央统战部：《民族问题文献汇编》，中共中央党校出版社 1991 年版，第 3 页。

② 《中国共产党第二次全国代表大会宣言》，中国共产党历次全国代表大会数据库，http：//cpc. people. com. cn/GB/64162/64168/64554/4428164. html。

③ 《中国共产党第三次全国代表大会宣言》，中国共产党历次全国代表大会数据库，http：//cpc. people. com. cn/GB/64162/64168/64554/4428164. html。

④ 《中国共产党党纲草案》，中国共产党历次全国代表大会数据库，http：//cpc. people. com. cn/GB/64162/64168/64554/4428164. html。

⑤ 中共中央文献研究室、中央档案馆编：《建党以来重要文献选编（1921～1949）（第二册）》，中央文献出版社 2011 年版，第 215、212～213 页。

等少数民族的政策之中。其中，《中国共产党四届一次扩大执行委员会议关于蒙古问题议决案》提出："内蒙古农民中的革命工作……不应当掩没蒙古人的民族利益"①，并提出了一些具体的民族政策。1926 年专门针对西北回族问题，首次提出"对回民须有适当的政策，不损害这少数民族在政治上、经济上的生存权利。"②

二、第二次国内革命战争时期（1927～1937）

中共五大是在"四一二"反革命政变发生后仅半个月的时间召开的。全党上下最焦虑、最关心的问题是如何正确认识严峻复杂的局面，如何从危难中挽救革命。这次大会虽然提出了争取无产阶级对革命的领导权、建立革命民主政权和实行土地革命的一些正确原则，但对无产阶级如何争取革命领导权，如何领导农民实行土地革命，如何对待武汉国民政府和国民党，特别是如何建立党领导的革命武装等问题，都没有提出有效具体的措施，没能承担起挽救革命的任务。这一时期，中共中央给各地党组织的指示中也都专门提出了少数民族问题。

随着在一些少数民族地区革命工作的开展和红色政权的建立，中国共产党对国内少数民族的认识正在加深，在民族纲领和民族政策方面与前一时期相比有了较大发展，并且提出了一些在前一时期未曾涉及的民族政策。主要包括：一是关于民族平等和民族团结政策。1931 年，《关于中国境内少数民族问题的决议案》比较完整、准确地阐述了中国共产党民族平等政策的内涵，承认少数民族，强调民族平等，号召民族团结。中华苏维埃共和国时期提出了各民族在苏维埃法律面前一律平等、在选举权和被选举权上一律平等，这是中国共产党民族平等政策在这一时期的重大发展和进步。1936 年 5 月，为了巩固与扩大陕甘宁革命根据地，以彭德怀为司令员的中国工农红军一方面军开始西征，在解放了宁夏豫旺县后，当地回族群众对工农红军的到来表示热烈拥护，并积极响应革命号召，踊跃参军。中共陕甘宁省委书记李富春得知此事后，认为建立回民自治政府的条件已经成熟。1936 年 8 月，秉持毛泽东同志的指示后，李富春前往宁夏豫旺县开展了回族自治政府的相关筹备工作。1936 年 10 月 20 日，陕甘宁省豫海县回民自

---

① 中共中央统战部：《民族问题文献汇编》，中共中央党校出版社 1991 年版，第 39 页。

② 中共中央统一战线工作部、中共中央文献研究室：《新时期统一战线文献选编（续编）》，中共中央党校出版社 1997 年版，第 18～22 页。

治政府成立，这是全国第一个县级回民自治政权，也是中国历史上第一个县级少数民族自治政权。自治政府随即颁布了《豫海县回民自治政府条例》《减租减息条例》《土地条例》等决议案。二是提出了帮助少数民族发展经济的政策。这一时期采取的措施，较第一次国内革命战争时期有所发展，在当时对提高少数民族革命和生产的积极性，加强民族地区的经济建设有一定程度的作用和影响。如1930年，《中国共产党对目前时局的宣言》指出，"帮助各少数民族之各个民族文化经济的发展。"①在红军长征开始以后，在少数民族的经济政策方面，各路红军始终坚持了两大原则：其一是对少数民族要真心的帮助、实际的帮助。党和红军发现民族地区的恶劣环境和少数民族贫穷的经济状况后，更加强调照顾群众利益，给予少数民族实际的帮助；其二是实行各民族经济上平等的政策。在众多的商业经济活动中，党和红军始终把自己当作市场交换的一个普通实体，平等地和广大少数民族进行交换购买活动。在坚持这两个原则的前提下，党和红军还针对民族地区因地制宜地制定了一些具体的经济政策。如1935年6月，中央和红军总政治部连续下发了三个涉及经济方面的重要文件，《中国共产党中央委员会告康藏番民众书》宣布了党的经济政策并不是取消资本主义发展的可能，为着群众生活的提高，允许商业自由，但是必须采取限制剥削征收累进税。《关于收集粮食的通知》和《关于粮食问题的训令》规定了筹集粮食的方法，并要求公平买卖。中国共产党和红军关于发展少数民族经济的政策，体现在1936年4月在四川道孚地区建立的波巴自治政府第一次人民代表大会所通过的条例之中。有关经济方面的主要措施有：最高地租不得越过四六分成的比例；鼓励买卖，不论资本大小，一律保护等。三是培养少数民族干部政策。在第二次国内革命战争时期，中国共产党明确提出培养少数民族干部的政策，这是中国共产党民族政策的一个重要发展。1931年，《关于中国境内少数民族问题的决议案》中明确提出尽量引进当地民族的工农干部担任国家的管理工作；注意中华苏维埃共和国的少数民族的共和国或自治区域内；注重当地干部的培养与提拔，以消灭民族间的仇视与成见，建立一个没有任何民族界限的工农国家。四是尊重少数民族的宗教信仰和风俗习惯。在少数民族地区，党和红军既注重宣传党的宗教信仰自由和尊重少数民族风俗习惯的民族政策，又注意保护各宗教寺庙祠堂和文物古迹，完全尊重少数民族同胞的风俗习惯，赢得了他们的信赖。

---

① 中共中央统战部：《民族问题文献汇编》，中共中央党校出版社1991年版，第129页。

三、抗日战争时期（1931～1945）

1931 年 9 月 18 日，日本帝国主义发动"九一八"事变，将其觊觎我国东北已久的狼子野心彻底暴露。通过扶持傀儡政权进而掌控东北，并妄图将整个中国变为其独占殖民地，中华民族至此进入危亡之际。中国共产党扛起武装抗日的战斗旗帜，1931 年 9 月 20 日，中共中央立即发表《为日本帝国主义强暴占领东三省宣言》，揭露日本帝国主义的目的是"使中国完全变成它的殖民地"，提出"坚决反对日本帝国主义的侵略行径，号召全体工农群众一致行动起来，将一切帝国主义势力赶出中国。"[①] 这与当时国民党政权采取的"不抵抗主义"形成了鲜明对照。"九一八"事变后，辽宁、吉林两省相继沦陷，日军于 10 月集结万余兵力大举进攻黑龙江。黑龙江省主席马占山就职后，不顾蒋介石的不抵抗命令，不理日军的恫吓，毅然肩负起抗日的重任。1931 年 11 月 4 日，日军对洮昂铁路上的嫩江桥发起进攻，遭到了驻守江桥的东北军顽强抵抗，马占山率部击溃了日军的数次进攻，打响了中国人民抵抗日本侵略者的第一枪。

1935 年 12 月，面对日寇吞并华北的严重局势，到达陕北不久的中共中央，在瓦窑堡会议和随后召开的党的活动分子会议上决定建立最广泛的抗日民族统一战线，以坚决反对日本帝国主义及其汉奸走狗卖国贼，强调："共产党和红军不但在现在充当着抗日民族统一战线的发起人，而且在将来的抗日政府和抗日军队中必然要成为坚强的台柱子。"[②]

1937 年卢沟桥事变后，抗日战争全面爆发，中国共产党人成为抗日战争的中流砥柱。以毛泽东为核心的党中央认识到，关心少数民族生活，解除他们的疾苦是开展民族工作的核心，如果不能真正地做到关心少数民族生活，解决他们的温饱甚至是生存问题，是很难唤起少数民族群众对中国共产党领导的无产阶级革命的认同。这一时期，中国共产党为适应抗战的需要，建立了各民族抗日统一战线，确立了抗日战争时期民族政策的基本主张，并开展了对民族地区经济、文化等各项事业的帮扶。

在政治上，1938 年，中国共产党召开六届六中全会，这次会议是党对民族地区的工作纲领发生变化的标志。基本纲领和政策是：第一，允许蒙、

---

①　中央档案馆：《中共中央文献选集（第七册）》，中共中央党校出版社 1991 年版，第 396～400 页。

②　《毛泽东选集（第一卷）》，人民出版社 1991 年版，第 151 页。

回、藏、苗、瑶、彝等各民族与汉族有平等的权利，在共同对日原则下，有自己管理自己事物之权，同时与汉族联合建立统一的国家；第二，各少数民族与汉族杂居的地方，当地政府须设置由当地少数民族的人员组成的委员会，作为省县政府的一个部门，管理和他们有关的事物，调节各民族的关系，在省县政府委员会中应有他们的位置；第三，尊重少数民族文化、宗教习惯，不但不应该强迫他们学汉语汉文，而且应赞助他们发展用各自民族自己语言文字的文化教育；第四，纠正存在着的大汉族主义，提倡汉人用平等态度与各族接触，使日益亲善密切起来，同时禁止任何对他们带侮辱性与轻视性的言语、文字、行动。[1]

在文化上，六届六中全会以后，中共中央进一步加强了对民族地区工作的重视。在 1939 年成立了西北工作委员会，主持西北地区陕甘宁边区以外的少数民族工作，并颁布了《陕甘宁边区抗战时期施政纲领》，纲领中规定："实现蒙、回民族在政治上、经济上与汉民族的平等权利，依据民族平等的原则，联合蒙回民族共同抗日。尊重蒙回民族之信仰、宗教、文化、风俗习惯，并扶持其文化的发展。"[2]《陕甘宁边区抗战时期施政纲领》颁布后，边区政府开始帮助少数民族开办了基础教育机构，开办了回族小学、蒙古族学校、抗日蒙回学校等，并出版了蒙文与阿拉伯文的教材，促进了少数民族文化的传承、保护与发展。1940 年，边区政府成立了蒙古文化促进会与回族文化促进会，将马克思主义经典作家的著作译成蒙文与阿拉伯文，在民族地区广泛地传播了马克思主义。

在经济上，边区政府对民族间的经济纠纷予以了合理解决，鼓励、支持少数民族参加农业合作社，对少数民族进行生产技能培训，提供必要的农具与种子，帮扶他们发展农牧业，并减轻了少数民族的赋税；通过提供生活必需品，改善少数民族的生活条件。1942 年，毛泽东在谈及关于陕甘宁边区经济问题时强调："陕甘宁边区虽然是没有直接遭受战争破坏的后方环境，但地广人稀，只有一百五十万人口，供给这么多粮食，是不容易的。老百姓为我们运公盐和出公盐代金，一九四一年还买了五百万公债，也是不小的负担。为了抗日与建国的需要，人民是应该负担的。但我们一方面取之于民，一方面就要使人民经济有所增长，有所补充。这就是对人民的农业、畜牧业、手工业、盐业和商业，采取帮助其发展的适当步骤和办法，

————————
① 中共中央统战部：《民族问题文献汇编》，中共中央党校出版社 1991 年版，第 595 页。
② 西北五省区编纂领导小组、中央档案室：《陕甘宁边区抗日民主根据地（文献卷·下）》，中共党史资料出版社 1990 年版，第 52 页。

使人民有所失同时又有所得，并且使所得大于所失去，才能支持长期抗战的需要。"[①] 1943 年，党中央认识到民族地区人口承载力的问题，意识到各族群众为革命事业付出了巨大的牺牲。为了改善群众的生活条件，减轻赋税压力，党中央决定开展了"减租减息"运动，要求各个根据地领导机关必须责成各级党组织检查"减租减息"的情况，明确提出："减租是农民的群众斗争，党的指示和政府法令是领导和帮助这个群众斗争，而不是给群众以恩赐。凡不发动群众积极性的恩赐减租，是不正确的，其结果是不巩固的。"[②] 在减租减息的基础上，毛泽东还要求党政机关、学校、部队的干部、工作人员实现自己动手的大规模生产，发展为群众服务的合作社，县区党政机关的工作人员以百分之九十的精力帮助各族群众增加农业生产。毛泽东讲道："在一切党政军机关中讲究节省，反对浪费，禁止贪污。各级党政军机关学校一切领导人员都必须学会领导群众生产的一套本领。凡不注重研究生产的人，不算好领导。一切军民人等凡不注意生产反而好吃懒做的，不算好军人、好公民。"[③] 为了使革命队伍同当地各族群众紧密结合，陕甘宁边区政府在各地举行了大规模的"拥政爱民""拥军优抗"的群众活动。军队开展了针对伤害到少数民族利益行为的检讨会，彻底检查军队方面与边区政府在 1943 年的错误与缺点，责令 1944 年整改完成。

四、第三次国内革命战争时期（1945～1949）

在第三次国内革命战争时期，[④] 我们党对民族地区发展高度重视。如 1945 年，召开了中共七大，毛泽东同志在其所作的政治报告《论联合政府》中，对抗战胜利前夕中国人民所处的情况做了具体分析，提出了中国共产党在民族问题上的具体纲领，认为在抗战胜利前夕和战后，中国人民的现实要求反映在民族问题上是"要求改善国内少数民族的待遇，允许中国少数民族有民族自治的权利。"[⑤] 此次报告强调少数民族问题是战时和战后一个重大问题，可见我们党对民族地区发展的重视。

---

① 《毛泽东选集（第三卷）》，人民出版社 1991 年版，第 846 页。
② 《毛泽东选集（第三卷）》，人民出版社 1991 年版，第 865 页。
③ 《毛泽东选集（第三卷）》，人民出版社 1991 年版，第 866 页。
④ 《第三次国内革命战争时期的统一战线（1945.8 至 1949.9）》，中国共产党新闻网，2013 年 12 月 20 日，http：//cpc. people. com. cn/n/2013/1220/c372202 - 23899971. html。
⑤ 《毛泽东选集（第三卷）》，人民出版社 1991 年版，第 1083 页。

第三节　新民主主义革命时期民族地区
反贫困工作的实施成效

在两千多年的封建统治历史中，中国始终是一个自给自足的以自然经济占主导地位的国家。明清时期，中国封建社会内部商品经济已有了一定的发展，孕育着资本主义的萌芽。到了近代，清朝以天朝上国自居，实行了"闭关锁国"的政策，没有及时跟上世界的潮流，此时西方国家正在发生着翻天覆地的变化。第一次工业革命使西方国家的生产力迅速提高，为了攫取更大的利润，1840 年，英国发动了侵略中国的鸦片战争，以坚船利炮打开了中国的大门，打断了中国社会的发展进程，中国逐步沦为一个半殖民地半封建的国家。1921 年，中国共产党挑起了历史的重担，带领各族人民开始了反帝反封建的新民主主义革命。中国共产党成立之初，就明确宣示自己为劳动人民利益而奋斗的政治立场，中国共产党历史上的第一个纲领明确提出："把工农劳动者和士兵组织起来，并承认党的根本政治目的是实行社会革命。"①建立先进的社会制度，改变劳动人民的生产生活条件，使劳动人民过上幸福日子，这是我们党在成立之日起就确立的奋斗目标。经过土地革命战争，抗日战争、解放战争到新中国的成立，意味着新民主主义革命的基本胜利，为实现各民族共同繁荣发展奠定了重要的现实基础。

一、土地革命为民族地区反贫困提供动力支撑

农民最重要的是土地，只有实行土地革命，农民才能真正得到解放。土地革命的实质是消灭封建地主的土地所有制，实现农民的土地所有制。1927 年，在井冈山革命根据地开始了土地革命。1937 年，抗日战争全面爆发，为了建立抗日民族统一战线，中国共产党在抗日根据地实行减租减息政策。1946 年 5 月 4 日，中共中央发布的《关于土地问题的指示》（即"五四指示"）中，根据解放战争的新形势，决定将减租减息政策改为实现"耕者有其田"的政策。1947 年 7 月到 9 月，中国共产党在西柏坡举行全国土

---

①　中央档案馆：《中共中央文件选集（1921～1925）》，中共中央党校出版社 1989 年版，第 3 页。

地会议，通过了《中国土地法大纲》。1949 年新中国成立前，解放区有 1.45 亿人口获得了土地。[①] 与其他地区相比，我国少数民族地区土地占有状况更加集中。如鄂西鹤峰地主富农人口占全县的 10%，所占田地却达全县田地的 70%～80%。湘西的永顺、龙山、桑植、大庸等县，将近 2/3 的土地和山林为地主富农所有，至于各地的苛捐杂税，更是多如牛毛，数不胜数，以致许多农民倾家荡产，无以为生。这种极不合理的封建土地所有制是民族地区广大农民深受盘剥与生产力较为低下的重要原因。[②] 1931 年 11 月，中华工农兵苏维埃第一次全国代表大会作出《关于中国境内少数民族问题的决议案》，重申各民族一律平等，强调了"坚决地反对一切大汉族主义的倾向"，并指出"中华苏维埃共和国的目的是建立一个没有民族界限的国家，旨在消灭一切民族间的仇视与成见"。[③] 地处滇黔桂三省交界的右江地区是少数民族聚居的边缘地区，这里长期聚居着壮、汉、瑶、苗、彝、回、仡佬等各族人民，也是党在少数民族地区建立的一块较大的革命根据地。针对右江革命根据地的情况，邓小平在制定和实施土地分配政策时，规定不分民族，同样参加分配土地。1931 年 4 月，邓小平在《七军工作报告》中，总结土地革命的经验时指出："瑶民分配山地，有些瑶民不愿下山，则分配山地，田地不够时则将山地分给富农。"[④] 在民族地区土地革命中，区分不同地区采取不同的改革措施：对与汉族地区社会发展程度相当的少数民族地区，采取和汉族地区大致相同的方法，即发动群众，划分阶级成分，没收地主土地和其他生产资料分给无地少地农民；对处于封建农奴制的地区，采取和平协商的方法，争取上层做必要的让步，改革中不开展面对面的斗争，土地以外的生产资料不予触动，对放弃剥削的上层人士，国家保证其政治地位和生活水平不降低；对处于奴隶制的凉山彝族地区，实行更为温和的和平改革办法，废除奴隶主特权，分配多余的土地，征购多余的耕畜、农具、粮食和房屋，一般不算老账，不挖浮财，不退押金，对奴隶主本人，根据对民主改革的态度，区别对待，已参加工作的，经团结教育照旧任职。生活困难的，适当给予补助。此外，牧区的民主改革考

---

①　孙健：《中国经济通史下卷（1949～2000）》，中国人民大学出版社 2000 年版，第 1485～1488 页。

②　李资源：《土地革命时期少数民族革命斗争述略》，载于《中南民族学院学报（哲学社会科学版）》1989 年第 2 期，第 108～114 页。

③　金炳镐：《民族关系特征：民族和谐社会建设的理论指导（一）》，中国社会科学网，2011 年 8 月 9 日，http：//www.cssn.cn/mzx/llzc/201310/t20131025_563687.shtml。

④　《邓小平军事文集（第一卷）》，军事科学出版社、中央文献出版社 2004 年版，第 95 页。

虑到了畜牧业生产实际。畜牧业生产特点是：畜群不宜过于集中和过于分散，畜群结构遭到破坏短期难以恢复，牲畜既是生产资料又是生活资料，分配牲畜势必导致牧主乱宰滥杀和转移牲畜。为此，牧区民主改革采取了"三不两利"政策，即"不分、不斗、不划阶级"和"牧工、牧主两利"。内蒙古改革较早，新疆牧区改革始于1952年夏天，川甘青藏区的民主改革和社会主义改造则同步进行。

实践证明中国共产党开展的土地革命，准确地把握和解决了中国革命中最关键、最复杂的农民土地问题，保障了各族广大贫苦群众的生存问题，初步改变了封建土地占有制关系，使广大农民摆脱地主的压迫和束缚，充分调动了各族广大农民群众革命和生产的积极性，从制度上消除了贫富不均的根源。

二、经济政策为民族地区反贫困提供目标引导

旧中国是一个十分贫弱落后的农业国，新中国成立前，只有10%左右的近代工业经济，90%左右是分散的个体的农业经济和手工业经济，即"我们还有百分之九十左右的经济生活停留在古代。"[1] 在新民主主义革命时期，中国共产党密切关注民族地区的经济发展和人民的生活水平，根据民族地区的实际情况，制定出了一系列适合民族地区经济发展的纲领政策。在抗日战争时期，"发展经济，保障供给"为民族地区反贫困提供目标导向。抗日战争时期，民族矛盾已成为中国社会的主要矛盾，在这关系民族存亡的关键时期，只有团结全国各民族共同抗战才是中国的唯一出路。这一时期，一切的经济政策以"发展经济，保障供给"为原则，最大限度地为革命的胜利提供必要的物质基础，并在斗争中不断改善各族人民的生活。"战争不但是军事的和政治的竞赛，还是经济的竞赛。我们要战胜日本侵略者，除其他一切外，还必须努力于经济工作。"[2] 为了动员全国各族人民一致抗日，中国共产党在1937年8月提出的抗日救国十大纲领中，把推行改良人民生活的新政作为其中一条。中共中央机关报《解放日报》在1941年6月22日发表的社论《实行正确的民族政策》中提出："实行正确的民族政策，以团结国内各少数民族共同抗日图存，就是当前抗战中的严重任务之

---

[1]　白和金：《从新民主主义到社会主义初级阶段的中国经济发展》，载于《宏观经济研究》1999年第9期，第3~10页。

[2]　《毛泽东选集（第三卷）》，人民出版社1991年版，第1074页。

一。""现时对国内少数民族的政策应当是'根据各少数民族内部的具体状况和广大人民目前迫切的需要，实行各种必要与可能的民主改革与民生改善，以激发少数民族的抗战热忱与生产热忱'，这是政府当局与各少数民族内部领导人士所应注意与执行的。"① 在这一总方针的指引下，修养民力、减租减息，军民开展大生产运动在各根据地有效推进着。在农业发展方面，1937~1938 年，政府为了减轻人民负担，实行减租减息，每年只征收公粮一万担，帮助群众组织生产互助，帮助农民解决耕牛、农具、种子的困难，发放农业贷款，在发展生产的同时不断减轻人民的负担，农村经济有了显著发展。如 1942~1944 年这三年中，陕甘宁边区共开垦荒地二百多万亩，到 1945 年，这里的农民大部分可以达到耕种三年庄稼，收获的粮食除自己生活消耗外，还可剩余一年的。农民所交的公粮也在逐年减少，1941 年占总收获量的 13.58%，1942 年降为 11.14%，1943 年降至不足 9%。② 可以说，"发展经济，保障供给"的方针，极大地调动了军民的积极性，有力地推动了生产的发展，出现了农业、工商业产值高速增长和各项经济事业顺利发展的大好局面，为减轻人民负担，改善军民物质生活提供了可能，成为抗战取得胜利的基本保证。

在解放战争时期，中共中央书记处发出的《中共中央关于内蒙工作方针给晋察冀中央局的指示》中指出："各盟旗自治政府可举办有利蒙民各种经济等建设事业的工作。"③ 号召各盟旗参考绥远省政府及绥蒙军区司令部的做法，即发展蒙古人民的畜牧业，创办畜类防疫设备，保护并改善水草地，改良品种和饲养方法，提倡蒙古人民发展农业，调整蒙汉土地；扶助民间工业，发展商业。中国共产党针对一些地区回族的实际情况，也制定了有利于其经济发展的政策。1949 年 7 月，在《中国人民解放军第一野战军政治部对西北回民及胡马匪军口号》中提出"保护回民工农商牧业"的口号。④ 在琼崖地区，多居住着黎、苗、壮等少数民族，我们党根据这些地区的实际情况，也相应提出："群众经济要求及土地改革由减租减息到清算分田"等指示。⑤ 藏族自古就是我国一大民族，新中国成立前，"甘、青两省都有藏民问题，人数不少（青海即有六十万）问题亦多，如果把青海藏

---

① 中共中央统战部：《民族问题文献汇编》，中共中央党校出版社 1991 年版，第 681~682 页。

② 李占德：《抗日战争时期陕甘宁边区的经济建设》，载于《中央财政金融学院学报》1995 年第 5 期，第 3 页。

③ 中共中央统战部：《民族问题文献汇编》，中共中央党校出版社 1991 年版，第 965 页。

④ 中共中央统战部：《民族问题文献汇编》，中共中央党校出版社 1991 年版，第 1253 页。

⑤ 中共中央统战部：《民族问题文献汇编》，中共中央党校出版社 1991 年版，第 1115 页。

民工作搞好，对川、康、西藏有很大影响"，因此，彭德怀在《关于青海现状及对藏民工作意见的报告》中提出："实行贸易自由，帮助组织消费合作社，进行等价交换，取消土司的垄断"的主张。① 此外，1949 年 9 月 29 日，中国人民政治协商会议第一届全体会议通过的《中国人民政治协商会议共同纲领》中对发展民族经济的纲领政策做了总的概述，即人民政府应帮助各少数民族的人民大众发展其经济等项事业。②

总之，因地制宜地实施民族经济政策，不仅在一定程度上减轻了少数民族的经济负担，改善了少数民族的生活状况，调动了少数民族的生产积极性，为全国各民族的最终解放提供了物质保证，同时也为新中国成立后的社会主义时期民族经济政策的制定及民族地区经济的建设提供了许多宝贵的经验，并在此基础上得以进一步向前发展。

三、"民族平等、民族团结"为民族地区反贫困奠定思想基石

在帝国主义和封建势力的双重压迫下，中华民族陷入内忧外患的困境，经历了战乱频仍、山河破碎、民不聊生的深重苦难，这种苦难不是一个民族的苦难，而是中华大地上各个民族的共有苦难。在苦难面前，中国共产党将革命工作与民族工作相结合，团结全国各族人民开展革命斗争，走出一条崭新的革命道路。"民族平等、民族团结"贯穿于新民主主义革命时期中国共产党制定的民族纲领和民族政策之中，允许少数民族群众自己管理自己，当家作主，并建立自己的革命武装来保卫红色政权，打击敌人，并在实践中不断完善。一方面激励了少数民族群众积极参加革命斗争，建立革命根据地和解放区，建立革命政权和自治政权，为新民主主义革命的全面胜利作出了重要贡献。另一方面，"民族平等、民族团结"的民族政策在实践中爆发出强大的生命力，反映了少数民族群众希望民族解放，实现民族平等和自治的强烈愿望，这是各族人民团结奋斗的内生动力，也为新中国开展反贫困事业奠定了强有力的思想基石。

中国共产党成立初期，从当时中国的具体情况出发，根据马克思列宁主义"民族自决"的原则，显示了我们党尊重国内各民族人民平等自主的原则和彻底革命的精神，充分反映了各族人民反对帝国主义侵略和厌恶军

---

① 中共中央统战部：《民族问题文献汇编》，中共中央党校出版社 1991 年版，第 1283 页。

② 中共中央统战部：《民族问题文献汇编》，中共中央党校出版社 1991 年版，第 1290 页。

阀混战，要求统一和解放的愿望。旨在唤起少数民族群众的觉醒，团结起来，共同完成反帝反封建的革命任务。各少数民族在中国共产党及其民族纲领、政策的领导和指引下，为民族自由解放而斗争。1924~1927年第一次大革命风暴，席卷了粤、桂、湘、鄂、赣、滇、川等南方少数民族地区，各地各族人民踊跃参加了这一斗争，也影响到北方和一些边远的少数民族地区，推动少数民族人民革命斗争的发展。① 大革命时期发动少数民族斗争的实践使得对民族问题有了更深刻的认识，强调了解决国内民族问题的重要性，规定了比较完整的苏维埃民族政策，得到了各族人民的支持。红军长征时期，中国共产党将民族政策在少数民族工作的实践中加以检验，并在频繁地接触少数民族和民族问题的过程中，提出了许多具体的民族政策、措施以及原则，完善和发展了党的民族政策。长征过程中，我们党特别重视民族问题和争取少数民族的工作，要求"在一切工作中，必须不知疲倦地做好民族工作"。在长征路经苗、瑶、侗、布依、土家、白、纳西、彝、藏、羌、回、裕固等少数民族聚居和杂居地区的过程中，我们党坚持了民族平等和民族团结政策，尊重少数民族的风俗习惯、语言文字和宗教信仰，培养了大批少数民族干部，帮助少数民族建立了革命政权（包括民族自治政权）和人民武装，这些都为沿途各少数民族人民的觉醒起到了重要作用。

　　抗日战争全面爆发后，中华民族处在危急存亡之际，各族人民空前觉醒。中国共产党提出了彻底战胜日寇的十大救国纲领，其中包括全国人民总动员，动员蒙民、回民及其他少数民族，在民族自决和自治的原则下，共同抗日。毛泽东同志在党的六届六中全会报告中明确提出："允许蒙、回、藏、苗、瑶、彝、番各民族与汉族有平等权利，在共同对日原则下，有自己管理自己事务之权，同时与汉族联合建立统一的国家"，并且提出了尊重各少数民族的文化、宗教、习惯、语言文学，纠正大汉族主义，改善国内各民族的关系，真正达到团结对外之目的，而且把团结各民族为一体，共同对付日寇作为当前任务之一。抗日战争时期党的民族政策，充分反映了各少数民族群众要求民族平等和自治的愿望，动员了千千万万少数民族人民积极参加抗日战争。如冀中、渤海回民支队、大青山蒙古族游击队等英勇杀敌，威震抗日疆场；湘、桂、黔、滇等省的苗、瑶、水、布依等民族人民武装起义，攻城夺地，沉重打击了国民党顽固派的统治等。解放战

---

　　① 颜寿：《新民主主义革命时期党在少数民族地区的政策与工作》，载于《黑龙江民族丛刊》1990年第1期，第9~15页。

争时期，我们党坚持以往行之有效的民族政策外，在已经解放的民族地区特别注意实现民族平等和民族团结，开始实行民族区域自治政策（如1947年5月1日，我国第一个少数民族自治区——内蒙古自治政府诞生），实行民族区域自治的工作，大力恢复和发展生产，支援全国的解放斗争。

第三章 为了制度和物质保障的奋战：社会主义制度建立和全面建设（1950～1977）

1949 年新中国的成立，标志着中国新民主主义革命的基本结束和社会主义革命阶段的开始，结束了一百多年来，帝国主义勾结封建统治者，剥削压迫中国各族人民的局面；结束了一百多年来中国饱受侵略、战乱频仍、国家四分五裂的局面；实现了全国人民梦寐以求的民族解放和国家独立。新中国成立之初，国家刚从战争中恢复，积贫积弱，贫困普遍存在，解决吃饱穿暖的问题是迫切需要，党和国家也始终坚持把加快民族地区经济社会发展作为解决民族问题的根本途径。为了尽快改变贫穷落后的社会状况，进一步解放生产力，在社会主义制度的建立和全面建设时期，党和国家领导人将反贫困作为巩固和发展社会主义制度的基础，立即展开了全国范围的土地改革，彻底摧毁了封建土地制度，为解决温饱进而摆脱贫困提供了保障；通过社会主义三大改造确立了社会主义公有制的主体地位，因地制宜地进行少数民族地区社会制度改革，建立了社会主义制度；同时，中国共产党清晰地认识到改造小农个体经济的重要性，推动了农业互助合作和合作化。虽然这一阶段民族地区的反贫困事业遇到了诸多挫折，但也在曲折中不断发展、壮大。

第一节 社会主义制度建立和全面建设时期中国共产党反贫困思想

新中国成立之初，面对贫穷与落后的基本国情，党和国家领导人提出通过工业化和合作化实现反贫困的战略构想，形成了对于贫困及缓解贫困的基本认识，即从社会主义制度建立的历史背景分析中国的贫困问题，从满足人民群众利益角度分析反贫困问题。以毛泽东为核心的党的第一代中央领导集体在马克思主义反贫困理论的基础之上，领导全国人民建立了社会主义制度，并开始了反贫困的理论与实践探索。首次提出共同富裕思想，并提出了社会主义贫困治理路径和基本战略等一系列关于贫困治理问题的新论断和新主张，形成了对于贫困治理的初步认识，标志着中国共产党反贫困思想的初步形成。

一、使命召唤：社会主义制度建立和全面建设时期中国共产党反贫困思想的形成背景

百年动乱，中华民族遭受了巨大的苦难，为赢得民族独立，全国各族人民付出了巨大的牺牲。新中国的成立，标志着我国新民主主义革命阶段的基本结束和社会主义革命阶段的开始，中国从此走上了独立、民主、统一的道路。但是刚刚成立的新中国，面临着严峻的国内、国外形势，亟须抚平战争创伤，尽快弥补因战争造成的损失，解决经济窘境，稳定全国经济秩序，进一步巩固人民政权；亟须改善人民群众的生活条件和生存条件，实现民族平等，促进民族团结，稳定社会环境。这一时期开展反贫困工作，尤其是民族地区反贫困工作成为中国共产党面临的最为紧迫的大事，也是对我们党执政能力的一次重大考验。

（一）解决贫困是巩固新生政权的当务之急

1. 新中国成立初期民族地区经济社会发展亟须恢复

新中国成立之初，经济千疮百孔，国家积贫积弱。1949 年，中国的人均国民收入只有 27 美元，相当于西方发达国家 18 世纪中期的水平。新中国成立初期全国工业总产值锐减，与新中国成立前经济发展的最高年产量相比，轻工业减少 30%，重工业减少 70%，棉花减少 48%，其他生活物资如食糖也减少了 5%。① 一方面，在战乱多年的广大农村地区，土地大面积荒芜，农业生产资料极为匮乏，生产方式极为落后。1949 年，中国粮食总产量为 11318 万吨，与 1936 年的 15000 万吨相比减少了 24.5%，全国人均粮食产量仅为 448 斤；棉花的总产量也从 1936 年的 84.9 万吨下降到了 1949 年的 44.4 万吨，总产量下降了 47.6%，人均棉花产量仅为 1.64 公斤。此

---

① 汪海波：《国民经济恢复时期恢复、发展工业的基本经验》，载于《中国社会科学院研究生院学报》1995 年第 1 期，第 39～47 页。

外，包括大豆、花生和芝麻等主要油料作物也减少了 60% 以上。[①] 另一方面，新中国成立前，为了弥补内战造成的财政赤字，国民党当局连续多年发行纸币，造成了严重的恶性通货膨胀。数据显示，1937～1949 年，国内价格水平上涨了 8.5 万亿倍。[②] 绝大多数农民衣食不足，生活条件十分艰苦。

民族地区的发展情形则更加不容乐观。从经济发展情况来看，1952 年民族八省区地区生产总值为 57.89 亿元，占当年全国国内生产总值（GDP）的 8.53%；1956 年民族八省区地区生产总值为 102.18 亿元，占当年全国国内生产总值的 9.93%，与 1952 年相比，占全国的比例上升了 1.4 个百分点；1952 年民族八省区的人均地区生产总值仅为 86 元，与全国的人均国内生产总值相差 33 元；1956 年提高到 137 元，但与全国的人均国内生产总值仍相差 29 元，具体如表 3－1 所示。如图 3－1 所示，按可比价格计算，1953 年民族八省区经济增长率仅为 2.1%，远低于同期全国经济增长率水平（15.6%）。从产业发展情况来看，民族地区的农业凋敝，耕作粗放，生产工具落后，长期处于刀耕火种和逐水草游牧的生产方式，劳动生产力低下。例如，当时贵州省少数民族地区的农业生产力发展滞后，苗族地区基本上还处在锄耕农业阶段，比汉族地区的集约农业低了两个阶段；至于瑶族地区，还有相当部分尚处于采集狩猎向农耕农业转变的阶段，整体上少数民族地区的产业发展比较滞后。[③] 从工业发展情况来看，民族地区的工业当时还处在手工业作坊式的生产阶段，大型的现代工业极少。[④] 1949 年，民族地区工业产值较低，仅为 5.4 亿元。1952 年以后，民族八省区产业发展得到恢复。截至 1956 年底，民族八省区三次产业结构为 56.68：23.30：20.01，较 1952 年相比，第一产业比重有所下降，第二、第三产业比重有所上升，工业化进程持续推进，经济结构逐步改善，但与全国水平还有一定的差距。

表 3－1　　　　1949～1956 年民族八省区基本情况及与全国的比较

指标	1949 年	1950 年	1951 年	1952 年	1953 年	1954 年	1955 年	1956 年
民族八省区年底总人口（万人）	6277.92	6413.52	6555.67	6727.89	6895.84	7092.88	7262.69	7482.15

① 庞松：《中华人民共和国史（1949～1956）》，人民出版社 2010 年版，第 300 页。
② 高强：《陈云反通胀实践与思想研究》，人民出版社 2015 年版，第 50 页。
③ 杨军昌、李永贤：《新中国成立以来贵州少数民族地区经济发展的成就、经验与启示》，载于《人口·社会·法制研究》2011 年第 8 期，第 136～170 页。
④ 刘日新：《新中国经济建设简史》，中央文献出版社 2006 年版，第 6 页。

续表

指标	1949 年	1950 年	1951 年	1952 年	1953 年	1954 年	1955 年	1956 年
民族八省区人口占全国比重（%）	11.59	11.62	11.64	11.70	11.73	11.77	11.82	11.91
民族八省区生产总值（亿元）	—	—	—	57.89	68.2	80.26	83.78	102.18
民族八省区生产总值占全国比重（%）	—	—	—	8.53	8.27	9.34	9.20	9.93
民族八省区第一产业比重（%）	—	—	—	67.61	64.31	62.33	59.13	56.68
民族八省区第二产业比重（%）	—	—	—	16.71	19.06	20.73	21.94	23.30
民族八省区第三产业比重（%）	—	—	—	15.69	16.63	16.94	18.93	20.01
民族八省区人均地区生产总值（元）	—	—	—	86	99	113	115	137
全国人均国内生产总值（元）	—	—	—	119	142	144	150	166
民族八省区人均地区生产总值与全国差额（元）	—	—	—	33	43	31	35	29

资料来源：根据国家统计局国民经济综合统计司编：《新中国六十年统计资料汇编》，中国统计出版社 2010 年版中民族八省区和全国相关数据整理计算所得。

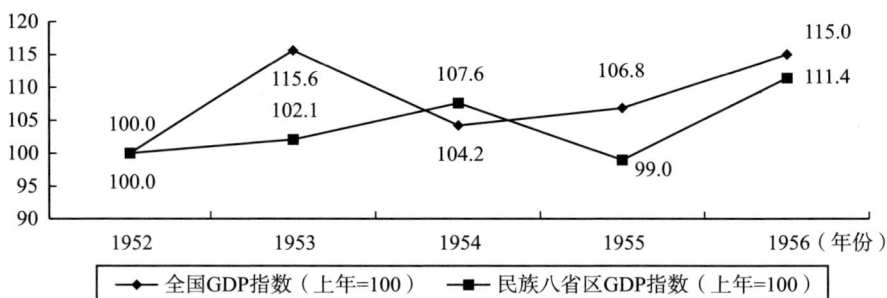

图 3-1 1952~1956 年民族八省区与全国生产总值指数

注：生产总值指数按照可比价格计算。

资料来源：根据国家统计局国民经济综合统计司编：《新中国六十年统计资料汇编》，中国统计出版社 2010 年版中民族八省区和全国相关数据整理计算所得。

如表 3 - 2 所示，在全社会固定资产投资方面，1952 年，民族八省区全社会固定资产投资总额为 3.72 亿元，占全国全社会固定资产投资总额的 28.26%；1956 年，民族八省区全社会固定资产投资总额为 17.19 亿元，绝对值增加 13.47 亿元，占全国全社会固定资产投资总额的比例为 23.88%，逐步与全国发展水平拉开了差距。在地方财政方面，1952 年，民族八省区地方财政一般预算收入为 7.76 亿元，仅占全国地方财政一般预算总收入的 4.46%；1956 年，民族八省区地方财政一般预算收入提高到 13.47 亿元，增加 5.71 亿元，占全国地方财政一般预算总收入的比例提高到 4.81%，增加 0.35 个百分点，增长幅度较小。总体来看，这一阶段中国的整体经济状况处于较低水平，此时的中国饱受贫困的煎熬和未实现工业化发展的制约，民族地区更是如此。

表 3 - 2　　　　　　　　　1952～1956 年民族八省区主要经济指标

指标		年份	数值
全社会固定资产投资	金额（亿元）	1952	3.72
		1953	5.21
		1954	7.39
		1955	9.14
		1956	17.19
	占全国比例（%）	1952	28.62
		1953	14.08
		1954	23.09
		1955	24.05
		1956	23.88
	1952～1956 年年平均增速（%）	民族八省区	35.81
		全国	40.82
财政一般预算收入	金额（亿元）	1952	7.76
		1953	8.23
		1954	10.93
		1955	11.86
		1956	13.47

续表

指标		年份	数值
财政一般预算收入	占全国比例（%）	1952	4.46
		1953	3.86
		1954	4.46
		1955	4.76
		1956	4.81
	1952～1956年年平均增速（%）	民族八省区	11.66
		全国	10.00

注：年均增速按可比价格计算。

资料来源：根据国家统计局国民经济综合统计司编：《新中国六十年统计资料汇编》，中国统计出版社 2010 年版中民族八省区和全国相关数据整理计算所得。

2. 新中国成立初期民族地区发展环境闭塞，贫困问题突出

摆脱贫困、提高生活水平是各族人民的强烈愿望。经过百年战乱，新中国成立初期，人民群众的生活条件较为艰苦。全国各族人民对新生政权有着诸多期许，巩固人民政权的重要条件之一就是要做好群众工作、争得民心，而其中最为紧迫、最为现实的事情就是带领老百姓在经济上打个翻身仗，给予各族人民真正的实惠。少数民族地区集"老、少、边、穷"于一身，要素、资源和环境的禀赋条件较差，劳动力、土地要素稀缺；地理环境与生态环境脆弱，灾害频发，特殊的气候地理所导致的天然屏障，阻隔了与其他地区取得进一步联系，商业化、市场化、信息化进程受到严重阻碍，生产力及其决定的生产方式与现代化应有水平存在较大差距。[1] 例如，新中国成立前，宁夏就是极度贫困的代名词，西海固地区"苦瘠甲天下"，人民"家无隔夜粮、冬无御寒衣"；新疆经济是以农牧业为主体的自然经济，生产力水平低下，生产方式落后，发展几乎处于停滞状态，新中国成立初期，新疆没有一寸铁路，没有农场和形成规模的良田，工业企业几乎全是私营小作坊，人民生活贫困不堪；[2] 内蒙古自治区由于经常受到灾害和疾病的侵袭，传统畜牧业和牧民的生活都受到较大的影响；1949 年，

---

[1] 王文长、刘云喜、王玉玲：《少数民族地区反贫困：实践与反思》，中国社会科学出版社2016 年版，第 27 页。

[2] 《中国政府新疆经济社会发展情况白皮书》，中国共产党新闻网，2015 年 9 月 25 日，http://cpc.people.com.cn/n/2015/0925/c398213 - 27634955 - 2.html。

云南省居民人均收入仅为50元，交通基础设施建设也较为滞后，运输全靠马帮；① 青海省由于交通信息极为闭塞，基本处于与外界隔绝的封闭状态，广大农村牧区基本处于自然经济状况十分恶劣、生产力水平相对滞后的状态，人均粮食年产量仅为194公斤，民不聊生、温饱不足。②

（二）解决贫困是应对国内国际形势严峻考验的必然选择

新中国成立初期，国家面临的国内国外形势不容乐观。在国内，由于自身生产力发展水平的滞后，相当部分的少数民族在20世纪50年代以前，其社会形态还处在原始社会残余或奴隶社会、封建农奴制社会阶段，③ 而落后的社会制度反过来又严重束缚了生产力的向前发展，贫困问题难以得到有效解决。例如，西藏地区的政教合一、僧侣和贵族专政的封建农奴制度，封建领主对农奴进行政治上的逼迫、经济上的剥削，导致民族内部存在严重的不平等，仅占西藏人口5%的领主占有西藏绝大部分的生产资料，而占西藏人口95%的农奴却没有自己的土地，只能依附于领主而生，用自己的劳动向领主缴纳繁杂的赋税；内蒙古地区封建牧主通过出租牲畜、雇佣牧民获取剥削利润等。而且，在当时的社会制度下，农奴每年要花费大部分的时间为领主提供无偿劳役，农奴完全失去属于人的自由。再如四川、青海、云南边远少数民族地区则仍保留着土司、头人统治制度，从政治和经济两方面对少数民族群众进行压迫。

此外，在国际上，新中国只得到为数不多的几个国家的承认。西方国家不承认新中国政权，企图通过政治上的孤立、经济上的封锁和军事上的威胁等手段阻止其他国家承认新中国政府，阻挠新中国政府进入联合国，限制中国的国际权利和世界地位。西方各国对我国实行的全面封锁，阻止世界各国与我国进行贸易往来，我国工业化所需的生产资料不容易获得，致使新中国的经济建设面临更多的困难。

面对国内外形势的严峻考验，只有尽快恢复经济，增强我国综合国力，改善各族群众生产生活条件，才能维护社会稳定和国家统一。

---

① 《新中国成立七十年云南取得的辉煌成就》，云南理论网，2019年10月24日，http：//llw. yunnan. cn/system/2019/10/22/030469749. shtml。

② 李清源：《新中国成立70年青海民族地区经济社会实现跨越发展》，载于《柴达木开发研究》2019年第5期，第36～41页。

③ 王文长、刘云喜、王玉玲：《少数民族地区反贫困：实践与反思》，中国社会科学出版社2016年版，第28页。

（三）解决贫困是实现"民族平等、民族团结"的根本途径

新中国成立初期，面对旧社会遗留下来的民族压迫纷争状态，党和政府把促进各民族的团结和民族地区的发展置于重要位置。在谈到汉族和少数民族关系时，毛泽东明确指出："我们说中国地大物博，人口众多，实际上是汉族'人口众多'，少数民族'地大物博'"[①]，民族地区的各类物产，是建设社会主义所需要的重要因素，而一切物质因素只有通过人的因素，通过人的团结才能加以开发利用。这一时期团结少数民族的目标是加快发展，既包括社会主义建设事业的发展，也包括各个民族及民族地区的发展。1953 年 10 月 18 日，毛泽东在和来京的西藏国庆观礼团、参观团代表交谈时重申了边疆民族地区团结和发展的重要性："帮助各少数民族，让各少数民族得到发展和进步，是整个国家的利益""我们的方针是团结进步，更加发展。"[②] 促进各民族共同繁荣发展是由社会主义本质决定的，是实现民族平等的根本途径。

"我们要诚心诚意地积极帮助少数民族发展经济建设和文化建设，必须搞好汉族和少数民族的关系，巩固各民族的团结，来共同努力于建设伟大的社会主义祖国。"[③] 在新中国成立初期，民族地区的经济发展较为滞后，摆脱贫困的现状是各族群众共同的愿望，"以发展促团结"是民族工作的基本思路。只有不断提高民族地区各族群众的生活水平，才能增强凝聚力和向心力，即通过各族群众经济上的相互依存，进一步促进各族群众情感上的相互亲近。

二、初步发展：社会主义制度建立和全面建设时期中国共产党反贫困思想的主要内容

（一）从制度入手探索贫困治理道路

毛泽东同志认为要解决国计民生问题，保障人民基本生活，必须推翻

---

① 毛泽东：《论十大关系》，共产党员网，http：//fuwu. 12371. cn/2013/08/14/ARTI137644904
9161135_3. shtml。

② 《毛泽东文集（第六卷）》，人民出版社 1999 年版，第 312 页。

③ 《毛泽东文集（第七卷）》，人民出版社 1999 年版，第 33 ~ 34 页。

半殖民地半封建社会的制度，走社会主义发展道路，这是我国大力发展生产力、恢复经济的根本途径。正如毛泽东同志在《为动员一切力量把我国建设成为一个伟大的社会主义国家而斗争》中所说："选择走社会主义道路是我们最明智的决定。"[①] 新中国成立初期，我国的少数民族地区依旧存在着原始公社制度、农奴制度、土司、头人统治制度，封建地主和牧主经济等制度。这些不合时宜的、落后的社会制度使得民族地区的劳动生产力受到严重束缚，导致物质财富的创造能力极端低下，几乎没有经济增长，人们更新社会的能力也十分有限。在这样的背景下，毛泽东从社会制度历史更替的规律出发，顺应少数民族群众对发展生产的需求，指出当时存在的落后的社会制度已经与时代发展要求格格不入，需要由别的制度取而代之，并提出必须对民族地区的社会制度进行改革的论断。[②] 根据毛泽东的指示精神，党和国家根据各民族地区的不同情况，陆续对各个民族地区进行了相应的民主改革和社会主义改造，用社会主义制度代替了一些民族地区的民族压迫剥削制度，消灭了少数民族内部的不同程度的压迫和剥削，实现了人人平等，被旧制度束缚的劳动力得以解放，为少数民族摆脱贫穷创造了良好的政治环境和社会环境。

（二）初次提出共同富裕思想

1955 年 7 月，毛泽东在《关于农业合作化问题》的报告中指出："实行合作化，在农村中消灭富农经济制度和个体经济制度，使全体农村人民共同富裕起来。我们认为只有这样，工人和农民的联盟才能获得巩固。"[③] 这是毛泽东同志第一次提出共同富裕的概念，并将共同富裕问题同整个国家、社会和人民的利益相关联，指出要努力加强我国经济和文化建设，使人民生活得更好，国家才能更加强盛。随后，1957 年 2 月 27 日，毛泽东在最高国务会议第十一次扩大会议上发表了《关于正确处理人民内部矛盾的问题》的重要讲话中进一步完善了共同富裕思想，指出当前阶段的短期目标是在短时间内解决现在农村小部分农民缺粮问题，使农村中的贫农全部转变为

---

① 《1953 年 12 月：毛泽东修改的〈为动员一切力量将我国建设成为伟大的社会主义国家而斗争——关于党在过渡时期总路线的宣传与学习提纲（草稿）〉》，党史学习教育官网，2013 年 12 月 27 日，http://dangshi.people.com.cn/n/2013/1227/c85037-23957202.html。

② 王雪梅：《建国初期毛泽东民族思想研究》，内蒙古大学硕士学位论文，2016 年，第 24～26 页。

③ 中共中央党史研究室编：《中国共产党大事记·1955 年》，中国共产党新闻网，http://cpc.people.com.cn/GB/64162/64164/4416033.html。

中农或富农。① 因此，必须解决农民问题，废除封建土地制度，并要把农民组织起来，通过互助合作，在增加生产的过程中逐步增加个人的收入，改善农民生活水平，争取贫困治理的主导力量。

（三）坚持解放和发展生产力，解决人民基本物质生活问题

新中国成立初期，经历了半个多世纪的动乱，新中国积贫积弱，人民生活穷苦不堪。1949 年 3 月，在七届二中全会上毛泽东同志指出："在革命取得胜利后，我们的重点就是集中所有力量推动生产进步和发展，变落后的农业国为先进的工业国，在此基础上把我国建成一个伟大的社会主义国家。"② 而保障贫困人民的基本生活是重中之重，考虑到经济社会的发展是民族平等和民族团结的必不可少的物质基础，毛泽东认为帮助少数民族恢复和发展经济是关系到民族工作成败的关键。促进少数民族地区发展关乎少数民族地区群众的切身利益，给予少数民族地区帮助以促进其经济社会发展，解决人民基本物质生活问题，是党和国家进行民族工作的重要内容。正如毛泽东在 1953 年 10 月对西藏国庆观礼团、参观团代表所讲的那样："只要中央能够提供帮助，就一定会对西藏地区实施相应的帮助，帮助少数民族得到发展，实现经济文化各方面的进步，既实现了民族地区的利益，也实现了整个国家的利益。"③ 并且在三大改造完成后，毛泽东进一步将贫困治理途径转变为调整生产关系，解放和发展生产力，旨在满足贫困群众的基本生产生活需要。

（四）实施民族区域自治制度，大力开展民族工作

随着党在民族工作实践中对中国各民族了解的加深，渐渐认识到基于民族自决权的"联邦制"并不适合在中国推行，并且逐渐向民族区域自治思想转变。毛泽东同志在党的六届六中全会上提出的"少数民族具有自己管理自己事务的权利"，集中反映了当时党对民族区域自治的进一步认识。④ 1947 年，内蒙古自治政府的成立是民族区域自治在中国的成功实践。新中

---

① 曹普：《艰辛探索中国社会主义建设之路》，党史学习教育官网，2021 年 6 月 7 日，http：//dangshi. people. com. cn/n1/2021/0607/c436975 – 32123822. html。

② 《七届二中全会》，央视网，1949 年 9 月 5 日，http：//www. cctv. com/special/733/ – 1/46892. html。

③ 《毛泽东文集（第六卷）》，人民出版社 1999 年版，第 312 页。

④ 陈夕：《中国共产党与少数民族的抗日斗争》，央视网，2005 年 8 月 22 日，http：//ent. cctv. com/news/china/20050822/100116. shtml。

国成立前夕，毛泽东听取李维汉关于中苏民族问题形势的对比分析，认为相比联邦，民族区域自治所需具备的国家统一领导的前提，符合中国这样一个有着统一历史的多民族国家。在这样的前提下，能够更好地实现对全国范围内资源的调动，调动发展水平较高地区的资源帮助发展水平较低的民族地区的发展；实行民族区域自治，可以保证符合区域自治条件的所有民族，都享有平等的自治权利；运用民族区域自治解决中国民族问题，符合中国各民族大杂居、小聚居的分布格局。1949 年，中国人民政治协商会议第一届全体会议通过的《中国人民政治协商会议共同纲领》具有代行宪法的性质，这既是对中国共产党的新民主主义革命时期民族纲领和民族政策的一个全面总结和继承，又是对其的丰富和发展，显示出鲜明的时代创新精神，是新中国成立以后党和国家制定具体民族政策及顺利开展民族工作的基础和行动指南。

　　总的来看，这一时期中国共产党人通过对贫困治理道路和基本战略的阐释，科学性地提出社会主义道路、共同富裕等贫困治理思想，为当时民族地区贫困治理提供了明确的规划和方向指导，促进了中国共产党贫困治理思想的形成和发展。

第二节　社会主义制度建立和全面建设时期 民族地区反贫困工作的开展

　　新中国成立初期，以毛泽东为核心的第一代中央领导集体面对当时错综复杂、亟待建设的局势，审时度势，进行了民主改革和社会主义改造，通过大量开创性工作，确立了符合中国具体国情的、科学的民族纲领政策，并在实践中得到了切实有效的贯彻和落实，为民族地区反贫困事业奠定了有力基础。

一、民族地区土地改革与生产力解放

　　土地是农民摆脱贫困的根本之源。新中国成立时的土地改革运动，彻底摧毁了封建剥削制度，是中国历史上一场深刻的社会革命。1950 年 1 月，中共中央下达《关于在各级人民政府内设土改委员会和组织各级农协直接领导土改运动的指示》，开始分批实行土改的准备工作。1950 年 6 月，中央

人民政府颁布《中华人民共和国土地改革法》，指出废除地主阶级的封建土地所有制，实行农民的土地所有制。[①] 在党的领导下，土地革命分阶段、分批次进行。每个时期通常都会经历以下步骤：动员群众，划分阶级，没收和分配地主的土地和财产，审查总结并动员生产。由于民族地区的社会发展程度不一，民族地区的土地改革相对复杂，土地改革任务艰巨。秉持着"实事求是、具体问题具体分析、尊重团结少数民族和慎重稳当"等原则，中国共产党针对民族地区具体情况制定出了许多具有指导性的方针政策。例如，内蒙古东部地区的土地改革，不仅要解决蒙古族贵族和蒙古族民众之间的问题，还要解决蒙古族民众和汉族民众之间的关系。[②] 截至 1952 年，全国汉族地区基本完成土地改革。由于地区差异，民族地区土地改革开始及完成的时间并不一致。1950～1952 年，壮族、回族地区及云南、贵州、内蒙古西部、甘青宁、湖南等省区完成了土地改革；1953～1954 年，广东黎族地区，广西侗族、苗族、瑶族部分地区等完成土地改革；1955 年，川滇藏族、彝族、傣族、哈尼族、景颇族等民族地区进行民主改革；1951 年，西藏和平解放后，占人口 5% 的三大领主即地方政府、贵族和寺院，控制着全部土地、人口和生产资料。西藏上层对民主改革较为抵触，1959 年发动叛乱，民主改革在平叛后开始。[③] 1959 年 3 月 28 日，周恩来总理签署了中华人民共和国国务院令，宣布解散原西藏地方政府，由西藏自治区筹备委员会行使原西藏地方政府职权。从此，西藏百万农奴在中国共产党的领导下，翻身获得了解放，真正当家做了主人。[④]

历经十年，少数民族地区完成了以变革生产资料所有制为主要内容的民主改革，消灭了地主所有制、封建农奴制、奴隶制和原始公社制，确立了农牧民的个体所有制，极大调动了各族群众的生产积极性，解放了社会生产力，使得民族地区的社会经济发生了根本好转，为其以后走向社会主义道路奠定了良好的基础。截至 1953 年底，新疆完成了 9 个专区、57 个县、3 个市郊、1512 个乡，约 400 万人口的农区土地改革，没收地主和征收

---

① 《新中国档案：新中国的土地改革运动》，中国青年网，2019 年 9 月 20 日，http：// news. youth. cn/zt/qz70zn/zrsy/201909/t20190920_12073568. htm。

② 哈斯木仁：《解放战争时期内蒙古东部地区的土地政策与土地改革》，载于《内蒙古民族大学学报（社会科学版）》2014 年第 2 期，第 20～25 页。

③ 孙健：《中国经济通史下卷（1949～2000）》，中国人民大学出版社 2000 年版，第 1485～1488 页。

④ 《西藏自治区九届人大二次会议表决通过 西藏决定 3 月 28 日为"西藏百万农奴解放纪念日"》，人民网，2009 年 1 月 20 日，http：//unn. people. com. cn/GB/8697739. html。

富农土地 737 万亩，耕畜 7 万多头，农具 40 余万件，房屋 20 余万间和大量的粮食和财物；共有 65.1 万户、345 万多人分得土地和其他生产生活资料；1949 年粮食总产为 16.95 亿斤、亩产 130 斤、人均占有量 391 斤，1952 年粮食总产增长到 26.62 亿斤、亩产 156 斤、人均占有量 579 斤。① 截至 1960 年底，西藏 63 个县 87 万人口的农业区，已有 85 万人完成民主改革，共没收和赎买农奴主占有的耕地 280 万余克（1 藏克约合 28 市斤。1 藏克土地即播种 1 藏克青稞种子的土地面积），分给了 85 万农奴和奴隶，人均约 3.5 亩多。1959 年，百万农奴翻身，极大地促进了社会生产力的提高；1965 年西藏地区农业总产值达到 26420 万元，是 1959 年民主改革前 14420 万元的 1.83 倍；粮食产量 29.07 万吨，是 1959 年 18.29 万吨的 1.59 倍；牲畜 1701 万头，是 1959 年 956 万头的 1.78 倍。② 内蒙古牧区民主改革较早，1952 年基本完成，当年牲畜总头数达到 1572 万头（只），比 1949 年增加了 67.1%，比 1946 年增加了 109.3%。③

历史和现实充分证明，中国共产党领导开展的土地改革是民族独立、人民解放的需要，是保障改善民生、实现公平正义的需要，是中国人民的历史性选择，不仅使农民获得了土地等生产资料，而且使贫困群众自己获得了改变贫困命运的机会。

二、社会主义三大改造，因地制宜进行民族地区社会制度改革

在国民经济恢复任务完成后，1952 年 9 月 24 日，毛泽东在中共中央书记处会议上提出一个设想："我们从现在开始，要集中精力，用 10 年到 15 年的时间，抓建设，搞经济，促工作，消灭贫困和剥削制度。社会主义改造的主要任务分为三大部分：第一是改造资本主义工商业，第二是改造资本主义私有制，第三是改造农民和手工业者加入集体所有制。"④ 1953 年，中共中央具体提出了过渡时期"一化三改"的总路线和总任务。在中国共产党组织和领导下，迅速掀起了改造旧中国的热潮，在全国开展了社会主义三大改造运动。民族地区在完成民主改革之后，和全国其他地区在社会

---

① 耿铎文：《1949 年 10 月～1952 年新疆国民经济恢复和发展的历史经验》，载于《新疆大学学报（哲学社会科学版）》2006 年第 1 期，第 27～31 页。

② 多吉才旦、江村罗布：《西藏经济简史（上）》，中国藏学出版社 2002 年版，第 88～89 页。

③ 郝维民：《内蒙古自治区史》，内蒙古大学出版社 1991 年版，第 102 页。

④ 《中国共产党大事记·1952 年》，中国共产党新闻网，http://cpc.people.com.cn/GB/64162/64164/4416028.html。

发展阶段上基本趋于一致，认清了"只有社会主义才能救中国"的真理，也先后进行了农业、畜牧业、城市私营工商业以及手工业的社会主义改造，因地制宜地进行少数民族地区社会制度改革，到1956年社会主义改造基本完成，推动了少数民族地区迈进社会主义社会。

（一）改造农业，推进农业合作化

1953年2月15日，中共中央正式通过《关于农业生产互助合作的决议》之后，全国各地开始普遍试办半社会主义性质的初级农业生产合作社。在1952年冬至1953年春期间，运动的发展基本上是健康的，但是在部分地区出现了强迫农民入社，侵犯中农利益，盲目追求高级形式等现象。党中央及时采取措施，解决了这些问题。[①] 1953年10月15日、11月4日，毛泽东两次同中共中央农村工作部负责人谈话，指出"各级农村工作部要把互助合作看作极为重要的事，对于农村阵地，社会主义不去占领，资本主义就必然会去占领。""办合作社要有控制数字，摊派下去，摊派而不强迫，不是命令主义。"[②] 1953年12月，中共中央在作出的《关于发展农业生产合作社的决议》中指出："为着进一步地提高农业生产力，党在农村中工作的最根本的任务，就是要善于用明白易懂而为农民所能够接受的道理和办法去教育和促进农民群众逐步联合组织起来，迅步实行农业的社会主义改造……并使农民能够逐步完全摆脱贫困的状况而取得共同富裕和普遍繁荣的生活。"[③] 此后，经过两年的时间，中国农村的合作化运动达到了高潮，实现了跨越式的进步。

在历史与现实因素的双重叠加作用下，少数民族地区生产力发展水平与其他地区相比存在一定差距，农业合作化成效低于全国水准，迫切需要管理体制的改革、劳动力要素的投入、生产分配机制的调整。毛泽东在《论十大关系》中提出："在少数民族地区，经济管理体制和财政体制，究竟怎样才适合，要好好研究一下。"[④] 1955年，中共中央办公厅组织编写了《中国农村的社会主义高潮》一书，书中指出了以农牧业合作社组织劳动力要素投入、改革农业生产管理体制及农业生产分配机制的重要原则：第一，

---

① 《中国共产党大事记·1953年》，中国共产党新闻网，http：//cpc. people. com. cn/GB/64162/64164/4416030. html。

② 《党史上的今天》，中国政府网，2007年9月6日，http：//www. gov. cn/ztzl/17da/content_739324. htm。

③ 《中国共产党中央委员会关于发展农业生产合作社的决议》，中国经济网，2007年5月29日，http：//www. ce. cn/xwzx/gnsz/szyw/200705/29/t20070529_11531669. shtml。

④ 《毛泽东文集（第七卷）》，人民出版社1999年版，第34页。

以农牧业合作社为载体，有效组织劳动生产要素，促进农牧业生产技术的革新与集约化经营。通过建立农牧业生产的经营管理方法、劳动分配规则与品种改良技术等，促进农牧业生产过程中劳动力、劳动工具以及其他劳动要素有机结合，用细致、科学的管理方法，代替过去粗放的、靠天吃饭的经营方法，调动农牧区社员群众从事农牧业生产的积极性，在不同程度上显示合作社的优越性，进而为农牧业生产技术革新与集约化经营奠定组织基础，不断释放农牧业合作社以及农牧群众的生产新潜力。第二，通过农牧业生产合作社在少数民族群众中建立有效的农牧业生产与分配机制，发展社会主义农牧业合作化生产关系，为促进少数民族地区生产力水平提升创造条件；在农牧业生产管理体制上，做好依靠贫农的工作的同时，还必须加强团结中农，不断建立贫农与中农齐心团结搞好生产的有效机制；在农牧业产品分配机制上，合理解决农牧社员"入股"与"分红"的问题，兼顾劳动力与畜力的分配原则，以劳动力"分红"为主，适当地照顾牲畜收入，进而"既照顾到社的生产，又照顾到社员的便利"。[①] 1955 年 2 月，中共中央发布了《关于在少数民族地区进行农业社会主义改造问题的指示》，强调整个社会主义改造过程采取三个相互衔接的步骤和形式：第一步，组织具有社会主义萌芽性质的临时互助组和常年互助组；第二步，试办和推广以土地入股、统一经营、收益按土地和劳动力比例分配为特点的半社会主义性质的初级农业生产合作社；第三步，在初级社基础上试办和推广具有完全社会主义性质的高级农业生产合作社，即土地、耕畜、大农具折价入社为集体所有，实行统一经营，按劳分配。[②]

　　民族地区农业生产合作社形式多样，有单一民族组成的，有几个民族组成的；有单纯经营农业的，也有农牧业结合的。少数民族地区的农业地区的社会主义转型与其他地区大致相同，经历了从互助组，初级合作社到高级合作社的发展过程。在多个民族共同生活的地区，除了建立单一民族的合作社外，还组织了两个或两个以上民族的农民参加的民族联合社。在半农半牧区，也存在由单一民族或不同民族的成员组成的农牧结合社。[③] 在处理将土地和生产资料纳入公社的问题上，大多数地区遵循"典型示范，

---

① 中共中央办公厅：《中国农村的社会主义高潮》，人民出版社 1956 年版，第 23 页。

② 《中共中央关于在少数民族地区进行农业社会主义改造问题的指示》，中国经济网，2007 年 5 月 30 日，http://www.ce.cn/xwzx/gnsz/szyw/200705/30/t20070530_11542351.shtml。

③ 当代中国研究所：《中华人民共和国史稿（第一卷）（1949～1956）》，人民出版社 2012 年版，第 196～197 页。

民族自愿和国家帮助，尊重民族特点，不照搬内地经验"的原则，坚持"慎重稳进"方针，起步晚、速度慢、步骤稳。对于残留原始公社制的民族，没有经历民主改革直接建立合作社时，对原有的共有土地在自愿协商基础上，采取共同入社、互相调换赠送及隔开等形式，变为合作社所有。在处理土地、牲畜、山林等生产资料入社问题时，尊重少数民族风俗习惯和民族特点，在进度上不求整齐划一。例如，在广西苗族地区，家庭留下的用于为女儿置办嫁妆的"姑娘田"予以保留，没有纳入公社；截至1956年底，内蒙古、新疆、广西、宁夏、青海等地基本完成了农业的社会主义改造。至此，全国3500万少数民族人口中已有近3000万人口的地区，基本实现了农业社会主义改造。① 1961年4月21日，中共中央发出《关于西藏工作方针的指示》，指出从1961年算起，5年内不搞社会主义改造，不搞合作社（连试点也不搞），更不搞人民公社，集中力量把民主革命搞彻底，让劳动人民的个体所有制稳定下来，让农牧民的经济得到发展。② 从1964年起到1974年，经历试办人民公社和建设发展两个阶段，西藏基本完成农牧业的社会主义改造，全区有90%以上的乡建立了人民公社。③

　　农业合作社不仅可以有组织地整合少数民族群众的劳动力及其他劳动要素，实现生产的集约化、扩大化和技术改进，还帮助少数民族群众建立合理的社会管理和分配制度，发展社会主义的集体关系，为促进生产和生活水平的提高营造条件。以内蒙古和新疆牧区的合作社为典型，它们通过建立统一经营、计划、支配劳动力和民主管理的方式，促进劳动力、劳动工具和牲畜等要素的有序结合，分工、防疫、灭狼、抗灾保收等工作皆得到合理安排，"牲畜有专人看管，因而减少了死亡……节省了劳动力，可以腾出人来种漫撒籽，解决了人力不足的困难"④，提高了牲畜产量，扩大了产业经营的范围，从而为生产技术改进准备了充分条件的支持，使合作社的生产潜力得到了挖掘和提高。这一时期，国家还对景颇族、独龙族、怒族、基诺族等民族分布区不搞"和平协商土改"，而采取直接向互助组和农业合作社过渡的形式。

---

　　① 《近三千万少数民族沿着合作化道路从不同社会发展阶段迈进社会主义》，载于《人民日报》1957年7月9日。

　　② 《1961年4月21日　中共中央发出〈关于西藏工作方针的指示〉》，国务院新闻办公室，2011年4月21日，http://www.scio.gov.cn/m/wszt/wz/document/895973/895973.htm。

　　③ 《西藏百分之九十以上的乡建立了人民公社》，载于《文汇报》1974年10月7日。

　　④ 《中国农村的社会主义高潮（上册）》，人民出版社1956年版，第249页。

（二）手工业社会主义改造，走合作化道路

中国共产党把各民族的繁荣始终作为我国民族政策的出发点，积极扶持民族手工业，在国民经济恢复时期，通过加工订货、供应原料、推销产品和在税收上给予照顾等政策，使民族手工业得到了迅速的恢复和发展。第一个五年计划期间，根据中国共产党过渡时期的总路线和总任务，基本上完成了民族地区手工业的社会主义改造，实现了手工业的合作化，民族手工业的生产发展到了一个新的阶段。

例如，新疆的民族手工业生产历史悠久，品类繁多，各民族手工业产品是当地工业品的主要来源，新中国成立前在农牧民的经济生活中占有重要地位。但是，由于长期受封建统治的压迫，使手工业生产在原料的供应和产品推销上都受到了控制，手工业生产长期沿用古老简陋的工具和落后的操作方法，生产效率低。尤其是在国民党统治时期，物价飞涨，小生产者往往是出售了产品就买不回原料，很多手工业者无法维持最低生活水平，只能改行转业，放弃手工业生产，致使一些民族特色的手工业技术失传，新疆的手工业几乎濒于绝境。"1949 年新疆的工业企业只有 396 个，其中主要是手工业作坊和手工业工场，设备简陋的工厂只有 13 个，全区手工业生产总值仅 7000 万元左右。作为新疆的首府乌鲁木齐当时也只有 56 户私营资本主义工厂手工业，年产值约 150 万元；个体手工业者 1366 人，年产值约 200 万元。"[①] 中国人民革命的胜利，给新疆人民带来了希望。结合新疆少数民族地区经济发展特点，在手工业者自愿和互利的原则下，根据每个行业的具体情况，中国共产党对部分行业首先从供销方面入手，把手工业劳动者组织为供销生产小组，有的组员是在生产资料所有制不变的情况下，自负盈亏分散生产，通过小组向国营、合作商业部门购买原料、推销产品或进行加工，取得国家在供销上的支持，逐步向手工业生产合作社过渡；对于有些觉悟高、认识比较好的手工业劳动者，在他们自愿的原则下就直接组织为生产合作社，实行主要工具折价入股，集中生产，统一核算，社员按劳动获酬，这是手工业合作化的高级形式。1951 年，组织了新疆第一届土产交流大会，其中民族手工业产品占了很大部分，这给手工业在技术交流和产品销路上起了积极的推动作用。通过一系列优惠措施，使处于奄奄一息状态的新疆民族手工业出现了新的生机，许多停产者恢复生产，失业

---

① 新疆社会科学院经济研究所：《新疆经济概述》，新疆人民出版社 1985 年版，第 226 页。

者得到工作，整个手工业生产得到了一定的发展。据调查，1950 年，新疆全区手工业总户数（包括部分农民兼营手工业）32584 户，从业人员 49648 人，到 1953 年总户数增加了 85.17%，从业人员增加了 72.2%，1953 年，全区手工业总产值为 13515 万元，比 1950 年增加了一倍，占工业总产值的 66.6%。① 1956 年 1 月，在新疆第一次手工业社员代表会议上，确定对新疆手工业的社会主义改造应在"全面规划，加强领导"的方针的指导下，加速进行，要根据维持、发展、淘汰的原则，把广大手工业者组织起来，使之为支援农牧业生产、工业建设以及城乡人民生活服务。随着全国形势的发展，新疆全区范围内由上而下的手工业社会主义改造工作达到了高潮。1956 年，是新疆手工业合作化运动大发展的一年，除了农业兼营商品性的部分手工业由农业上进行改造和一部分参加国营工厂以及公私合营工业外，手工业组织起来的人数达 29137 人，占通过手工业合作化道路改造技术的 84.84%，新疆建立手工业社、组 1016 个，含大型手工业社 239 个。② 1957 年，对手工业社、组进行了整顿、调整工作，增设了服务摊点和项目，恢复了原有的串街、游乡的传统，加强了领导，建立了必要的规章制度，巩固了合作社。截至 1957 年底，全区手工业社、组的从业人员发展到 3.8 万多人，产值达到 92699 万元，公共积累达 1.28 亿元。相当于 1949 年全部手工业资金的 5 倍。③ 民族手工业的恢复为进一步组织手工业合作社、引导手工业劳动者走互助合作、发展集体经济的道路打下了初步基础。经过社会主义改造，新疆的民族手工业成为新疆轻工业的主要部分，同人民生产、生活上的关系极为密切。至此，新疆手工业合作化的组织任务基本上完成，这是手工业从个体私有制到合作社集体所有制的一个根本变革。

再如，云南的手工业生产，主要分布在昆明、个旧、下关、保山、曲靖、昭通、楚雄等城市以及一些城镇，基本上是运用传统的手工艺根据各地区的市场需要进行的小规模生产。为了使个体手工业更好地为发展经济和满足人民生活需要服务，从 1950 年起，全省开始着手进行组织手工业合作社的试点工作。首先从整顿生产小组入手，经过生产供销社的形式，再过渡到生产合作社，从而把手工业经济纳入国家计划的轨道，使落后的手工业经济成为先进的机器生产或半机器生产的社会主义集体经济。1956 年，在中央要求加快手工业改造步伐的形势下，全省加快了对手工业改造的步

① 新疆社会科学院经济研究所：《新疆经济概述》，新疆人民出版社 1985 年版，第 229 页。
② 富文主：《当代中国的新疆》，当代中国出版社 1991 年版，第 103 页。
③ 曾和平：《新疆民族区域自治研究》，新疆人民出版社 2009 年版，第 36 页。

伐。从昆明市开始进行大规模的集中改造，采取全市手工业按行业全部组织起来的办法，完成了全市手工业的合作化。截至 1956 年 10 月底，全省手工业生产合作社、组发展到 2258 个，手工业走上了社会主义的发展道路。手工业社会主义改造的顺利完成，逐步克服了原来个体生产的盲目性，手工业集体经济在全省经济建设中发挥了极大的作用。在以后云南的建设中，很多具有影响力的企业如二轻集体企业、地方国营轻化工企业，都是在手工业合作经济的基础上组建、改建、发展演变而来的。[①]

（三）利用和限制资本主义工商业，生产资料私有制趋于消灭

新中国成立后，虽然资本主义工商业在国民经济中曾发挥了某些积极作用，但资产阶级唯利是图的本质在许多方面暴露了其对国民经济的破坏性。资本主义私有制与社会主义公有制之间的矛盾，资本主义生产的无政府状态与社会主义国家的计划经济建设之间的矛盾，资本家与工人阶级之间的矛盾等变得愈加尖锐。这些矛盾的存在束缚了工人阶级对生产的热情，阻碍了社会生产力的发展，影响了中国工业化的实现。同时，私有制是导致民族压迫、民族剥削和民族歧视的社会根源，只有从制度上消灭资本主义私有制和剥削制度，才能从根本上解决民族压迫、民族剥削、民族歧视的社会问题。新中国成立前，少数民族地区的私营工业数量少、规模小、装备差、技术落后，几乎没有像样的工商业。同时，官僚资本垄断了经营。新中国成立后，这些官僚资本被没收归全民所有，其他中小型私营工业和企业得到了保护和发展。党中央从工人阶级和劳动人民的根本利益出发，对民族资本主义工商业采取利用、限制和改造的政策，通过国家资本主义的形式，将资本主义私有制逐步改造成社会主义全民所有制，对国有资本主义企业实行"四马分肥"的政策。例如，内蒙古对私营工商业的改造始于 1953 年下半年，到 1956 年 3 月，全区已有 67 个市县旗的私营工商业全部实行公私合营，占全区私营工商总户数的 91%。[②] 宁夏于 1956 年底完成对银川、吴忠、固原等地的手工业和资本主义工商业的社会主义改造，国营经济在宁夏已占据主导地位。[③] 广西手工业和私营工商业较为发达，1954

---

① 何燕：《云南的社会主义改造》，载于《党的生活（中共云南省委党刊）》2013 年第 4 期，第 54 页。

② 郝维民：《内蒙古自治区史》，内蒙古大学出版社 1991 年版，第 130 页。

③ 《宁夏回族自治区概况》修订本编写组：《宁夏回族自治区概况》，民族出版社 2008 年版，第 86～87 页。

年6月前试办生产合作社，此后进入快速推进阶段，到1965年建立了2565个合作社，参加人数10.9万人，占手工业应改造人数的95%以上；私营工商业集中在南宁、柳州、桂林、梧州四市，分布在少数民族聚居区的很少，到1957年基本完成对私营工商业的改造。①

总之，中国共产党通过采取"积极领导、稳步前进"的八字方针，经过社会主义三大改造，把生产资料私有制转化成社会主义公有制。从此，中国进入社会主义初级阶段，将私有资产转化为广大劳动群众及国家共同拥有的财富，防止了出现贫富差距加大的社会形势，使人民大众拥有分享国家财富的权利，为反贫困事业提供了制度保障。

三、社会主义全面建设时期，扶持民族地区发展经济

新中国成立初期，面对少数民族生产方式落后，生活极端困难的现状，毛泽东同志根据少数民族地区的实际发展状况，在七届三中全会上提出"少数民族地区的社会改革，是一件重大的事情，必须谨慎对待"的观点。②1950年，邓小平在欢迎赴西南地区的中央民族访问团大会上的讲话中强调："只要我们真正按照共同纲领去做，只要我们从政治上、经济上、文化上诚心诚意地帮助他们，就会把事情办好。"③ 1953年10月18日，毛泽东在和西藏国庆观礼团、参观团代表的谈话中讲道："中央有什么东西可以帮助你们的一定会帮助你们，帮助各少数民族，让各少数民族得到发展和进步，是整个国家的利益。各少数民族的发展和进步都是有希望的。"④ 党和政府从民族地区的实际出发，制定并实施了多种行之有效的、特殊的具体政策和举措，使少数民族地区发生了明显的变化。⑤ 这些经济政策和措施主要包括：

（一）"统收统支"的财政政策，调动中央和地方两个生产积极性

中央与民族地区的财政关系服务于国家治理要求。"统收统支"的财政政

---

① 《广西壮族自治区概况》修订本编写组：《广西壮族自治区概况》，民族出版社2008年版，第92~93页。

② 金炳镐：《民族纲领政策文献选编（第二编）》，中央民族大学出版社2006年版，第421页。

③ 金炳镐：《民族纲领政策文献选编（第二编）》，中央民族大学出版社2006年版，第429页。

④ 国家民族事务委员会：《中国共产党主要领导人论民族问题》，民族出版社1994年版，第102~103页。

⑤ 青觉：《中国共产党民族观的形成和发展》，中央民族大学博士学位论文，2004年，第113~178页。

策，有利于集中全国财力，实现国家统一和政治稳定，因此，其成为当时的必然选择。"统收"迅速提高了汲取能力。作为国家从社会获取资源的基本能力，汲取能力是基础性因素，是国家治理能力发挥的前提。1949～1953年，新中国大幅提高了汲取能力。究其原因，主要在于新政权的国家机器是自主和团结的，能进行迅速和综合的制度变革，在短时间内获得较强的汲取能力。"统支"则强化了国家的再分配和统领能力。中央利用"统收"的财政资金在全国范围内进行再分配；在强化再分配能力的同时，也提升了对地方的统领能力。

　　改善民族关系，支持民族地区加快社会主义改造，实现政治稳定和经济发展，顺利纳入国家治理的大框架内，成为中央与民族地区财政关系的主要着力点，这就要求中央充分重视民族地区，给予更多关注。中央政府在全国实行财政"统收统支"政策的同时，对民族地区实行了更为优惠的财政政策，强调财政管理在中央统一领导下，实行具有一定自治权的财政统收统支和部分地方税收自主管理。1953年11月，政务院在《关于编造1954年预算草案的指示》中规定，民族自治区在财政上应有一定范围的自治权，其财政管理应在中央统一领导、分级管理的原则下，暂采取各自治区"统收统支"的办法。① 从1958年起开始实行《民族自治地方财政管理暂行办法》，这一办法的突出之处在于：（1）规定了中央财政保证民族自治地方财政"达到收支平衡"的职责。超支部分由中央拨款，在计算支出基数时，扣除重大灾荒救济支出，不扣除基本建设和流动资金，再给自治区增加7%～8%，自治县增加4%～5%。（2）赋予民族自治地方一定财政自主管理权。包括可自主使用预备费和预算周转金，超收和结余部分自行安排使用等。② 这是我国第一个以立法形式产生的、体现民族自治地方财政权限的预算管理法规。

　　总之，这一时期针对民族地区的财政政策既贯彻了"统一领导、分级管理"的基本原则，又体现了民族自治地方享有一定财政自治权的精神，初步形成了中央与民族自治地方财政关系的总体框架。

（二）"重点倾斜"的生产力布局政策，赋予民族地区更多的自主权

　　中央政府在制定国家发展计划时，把民族地区作为国民经济的重要组

---

① 《帮助少数民族和民族地区发展经济》，国家民委研究室，2009年10月22日，http://www.mzgbxy.org.cn/html1/report/1000/269-1.htm。

② 王倩倩：《中央与民族自治地方财政关系研究》，东北财经大学出版社2012年版，第100页。

成部分和重点倾斜与优先照顾的对象。在坚持基本生产资料公有制的前提下，采取灵活变通的政策，允许多种经济成分并存，以充分调动各族人民积极性，促进经济的发展。

在国家制定和实施"一五""二五"计划时，在内蒙古、新疆、甘肃、宁夏等民族地区建设了一批重点项目。在20世纪50年代末期，向西北、西南的一些民族地区迁去了以机械制造业为主的一批重点骨干企业支持了民族地区的工业建设。① 在经济开发政策上，国家赋予民族地区更多的自主权，自主确定和调节生产方针。在生产手段上，针对小规模的自给自足农业生产特点，确定以中性技术为主的方针，帮助民族地区综合开发和利用自然资源，搞深度加工、多次增值，主要采用小型农牧机具和生物学、化学的技术手段，在提高生产力水平的过程中搞好技术积累。国家的"重点倾斜"的生产力布局政策，给民族地区带来了更多的发展机遇和活力，增强了民族地区的自我发展能力，各族人民的生活水平得到了显著的提高。

（三）"休养生息"的农牧业政策，积极扶助生产，努力解决温饱问题

中央政府除了扶持地方政权建设和帮助少数民族群众发展经济外，对世代以农耕、放牧为生的少数民族贫困群众采取了"休养生息"的特殊政策。对农业长期实行"依率计征、依法减免、增产不增税"的轻税政策；对牧业采取轻于农区与城市的税收政策；对生活困难、生产落后、交通不便的民族地区及贫困地区实行"轻灾少减、重灾多减、特重全免"的税收政策；对民族地区实行减免工商税及税收负担轻于内地的税收政策。国家对温饱问题尚未解决的贫困户分情况予以减免农业税，最困难的免征农业税5年，较困难的酌量减征1~3年。这些政策尤其是农牧业轻税政策的实施，对于人口主要集中分布于广大农牧区、生活极端贫困的少数民族来说，非常有利于其休养生息、发展生产。②

为了缓解少数民族的贫困程度，人民政府采取了大量发放救济款和救济粮的经济措施，帮助他们暂时克服生产和生活上的困难。此外，对一些特殊困难的地区，国家还免费提供种畜和农业生产资料。从1950年开始，国家无偿拨款帮助各少数民族购置农具、耕牛、粮食等。如1952年政府拨

---

①② 青觉、金炳镐、朱振军：《中国共产党少数民族经济政策的形成和发展——中国共产党民族纲领政策形成和发展研究之十二》，载于《黑龙江民族丛刊》2002年第2期，第52~61页。

给广西少数民族地区各种生产救灾款 823 万元，该地区用这些钱购买了耕牛 8900 多头，添置农具 20 多万件，购买种子 15 万斤。[1]

"休养生息"的农牧业政策的实施加强了各民族间的关系，加快了民族地区对农牧业自然资源的开发利用，解决了温饱问题，推动了民族地区的经济发展。

（四）民族贸易政策，解决缺乏各类物品问题，改善各民族生产生活条件

新中国成立以后，为了重点改善民族地区的生活条件，中央人民政府制定了民族贸易政策，重点改善少数民族生活条件。1951 年 8 月，中央人民政府贸易部和国家民族事务委员会联合召开了第一次全国民族贸易会议，强调应该把民族贸易工作当作一项政治任务来抓。会议确定了民族贸易工作的指导方针，即"依据各民族地区的特点和需要，通过物资交流，以增进民族团结，促进少数民族生产发展和生活改善。"[2] 同时还围绕这一方针制定了一些具体政策，包括在少数民族地区建立和发展国营贸易；在国营贸易的领导和组织下，根据当地的具体情况，组织当地贸易；严格执行公私兼顾、公平合理的价格政策；培训少数民族自己的商业干部，实行一边教授、一边学习、一边工作的方式，提高他们的政治和业务水平。全国民族贸易会议的召开，有力地推动了民族地区的贸易工作，国营贸易机构、干部的配备、投入资金、土特产品和日用消费品的购销等逐年呈大幅上升势头。如 1955 年少数民族地区的供应总值达到 16 亿元，比 1951 年增加了 7 倍多，少数民族群众真正从中获得了越来越多的实惠。[3]

（五）对口支援政策的萌芽产生，着力化解制约当地发展的瓶颈因素

为缩小地区间经济发展差距，国家开始实施"城乡互助，内外交流"的政策，依靠计划经济体制对各种资源和商品进行全国性调配，省际较大规模的协作和支援也开始铺开。就民族地区而言，一般是借助于国家拨款或发达地区支援等方式来开展的。

---

① 刘春、夏辅仁、崔健行：《十年民族工作成就》，民族出版社 1959 年版，第 3 页。
② 金炳镐：《中国共产党民族工作理论与实践》，中央民族大学出版社 2007 年版，第 437 页。
③ 黄光学：《当代中国的民族工作（上）》，当代中国出版社 1993 年版，第 74 页。

1. 形成了城市支援农村生产建设的传统

每逢农忙或涝旱时期，城里的组织部就会分派各个部门去各个村庄帮忙收割或抗灾，并逐步增加了青年学生、机关干部去农村支援农业建设、进行劳动锻炼等内容。随着不断发展，又出现了"工农协作、厂社协作"等新的形式和内容，并逐渐成为城市与农村之间应用较为广泛的支援模式。这种支援是互利的，工厂帮助公社解决了农机维修、农具供给、技术培训的难题，同时公社帮助工厂建设了副食品生产基地。

对被支援的少数民族地区，国家适当减少能源、原材料调拨任务，扩大地方自用部分用于对口支援的物资协作，协作物资的价格由支援双方商定。对口支援本着优势互补、互惠互利、共同发展的原则，形成了城市支援农村生产建设的传统，帮助贫困地区发展经济，解决广大贫困农户的温饱问题。同时，依托当地资源，着重发展种植业、养殖业和以种养业为原料的加工业，有力地促进了民族地区的经济发展。①

2. 实施人才对口支援政策

1951年以后，国家给予西藏大量的财政补贴、专项补助和项目援建，并组织一些省市在人力、物力、财力方面援藏。1954年，中央选派1500名教师进入西藏，作为首批援藏教师支援西藏发展现代教育。1956年开始，教育系统组织教员和行政干部援藏，扩充西藏严重缺乏的师资队伍。1957年，在内蒙古建立了民族地区最早的一所高水平综合性大学——内蒙古大学，并从北京大学、清华大学、南开大学、复旦大学等12所高校选派教师任教和参与学校建设管理。并针对少数民族地区在社会主义建设中缺乏劳动力的实际情况，1958年8月29日，中央专门出台了《中共中央关于动员青年前往边疆和少数民族地区参加社会主义建设的决定》②，决定从1958年到1963年五年内，以"本人自愿、政治可靠、身体强健、家务拖累不大的青年和动员一部分有较多生产经验的壮年"为基本条件，从内地动员570万青年到边疆和少数民族地区参加社会主义的开发和建设工作。

人才的对口支援政策加强了地区之间的人员往来，派往少数民族自治地区的干部和专业技术人才切实帮扶当地群众提高生活水平，各族同胞在共同生活工作和互帮互助的过程中，相互理解，团结奋斗，增进感情，谱

---

① 温军：《中国少数民族经济政策稳定性评估（1949～2002年）（下）》，载于《开发研究》2004年第4期，第19～23页。

② 《中共中央关于动员青年前往边疆和少数民族地区参加社会主义建设的决定》，新疆党建网，1958年8月29日，http://www.xjkunlun.gov.cn/P/C/926.htm。

写了民族团结进步的时代篇章。

3. 派出医疗卫生队，在提高人民的健康水平方面做出了相关安排

人民的健康问题是最大的民生问题，也是当时中国共产党巩固其政权的又一大民心工程。新中国成立之初，中央人民政府考虑到少数民族群众缺医少药、有病得不到有效治疗的状况，与中央访问团一起派出医疗卫生工作队和独立的医疗队、防疫队，到少数民族地区为少数民族群众免费治病，赠送医疗器械和药品。1951年11月23日，当时的卫生部副部长贺诚在政务院第一百一十二次政务会议上，作了《关于全国少数民族卫生工作会议报告》，政务会批准了这个报告，确立了逐步建立卫生机构、配备与培养卫生干部、根据不同地区及疾病的实际情况实行收费、减费和免费治疗，要求首长负责等卫生工作的方针和任务。据统计，1950～1952年，中央人民政府先后拨专款1000万元，用于少数民族地区卫生事业的发展，同时还先后派出八个防疫大队和医疗大队，深入民族地区诊治疾病。① 之后，在少数民族地区普遍建立起了县一级的卫生基层组织，少数民族地区的卫生状况迅速发生了明显的变化。

随着生产和生活的不断改善，少数民族群众从获得的实际利益中体会到了党和政府的关怀和帮助，增进了民族之间的团结和友谊，推动了少数民族地区卫生事业的进步和发展。

（六）实施民族教育、民族文化、尊重民族风俗习惯等政策

新中国成立初期，少数民族地区教育事业的发展比较落后，大部分地方没有像样的现代意义上的学校教育，尚未形成完整的教育体系，各地区文盲率非常高，而且各民族之间的教育发展程度差异很大、极不平衡。为改变少数民族教育极端落后的面貌，在这一时期，党制定的发展民族教育政策主要有：（1）确定民族教育的方针和任务。在1949年12月召开的第一次全国教育工作会议的基础上，1951年9月20日至28日，第一次全国民族教育会议明确提出："少数民族教育的总方针为少数民族教育必须是新民主主义的内容，即民族的、科学的、大众的教育。"会议经教育行政部门及代表的交流和讨论，通过了《关于加强少数民族教育工作的指示》。② 在

---

① 《当代中国的民族工作》编辑部：《当代中国民族工作大事记》，民族出版社1989年版，第71页。

② 《第一至五次全国民族教育工作会议》，青海省人民政府，2012年11月8日，http：// www. qh. gov. cn/mzfw/system/2012/11/08/010009815. shtml。

这一指示里，对关于民族教育的方针、任务、内容、经费、教学大纲、教学用语等基本问题都作了原则性的规定。会议还修正通过了《关于建立民族教育行政机构的决定》《培养少数民族师资试行方案》《少数民族学生待遇暂行办法》三个文件草案，提出了帮助推动少数民族教育事业的相关政策措施，如"关于少数民族地区的教育经费，各地人民政府除按一般开支标准拨给教育经费外，并应按各民族地区的经济情况及教育工作，另拨专款，帮助解决少数民族学校的设备、教师待遇、学生生活等方面的特殊困难"等。①（2）进行党的民族政策和马克思主义民族观的教育。新中国成立以后，各民族之间逐渐形成了平等团结互助的社会主义民族关系。但是，在各民族共同发展、共同繁荣的交往中，产生了新的矛盾和纠纷。因此，在正确认识和解决民族问题的实践中，国家大力进行党的民族政策和马克思主义民族观的教育，坚持从中国社会和民族地区的实际出发，将马克思主义民族理论与中国民族问题的实际相结合，形成了一系列关于解决民族问题的基本观点和基本原则。（3）尊重少数民族的办学形式和特点。1952年，政务院颁发了《关于建立民族教育行政机构的决定》，根据这一决定，教育部增设民族教育司，各地区根据少数民族人口的多寡，分别增设适当的行政机构或专职人员以加强民族教育管理工作。为加快民族教育的发展，国家确定的民族教育发展方针政策是：办好民族教育，必须重视民族特点，从民族地区实际出发，加强内地对边疆民族地区的支援，认真使用民族语文教学，重点办好寄宿制学校，采用多形式、多层次的办学方式；对少数民族与民族地区职业技术教育采取特殊政策，强调予以大力发展。（4）加强少数民族师资队伍建设。1951年，在政务院批准的《培养少数民族师资的试行方案》中指出："培养、提高少数民族师资是发展少数民族教育的重要工作之一，有关各级政府、教育行政部门必须重视。"② 这一试行方案提出了培养少数民族师资的具体措施，如积极帮助少数民族地区师范学院改善物质条件，提高教学质量，改进教材教法；在少数民族人口集中、教育发达的地区筹设少数民族师范学院或师范专科学校，在一般师范学校内增设少数民族师范班，在若干师范学院或师范专科学校酌量增设有关少数民族教育的课程等。（5）大力培养少数民族干部。少数民族乡村干部是带领人民群众走上社会主义农业合作化道路及进行社会主义乡村改革与治理

---

①② 《第一至五次全国民族教育工作会议》，青海省人民政府，2012年11月8日，http：// www.qh.gov.cn/mzfw/system/2012/11/08/010009815.shtml。

的"领头雁"，毛泽东十分重视对少数民族干部的选拔与培养。毛泽东明确要求地方党委对辖区内的少数民族聚居地区的干部进行选拔、培训和任用。毛泽东指出："要彻底解决民族问题……没有大批从少数民族出身的共产主义干部，是不可能的。"①培养、选拔、任用具有政治觉悟高、领导能力强的少数民族干部，是少数民族地区社会主义农牧业合作化及农牧业生产经营方式变革的重要推动力量。新中国成立后，为适应民族工作的需要，在20世纪50年代初就确定了培养和提高少数民族干部的政策方针，决定在北京设立中央民族学院，在西北、西南和中南地区设立民族学院，并要求各地政府有计划地逐步整理和设立少数民族中学和少数民族高等学校。1950年，在《培养少数民族干部试行方案》中规定："各级学校招生规定报考年龄时，对少数民族学生报考年龄一般应比照当地规定放宽2～3岁"，放宽了录取标准，并且采取了待遇从优政策。同时还规定了"凡考入高等学校的少数民族学生一律享受公费待遇。除公费待遇的少数民族中学外，在若干指定的中学设立少数民族学生的公费名额。"②（6）在教育经费上给予照顾。国家设立民族教育专项补助费，专门用于补助解决少数民族学校的设备、教师待遇、学生生活等方面的特殊要求和困难。1951年，政务院批准的《第一次全国民族教育会议的报告》中规定："关于少数民族地区的教育经费，各级人民政府除按一般开支标准拨给教育经费外，并应按民族地区的经济情况，另拨专款，帮助解决少数民族学校的设备、教师待遇、学生生活等方面的特殊困难。"这项经费逐年增加，1951年为151.2万元，1955年达到10819.9万元，翻了70多倍。③1953年，教育部《关于少数民族教育补助费使用范围的指示》中又指出："国家在一般教育事业费之外特设少数民族教育补助费是为了帮助少数民族教育事业的发展，在一般经费之外特设的一笔补助费用，用以补助一般教育经费之不足，因此，不得以有此项'专款'而取消或减少其在一般事业费下应有的份额。"④

在民族文化政策方面，党和政府制定了一系列大力帮助少数民族文化事业发展的措施。新中国成立不久，即着手建立了大批少数民族艺术表演

① 《毛泽东文集（第六卷）》，人民出版社1999年版，第20页。

② 《政务院批准 培养少数民族干部试行方案》，国务院新闻办公室，1950年11月24日，http://www.scio.gov.cn/zhzc/6/2/Document/1053261/1053261.htm。

③ 《建国以来毛泽东文稿（第四册）》，中央文献出版社1990年版，第32页。

④ 《国家对少数民族教育专项补助经费的使用范围的具体规定》，中国农业百强网站，2013年11月14日，http://qgsnzx.org.cn/zhineng/bencandy.php?city_id=25&fid=9&id=17129。

团体和各种文化机构，并在深入调查的基础上，对流传在少数民族民间的文化艺术进行了抢救和保护。此外，在民族新闻出版、少数民族医药卫生、民族传统体育等方面，党和政府也给予了大力支持。在尊重民族风俗习惯与宗教信仰政策方面，1952 年，政务院颁布的《关于保障一切散居的少数民族成分享有民族平等权利的决定》中规定："各民族均有自由保持或改革其民族的生活方式、宗教信仰和风俗习惯的权利，别人不得干涉，并须加以尊重和照顾。"①

党和政府针对民族地区的具体情况，在民族教育、民族文化、尊重民族风俗习惯等领域，通过特殊帮扶，疏通了民族关系，提高了民族地区的生活水平，推动了民族地区的整体发展。

（七）不可忽视的"三线建设"作用，有力带动民族地区工业化发展

20 世纪 60 年代中期，中共中央从战备出发，拨出大量资金，调配大批技术力量，加强"三线建设"，有力地带动了民族地区工业化发展，在民族地区工业化史上留下浓墨重彩的一笔。主要表现在以下两个方面：一是改变了工业过于集中于东部沿海地带的布局。为了使工业布局趋于合理，使加工工业更接近原料产地，中共中央决定，以后新建企业要适当多配置在三线，并且为了战备的需要，把原在沿海地区的一部分军事工业及其他重要企业搬迁到三线地区。② 这一时期，在贵州、云南、青海、宁夏、川西、湘西、鄂西等地形成一批现代工业基地。其中，在能源方面，较大的有宁夏回族自治区的贺兰山煤炭工业基地、全长 296 公里的克拉玛依——乌鲁木齐输油管道等；在铁路建设方面，主要有成昆铁路、湘黔铁路、枝柳铁路等；在公路建设方面，各地除新建公路和桥梁外，还铺设了几千公里的沥青路面，滇藏公路也是在此期间建成的。二是执行重工业优先发展战略，使少数民族地区有了一批现代化的工业企业，改变了少数民族多数省区的工农业比重，民族地区大部分省区的重工业比重超过轻工业。当然，少数民族地区的"三线建设"是在"文化大革命"这一特殊的历史发展时期进行的，这在一定程度上造成了很多问题，一方面，给民族地区的国民经济带来了比例关系的严重失调，造成了农、轻、重颠倒的畸形结构；另一方

① 政务院：《关于保障一切散居的少数民族成分享有民族平等权利的决定》，临汾兰山区法院公共服务网，1952 年 8 月 13 日，http：//www.lscps.gov.cn/html/20915。
② 黄健英：《当代中国少数民族地区经济发展史》，中央民族大学出版社 2016 年版，第 161 页。

面，很多"三线建设"的重点项目和搬迁过来的企业，无法和当地的少数民族经济建立有机的联系，不能在经济上给当地带来实惠，相反，却增加了当地政府和人民的负担，甚至侵犯了当地少数民族人民的利益。但总体来讲，"文化大革命"期间，在加强"战备"和"三线建设"的推动下，民族地区的工业和交通建设，除西藏外，均有一定的发展。这些重点项目的建成，对于改善少数民族地区的生产、交通条件，促进工农业生产和经济文化的发展，无疑具有重要意义。①

第三节　社会主义制度建立和全面建设时期
民族地区反贫困工作的实施成效

从新中国成立到改革开放近 30 年的时间里，中国的社会结构发生了翻天覆地的变化。20 世纪 50 年代中期开始建立了社会主义制度，尽管先后发生了"三年严重困难"以及"文化大革命"，但是并未改变中国现代化的历史进程。总的来说，创造了一个极为平等的社会，有效地消除了人类极端贫困现象。② 尤其是在党的政策支持下以及全国各族人民的共同努力下，民族地区的经济社会面貌焕然一新，各族人民生活水平不断改善。

一、政治效应

（一）实现了民族独立和人民解放

1840 年鸦片战争爆发至 1949 年新中国成立，帝国主义、封建主义、官僚主义"三座大山"沉重地压在中国人民的头上，底层劳苦大众的生活贫苦不堪，连基本的生存问题都难以保障。"中华民族面对着两大历史任务：一个是求得民族独立和人民解放；一个是实现国家繁荣富强和人民共同富裕。前一任务是为后一任务扫清障碍，创造必要的前提。"③ 1949 年，新中

---

① 黄健英：《当代中国少数民族地区经济发展史》，中央民族大学出版社 2016 年版，第 161 页。

② 胡鞍钢：《中国减贫之路：从贫困大国到小康社会（1949～2020 年）》，引自中国科学院——清华大学国情研究中心、胡鞍钢主编：《国情报告（第十一卷·2008 年（下））》，党建读物出版社、社会科学文献出版社 2012 年版，第 38 页。

③ 《"愚公移山"与"中国梦"》，中国青年网，2015 年 6 月 8 日，http：//pinglun. youth. cn/ll/201506/t20150610_6736515. htm。

国的成立，意味着前一任务的基本完成，结束了鸦片战争以来中国饱受侵略、战乱频仍、国家四分五裂的局面，实现了全国人民梦寐以求的民族解放和国家独立。1951 年 5 月 23 日，中央人民政府和西藏地方政府的代表在北京签订了关于和平解放西藏办法的《十七条协议》，西藏实现和平解放，各族人民实现了大团结。

（二）建立了社会主义制度

推翻"三座大山"只是消灭贫困的第一步，建立新的社会制度是根本保障，这是中国共产党人从根本上解决中国贫困问题的重要探索。面对"一穷二白"的社会发展现状，想要迅速摆脱贫困落后就必须变革生产关系。毛泽东多次强调："社会主义是中国的唯一出路。"1953 年 6 月 15 日，毛泽东在中央政治局扩大会议上发表重要讲话，对党在过渡时期的总路线和总任务的内容做了完整的表述，即要在一个相当长的时期内，逐步实现国家的社会主义工业化，并逐步实现国家对农业、对手工业和对资本主义工商业的社会主义改造。到 1956 年，我国基本完成了对农业、手工业和资本主义工商业的社会主义改造。① 三大改造的完成，标志着社会主义制度在我国基本建立起来了。社会主义制度以其公平性与集中力量办大事的优势，提高了人民群众的积极性、创造性，促进了生产力的发展，民族地区在经济建设方面也取得了很大的进展。

（三）确立了民族区域自治制度

新中国成立前夕，以毛泽东为核心的党的第一代中央领导集体基于对我国国情和民族问题的全面把握，认为我国的民族无论是人口比例、分布特点还是政治状态都与苏联不同，不宜生搬硬套苏联的联邦制，"单一制的国家结构形式，更加符合中国的实际情况，在统一的国家内实行民族区域自治，更有利于民族平等原则的实现。"② 正是基于这样的正确认识，1949年 9 月 29 日，中国人民政治协商会议第一届全体会议通过《中国人民政治协商会议共同纲领》正式将民族区域自治制度作为我国的一项重要政治制度确立下来。1949 年 12 月，中央人民政府决定，内蒙古自治政府改称内蒙古自治区人民政府。1954 年，《中华人民共和国宪法》对自治机关的

---

① 《1953 年 6 月 15 日过渡时期总路线提出》，中国共产党新闻网，http：//cpc. people. com. cn/GB/64162/64165/65700/4442216. html。

② 中共中央统战部：《民族问题文献汇编》，中共中央党校出版社 1991 年版，第 10 页。

组成、权利、义务和上级国家机关的职责做了明确规定，推动了民族区域自治制度在我国的实施。随后，1955 年 10 月 1 日新疆维吾尔自治区成立，1958 年 3 月 5 日广西僮族自治区成立（1965 年改为广西壮族自治区），1958 年 10 月 25 日宁夏回族自治区成立，1965 年 9 月 1 日西藏自治区成立。① 民族区域自治制度的实行，保障了少数民族人民当家作主的权利，充分体现了中国共产党开展民族工作一贯坚持的"各民族一律平等"的原则，调动了少数民族发展本民族和本地方经济及各项社会事业的积极性，维护了国家统一、领土完整并加强了民族平等团结，成为民族工作开展的一大创举。

二、经济效应

新中国成立初期，在经历了战争的洗礼后，国家首要的任务是保障生存，恢复生产。为了尽快改变当前的发展现状，恢复国民经济，稳定物价、统一全国财政经济工作、完成土地改革等一系列政策措施的逐步开展，使得新中国的国民经济得到了根本好转，人民生活水平有了较大提高。随着社会主义制度在我国的基本建立，我国开始进入了全面的大规模的社会主义建设时期。党和全国人民的主要任务是集中力量发展社会生产力，把我国尽快地从落后的农业国变为先进的工业国，逐步满足人民日益增长的物质需要和文化需要。② 加速发展少数民族地区的经济，改善和提高少数民族人民的生活水平，也成为这一时期党和国家制定民族纲领政策的重要内容和民族工作的中心任务之一。

（一）国家财政明显好转，社会救济支出增长趋势明显

新中国成立初期，中共中央面临着国民经济严重衰退和全面萎缩的严峻形势：物资奇缺，物价飞涨，工厂倒闭，失业众多等。1950 年 6 月，中共七届三中全会召开，全会的中心议题为财经问题。毛泽东把他的主题报告（书面报告）定名为《为争取国家财政经济状况的基本好转而斗

①　杨维周、王慧：《坚持和完善民族区域自治制度的四重逻辑》，载于《西藏大学学报（社会科学版）》2020 年第 3 期，第 122～128 页。

②　《新中国档案：党的八大》，中国政府网，2009 年 8 月 31 日，http://www.gov.cn/test/2009－08/31/content_1405284.htm。

争》，提出了全党和全国人民在恢复国民经济时期的奋斗目标和工作任务。[①] 截至 1952 年底，国家财政状况得到好转，市场物价稳定，工农业总产值较 1949 年增长了 77.5%[②]，工农业生产超过历史最高水平。[③] 1952 年，《中央关于少数民族地区的五年计划的若干原则性意见》中，明确提出要帮助民族地区的经济建设与发展，重点帮助民族地区的农牧业、交通运输业、贸易行业。以此意见为基础，同年国家制定了对民族地区农业生产扶持政策，及对民族地区贸易企业自有资金、利润留成给予照顾的政策。[④]

从图 3 - 2 可知，1952~1978 年，全国社会救济支出绝对值由 1952 年的 0.66 亿元增长到 1978 年的 4.62 亿元，27 年间社会救济支出绝对值增长了 3.96 亿元；社会救济支出占当年财政支出的比例整体上也呈现阶段性波动上升趋势。

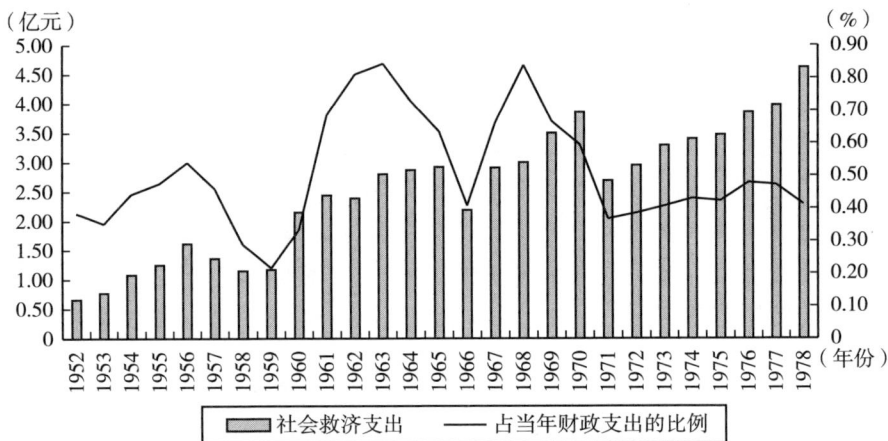

图 3 - 2　1952~1978 年全国社会救济支出和占财政支出的比例

资料来源：根据国家统计局国民经济综合统计司：《新中国五十年统计资料汇编（1949~1999年）》中国统计出版社 1999 年版中相关数据整理计算所得。

---

① 谢春涛：《十一、恢复和发展国民经济》，党史学习教育官网，2014 年 9 月 15 日，http：//dangshi. people. com. cn/n/2014/0915/c85037 - 25664302 - 3. html。

② 李斯颐：《也谈建国初期私营传媒消亡的原因》，载于《当代中国史研究》2009 年第 3 期，第 20~27、124 页。

③ 苦喜乐：《关于中国少数民族经济的探讨》，载于《新西部（理论版）》2013 年第 Z2 期，第 63、68 页。

④ 王文长、刘云喜、王玉玲：《少数民族地区反贫困：实践与反思》，中国社会科学出版社 2016 年版，第 112 页。

　　民族地区经济也在不断恢复，财政状况有所好转。如图 3－3 所示，1952～1960 年，民族地区地方财政一般预算收入呈稳步提高趋势，由 1952 年的 1962.79 亿元增加到 1960 年的 2021.79 亿元。1961 年 1 月，党的八届九中全会召开，正式提出对国民经济实行"调整、巩固、充实、提高"的八字方针，① 国民经济开始进入调整的新轨道；1961～1969 年，民族地区地方财政一般预算收入一直处于较低水平的相对平稳发展。1970～1978 年，民族地区地方财政一般预算收入处于较高水平的稳定发展，这主要和中央与地方政府间财政关系的变化有关。在 1959～1970 年，除了"文革"时期短暂实施过"收支两条线"以外，我国一直实施"总额分成，一年一变"的财政体制，中央权力在这段时期有所回升，直到 1971 年的收支包干，超收全额留归地方。这一财政制度的实施，在一定程度上调动了地方的生产积极性，1978 年，民族地区地方财政一般预算收入比上一年有了一个较大幅度的增长。总体上，毛泽东提出的"巩固财经统一，巩固财政收支平衡，巩固物价稳定，这三个'巩固'必须巩固，决不能动摇"② 的方针得到贯彻，民族地区的财政状况逐步好转。

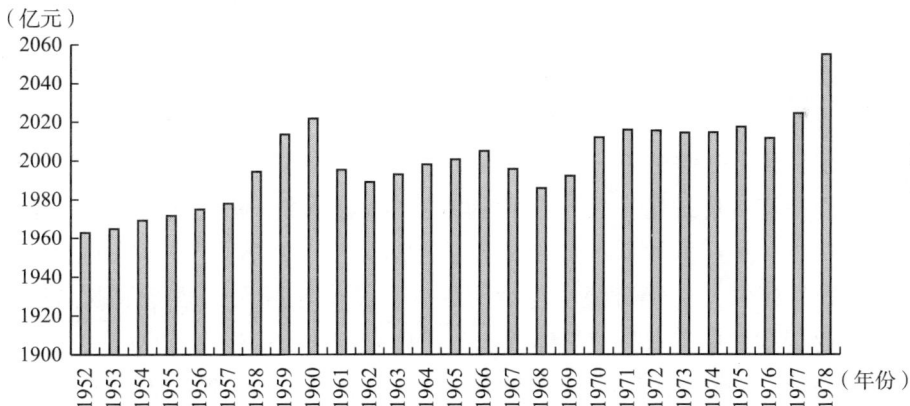

图 3－3　1952～1978 年民族地区地方财政一般预算收入

　　资料来源：根据国家统计局国民经济综合统计司：《新中国五十年统计资料汇编（1949～1999 年）》中国统计出版社 1999 年版中相关数据整理计算所得。

---

① 《1961 年 1 月，邓小平在中共八届九中全会上》，中国共产党新闻网，2018 年 11 月 20 日，http：//cpc. people. com. cn/n1/2018/1120/c69113－30409941. html。

② 《毛泽东文集（第六卷）》，人民出版社 1999 年版，第 70 页。

（二）土地改革消除土地私有制，农业生产逐步恢复

我国是个农业大国，马克思曾指出："土地是一切生产和一切存在的源泉。"[1] 新中国成立之前，土地分配严重失衡，导致"富者田连阡陌，贫者无立锥之地"，广大底层农民失去了生存的源泉。新中国成立后，中国共产党从我国实际出发，开始着手土地改革运动，这是个巨大的历史进步。1950年6月中央人民政府第八次会议审议通过《中华人民共和国土地改革法》，我国土地改革全面展开。除了土地之外，按照《中华人民共和国土地改革法》的相关条例，政府同时没收了地主阶级的耕畜、农具、多余的粮食及多余的房屋，"统一地、公平合理地分配给无地、少地及缺乏其他生产资料的贫苦农民所有"。[2] 土地改革的完成消灭了土地私有制，农民得以自我生产，维持生计，因无地、少地导致的极端贫困状况大幅度减缓，使中国农村消除了无地这一致贫主要因素的影响，为农村扶贫奠定了关键的制度基础。获得土地的农民生产积极性高涨，农业生产迅速恢复，农民的生活质量得以改善。与此同时，这个阶段为主要靠苏联援助的工业化起步阶段，国家对"三农"没有过量提取剩余，也使得农村有相对稳定的环境和经济基础来消除大规模贫困。[3]

随着新中国成立后对农田基本建设的大规模投入以及耕地面积的不断扩大，民族地区的农业发展逐步恢复，农民的生产生活条件也在不断改善，极端贫困得到有效缓解。如黔东南是一个以苗族、侗族为主的多民族地区，由于地处高寒贫瘠地带，山坡多而洼地少，水冷而土质瘦，农业生产条件较差，单位面积产量较低，加之地权分配极不合理以及历史上残酷的封建剥削，该地区农民连年饥馑，生活穷困。黔东南地区人民政府采取兴修水利、农业贷款、推广农具等具体的农政措施来推动农业生产。据统计，1951年黔东南16县粮食总产量435198吨，比1949年的411894吨增加5.7%；农业总产值9771.8万元（旧币），比1949年的9225.4万元（旧币）增加5.9%。1952年粮食总产量446219吨，比1951年增加2.5%；农业总产值10533.6万元（旧币），比1951年增加7.8%。1953年粮食总产量501113

---

① 《马克思恩格斯选集（第二卷）》，人民出版社1972年版，第109页。

② 《中华人民共和国土地改革法》，中国人大网，2000年12月10日，http://www.npc.gov.cn/wxzl/wxzl/2000-12/10/content_4246.htm。

③ 《中华人民共和国大事记（1957年）》，中国政府网，2009年10月9日，http://www.gov.cn/test/2009-10/09/content_1434252.htm。

吨，比 1952 年增加 12.3%；农业总产值 11303.5 万元（旧币），比 1952 年增加 7.3%。[①] 新疆的变化也是很显著的。新疆是全国闻名的干旱地区，灌溉用水量占总用水量的 95% 以上。[②] 虽然各族人民靠引水灌溉发展农业的历史悠久，在吐鲁番和哈密等地很早就创造了引地下水的灌溉工程——坎儿井，但在新中国成立前，比较完备的水利工程极少，面对干旱问题往往是无能为力的。新中国成立后，随着农田水利建设的发展，一些戈壁变为绿洲，荒原变为良田。农业生产资料增长也较快，新疆全区拥有大量的大中型拖拉机、联合收割机和排灌动力机。同时，国家对少数民族地区在生产生活上予以扶持，虽因"大跃进""文化大革命"有所中断，但只要国内政治环境稍微稳定，政府便会恢复对少数民族地区的帮扶。

（三）工业体系逐步建立，经济结构逐步改善

社会主义革命和建设这一时期，民族地区现代工业从无到有，从小到大，生产发展速度较快，并建设了很多的现代化企业，如石油、钢铁、机器制造等。

"一五"时期（1953～1957），苏联援建的 156 项大型工程主要布局在内地，在民族地区安排的工业项目有 40 多个，包括内蒙古包头钢铁联合企业、内蒙古兴安岭林业区开发、新疆有色金属工业、新疆克拉玛依油田、宁夏青龙峡水电站、云南个旧锡业公司等。此外，"一五"时期，还建设了一批轻工业。例如，1953 年新疆建成自治区第一家棉纺织企业——新疆七一棉纺厂，拥有纱锭 3.17 万锭、织机 1224 台；1956 年建成七一印染厂，印染色布年生产能力 3500 万米。[③] 1955 年后西藏建成拉萨、昌都汽车修配厂，拉萨木材厂、石灰厂、地毯厂、血清厂；1956 年日喀则第一火力发电厂建成发电。[④] 1950～1952 年，广西建成梧州松脂厂、柳州锌品厂、南宁机械厂；1953～1957 年，广西建成南宁电厂、南宁面粉厂、桂林化工厂、桂林榨油厂、柳州榨油厂，以及谢圩、伶俐、明阳 3 个糖厂等工业项目 400 多

---

① 范连生：《黔东南少数民族地区土地改革及其经济绩效》，载于《当代中国史研究》2013 年第 3 期，第 30～35、124 页。

② 吾斯曼·萨迪尔：《浅析新疆农业节水灌溉的发展趋势》，载于《中国农业信息》2013 年第 3 期，第 121 页。

③ 《新疆维吾尔自治区概括》修订本编写组：《新疆维吾尔自治区概括》，民族出版社 2009 年版，第 253 页。

④ 多杰才旦、江村罗布：《西藏经济简史（上）》，中国藏学出版社 2002 年版，第 75 页。

个，涉及电力、机械、电子、煤炭、矿冶、制糖、食品加工等行业。① 青海省"一五"时期完成限额以上项目建设 18 个，以电厂、煤矿、公路为主，"一五"时期期末，发电装机容量达到 6989 千瓦，煤炭开采 15 万吨。黔南苗族布依族自治州 1956 年工业产值达 5800 万元，比 1949 年增长 4.88 倍。甘南藏族自治州 1957 年工业产值达 674 万元，相比 1949 年的 15 万元翻了45 倍。②

"二五"时期（1958～1962），民族地区工业建设取得了较快发展。1956～1959 年，国家对民族自治地方国有经济基建投资 119.93 亿元，钢铁、机械、电力、煤炭、石油、化工、轻工、交通运输、森林工业及建筑业等一批中小型工业项目完成，民族地区的工业结构逐步趋于多样化。在交通运输方面，这一时期续建和新建了包兰、兰青、兰新、成贵、渝贵、长沙—贵阳等铁路干线。公路通车里程从 1957 年 6.27 万公里增加到 1965年的 12.55 万公里。③

"三五"时期（1966～1970）、"四五"时期（1971～1975），民族地区的工业建设也取得了一定的成绩。尤其是 1964 年，"三线建设"开始后，以战备为指导思想在中西部进行的大规模基础设施建设，有力地带动了民族地区工业化发展。民族地区建设了一批重大工业项目，如宁夏贺兰山煤炭工业基地、新疆哈密现代大型露天煤矿、甘肃临夏州永靖县刘家峡水电站、广西和宁夏一批大型钢铁和有色金属厂矿企业。1965～1978 年，宁夏长城机床厂、大河机床厂、宁夏有色金属冶炼厂、长城机床铸造厂、西北轴承厂、青铜峡铝厂等一批大中型工业企业建成。④ 西藏在这一时期，工矿企业由 80 个增加到 218 个，建成了一批覆盖电力、煤炭、建材、森工、纺织、皮革、印刷、食品等产业的中小企业。⑤ 1966～1976 年，广西工业总产值每年递增 12.5%；汽车、拖拉机、钢铁、钟表、自行车、缝纫机、化肥、家用电器及各种化工产品，从无到有。⑥ 新疆克拉玛依油田原油产量从 1966

---

① 《当代中国》编辑部：《当代中国的广西（上）》，当代中国出版社 1992 年版，第 121 页。

② 国家民族事务委员会《中国民族工作五十年》编委会：《中国民族工作五十年》，民族出版社 1999 年版，第 153、204 页。

③ 国家民族事务委员会经济司、国家统计局国民经济综合统计司：《中国民族统计年鉴》（1949～1994），民族出版社 1994 年版，第 218 页。

④ 《宁夏回族自治区概况》修订本编写组：《宁夏回族自治区概况》，民族出版社 2008 年版，第 203 页。

⑤ 多杰才旦、江村罗布：《西藏经济简史（上）》，中国藏学出版社 2002 年版，第 112～113 页。

⑥ 《当代中国》编辑部：《当代中国的广西（下）》，当代中国出版社 1992 年版，第 572～573 页。

年的 97.31 万吨增加到 1978 年的 301.95 万吨；独山子炼油厂经扩建，1975
年原油加工能力比 1965 年增加 1.15 倍。[①] 在"三线建设"带动下，国家在
青海直接投资建设青藏铁路、军工企业及中央直接管辖的重要企业，1965～
1976 年，国家在青海基建投资 32.83 亿元，比 1950～1965 年总额增长
25.19%，建立了以机械工业为主，包括冶金、化工、国防工业、铝制品加
工、制药工业在内的工业体系。[②] 云南建设了一批技术先进的能源、化工、
电子、机械装备、精密仪器等民用和军工大中型企业。[③] 贵州建成的国防科
技工业、煤炭工业、电力工业、冶金工业、民用机械电子工业、化学工业
成为优势部门，1976 年底，贵州省全省建成工业企业 6798 个，比 1965 年
增加 81.1%。[④] 除以上各省区国家投资的重要项目外，地方小煤矿、小钢铁
厂、小有色金属厂矿、小化肥厂、小电站、小水泥厂和小机械厂等"五小"
工业在这一时期也得到大力发展。

随着民族地区工业化建设的推进，民族地区的经济结构也在不断优化。
1952 年，民族八省区第一、第二、第三产业增加值占地区生产总值的比重
分别为 73.1%、12.8% 和 14.1%；1978 年，第一、第二、第三产业增加值
占地区生产总值的比重分别为 36.5%、41.8% 和 21.8%，第一产业比重在
不断下降，而第二产业和第三产业的比重在逐步上升。[⑤]

（四）基础设施建设投入增加，交通闭塞情况得到初步缓解

新中国成立前，由于地广人稀，经济发展滞后，少数民族地区交通运
输事业发展远远落滞后于其他地区。新中国成立后，党和国家对边疆民族
地区的交通建设极为重视。为了迅速发展民族地区经济，"一五"时期，国
家新修铁路 8 条干线，5 条在民族地区或与民族地区相联结：分别为兰新
（兰州至新疆）铁路、包兰（包头至兰州）铁路、宝成铁路、成渝铁路和天
水—兰州铁路，此外还恢复了湘桂铁路并延伸到来镇段、广西黎塘到广东
湛江铁路、黔桂（贵阳至柳州）铁路、云南昆河线碧河段、内蒙古集宁到
二连浩特铁路。"一五"时期建成的公路有川藏、滇藏、青藏、新藏公路，
内蒙古海拉尔—阿尔山，包头—百灵庙公路。[⑥] 黔东南苗族侗族自治州建成

---

① 《当代中国》编辑部：《当代中国的内蒙古》，当代中国出版社 1992 年版，第 120 页。
② 《当代中国》编辑部：《当代中国的青海（上）》，当代中国出版社 1991 年版，第 109 页。
③ 《当代中国》编辑部：《当代中国的云南（下）》，当代中国出版社 1991 年版，第 714 页。
④ 何仁仲：《当代贵州简史》，当代中国出版社 2003 年版，第 157、179 页。
⑤ 根据《新中国五十年统计资料汇编（1949～1999 年）》相关数据计算整理所得。
⑥ 杨聪：《中国少数民族地区交通运输史略》，人民交通出版社 1991 年版，第 24 页。

炉山—雷山、锦屏—黎平—榕江、镇远—台江—剑河 3 条公路干线。青海建成通车干线公路 11 条，支线 53 条。① 新疆公路通车里程达 12039 公里，比 1949 年增加了 3.6 倍。② 广西 1957 年公路通车里程 9634 公里，而 1949 年只有 3622 公里。③

1964 年，毛泽东在中央工作会议上提出"三线建设"，中国进入长达 10 年的"备战备荒"，形成国家工业"大三线"、地方工业"小三线"的战备经济模式，贯穿整个"三五"和"四五"计划时期。实际进程中，"三五"时期（1966～1970）基建投资共达 915 亿元，其中三线投资 482 亿元（占 52.7%）；"四五"时期（1971～1975）基建投资共 1680 亿元，其中三线投资 690 亿元（占 41.1%），④ 较大地促进了少数民族地区的社会经济发展。以运输线路长度为例，1952 年民族八省区铁路营业里程 3208 公里，贵州、西藏、青海、宁夏和新疆还是铁路的空白区，不仅没有一寸铁轨，连公路也极少，仅有 27868 公里，西藏尚无现代意义上的公路，长期处于依靠以骆驼、毛驴、马匹甚至人力为主要交通工具的落后状态。⑤ 新中国成立后，党和国家对边疆民族地区的交通建设极为重视，为了迅速发展民族地区经济，经过"三五"和"四五"时期的建设，除通往西藏的青藏铁路还未铺到拉萨外，其他自治区全都有了直达北京的铁路。民用航空也得到空前发展，飞越世界屋脊的两条航线（兰州至拉萨、成都至拉萨）已畅通无阻，⑥ 民族地区的交通闭塞现状得到初步缓解。

（五）探索建立公共服务体系，保障人民基本生活

毛泽东同志不仅重视农业、紧抓粮食生产，还重视从社会建设的角度认识和解决贫困问题。新中国成立后，农村公共事业得到一定发展，医疗和教育的综合水平不断提高。

在医疗方面，国家通过制定《中华人民共和国劳动保险条例》《一九五六年到一九六七年全国农业发展纲要》等，形成了农村合作医疗等一系

---

① 史克明：《青海经济地理》，新华出版社 1988 年版，第 129 页。

② 《新疆维吾尔自治区概括》修订本编写组：《新疆维吾尔自治区概括》，民族出版社 2009 年版，第 280 页。

③ 谢之雄：《广西壮族自治区经济地理》，新华出版社 1988 年版，第 241 页。

④ 《新中国初期社会主义工业建设的回顾》，搜狐网，2020 年 12 月 12 日，https：//www.sohu.com/a/325451224_425345。

⑤⑥ 刘甲金：《关于我国少数民族地区经济发展的几个问题》，载于《民族研究》1982 年第 3 期，第 11～16、36 页。

列制度，为广大农村居民建立了有集体经济支撑的互助性质的初级保障体系。在这一阶段，中国建立了5万多个乡镇医院，乡村诊所覆盖率达到68.8％，构建了以"赤脚医生"为服务主体，以公社卫生院、大队诊所为服务机构的农村基本医疗服务体系。[①] 与此同时，国家在民族地区推行免费医疗，如1951年2月，内蒙古自治区召开第一届工会会员代表大会，通过贯彻实施《劳动保险条例》的决议，为国有企业职工提供免费医疗卫生服务，随后国家机关、事业单位也相继实行免费医疗和疾病预防的福利制度。[②]

在教育方面，新中国成立初期，我国少数民族地区高等教育发展十分落后。据统计，少数民族地区的高等学校数量仅5所，占全国高等学校总数的2％；在校少数民族学生1285名，占全国高等学校在校学生总数的0.93％；少数民族教师623名，占全国高等学校教师总数的1.85％。不少学科还是空白，在56个少数民族当中，将近半数的民族没有自己的大学生。[③] 为培养少数民族干部和专业技术人才，加快少数民族地区经济和社会发展，在中央政府的关心和内地高校的支援下，少数民族地区高等教育事业迎来了第一次发展高潮。据统计，1965年民族地区各类高等学校数达到37所，专任教师6232名，在校生30511名。[④] 人力资本水平和生活质量的提高，不仅缓解了民族地区民生领域的就业问题，也为改革开放后的发展奠定了良好的人力资源基础。

（六）社会救济制度初步形成，有效抑制极端贫困产生

新中国的反贫困工作，是在救济和救灾工作的基础上逐步发展起来的。在新中国成立初期就已经颁布有关条例，关心弱势群体，建立保障他们基本生活的社会救济制度。一是构建以社区为基础的社会保障体系，为农村贫困人口提供基本的社会保障，在一定程度上缓解了极端贫困状况。二是国家对因老弱病残、丧失或缺少劳动能力而不能保障基本生活的农民进行社会救济，并建立了"五保"制度（保吃、保穿、保医、保住、保葬，孤儿为保教），使得他们得以维持基本生存。此外，储备粮制度为遭遇天灾人

---

① 苏文、王薇：《新中国成立70年来内蒙古医疗卫生发展历程与展望》，载于《理论研究》2019年第5期，第19～25页。

② 《内蒙古自治区志1951年大事件》，内蒙古区情网，2011年4月14日，http：//www. nmgqq. gov. cn/fagui/ShowArticle. asp？ ArticleID＝4670。

③ 林仕梁：《中国少数民族高等教育的发展与研究》，高等教育出版社2002年版，第14页。

④ 林仕梁：《中国少数民族高等教育的发展与研究》，高等教育出版社2002年版，第22页。

祸的贫困户提供临时性救济粮，有效抑制了这些人口贫困程度的加深。同时，民族地区的经济实力也在不断增强，为社会救济制度的形成提供了强有力的保障。① 通过救助没有劳动能力的百姓，社会救济制度成为保护贫困弱势群体的一项重要制度。

---

① 郑长德：《伟大的跨越：中国少数民族地区经济发展 70 年》，载于《民族学刊》2019 年第 6 期，第 1～8、106 页。

第四章 为了群众温饱的奋战：改革开放红利初显（1978～1985）

改革开放之前，我国经济发展由于片面追求工业发展和总产值增长，经济增长质量不高，农业发展相对落后。由于民族地区生态环境脆弱，自然灾害频发，因此基础设施和社会事业发展相对滞后。民族地区人民群众普遍处于"吃不饱、穿不暖"的困境中。1978年12月，中国共产党召开了第十一届中央委员会第三次全体会议，作出把党和国家工作重心转移到社会主义现代化建设上来的战略决策。我国经济体制逐渐由计划经济向市场经济转轨，改革开放的红利释放对这一阶段的贫困治理发挥了作用。全党集中主要精力推动生产建设，探索如何有效调动包括中国几亿农民在内的生产积极性。在农村土地制度改革方面，从改革开放之初至20世纪80年代中后期广大基层干部和农民群众在党的领导下，走出了一条独具中国特色的农村土地制度创新之路，从最初的自发探索"包产到户""包干到户"到1983年，中共中央国务院发出《关于实行政社分开建立乡政府的通知》，正式废除了长达25年的人民公社体制。1982～1986年，中共中央、国务院连续出台5个中央一号文件，强调要稳定和完善家庭联产承包责任制。以家庭联产承包责任制替代人民公社体制，调动了农民的积极性，提高了土地产出，纷纷告别了"吃不饱饭"的困境。此外，国家实施专项扶贫措施，在财政、物资和技术上给民族地区以重点扶持。1979年9月28日，《中共中央关于加快农业发展若干问题的决定》中明确指出："我国西北、西南一些地区以及其他一些革命老根据地、偏远山区、少数民族地区和边境地区，长期低产缺粮，群众生活贫困。这些地方生产发展快慢，不但是个经济问题，而且是个政治问题。国务院要设立一个有有关部门负责同志参加的专门委员会，统筹规划和组织力量，从财政、物资和技术上给这些地区以重点扶持，帮助它们发展生产，摆脱贫困。"① 随后中央政府出台了多项专项

---

① 《中共中央关于加快农业发展若干问题的决定》，中国经济网，2007年6月7日，http://www.ce.cn/xwzx/gnsz/szyw/200706/07/t20070607_11631290.shtml。

扶持政策，1980 年起，组织内地发达省、市对口支援民族地区，并对民族地区发放专项拨款和低息贷款；1981 年起，对民族贸易企业实施优惠政策；1982 年起，开始扶持"三西"地区发展；1983 年，设立"三西"地区农业建设基金，每年安排 2 亿元加强"三西"地区农业建设；1985 年起，以"以工代赈"形式重点帮助贫困地区解决道路和人畜饮水困难。与 1978 年以前的小规模救济式扶贫相比，改革开放后，国家加大了农村救济式扶贫的扶持力度，推动了农村救济式反贫困事业向纵深推进，国家财政用于农村救济费用的规模成倍增长。在经济体制改革的推动下，民族地区的经济实现了较快增长，民族地区贫困治理也取得了显著的成效。

第一节　改革开放初期中国共产党反贫困思想

一、时代要求：改革开放条件下中国共产党扶贫工作的新征程

（一）民族地区经济稳步增长

改革开放以来，民族地区进入了发展的黄金时代，迈入了历史发展的新阶段。在改革开放的大潮流中，在商品经济的冲击下，民族地区打破了自我封闭的经济体系，开始向开放型的商品经济体系转化，重新构建发展格局、配置生产要素；摆脱了以自给自足的小农经济、自然经济为中心的发展状态，逐步转向以满足消费需求的商品经济为主导的发展轨道，变革了旧有的、高度集中的计划经济体制；对外对内的双向开放也有了一定的广度和深度。这些变化为民族地区的经济发展带来了一派生机，主要体现为以下几个方面[①]：

第一，经济总量有所增长。1986 年，民族地区工农业总产值为 1971.72 亿元，相较 1981 年的 1169.2 亿元增长 68.64%，平均每年增长 11.02%；其中，工业总产值为 1282.3 亿元，相较 1981 年的 704.57 亿元增长 82%，平均每年增长 12.72%；农业总产值为 689.42 亿元，相较 1981 年的 464.63

[①] 本部分数据根据国家统计局公布的各年《中国统计年鉴》中关于民族八省区相关数据整理计算所得。

亿元增长 48%，平均每年增长 8.2%。

第二，产业结构调整初见成效。在民族地区产业结构中，工业比重有所提高，农业比重有所降低。工业总产值占工农业总产值的比重由 1981 年的 60.26% 提高到 1986 年的 65.03%，提高了 4.77 个百分点；农业总产值占工农业总产值的比重则由 1981 年的 39.74% 降低至 1986 年的 34.97%。

第三，农村经济较快发展。1986 年，民族地区粮食总产量为 8508.5 万吨，相较 1981 年增加 819 万吨，平均每年增加 163.8 万吨；猪牛羊肉总产量为 599.8 万吨，相较 1981 年增加 243.4 万吨，平均每年增加 48.68 万吨，占全国的比重由 1981 年的 28.27% 提升至 1986 年的 31.29%；大牲畜年底头数为 6189.2 万头，占全国的比重虽由 1981 年的 54.43% 下降至 1986 年的 52.03%，但绝对额增加 874.5 万头，平均每年增加 174.9 万头。乡镇企业发展迅速。1986 年，民族地区乡镇企业总收入为 175.89 亿元，相较 1981 年的 60.10 亿元增加了 115.79 亿元，增长 1.93 倍，平均每年增加 23.16 亿元，年均增长率达 23.96%。

第四，农民收入大幅增长。家庭联产承包责任制的实施调动了农民的积极性和创造性，提高了农产品产量，农民的收入水平实现较大增长。1986 年，民族地区农民人均纯收入为 331 元，相较 1981 年的 184 元增加 147 元，平均每年增加 29.4 元，年均增长 12.46%；1986 年，农民家庭平均每人生活消费支出为 290.69 元，比 1981 年的 148.21 元翻了将近一番。

第五，资金投入量大幅度增长。1986 年，民族地区全民所有制单位投资总额为 328.69 亿元，相较 1981 年的 79.88 亿元增长 3.11 倍，增加 248.81 亿元，平均每年增长 32.70%。

第六，消费市场需求提高。市场机制的引入、市场范围的扩展，刺激了市场消费需求的提高。1986 年，民族地区社会商品零售总额为 872.6 亿元，相较 1981 年的 440.99 亿元增长近 1 倍，平均每年增加 86.32 亿元，年均增长率为 14.62%。

改革开放初期，民族地区经济社会发展取得显著成就。但是，中国共产党也清醒地认识到，这一期间的经济增长，是在民族地区多年来起步晚、低增速基础上实现的增长。相较而言，同一时期，东部沿海地区[①]在发展较快、基数较高和起步较早的基础上，又得益于率先改革开放的机遇，经济实现了更好、更快发展，使得原有的我国东西部之间的发展差距急剧拉大。

---

① 东部沿海地区指辽宁、天津、河北、山东、江苏、上海、浙江、福建、广东、海南。

（二）民族地区与东部沿海地区发展差距扩大

民族地区在这一阶段中扩大的发展差距主要体现在：民族地区与全国和东部沿海地区的差距、民族地区内部的差距、不同民族间的差距、同一民族内部的差距等。其中最突出的，也是最重要的是民族地区与全国和东部沿海地区的差距，成为当时不可回避的一个重大现实问题。

1. 民族地区与全国、东部沿海地区的差距持续扩大

区域经济的非均衡发展虽具有一定的客观性，但是这一阶段民族地区与全国、东部沿海地区经济发展差距悬殊，短短几年间差距的扩大几乎涉及整个经济社会生活。

（1）经济总产值差距逐渐扩大。

对于衡量经济发展总规模、总成果的主要指标——工农业总产值、工业总产值和农业总产值，民族地区与全国和东部沿海地区，在总量和人均水平上的差距都在急剧扩大。如表 4-1 所示，首先，就总产值差额来看，1981 年，民族地区与全国工农业总产值的差额为 6320.74 亿元，到了 1986年，这一差额变为 11412.6 亿元，翻了近一番；1981 年，民族地区与东部沿海地区工农业总产值的差额为 2620.63 亿元，1986 年扩大为 5122.27 亿元，同样翻了近一番。其次，就 1981～1986 年民族地区与全国的产值净增差距绝对量来看，工农业总产值净增差距绝对量为 5091.86 亿元，工业总产值净增差距绝对量为 4343.31 亿元，农业总产值净增差距绝对量为 748.55亿元；民族地区与东部沿海地区净增差距绝对量中，工农业总产值净增差距绝对量为 2501.63 亿元，工业总产值净增差距绝对量为 2310.92 亿元，农业总产值净增差距绝对量为 190.72 亿元，均超过了 1986 年民族地区对应指标的实际完成额。

表 4-1　　　　1981～1986 年民族地区与全国、东部沿海地区工农业总产值、工业总产值、农业总产值差额汇总

指标		工农业总产值		农业总产值		工业总产值	
		总值（亿元）	人均值（元）	总值（亿元）	人均值（元）	总值（亿元）	人均值（元）
民族地区与全国的差额	1981 年	6320.74	296.63	1572.77	23.61	4747.97	273.01
	1986 年	11412.60	542.51	2321.32	31.81	9091.28	510.70

续表

指标		工农业总产值		农业总产值		工业总产值	
		总值（亿元）	人均值（元）	总值（亿元）	人均值（元）	总值（亿元）	人均值（元）
民族地区与东部沿海地区的差额	1981 年	2620.63	584.98	322.04	35.02	2298.59	549.96
	1986 年	5122.27	1114.09	512.76	58.44	4609.51	1055.66
1981~1986 年民族地区与全国的差距扩大量	净增差距绝对量	5091.86	245.88	748.55	8.2	4343.31	237.69
	净增差距相对量（%）	80.56	82.89	47.59	34.72	21.48	37.10
1981~1986 年民族地区与东部沿海地区的差距扩大量	净增差距绝对量	2501.63	529.11	190.72	23.42	2310.92	505.70
	净增差距相对量（%）	95.46	90.45	59.22	66.88	100.51	93.00
民族地区占全国的比重（%）	1981 年	15.61	60.55	22.81	88.46	12.92	50.12
	1986 年	14.73	57.15	22.90	88.83	12.36	47.95
	1981 年较 1986 年的百分点升降变化	-0.88	-3.40	0.09	0.37	-0.53	-2.17
民族地区占东部沿海地区的比重（%）	1981 年	30.85	43.76	59.06	83.78	23.46	33.28
	1986 年	27.79	39.37	57.35	81.23	21.76	30.83
	1981 年较 1986 年的百分点升降变化	-3.06	-4.39	-1.71	-2.55	-1.70	-2.45

资料来源：根据国家统计局公布的《中国统计年鉴》（1982~1987）以及国家统计局分省年度数据（https：//data.stats.gov.cn/easyquery.htm? cn = E0103）中全国、东部沿海地区及民族八省区相关数据整理计算所得。

（2）乡镇企业发展水平差距逐渐扩大。

党的十一届三中全会以来，乡镇企业成为农村经济的新增长点，与此同时，不同地区乡镇企业差距扩大的速度也在加快。1981 年，民族地区乡镇企业总收入与全国、东部沿海地区的差额分别为 610.3 亿元和 375 亿元，到 1986 年分别扩大至 2047.66 亿元和 1335.25 亿元，差距分别扩大了 2.36 倍和 2.56 倍，年均递增率分别为 27.39% 和 28.92%。对于人均乡镇企业总收入来说，1981~1986 年，民族地区与全国、东部沿海地区的差额由 43.89

元和96.02元，分别扩大至145.78元和326.9元，差距分别扩大2.32倍和2.4倍。①

（3）城乡居民生活水平差距和国内市场消费水平差距显现。

1981年，民族地区农民人均纯收入与全国、东部沿海地区的差额分别为39.84元和79.12元，到1986年差额分别扩大到92.71元和114.75元，差距分别扩大1.33倍和0.45倍；1986年民族地区城镇居民人均收入为640.3元，与全国、东部沿海地区的差额分别为187.6元和201.7元；1985年民族地区居民人均消费水平为368.3元，和同期全国和东部沿海地区水平相比，分别低了16.78%和31.39%。②

民族地区社会商品零售总额与全国、东部沿海地区的差额也在迅速扩大。1982~1986年，这一差额分别由1909.01亿元和622.05亿元，扩大至4077.4亿元和1328.8亿元，净增差距绝对量分别为2168.39亿元和706.75亿元，差距均扩大1.14倍。同期的人均社会商品零售总额的差额分别由64.2元和120.08元，扩大至148.03元和250.06元，差距分别扩大1.31倍和1.08倍。③

（4）交通运输业发展水平差距逐渐扩大。

1982~1986年，民族地区铁路、公路、水路货运总量与全国、东部沿海地区的差额由19.12亿吨和7.67亿吨，分别扩大至23.18亿吨和9.27亿吨，差距分别扩大21.18%和20.9%。同期民族地区与全国、东部沿海地区的人均货运量差额，分别由1.07吨和1.4吨，扩大至1.24吨和1.61吨，差距分别扩大15.89%和15%。从货运总量所占比重来看，1981年，民族地区货运总量为全国的13.34%，为东部的31.69%，到1986年分别下降至13.09%和31.27%。④

（5）教育事业的差距逐渐扩大。

1982~1986年，民族地区高等学校在校生数与全国、东部沿海地区的差额分别由105.9万人和28.5万人，扩大至154.97万人和42.62万人，差距分别扩大46.34%和49.54%；中等专业学校在校生数的差额分别由75.4万人和4.5万人，扩大至132.65万人和20.43万人，差距分别扩大0.76倍和3.54倍；平均每万人中在校大学生数差额分别由4.27人和5.29人扩大至5.66人和7.48人，差距分别扩大32.55%和41.4%。⑤

---

①②③④⑤　根据国家统计局公布的《中国统计年鉴》（1982~1987）以及国家统计局分省年度数据（https：//data.stats.gov.cn/easyquery.htm？cn=E0103）中全国、东部沿海地区及民族八省区数据整理计算所得。

从技术人员数情况来看，1982～1986 年，民族地区全民所有制单位自然科学技术人员数与全国、东部沿海地区的差额分别由 436.97 万人和 70.73 万人，扩大至 641.08 万人和 127.83 人，差距分别扩大 46.71% 和 80.73%；平均每万人拥有全民所有制单位自然科学技术人员数的差额，分别由 5.02 人和 3.97 人，扩大至 10.46 人和 13.23 人，差距分别扩大 1.08 倍和 2.33 倍。①

（6）城镇发展水平的差距扩大。

1982～1986 年，民族地区城镇人口与全国、东部沿海地区的差额分别由 11032 万人和 2692 万人，扩大到 34835 万人和 10261 万人，净增差额绝对量分别为 23803 万人和 7569 万人，差距分别扩大 2.16 倍和 2.81 倍。民族地区城镇少，城镇规模小，1986 年民族地区仅有 8 个百万人口以上的城市，平均 221.99 万平方公里才有一座百万人口的城市；而全国平均 41.74 万平方公里就有一座百万人口的城市，东部沿海地区平均 9.58 万平方公里就有一座百万人口城市。②

2. 民族自治地方与全国的差距扩大

我国民族自治地方③地大物博。1986 年，民族自治地方的总面积为 611.49 万平方公里，占全国总面积的 63.7%。但是，民族自治地方人口少，人口密度低。1986 年，民族自治地方人口只占全国总人口的比重为 13.17%；民族自治地方人口密度为每平方公里 22.8 人，而同期全国人口密度为每平方公里 110 人。④虽然，我国民族自治地方资源禀赋相对丰富，但是资源开发利用程度较低、资金投入"稀疏"和人力资本较低等现实矛盾的交叉作用，导致民族自治地方与全国的发展差距逐步扩大。

由表 4-2 可知，民族自治地方人均农业总产值与全国的净增差距绝对量翻了 2.54 倍，人均粮食总产量净增差距绝对量翻了 1 倍多。与此对应，1981～1986 年，民族自治地方人均各项产值与全国相比不断降低，其中人均工农业总产值降低了 7.15 个百分点，人均农业总产值减少了 21.29 个百分点，人均工业总产值降低了 1.48 个百分点，人均社会商品零售总额降低了 9.99 个百分点。

---

①②④　根据国家统计局公布的《中国统计年鉴》（1982～1987）中全国、东部沿海地区及民族八省区数据整理计算所得。

③　少数民族自治地方指在一个或多个少数民族聚居的地方，依法实行民族区域自治的行政区域。根据宪法和法律规定，我国的民族自治地方分为自治区、自治州、自治县（自治旗）三级。

表 4 - 2   1981～1986 年民族自治地方与全国发展差距情况

指标	1981 年	1986 年	六年净增差距绝对量	六年净增差距相对量（%）
工农业总产值（亿元）	6994.80	12447.63	5452.83	77.96
人均工农业总产值（元）	324.44	634.00	309.56	95.41
农业总产值（亿元）	2066.00	3894.96	1828.96	88.53
人均农业总产值（元）	19.76	121.00	101.24	512.00
工业总产值（亿元）	4928.80	8552.67	3623.87	73.52
人均工业总产值（元）	304.69	513.00	208.31	68.37
社会商品零售总额（亿元）	2128.70	4488.10	2359.40	111.00
人均社会商品零售总额（元）	44.89	136.61	91.72	204.00
粮食总产量（万吨）	29131.00	35086.00	5955.00	20.44
人均粮食总产量（公斤）	35.30	78.44	43.14	122.00

资料来源：根据国家统计局公布的《中国统计年鉴》（1982～1987）中全国及民族八省区数据整理计算所得。

3. 经济滞后发展的现实

在改革开放红利释放的同时，民族地区经济发展滞后的现实问题也逐渐凸显。民族地区经济的外向度低，对内和对外开放起步较晚，开放的广度深度不够，横向经济联系程度低、范围窄、规模小，商品经济意识淡薄，自给自足的产品经济体系仍存在。

（1）贫困面大，群众温饱问题尚未解决。

1986 年，民族地区农村家庭人均纯收入仅为全国的 78%、为东部沿海地区的 74%。根据 1986 年中国人民银行和中国农业银行发布的《中国人民银行、中国农业银行扶持贫困地区专项贴息贷款管理暂行办法》，中国农业银行从 1986 年起，连续 5 年，每年发放 10 亿元专项贴息贷款，支持部分贫困县（旗）开发经济，发展商品生产，解决群众温饱问题。① 在公布的 258 个专项贴息贷款扶持县（旗）当中，民族地区有 92 个县（旗），占全国的 35.66%，如表 4 - 3 所示。全国 363 个用中央和地方扶贫资金扶持的贫困县（旗）中，民族地区有 154 个县（旗），占全国的 42.42%；② 全国重点的贫

---

① 《中国人民银行、中国农业银行扶持贫困地区专项贴息贷款管理暂行办法》，中顾法律网，1986 年 11 月 7 日，http：//www.9ask.cn/fagui/198611/387585_1.html。

② 曹征海、马飚：《起飞前的战略构想——中国少数民族地区经济长期发展研究》，民族出版社 1990 年版，第 14 页。

困地方之一"三西"地区，即甘肃的定西等中部干旱地区、河西地区和宁夏的西海固地区，均分布在民族地区。

表 4 - 3　　　　　　　　1986 年民族地区与全国专项贴息贷款比较

指标	内蒙古	广西	贵州	云南	青海	新疆	民族地区	全国
专项贴息贷款扶持县（旗）数（个）	7	22	19	26	7	11	92	258
农业人口（万人）	98.20	595.00	777.20	631.40	44.30	140.10	2286.20	8629.30
贫困农业人口（万人）	43.30	339.10	458.60	362.50	19.80	66.10	1289.40	4176.80
计划分配数额（万元）	500	4100	5400	4400	250	800	15450	50000

资料来源：《中国人民银行、中国农业银行扶持贫困地区专项贴息贷款管理暂行办法（1986年)》，中顾法律网，1986 年 11 月 7 日，http://www.9ask.cn/fagui/198611/387585_1.html。

（2）自然环境和生态环境恶劣，交通运输发展滞后。

与东部沿海地区相比，民族地区相对缺乏经济发展的优势条件，商品经济较为落后，广大民族农村地区基本上还是"靠天吃饭"。民族地区自然环境较为恶劣，如广西是"八山一水一分田"，贵州是"九山半水半分田"。由于生产方式和开发方式的落后，许多地区的生态环境日趋恶化，森林乱砍滥伐现象严重，森林覆盖率下降，沙区、盐碱地、易涝地、水土流失面积等逐年扩大，自然灾害频发；自然资源的丰度与开发转化能力不对称，对自然资源的开发、转化、多层次加工增值能力很低。在西北畜牧业发达地区，草原建设缓慢，牧区基本上是自然草场，基本上为靠天养畜、自由放牧、粗放经营，导致草质下降，草原退化、沙化严重，草畜矛盾突出，从而加剧了牲畜"夏壮、秋肥、冬瘦、春死"的恶性循环。

经济要发展，交通要先行。交通运输是国民经济的血脉之一，是商品经济发展的重要纽带。然而民族地区交通运输还不能适应经济发展的需要。1986 年，民族地区货运总量仅为全国的 13.09%，为东部沿海地区的31.27%；民族地区每 1000 平方公里拥有铁路营业里程为 2.58 公里，仅为全国（5.47 公里）的 47.17%，为东部沿海地区（11.87 公里）的 21.74%，此时西藏地区尚未通铁路；民族地区每 1000 平方公里拥有内河航道里程为2.41 公里，仅为全国（11.4 公里）的 21.14%，为东部沿海地区（51.68公里）的 4.66%；民族地区每 1000 平方公里拥有公路里程为 51.69 公里，仅为全国（100.29 公里）的 51.54%，为东部沿海地区（256.51 公里）的 20.15%。①

（3）教育水平落后，人力资本短缺。

首先，民族地区的人口受教育水平相对较低，文盲率较高。在 1982 年全国第三次人口普查中，民族地区城市 12 周岁以上人口的文盲、半文盲率为 20.13%，比全国高 3.71 个百分点，比东部沿海地区高出 4.26 个百分点，其中贵州为 37.21%，西藏为 27.38%；民族地区农村 12 周岁以上人口的文盲、半文盲率高达 50%，比全国和东部沿海地区的文盲、半文盲率高出 30% 左右，其中西藏高达 76.15%，青海为 54.8%，甘肃为 52.16%，云南为 51.11%。其次，民族地区面临人才缺乏的困境。1986 年，民族地区每万人拥有高校在校学生数为 12 人，仅为全国（18 人）的 68.17%，为东部沿海地区（20 人）的 61.84%；民族地区每万人拥有全民所有制单位自然科学技术人员数为 68 人，比全国少 10 人，比东部沿海地区少 11 人，且民族地区科技人员的技术级别低，以初中级为主，科技人员结构及分布不合理，科研条件较差。② 民族地区一方面人才严重不足，急需培养、挖掘、引进大量的各类人才；另一方面人才又严重外流，"孔雀东南飞""一江春水向东流"的状况有增无减。

（4）财政拮据，投资不足。

新中国成立以来，民族地区一直是全国投资的"稀疏区"，资金短缺，投入不足至今仍为民族地区经济增长的主要制约因素。1981～1986 年，民族地区投资额与全国、东部沿海地区的差距不断扩大。如表 4-4 所示，从全民所有制单位投资总额来看，1981 年民族地区为 79.88 亿元，仅为全国（427.89 亿元）的 18.67%，为东部沿海地区（177.74 亿元）的 44.94%；到 1986 年，民族地区全民所有制单位投资总额为 328.69 亿元，仅为全国（1978.50 亿元）的 16.61%，东部沿海地区（853.09 亿元）的 38.53%，分别降低了 2.06 个和 6.41 个百分点。从人均投资总额看，1981 年民族地区为 31.10 元，为全国（42.95 元）的 72.41%，为东部沿海地区（48.78 元）的 63.76%；到 1986 年，民族地区人均投资总额为 120.61 元，仅为全国（187.14 元）的 64.45%，东部沿海地区（220.98 元）的 54.58%，分别降低了 7.96 个百分点和 9.18 个百分点。1986 年，整个民族地区的投资

①② 根据国家统计局公布的《中国统计年鉴》（1982～1987）中全国、东部沿海地区及民族八省区数据整理计算所得。

总额仅为东部沿海地区广东、山东、辽宁三省投资总额的79.04%，比三省的投资总额少87.18亿元。

表4－4　　　　　　　　1981～1986年民族地区与全国以及东部沿海
地区投资额差距扩大

指标	民族地区与全国的差距				民族地区与东部沿海地区的差距			
	1981年	1986年	六年净增差距绝对量	六年净增差距相对量（%）	1981年	1986年	六年净增差距绝对量	六年净增差距相对量（%）
全民所有制单位投资总额（亿元）	348.01	1649.81	1301.80	374.00	97.86	524.40	426.54	436.00
人均全民所有制单位投资总额（元）	11.85	66.53	54.68	461.00	17.68	100.37	82.69	468.00

资料来源：根据国家统计局公布的《中国统计年鉴》（1982～1987）以及国家统计局分省年度数据（https：//data. stats. gov. cn/easyquery. htm？cn＝E0103）中全国、东部沿海地区及民族八省区相关数据整理计算所得。

民族地区财政收入拮据。由表4－5可知，1986年，民族地区财政收入仅为全国的14.52%；财政入不敷出，民族地区财政支出为财政收入的1.82倍，多出158.2亿元，需要中央财政进行补贴。1986年，中央财政对民族八省区的定额补助达71.8亿元，加之其他补贴，中央财政对整个民族地区的补贴资金约占全国补贴资金的90%。

表4－5　　　　1986年民族地区与全国以及东部沿海地区地方财政收支对比

指标	全国	东部沿海地区	民族地区	东部沿海地区占全国比重（%）	民族地区占全国比重（%）	民族地区占东部沿海地区比重（%）
地方财政收入总额（亿元）	1323.10	720.00	192.10	54.24	14.52	26.68
人均地方财政收入总额（元）	125.15	186.50	70.49	149.02	56.32	37.80

指标	全国	东部沿海地区	民族地区	东部沿海地区占全国比重（％）	民族地区占全国比重（％）	民族地区占东部沿海地区比重（％）
地方财政支出总额（亿元）	1382.50	534.40	350.30	38.65	25.34	65.55
人均地方财政支出总额（元）	130.77	138.43	128.54	105.86	98.29	92.86

资料来源：根据国家统计局公布的《中国统计年鉴》（1987）以及国家统计局分省年度数据（https：//data. stats. gov. cn/easyquery. htm？cn＝E0103）中全国、东部沿海地区及民族八省区相关数据整理所得。

此外，由于民族地区贫困面大，每年的资金用于生活消费的比重大，用于经济发展的资金投入有限，导致工农业基础十分薄弱。1986 年，民族地区全民独立核算工业企业固定资产原值仅为全国的 20.6%，为东部沿海地区的 51.5%；民族地区全民独立核算工业企业定额流动资金总额仅为全国的 19.46%，为东部沿海地区的 45.49%。[1]

（三）沿海发展战略对民族地区发展的挑战

改革开放以来，我国逐步实施外向型经济发展战略[2]，率先扩展和深化对外开放，开放的程度和范围，与商品经济的水平和深度成正相关关系。东部沿海地区的商品经济原本就相对发达，加之扩大对外开放、发展外向型经济等政策的实施，市场发育程度得以迅速提高，市场体系的培育和建立得以迅速加快，商品经济得以迅速发展，从而使东部沿海地区的生产力水平相较民族地区大幅提升。

沿海地区外向型经济发展战略使东部沿海地区先于民族地区突破高度集权的计划经济管理体制，享受到开放型的商品经济和市场体系所带来的诸多好处，地方政府、企业享有更多的自主权，其灵活运用方针政策的创造性自然甚于民族地区。例如，在广东全省实行全面改革的试验区，以及大大小小的经济特区和经济开放区的时候，民族地区的大部分地方只能是

---

[1]　根据国家统计局公布《中国统计年鉴》（1982～1987）中全国、东部沿海地区及民族八省区数据整理计算所得。

[2]　陈家勤：《关于外向型经济问题讨论综述》，载于《中国社会科学》1989 年第 3 期，第 76 页。

"隔山相望"。先改革先受益，先开放先获利。改革开放使东部沿海地区冲破了旧有的分配制度，收入来源多元化，开始形成高收入、高物价、高消费、高利率的新格局，这与商品经济不发达、收入单一化、生活水平低的民族地区形成鲜明对照，导致人才、资金、物资等大量流入东部沿海地区。

沿海地区的外向型经济发展战略，加剧了东、西部发展差距扩大的趋势，这虽有一定的客观性、不可避免性和错综复杂性，但这种区域性的差距现象如果超出一定的"度"，就将转化为政治问题、民族问题、社会问题，甚至会影响全国的安定团结。这就要求我国必须从地区间经济发展差距扩大的客观实际出发，把握民族地区所处的发展阶段，走一条非常规的发展道路，以使民族地区能够实现加速发展。[①]

二、改革创新：改革开放初期中国共产党反贫困思想的主要内容

改革开放以来，以邓小平同志为核心的党的第二代中央领导集体运用马克思主义基本原理，研究和回答了中国面临的贫困问题，形成了一系列具有代表性的反贫困思想，进一步推动了中国共产党反贫困思想的发展，为中国的反贫困事业作出了重要贡献。

（一）从社会主义本质的高度来认识反贫困

虽然社会主义制度有着资本主义制度无法比拟的优越性和先进性，但这并不意味着社会主义国家没有贫困人口和贫困现象。1985年，邓小平同志指出："搞社会主义，一定要使生产力发达，贫穷不是社会主义。我们坚持社会主义，要建设对资本主义具有优越性的社会主义首先必须摆脱贫穷。"[②] 邓小平强调："社会主义的本质，是解放生产力，发展生产力，消灭剥削，消除两极分化，最终达到共同富裕。"[③] 即生产力高度发达是实现共同富裕的前提，坚持社会主义道路、坚持四项基本原则是实现共同富裕的政治保证。

---

① 曹征海、马飚：《起飞前的战略构想——中国少数民族地区经济长期发展研究》，民族出版社1990年版，第1～24页。

② 《贫穷不是社会主义，社会主义要消灭贫穷》，中国共产党新闻网，2017年3月22日，http：//cpc．people．com．cn/n1/2017/0322/c69113-29162211．html。

③ 《邓小平文选（第三卷）》，人民出版社1993年版，第373页。

（二）发展才是硬道理，发展生产力才能实现脱贫

为了解决我国的贫困问题，邓小平提出，中国解决所有问题的关键是要靠自己的发展，① 只有"发展才是硬道理"。生产力是社会发展的最根本的决定性因素，社会主义的根本任务是发展生产力。② 只有集中力量发展生产力，才能为解决全国范围内，尤其是民族地区的贫困问题提供坚实的物质基础，才能逐步改善各族人民的物质文化生活，最终证明社会主义制度的优越性。以上论述充分肯定了市场经济在社会主义制度下存在和发展的可能性，是对马克思主义理论的重大创新。自 1979 年提出这一论述之后，邓小平又多次在其他场合阐释"社会主义和市场经济之间不存在根本矛盾"这一思想。③ 实践证明，在当时经济社会条件下，市场是配置资源的最有效方式，市场经济是解放和发展生产力的有效途径。

贫穷不是社会主义，发展太慢也不是社会主义，社会主义的根本任务是发展生产力。④ 发展生产力，就要把历史唯物主义关于生产力的系统理论同当代实际相结合，紧紧抓住其中的关键。党中央第二代领导集体提出的"三步走"的发展战略，是一个实事求是、切实可行的发展战略。它立足于中国社会主义初级阶段的基本国情，找准了中华民族伟大复兴的历史起点和现实基础。把解决人民温饱问题作为第一步目标，既反映了我国国情最大最普遍的实际，又充分体现了中国共产党全心全意为人民谋利益的根本宗旨。世界上还没有一个国家的现代化是从解决人民温饱问题开始的。然而，中国就是中国，中国只能从这里开始。⑤ 此外，邓小平强调："四个现代化，关键是科学技术的现代化。"⑥ 因此，要"尊重知识、尊重人才"，充分重视科学技术和教育在社会发展过程中的重要作用。邓小平关于"科学

---

① 《中国解决所有问题的关键是要靠自己的发展》，人民网——邓小平纪念网，2013 年 8 月 19 日，http：//cpc. people. com. cn/n/2013/0819/c69710 - 22616533. html。

② 许飞琼：《中国的贫困问题与缓贫对策》，载于《中国软科学》2000 年第 10 期，第 19 ~ 22 页。

③ 《邓小平：社会主义和市场经济之间不存在根本矛盾》，中国共产党新闻网，2017 年 4 月 12 日，http：//cpc. people. com. cn/n1/2017/0418/c69113 - 29219341. html。

④ 《1983 年 2 月，邓小平在杭州西湖》，人民网——邓小平纪念网，2017 年 11 月 17 日，http：//cpc. people. com. cn/n1/2017/1117/c69113 - 29651378. html。

⑤ 《邓小平提出"三步走"发展战略》，人民网——邓小平纪念网，2019 年 3 月 7 日，http：//cpc. people. com. cn/n1/2019/0307/c69113 - 30961722. html。

⑥ 《邓小平：四个现代化，关键是科学技术的现代化》，中国共产党新闻网，1978 年 3 月 18 日，http：//cpc. people. com. cn/n/2013/0819/c69710 - 22616462. html。

技术是第一生产力"①的重要论断，深刻揭示了科学技术在现代社会生产中的先导作用，也创造性地发展了马克思主义的生产力理论。战胜贫困需要有坚实的物质基础，因而必须依靠科学技术大力发展社会生产力。发展科学技术最重要的是发展教育，科学和教育的发展是密不可分的。科学技术是知识的发现、发明和运用，而教育则是对知识的传播和对有知识的人的培养。

（三）打破平均主义，深化对共同富裕的认识

党的第二代领导集体在继承和发展毛泽东共同富裕思想的基础上，提出共同富裕是社会主义的本质特征，实现全体人民的共同富裕是反贫困的战略目标。②党的十一届三中全会以来，中国人民对摆脱贫困、实现国家富强和人民富裕的呼声越来越强烈。邓小平指出，"社会主义的本质，是解放生产力，发展生产力，消灭剥削，消除两极分化，最终达到共同富裕。"③社会主义消除贫困实现共同富裕时不能导致两极分化，共同富裕不是平均主义下的共同富裕，平均主义的共同富裕只会导致共同贫穷；共同富裕也不等于同步富裕，允许有差别的先富，才符合中国的实际。邓小平提出了"一部分地区、一部分人可以先富起来，带动和帮助其他地区、其他的人，逐步达到共同富裕"以及"我们的政策是让一部分人、一部分地区先富起来，以带动和帮助落后的地区，先进地区帮助落后地区是一个义务。"④为了正确处理局部与全局、个人与整体、当前与长远的利益关系⑤，邓小平提出了"两个大局"的战略构想，即"沿海地区要加快对外开放，使这个拥有两亿人口的广大地带较快地先发展起来，从而带动内地更好地发展，这是一个事关大局的问题。内地要顾全这个大局。反过来，发展到一定的时候，又要求沿海拿出更多力量来帮助内地发展，这也是个大局。那时沿海也要服从这个大局。"⑥

---

① 《十三届三中全会关键词：科学技术是第一生产力》，人民网，2013年11月6日，http：//politics. people. com. cn/n/2013/1106/c70731 - 23449619. html。

② 黄承伟、刘欣：《新中国扶贫思想的形成与发展》，载于《国家行政学院学报》2016年第3期，第63～68页。

③ 《邓小平文选（第三卷）》，人民出版社1993年版，第373页。

④ 《邓小平：让一部分人先富起来》，中国共产党新闻网，http：//cpc. people. com. cn/GB/34136/2569304. html。

⑤ 李佳：《党员干部要自觉增强"四个意识"》，人民网理论频道，2016年4月5日，http：//theory. people. com. cn/n1/2016/0405/c49150 - 28249802. html。

⑥ 《邓小平：沿海地区要较快地先发展起来，从而带动内地更好地发展》，中国共产党新闻网，2013年8月19日，http：//cpc. people. com. cn/n/2013/0819/c69710 - 22616535. html。

解决少数民族地区的贫困问题，是实现共同富裕的必然要求。针对我国民族地区的特殊性，在反贫困实践中，一方面要加快民族地区的经济开发进程，实现民族地区整体经济实力的增长和自我发展能力的提高；另一方面，要瞄准民族地区的贫困人口，使贫困人口成为反贫困的直接受益者。区域性瞄准的反贫困、实现经济社会可持续发展战略的目标在于实现民族地区整体经济增长，这必然带来全体居民平均收入水平的提高，是缓解少数民族地区贫困问题的根本举措，将有利于共同富裕目标的实现。

（四）充分发挥广大人民群众的反贫困智慧与力量

人民群众是历史的主体，具有极大的主体能动性和历史创造性，因此社会主义反贫困的主体力量是广大人民群众。我国的民族地区反贫困事业艰巨而复杂，没有现成的经验，只能依靠群众的实践去创造、探索和开辟；而指引这一事业的理论、路线、方针和政策，只有贯彻到民族地区各族人民群众的实践中，并接受各族人民群众的检验，才能得到不断地创新、完善和发展。包括知识分子在内的工人阶层是推动我国民族地区反贫困事业前进的基本力量。工人阶层是我国社会主义现代化建设的中坚力量，因此，在民族地区反贫困工作中，要坚定不移地依靠工人阶层。在政治上要保证职工群众的主人翁地位，在制度上要保证职工了解和参与企业的经营管理，加强职工队伍建设，提高职工整体素质。同时，要学会尊重知识分子阶层，明确知识分子也是无产阶级的一部分这一事实，把知识分子阶层纳入无产阶级的范畴，正确对待知识分子，正确认识脑力劳动在民族地区反贫困事业中的重要性。

坚决依靠民族地区人民群众，是我们党加强民族地区反贫困实践的一个基本立足点。改革开放以来，邓小平始终高度重视农业、农村和农民问题。首先，依靠农民就要承认农民身上所具备的首创精神，并保障农民自身的利益和权利。其次，依靠农民也必须教育农民，全面提高农民队伍的整体素质。如果没有对贫困人口人力资本的大量投资，在长期中对减贫是收效甚微的。大力加强少数民族贫困地区人力资本投资是反贫困、实现经济社会可持续发展战略的中心环节。此外，随着民族地区的经济进步，乡镇企业逐步有了发展，农民进入到其他各种行业，诞生了很多个体户、私营企业主、管理技术人员、中介组织的从业人员等新的劳动阶层。对于这些劳动群体，要充分认识到他们的劳动建设对经济发展所做的贡献，充分发挥他们在民族地区反贫困中的作用，并引导他们接受党的领导、坚持社会主义道路。

（五）"两手抓，两手都要硬"抓扶贫

在解决贫困问题的实践过程中，邓小平不仅提出了一系列的反贫困政策和措施，还坚持把辩证法运用到反贫困工作中，坚持两点论和重点论的统一，有效克服了实际工作中存在的"一手硬、一手软"的问题，为我们党在民族地区反贫困实践中的领导方法和工作方法充实了新的内容。

"两手抓，两手都要硬"，这是改造世界的两点论，邓小平制定的各项方针政策都体现了这个两点论。在解决贫困问题时，邓小平提出要大力发展生产力，提高经济水平，为反贫困创造物质财富；同时，物质文明和精神文明都搞好，才是中国特色的社会主义。他多次指出："经济建设这一手我们搞得相当有成绩，形势喜人，这是我们国家的成功。但风气如果坏下去，经济搞成功又有什么意义？会在另一方面变质，反过来影响整个经济变质，发展下去会形成贪污、盗窃、贿赂横行的世界。"①

第二节 改革开放初期民族地区反贫困工作的开展

1978 年，党的十一届三中全会决定在全国开始全面实行"对内改革、对外开放"政策，把全党的工作重点转移到社会主义现代化建设上来。在旧的计划经济体制下，农民生产积极性不高。因此，1978～1985 年，为了解决广大农民的温饱问题，通过体制改革，在农村地区实行家庭联产承包责任制，通过充分解放生产力、发展生产力来减缓贫困问题，重点关注"老、少、边、穷"地区的贫困问题。经过一系列的努力，按 1978 年 100 元的贫困线估计，中国农村贫困人口由 1978 年的 2.5 亿人减少到 1985 年的 1.25 亿人，贫困发生率从 1978 年的 30.7% 下降到 1985 年的 15%，年均减贫 1786 万人。②

---

① 陈光：《用胡锦涛同志区域协调发展思想指导中西部地区科学发展》，载于《东岳论丛》2012 年第 1 期，第 9～16 页。

② 汪三贵、曾小溪：《从区域扶贫开发到精准扶贫——改革开放 40 年中国扶贫政策的演进及脱贫攻坚的难点和对策》，载于《农业经济问题》2018 年第 8 期，第 40～50 页。

一、经济体制改革重启反贫困新征程

（一）以家庭联产承包责任制为主要内容的土地经营制度改革

农村原有的人民公社体制制约了生产力的提升与经济社会的发展。1979年，中国开始推动以家庭联产承包责任制代替人民公社体制的改革。[①] 在家庭联产承包责任制中，土地所有权仍归集体，"包产到户，自负盈亏"使中国广大农民获得了充分的经营自主权，极大地调动了农民的积极性，解放和发展了农村生产力，[②] 提高了粮食产量，增加了农民收入。粮食产量的提高解决了农民基本的温饱问题，更多的劳动力投入生产活动当中，进一步刺激生产力的发展，推动了经济的复苏与发展。

（二）"三农"发展政策的调整，实行多项经济改革举措

党和国家高度重视"三农"问题，为了夯实农村发展基础，提高农业发展水平，调动农民的积极性，保障农民的利益，党和国家不断改革调整"三农"发展的政策。实行了包括放宽农产品价格、发展乡镇企业、开放劳动力输出限制在内的多项经济改革举措，直接或间接地促进了农民增收，减轻了农村贫困。我国建立起以市场化为取向的农产品交易制度，放宽了对农产品的价格约束，提高了农副产品的收购价格；鼓励发展乡镇企业，促进了农村第二、第三产业的发展，为农民就业提供了岗位；放宽农村劳动力输出限制，允许农村劳动力自筹资金、自理口粮，进入城镇务工经商，扩大了农民的就业途径和就业辐射范围。

二、针对民族地区实施专项扶贫措施

邓小平在 1978 年 12 月召开的中央工作会议上强调指出："在西北、西南和其他一些地区，那里的生产和群众生活还很困难，国家应当从各方面

---

① 向德平、华汛子：《改革开放四十年中国贫困治理的历程、经验与前瞻》，载于《新疆师范大学学报（哲学社会科学版）》2019 年第 2 期，第 59～69 页。

② 《家庭联产承包责任制》，人民网，2014 年 10 月 17 日，http://politics.people.com.cn/n/2014/1017/c70731 - 25854199.html。

给以帮助，特别要从物质上给以有力的支持。"① 1979 年 9 月 28 日，中共中央颁布的《关于加强农业发展若干问题的决定》中再次强调指出："我国西北、西南一些地区以及其他一些革命老根据地、偏远山区、少数民族地区和边境地区，长期低产缺粮，群众生活贫困。这些地方生产发展快慢，不但是个经济问题，而且是个政治问题。国务院要设立一个有关部门负责同志参加的专门委员会，统筹规划和组织力量，从财政、物资和技术上给这些地区以重点扶持，帮助它们发展生产，摆脱贫困。"②

（一）安排专项扶贫资金，扶贫资金和物资重点向少数民族贫困地区倾斜

国家在分配扶贫资金和物资时，对少数民族贫困地区予以重点扶持。一方面，在扶贫资金上，1979 年颁布的《中共中央关于加强农业发展若干问题的决定》中首次明确指出要给予少数民族地区重点扶持，帮助他们发展生产摆脱贫困。1980 年，中央财政设立了"支援经济不发达地区发展资金"用于支援经济不发达的革命老根据地、少数民族地区、边远地区以及穷困地区，这是中央财政设立的第一笔财政专项扶贫资金③；1981 年国家对民族贸易企业实施优惠政策④；1982 年起，国务院开始扶持甘肃以定西为代表的中部干旱地区、河西地区和宁夏西海固（以下简称"三西"地区）；1983 年设立"三西"地区农业建设基金，每年安排 2 亿元加强"三西"地区农业建设，以帮助甘肃河西地区、定西地区（现定西市）、陇南等 10 个高寒阴湿特困县和宁夏西海固地区解决温饱问题⑤；1985 年起，以"以工代赈"形式，重点帮助贫困地区解决道路和人畜饮水困难，前后投入 27 亿元。⑥ 这些政策的实施极大地改善了民族地区的经济发展状况。另一方面，对少数民族贫困地区的柴油、农膜等农用生产资料的安排优先给予照顾。

---

① 《邓小平文选（第二卷）》，人民出版社 1994 年版，第 152 页。

② 中共中央文献研究室：《三中全会以来重要文献选编（上）》，中央文献出版社 2011 年版，第 167～168 页。

③ 张秉国、陆广德：《支援经济不发达地区发展资金使用管理效果较好》，载于《财政》1992 年第 11 期，第 40～41 页。

④ 国务院：《国务院批转全国民族贸易和民族用品生产工作会议纪要的通知》，载于《中华人民共和国国务院公报》1981 年第 17 期，第 522～529 页。

⑤ 国务院三西地区农业建设领导小组办公室：《三西建设的五年（1983～1987）》，甘肃人民出版社 1988 年版，第 2 页。

⑥ 向德平、华汛子：《改革开放四十年中国贫困治理的历程、经验与前瞻》，载于《新疆师范大学学报（哲学社会科学版）》2019 年第 2 期，第 59～69 页。

国家新增的农业投资、教育基金、"以工代赈"、温饱工程等扶贫资金和物资，少数民族贫困地区的分配比例明显高于其他地区。如 1984 年 9 月 29 日，中共中央、国务院出台《关于帮助贫困地区尽快改变面貌的通知》，进一步明确要集中力量解决十几个连片贫困地区的问题，要求各地党委和政府要采取切实可行的措施，帮助"老、少、边、穷"地区解决温饱问题①；1984 年 11 月 6 日，国家计划委员会发布了《关于动用库存粮、棉、布帮助贫困地区修建道路和水利工程的通知》，决定在 3 年内从商业库存中拿出粮食 100 亿斤、棉花 200 万担、棉布 5 亿米拨给贫困地区，通过"以工代赈"方式加强贫困地区基础设施建设。②

（二）实施"三西"地区农业建设计划

1982 年，国务院确定的"三西"农业建设项目，主要是为了从根本上解决甘肃、宁夏两省区集中连片特困县的群众温饱问题。"三西"地区，是指甘肃河西地区（19 个县、市、区）、甘肃中部以定西为代表的干旱地区（20 个县、区）和宁夏西海固地区（8 个县），共计 47 个县、市、区，总面积 38 万平方公里，农业人口约 1200 万人。1992 年，国务院决定延续"三西"农业建设时，同意甘肃省南部高寒阴湿山区和少数民族地区的 10 个县使用"三西"资金。从此，"三西"建设的范围扩大到 57 个县、市、区，其中国定贫困县 37 个，占两省区 49 个国定贫困县的 75.5%。③

甘肃中部和宁夏西海固地区干旱缺水，十年九旱；人口增长过快，土地资源相对超载；水土流失严重，生态环境恶化；经济文化落后，群众生活困难，长期依靠国家救济，是历史上著名的"陇中苦瘠甲天下"的特困地区。新中国成立后，贫困程度虽有减轻，但加之人口快速增长，生态严重破坏，两个地区的人民群众仍处于极度贫困之中。1982 年大旱，这两个地区 80% 以上的农民缺粮，当年人均吃返销粮 54~73 公斤，仅此一项，国家财政补贴近亿元，补助拉水费用 700 多万元。④ 而甘肃河西地区和宁夏引

① 《中共中央、国务院关于帮助贫困地区尽快改变面貌的通知》，载于《中华人民共和国国务院公报》1984 年第 25 期，第 866~869 页。

② 水电部计划司统计处：《国家拿出粮、棉、布支援贫困地区水利建设》，载于《中国水利》1987 年第 6 期，第 28 页。

③ 《国务院决定实施"三西"农业建设计划》，减贫研究数据库，2015 年 12 月 8 日，https://www.jianpincn.com/zgjpsjk/jpjxs/331760.html。

④ 《[扶贫词条]"三西"扶贫》，中国扶贫在线，2017 年 6 月 20 日，http://f.china.com.cn/2017-06/20/content_41061481.htm。

黄灌区，自然条件好，有黄河水，有一定的水利工程基础，有几百万亩宜农荒地未开发利用，粮食生产潜力很大。为加快甘肃河西地区和宁夏引黄灌区商品粮基地建设，从根本上改变甘肃中部和宁夏西海固地区贫困落后面貌，1982 年 12 月，中央财经领导小组召开会议专题研究"三西"地区农业建设发展问题决定：对"三西"地区进行专项农业建设，列入国家计划，每年拨款 2 亿元（以下简称"三西"资金），连续建设十年；提出了"有水走水路，无水走旱路，水旱路都不通另找出路"的建设方针和"兴河西、河套之利，济中部、西海固之贫"的扶贫开发战略；确定了三年停止破坏（生态），五年解决温饱，两年巩固提高的奋斗目标。[①]

通过 1982～1996 年 15 年时间的开发建设，"三西"地区的基本生产生活条件和生态环境有了显著地改善，文化、教育、卫生事业有了新的发展。据 1997 年数据统计，"三西"地区未解决温饱的人口，已由 1982 年的 522 万人减少到 1996 年的 160.8 万人。其中，甘肃中部地区由 399 万人减少到 126.5 万人；宁夏西海固地区由 123 万人减少到 25 万人；甘肃河西地区由 107 万人减少到 9.3 万人。对于农民人均纯收入和人均产粮，甘肃中部地区由 1982 年的 72 元、153 公斤增加到 1996 年的 875 元、310 公斤；宁夏西海固地区由 1982 年的 22.4 元、93 公斤增加到 1996 年的 914 元和 364 公斤；甘肃河西地区农民人均纯收入达到 1497 元，比 1982 年增加 1274 元，增加了 5.7 倍，以占全省 19% 的耕地生产出全省 70% 以上的商品粮，成为甘肃省商品粮基地，并接收安置来自甘肃中部及其他贫困地区的移民近 10 万人。[②]"三西"扶贫开发计划举世瞩目。按世界银行项目评估指标"内部收益率"计算，其投入产出比为 1：1.27。这对稳定解决"三西"地区群众温饱，增强民族团结，维持社会稳定，具有重大的经济意义和政治影响。

（三）发展边境贸易，助力民族地区发展

1982 年，经国务院批准，黑龙江、内蒙古、新疆率先恢复了对苏联、蒙古国的边境小额贸易，开放了绥芬河、满洲里、霍尔果斯河口岸；1983年、1984 年陆续恢复广西、云南与越南，吉林与朝鲜的边民集市贸易和小

---

① 《国务院决定实施"三西"农业建设计划》，减贫研究数据库，2015 年 12 月 8 日，https：//www. jianpincn. com/zgjpsjk/jpjxs/331760. html。

② 《国务院再次延长"三西"农业建设补助资金使用期限》，中国政府网，2008 年 10 月 4 日，http：//www. gov. cn/jrzg/2008 - 10/04/content_1111843. htm。

额贸易；1984 年，经国务院批准，对外经济贸易部发布了《边境小额贸易暂行管理办法》，规定了"五自"方针，即"自找货源、自找销路、自行谈判、自求平衡、自负盈亏"。[①] 根据这一精神，结合本地区实际，云南、广西、西藏等省、自治区政府相继规定了《关于边境对越贸易点管理的暂行规定》《边民互市贸易暂行规定》等一列具体办法和措施。从此，边境贸易蓬勃兴起，成为民族边境地区新的经济增长点。

（四）继续实施对口支援政策，增强扶贫力量

在新中国成立之初，我国就形成了对口支援的传统。从 20 世纪 70 年代末开始，我国持续组织东部沿海发达地区对西部地区进行支援，帮助少数民族地区发展经济和社会事业。经过发展逐步形成了较为完善的帮扶机制：北京支援内蒙古，天津支援甘肃，上海支援云南，广东支援广西……协作双方根据"优势互补、互惠互利、长期合作、共同发展"的原则，在企业合作、项目援助、人才交流等方面开展了多层次、全方位的扶贫协作。东西部扶贫协作以"改变贫困地区生产条件和生态环境，解决贫困地区群众温饱问题"为重点，遵循市场经济规律，充分运用科学技术，广泛动员社会各界力量，在努力扩大对口帮扶的同时，开展各种形式的经济合作。[②] 无论是基础设施建设项目，还是投资协议、项目合作协议，东西部扶贫协作模式以全新的面貌为地区经济发展注入了活力。

除了组织东部沿海发达省市对口支援帮扶少数民族贫困地区外，参与扶贫开发的部门、单位不断增多，规模不断扩大。各帮扶部门和单位都有特定的帮扶对象和明确的任务，要求没有脱贫就不脱钩。中央统战部、国家民委联合各民主党派、工商联，利用自身的优势开展智力支边活动，帮助少数民族贫困地区培训人才、制定规划、进行项目论证和咨询、提高项目管理水平等，帮助民族地区解决了许多扶贫工作中的实际问题和困难，提高了少数民族贫困县干部的科技素质，为促进贫困地区的脱贫致富作出了积极贡献。[③]

---

① 《中国边境贸易政策的研究和思考》，商务部，2011 年 7 月 16 日，http：//cdtb. mofcom. gov. cn/article/shangwubangzhu/af/201107/20110707650129. shtml。

② 中华人民共和国国务院新闻办公室：《中国的农村扶贫开发》，载于《人民日报》2001 年 10 月 16 日。

③ 范永明：《论我国少数民族地区的扶贫开发问题》，吉林大学硕士学位论文，2007 年，第 18 页。

第三节　改革开放初期民族地区反贫困工作的特征

一、政策的演进与发展形势相适应，体现与时俱进的特征

改革开放初期，以邓小平为核心的党的第二代中央领导集体，总结了新中国成立以来我国各方面建设的历史教训，根据当时国家的资源条件和经济基础，提出"让一部分人、一部分地区先富起来，大原则是共同富裕。一部分地区发展快一点，带动大部分地区，这是加速发展、达到共同富裕的捷径。"① 这种根据区位从而确立发展优先次序的做法，明确了沿海与内地的发展关系，并确立了社会主义建设时期民族地区的核心任务是消除民族间事实上的不平等，实现共同繁荣。这一时期，国家将少数民族经济发展问题提高到国家战略高度予以重视，力求逐步缩小民族地区与全国发展水平的差距。② 同时，邓小平同志审时度势，在 1987 年 4 月 26 日会见捷克斯洛伐克社会主义共和国总理什特劳加尔时谈道："短期内要摆脱贫困落后状态很不容易。必须一切从实际出发，不能把目标定得不切实际，不能把时间定得太短。"③ 作为中国改革开放的总设计师，邓小平从实际出发，对中国现代化建设的目标和步骤进行了深入的思考，提出了"三步走"的发展战略，即通过国民经济翻番地增长，第一步，到 1990 年，解决温饱问题；第二步，到 20 世纪末实现小康；第三步，到 21 世纪中叶，达到中等发达国家水平。"三步走"的发展战略，向人们展示了中国社会主义现代化建设新的历史进程表，使中华民族在实现伟大复兴的征途中，第一次有了清晰而切实的战略目标和步骤。④ 邓小平根据民族地区的现实情况，不断从实际出发，对于贫困的实质、反贫困战略及对策措施方面提出了共同富裕等一系列构想，推进了民族地区的反贫困事业。

---

① 《邓小平：让一部分人先富起来》，中国共产党新闻网，http：//cpc. people. com. cn/GB/34136/2569304. html。

② 张丽君、韩笑妍、王菲：《中国民族经济政策回顾及其评价》，载于《民族研究》2010 年第 4 期，第 42～53、109 页。

③ 《坚持社会主义必须摆脱贫穷》，中国经济网，2007 年 6 月 14 日，http：//www. ce. cn/xwzx/gnsz/szyw/200706/14/t20070614_11753249. shtml。

④ 《邓小平提出"三步走"发展战略》，人民网——邓小平纪念网，2019 年 3 月 7 日，http：//cpc. people. com. cn/n1/2019/0307/c69113-30961722. html。

二、坚持实事求是原则，因地制宜地制定民族地区扶贫政策

1978 年，按照当时的贫困标准，中国有 2.5 亿贫困人口，其中大部分分布在少数民族聚居的中西部地区，全国约 90% 的少数民族群众处于贫困状态。[①] 1978 年 12 月，党的十一届三中全会召开之后，党和国家开始高度重视社会主义现代化建设进程中的扶贫工作，尤其是民族地区的扶贫工作。在 1979 年下发的《中共中央关于加快农业发展若干问题的决定》中明确指出："我国西北、西南一些地区以及其他一些革命老根据地、偏远山区、少数民族地区和边境地区，长期低产缺粮，群众生活贫困。这些地方生产发展快慢，不但是个经济问题，而且是个政治问题。国务院要设立一个有有关部门负责同志参加的专门委员会，统筹规划和组织力量，从财政、物资和技术上给这些地区以重点扶持，帮助它们发展生产，摆脱贫困。对其他地区的穷社穷队，也要帮助他们尽快改变面貌。国家支援穷队的资金，要保证用于生产建设。"[②] 这是在中共中央文件中首次将民族地区的扶贫工作摆到如此重要和突出的位置。在这一时期，导致民族地区大面积贫困的原因除自然条件比较恶劣等制约因素之外，最主要的是计划经济条件下的农牧业经营体制缺乏激励机制，造成农牧民生产积极性低下，不适应生产力发展的需要。因此，解决民族地区贫困问题的关键在于经济体制的改革。从 20 世纪 70 年代末到 80 年代初，中国在广大农村和牧区实施了意义深远的经济体制改革，使得包括民族地区在内的贫困地区普遍受益，取得了比较明显的减贫效果。尤其是家庭联产承包责任制的实行和推广，消解了吃"大锅饭"的弊端，把土地与劳动者紧密联结在一起，使农牧民的劳动投入与自己的经济利益直接挂钩，提高了劳动生产率，从而极大地解放和发展了少数民族贫困地区的生产力。到 20 世纪 80 年代中期，民族地区的扶贫工作已经初见成效。民族地区基础设施得以改善，人均收入有所提高，贫困状况有所缓解。但是在同一时期，中国绝大多数地区的经济水平得到快速发展。如果将少数民族贫困地区与其他地区进行横向比较，其发展依然处于相对滞后状态，民族地区低收入人群中仍有相当一部分不能完全解决温饱问题。

---

① 《中国农村扶贫开发概要》，中国政府网，2006 年 11 月 17 日，http: //www.gov.cn/zwhd/ft2/20061117/content_447141.htm。

② 《中共中央关于加快农业发展若干问题的决定》，中国经济网，2007 年 6 月 7 日，http: //www.ce.cn/xwzx/gnsz/szyw/200706/07/t20070607_ 11631290.shtml。

三、政策的发展趋向多维度格局，满足脱贫诉求

改革开放初期，民族地区反贫困政策的目标是解决贫困人口的基本温饱问题；伴随着国家整体经济实力的增强和发展战略的推演，反贫困政策目标逐渐朝着既包括生存需要，又兼顾发展需要的方向演进，不断满足少数民族群众的生理和精神需求。相比前几个扶贫阶段，这一时期，特别注重少数民族贫困地区的精神文明建设：首先，改变少数民族贫困群众封闭的观念，树立开放思想。少数民族地区交通通信不便，人们长期生活在封闭的环境里，形成了封闭保守的意识，这种意识与信息社会和经济全球化的趋势格格不入，严重阻碍接受新生事物和对外开放。改革开放以来，随着民族地区开放型经济的发展，少数民族群众的封闭观念也逐渐得以改变。其次，转变少数民族贫困地区自然经济、计划经济条件下当地群众形成的排斥商品经济和市场经济的观念。长期囿于自然经济环境中的少数民族贫困地区的居民，对商品经济和市场经济相对陌生。改革开放以来，计划经济向市场经济转变，为民族地区提供了广阔的市场和宝贵的合作契机，从而使少数民族地区贫困地区群众接触到了市场经济，并从中获益。此外，通过教育、引导少数民族贫困地区的群众逐步摒弃不当的消费方式。生产决定消费，反过来，消费也制约和作用于生产。在一些少数民族贫困地区，存在一些不合理的消费形式，使一些少数民族贫困地区始终走不出"贫困—消费不当—再贫困"的怪圈。① 改革开放以来，针对民族地区实施的多项反贫困措施，就是要打破这种不当的消费方式以实现增加积累，扩大生产，最终实现脱贫致富。

第四节　改革开放初期民族地区反贫困工作的实施成效

一、经济发展迅速，人民温饱问题得到极大缓解

高速、持续和稳定的经济增长是创造和扩大经济机会的基础。改革开放

---

① 杨清震、周晓燕：《民族地区的反贫困与经济可持续发展》，载于《黑龙江民族丛刊》2001年第4期，第22～29页。

以来，民族地区和全国一样，国民经济实现了持续高速的增长。根据表4-6可知，1978年民族八省区地区生产总值为323.82亿元，到1985年达到了826.96亿元，年均增长率为14.33%。同期，国内生产总值从1978年的40152亿元，增加到1985年的49873亿元，年均增长率为3.15%。可见，民族八省区在1978~1985年的经济增长率高于全国平均水平。

表4-6　　　　　1978~1985年民族八省区地区生产总值和全国比较　　　单位：亿元

年份	内蒙古	广西	贵州	云南	西藏	青海	宁夏	新疆	全国	民族八省区
1978	58.04	75.85	46.62	69.05	6.65	15.54	13.00	39.07	40152	323.82
1979	64.14	84.59	55.28	76.83	7.30	15.19	14.36	45.63	41024	363.32
1980	68.40	97.33	60.26	84.27	8.67	17.79	15.96	53.24	42361	405.92
1981	77.90	113.46	67.89	94.13	10.40	17.49	17.42	59.41	43725	458.10
1982	93.22	129.15	79.39	110.21	10.21	19.95	18.22	65.24	45295	525.50
1983	105.88	134.60	87.38	120.07	10.29	22.45	20.79	78.55	46436	580.01
1984	128.20	150.27	108.27	139.58	13.68	26.42	24.78	89.75	48197	680.95
1985	163.83	180.97	123.92	164.96	17.76	33.01	30.27	112.24	49873	826.96
平均增长率（%）	15.98	13.23	14.99	13.25	15.07	11.36	12.83	16.27	3.15	14.33

资料来源：根据国家统计局公布的《中国统计年鉴》（1979~1986）中全国及民族八省区相关数据整理计算所得。

　　如表4-7所示，民族八省区经济基础和增长速度也存在一定差距。从地区生产总值来看，1985年，广西、云南、内蒙古、贵州和新疆5个省区的地区生产总值均超过了100亿元，但西藏、青海和宁夏3个省区的地区生产总值却不足40亿元，经济基础较为薄弱。从地区生产总值年均增长率情况来看，1978~1985年，新疆、内蒙古、西藏和贵州的年均增长率均高于民族八省区的平均水平，分别为16.27%、15.98%、15.07%和14.99%；而云南、广西、宁夏和青海的年均增长率略低于民族八省区的平均水平，分别为13.25%、13.23%、12.83%和11.36%。其中，青海和宁夏两省区在这一阶段处于经济基础差与增长速度慢并存的发展困境。

表 4 - 7　　　1979～1985 年民族八省区地区生产总值增长率和全国的比较　　　单位：%

年份	内蒙古	广西	贵州	云南	西藏	青海	宁夏	新疆	全国	民族八省区
1979	10.51	11.52	18.58	11.27	9.77	-2.25	10.46	16.79	2.17	12.20
1980	6.64	15.06	9.01	9.68	18.77	17.12	11.14	16.68	3.26	11.73
1981	13.89	16.57	12.66	11.70	19.95	-1.69	9.15	11.59	3.22	12.85
1982	19.67	13.83	16.94	16.99	-1.83	14.07	4.59	9.81	3.59	14.71
1983	13.58	4.22	10.06	9.04	0.78	12.53	14.11	20.40	2.52	10.37
1984	21.08	11.64	23.91	16.25	32.94	17.68	19.19	14.26	3.79	17.40
1985	27.79	20.43	14.45	18.18	29.82	24.94	22.15	25.06	3.48	21.44

资料来源：根据国家统计局公布的《中国统计年鉴》（1979～1986）中全国及民族八省区相关数据整理计算所得。

　　根据表 4 - 8 可知，1978～1985 年，民族地区的人均可支配收入也在逐年增加，1985 年，民族八省区中大部分省区的城镇居民家庭人均可支配收入翻了一番；农村居民家庭人均纯收入增长效果更为显著，翻了近两番。从各地区的具体情况来看，对于城镇居民人均可支配收入，1978～1985 年平均增长率从高到低依次为：贵州、内蒙古、宁夏、云南、西藏；如表 4 - 9 所示，1978～1985 年，农村居民家庭人均纯收入的平均增长率从高到低依次为：新疆、云南、内蒙古、宁夏、西藏、贵州。

表 4 - 8　　　　　　1978～1985 年民族八省区城镇居民家庭人均可支配收入　　　单位：元

年份	内蒙古	广西	贵州	云南	西藏	青海	宁夏	新疆
1978	301.01	—	327.70	565.00	407.53	—	346.08	319.00
1979	350.07	—	362.40	625.00	418.07	—	358.00	—
1980	407.13	173.00	420.45	683.00	403.44	—	464.16	427.08
1981	418.31	204.00	446.41	715.00	447.73	—	473.51	482.39
1982	452.74	235.00	492.51	768.00	473.52	—	521.04	513.04
1983	474.24	262.00	532.54	840.00	490.62	—	529.80	547.88
1984	548.84	267.00	608.23	915.00	571.89	684.80	628.68	648.71

年份	内蒙古	广西	贵州	云南	西藏	青海	宁夏	新疆
1985	666.00	303.00	752.29	984.00	640.77	849.20	734.88	734.82
平均增长率（%）	12.01	—	12.61	8.25	6.68	—	11.36	—

注：由于广西1978~1979年城镇居民家庭人均可支配收入数据缺失，青海1978~1983年的相应数据缺失，新疆1979年的相应数据缺失，故未纳入分析范围。

资料来源：根据国家统计局公布的《中国统计年鉴》（1979~1986）中全国及民族八省区相关数据整理计算所得。

表4-9　　　　1978~1985年民族八省区农村居民家庭人均纯收入　　　单位：元

年份	内蒙古	广西	贵州	云南	西藏	青海	宁夏	新疆
1978	131.00	289.00	130.60	175.00	100.93	—	115.90	119.00
1979	164.00	—	125.21	233.00	111.57	—	138.80	143.00
1980	192.00	455.00	147.70	274.00	153.41	204.31	175.10	200.77
1981	241.00	429.00	178.08	296.00	158.63	191.56	200.29	235.82
1982	288.00	427.00	231.83	324.00	174.16	223.39	228.63	277.28
1983	325.00	444.00	266.66	318.00	213.06	252.45	273.78	307.28
1984	368.00	563.00	310.43	446.00	221.05	281.22	298.71	362.65
1985	400.00	683.00	325.74	535.00	257.00	342.94	325.88	394.30
平均增长率（%）	17.29	—	13.95	17.31	14.28	—	15.91	18.67

注：由于广西1979年农村居民家庭人均可支配收入数据缺失，青海1978~1979年的相应数据缺失，故未纳入分析范围。

资料来源：根据国家统计局公布的《中国统计年鉴》（1979~1986）中全国及民族八省区相关数据整理计算所得。

除了经济总量有所增加之外，民族地区贫困人口数量有了显著减少，人民温饱问题得到极大缓解。以内蒙古自治区为例，1965~1980年，全区粮食总产量从38.2亿公斤增加到39.2亿公斤，15年间仅增加了2.6%。由于同期人口的增长，全区人均粮食产量从295公斤下降到210公斤；1981年家庭联产承包制改革在全区农村全面推开①之后，到1985年粮食产量就

① 内蒙古自治区农牧厅：《内蒙古自治区农牧业改革开放40年》，载于《北方经济》2018年第12期，第39~41页。

达到了 60.4 亿公斤，5 年间增长了 54.1%。全区人均粮食产量上升到 300 公斤，初步解决了各族人民吃饱饭的问题。[①] 此外，国家实行的农牧产品价格逐步放开、大力发展乡镇企业等多项改革措施，将经济利益更加直接地传递给贫困人群，也在一定程度上为解决民族地区的贫困问题打开了出路。到 20 世纪 80 年代中期，民族地区的扶贫工作已经初见成效，基础设施得以改善，人均收入有所提高，贫困状况有所缓解。[②]

二、提升就业水平，发挥减贫作用

改革开放以来，随着人口的增加，就业的压力越来越大。1978～1985 年，民族地区经济发展的实际情况为：一方面经济快速稳步发展；另一方面就业压力日益严峻。因此，如何促进就业成为当时经济发展中的重点问题。如表 4-10 所示，民族八省区总就业人口由 1978 年的 5340.36 万人增加到 1985 年的 6726.19 万人，增长了 25.95%；如表 4-11 所示，截至 1985 年底，大部分民族省区的就业率仍低于同期全国平均水平，包括内蒙古、贵州、青海、宁夏和西藏 5 个省份。

表 4-10　　　　　1978～1985 年民族八省区就业人口数量　　　　单位：万人

年份	内蒙古	广西	贵州	云南	西藏	青海	宁夏	新疆	民族八省区
1978	652.80	1455.80	1053.67	1313.40	93.09	144.71	135.64	491.25	5340.36
1979	—	1492.90	1060.62	1342.70	98.23	150.31	139.52	497.27	—
1980	698.40	1550.00	1109.63	1404.20	101.14	157.62	146.52	506.35	5673.86
1981	731.20	1604.90	1152.95	1479.80	100.48	165.55	149.70	523.90	5908.48
1982	762.40	1667.70	1207.60	1543.60	102.55	171.17	155.61	534.58	6144.67
1983	798.80	1713.20	1234.18	1583.20	102.01	174.31	162.61	545.75	6314.06
1984	827.80	1776.40	1285.32	1620.30	104.62	177.35	169.77	558.75	6520.31
1985	856.60	1830.50	1335.17	1672.30	105.72	182.70	177.39	565.81	6726.19

资料来源：根据国家统计局公布的《中国统计年鉴》（1979～1986）中全国及民族八省区相关数据整理所计算所得。

① 根据内蒙古自治区统计局公布的《内蒙古统计年鉴（2019）》中相关数据整理计算所得。

② 李天华：《改革开放以来民族地区扶贫政策的演进及特点》，载于《当代中国史研究》2017 年第 1 期，第 61～70、127 页。

表 4 – 11　　　　　　　1978～1985 年民族八省区就业率与全国比较　　　　　单位：%

年份	内蒙古	广西	贵州	云南	西藏	青海	宁夏	新疆	全国
1978	35.8	42.79	39.22	42.48	52.06	39.66	38.15	39.84	41.71
1979	—	43.02	38.84	42.83	53.77	40.40	38.31	39.59	42.06
1980	37.22	43.81	39.96	44.25	54.59	41.82	39.21	39.46	42.92
1981	38.43	44.42	40.79	45.92	54.03	43.38	39.05	40.21	43.69
1982	39.27	45.27	41.98	47.02	54.19	43.58	39.59	40.62	44.56
1983	40.55	45.89	42.54	47.53	52.82	44.40	40.75	40.93	45.08
1984	41.53	46.67	43.84	48.05	53.19	44.16	41.73	41.57	46.18
1985	42.49	47.26	44.92	48.92	53.00	44.85	42.78	41.57	47.12

资料来源：根据国家统计局公布的《中国统计年鉴》（1979～1986）中全国及民族八省区相关数据整理所计算所得。

三、着力发展教育事业，提升人力资本水平

党和国家一直非常重视民族教育工作。这一时期，党中央从重视和发展少数民族教育、保障少数民族教育经费、加强少数民族教师队伍建设等方面进行了建设。1980 年 5 月，卫生部、国家民委和教育部联合印发了《关于加强少数民族地区医学教育工作的意见》，提出认真落实党的民族政策，发展民族医学教育等相关要求①。1981 年 2 月，教育部和国家民委召开了第三次全国民族教育会议，此次会议确定了民族教育事业在调整时期的方针任务，并提出下述要求："要深刻认识加强民族教育工作的战略意义，尊重民族特点；要从各民族地区实际情况出发，制定切合实际的民族教育规划；发展民族教育必须把加强国家支援和少数民族地区自力更生正确结合起来"②。1981 年 12 月，文化部、国家民委和教育部联合印发了《关于加强民族艺术教育工作的意见》，强调要认真落实党的民族政策，落实党的知识分子政策和干部政策，对民族艺术教育，采取积极扶持、重点照顾的措施。③

---

①　《卫生部、国家民委、教育部关于加强少数民族地区医学教育工作的意见》，律商网，1980年 5 月 26 日，http：//hk. lexiscn. com/law/law-chinese – 3 – 236010198007 – T. html？crid = f5dc1cd7 – 6126 – 8a70 – 6086 – 0f35e1fe8e0c&prid = 。

②　《第一至五次全国民族教育工作会议》，青海省人民政府，2012 年 11 月 8 日，http：//www. qh. gov. cn/mzfw/system/2012/11/08/010009815. shtml。

③　哈经雄：《中国共产党领导下少数民族教育事业的发展》，载于《华中师范大学学报（哲学社会科学版）》1990 年第 2 期，第 43～48 页。

　　1980 年以来，在全国一些重点大学和部分省份高等院校举办了民族班，同时一些中学、中等专业学校也举办了民族班；1981 年，党中央又重申了民族教育应当采取多种形式办学的方针政策，并且要求在一些民族地区要重点办好寄宿制学校；1984 年，党中央又将这一方针政策写进《中华人民共和国民族区域自治法》，用法律的形式把它固定下来。同时还明确规定，除举办上述各级各类学校外，还应当在"少数民族牧区和经济困难、居住分散的少数民族山区，设立以寄宿制为主和助学金为主的公办民族小学和民族中学。"①

　　在党和政府的大力扶持下，通过民族地区自力更生和艰苦奋斗，中国少数民族教育事业获得了巨大的发展，少数民族的教育发展水平与其他地区的发展水平差距逐步缩小。如图 4-1 所示，从人口平均受教育年限这一指标来看，截至 1982 年底，内蒙古高于全国平均水平（4.64 年）0.05 年；广西、新疆的人口平均受教育年限基本与全国平均水平持平。这表明改革开放以来，这三个地区的教育发展取得了喜人的成就。同时，也应清晰地注意到还有 5 个省区的人口平均受教育年限与全国平均水平相比存在显著差距，其中西藏人口平均受教育年限仅为 1.53 年，远低于全国平均水平（4.64 年）；宁夏、青海、贵州和云南的人口平均受教育年限在 3 年左右，均低于全国平均水平。这也为促进民族地区的教育事业的进一步发展提供了动力源泉。

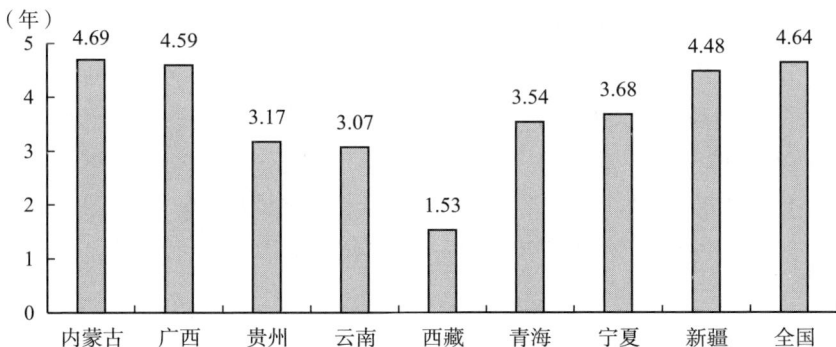

图 4-1　1982 年全国及民族八省区人口平均受教育年限

　　资料来源：《1982 年第三次全国人口普查数据》，国家统计局，2001 年 11 月 2 日，http：// www. stats. gov. cn/tjsj/tjgb/rkpcgb/qgrkpcgb/200204/t20020404_30318. html。

――――――――――

　　① 《中华人民共和国民族区域自治法》，中国人大网，1984 年 5 月 31 日，http：//www. npc. gov. cn/wxzl/gongbao/2001-03/03/content_5004447. htm。

四、医疗卫生条件得到极大改进，人民健康水平有所提升

民族地区的公共医疗卫生资源有限，因此，这一阶段，在着力提高民族地区医疗卫生条件的同时，更注重资源的有效利用。一方面，民族地区医疗卫生点和防控点的配置要考虑到公共卫生服务最低限度的人口规模，同时还应考虑到本地区群体疾病的发生率，结合二者进行公共卫生资源的分配和调控。另一方面，为提高公共卫生资源的利用效率，提升公共卫生防控的精准性，区域内有限的医疗资源配置应考虑到少数民族的生活习惯和生产方式。例如，藏族、蒙古族、哈萨克族的牧民经常随着季节而迁移，形成了"逐水草而居"的生活方式，因此，固定的公共卫生点设置可能无法适应他们的生活习俗，需要随着季节的变迁进行灵活调整和布局。针对这一少数民族的这一生活习惯，我国一些牧区建立了流动的"嘎查"卫生室，村医们成了"马背上的医生"。①

改革开放以来，在中央政府和对口支援地区地方政府的大力帮助下，通过民族地区地方政府和各族人民的努力，民族地区的医疗卫生条件得到极大地改进，人民群众看病难的问题得到一定程度的缓解，各种疾病的发病率大幅度下降，人民群众的健康水平得到提高。据数据统计，1978～1985年，民族八省区每千人口卫生医疗床位数由 2.25 张上升至 2.31 张；每千人卫生技术人员由 2.90 人上升至 3.32 人，人民的医疗条件得以改善。② 以西藏为例，20 世纪 70 年代，随着妇幼卫生机构的逐步建立，培训了一批藏族接生员，开展了妇科疾病调查和防治；20 世纪 80 年代，逐步在每个乡配备了乡村医生和接生员，为各地乡村医生和接生员配发简易产包，建立了 7 市（地）妇幼保健院，启动实施了妇女"五期"保健等工作。③ 从人口预期寿命这一指标来看，1981 年，广西的人口预期寿命高于全国平均水平，为70.2 岁；内蒙古和宁夏的人口预期寿命基本与全国平均水平持平，民族地

① 柳建文：《防控能力建设、资源优化配置与国际协作：我国民族地区公共卫生治理研究》，载于《云南民族大学学报（哲学社会科学版）》2021 年第 1 期，第 102～109 页。

② 根据国家统计局公布的《中国统计年鉴》（1979～1986）中全国及民族八省区相关数据整理计算所得。

③ 《民主改革 60 年来西藏人均期望寿命提高至近 70 岁》，搜狐号－中国西藏新闻网，2019 年4 月 2 日，https：//www.sohu.com/a/305366136_266317?_f=index_pagerecom_2。

区居民的健康水平和预期寿命明显提高。①

五、对口支援成果显著，解决生产紧缺需要

为了增强民族团结、巩固边防，加速少数民族地区的经济文化建设②，1979 年党中央在全国边防工作会议上确定：北京支援内蒙古，河北支援贵州，江苏支援广西、新疆，山东支援青海，天津支援甘肃，上海支援云南、宁夏，全国支援西藏，③ 由此拉开了对口支援工作的序幕。1980～1982 年，在党中央的正确方针指引下，对口支援和经济技术协作逐步地开展起来。据八个受援的省、自治区的不完全统计，1980～1982 年，确定开展的对口支援和经济技术协作项目有 1178 项，其中已经完成的有 381 项，正在进行的有 663 项。④ 通过 3 年的实践，这一工作已经取得了显著的成效，主要体现在以下几个方面：

一是推动重点企业的改造、整顿，提高经济效益。⑤ 例如，云南昆明化肥厂建厂 13 年，累计亏损达 1200 万元，在江苏昆山化肥厂的支援下，每吨碳铵成本由 173 元降到 140 元，扭亏为盈。云南沪西县氮肥厂在上海南汇化工厂的支援下，每吨碳馁成本由 147 元降到 108 元，1982 年 1～8 月累计盈利 74 万元，步入了全国先进行列。二是帮助解决技术难关，不断提高了产品质量，增加了花色品种。例如，新疆石河子八一棉纺织厂过去生产技术水平低，棉布下机一等品率长期维持在 40% 左右，1980 年在上海帮助下，棉布下机一等品率突破 60%，其他技术经济指标首次全部进入一档水平，并试制成功了 4040 精梳府绸新产品，填补了该区的空白。三是培训人才，促进了智力开发。通过"请进来""派出去"的方式，经济发达省、市为少数民族地区培训了一批生产技术骨干人员和教师、医务人员等。四是帮助少数民族地区进行了资源考察和研究。提出了合理的开发利用方案，并通过合资联营、补偿贸易等方式，共同开发矿产资源，发展农、林、畜产品加工工业，推动了少数民族地区的经济建设。五是在物资上互通有无，解决了生产上的部分紧缺需要。⑥

---

① 郑长德：《中国少数民族地区包容性发展研究》，载于《西南民族大学学报（人文社会科学版）》2011 年第 6 期，第 120～127 页。

② 《为开创对口支援工作的新局面而努力》，载于《中国民族》1982 年第 12 期，第 15～16 页。

③④⑤⑥ 《国务院批转关于经济发达省、市同少数民族地区对口支援和经济技术协作工作座谈会纪要的通知》，载于《中华人民共和国国务院公报》1983 年第 2 期，第 65～70 页。

事实证明，经济发达省、市同少数民族地区开展对口支援和经济技术协作，对于加速少数民族地区的经济文化建设，促进经济发达省、市经济的发展，是一条投资少、见效快、收益大的重要途径。加速少数民族地区的经济发展，需要加强对少数民族地区的对口支援和经济技术协作，把经济发达省、市的技术、经济优势同少数民族地区的资源优势和生产潜力结合起来，以取长补短，达到各民族的共同发展和共同繁荣。这不仅有利于促进国民经济的发展，而且有利于加强民族团结和巩固边防。①

六、财政补贴增加，人均可支配收入有所提高

这一时期，国家还采取多种措施在财政经济上对少数民族地区给予了特殊照顾。主要有以下几个方面：

一是对入不敷出的自治地方和少数民族聚居的省、自治区实行了财政补贴。1980 年，国家实行"划分收支，分级包干"的财政体制后，对内蒙古、新疆、西藏、广西、宁夏 5 个自治区和云南、贵州、青海 3 个少数民族聚居区较多的省实行收入全部留用、支大于收的差额由中央财政补贴的政策，补贴数额一定 5 年不变，以 1979 年 40.13 亿元为基数，每年递增 10%。根据这项政策，中央财政对上述 8 个省、自治区的定额补贴数额由 1980 年的 44.14 亿元增加到 1983 年的 56.64 亿元。②

二是给少数民族地区拨专用资金和补助专款。1979～1982 年，共拨给边境地区基本建设专款和边境事业补助费 12 亿多元，其中 70% 以上用于少数民族地区。此外，支持民族自治地方、革命根据地、边远地区和经济发展比较慢的地区的发展资金，每年 5 亿元，1980～1983 年，国家对上述地区的拨款共 20 亿元，其中 2/3 用于少数民族地区。③

三是实行"划分收支、分级包干"的财政体制后，原来对少数民族地区的各项照顾，继续保留。国家每年按照民族自治地方上年的经济建设事业费、社会文教事业费、行政管理事业费及其他事业费的支出决算数，另加 5% 的民族机动金；对民族自治地方财政预算安排的预备费，比一般省、地、县高 2%；拨给少数民族地区补助费，用于发展生产、文化教育和医疗

---

①②③ 《国务院批转关于经济发达省、市同少数民族地区对口支援和经济技术协作工作座谈会纪要的通知》，载于《中华人民共和国国务院公报》1983 年第 2 期，第 65～70 页。

卫生等方面的某些特殊开支，每年约5000万元；对民族贸易给予特殊照顾，零售业自有流动资金可占80%，批发企业自有流动资金可占50%，其余流动资金由银行按低息贷款照顾，民族贸易企业的利润留成比例定为50%，而一般地区纯商业只有27%；①对民族地区的主要农牧土特产品，实行最低保护价格；对民族地区需要的主要工业品，实行最高限价（保护价），差额补贴列入省、自治区财政预算，由国家补贴；对民族自治地方税收方面实行特殊政策，自治区在执行国家税法时，对于某些需要从税收上加以照顾和鼓励的，可实行减税或免税，还可以根据税法的基本原则，结合本地区的特点，制定本地区的税收办法。例如，自1979年起，对边境县和民族自治县（旗）的社队企业免征工商所得税5年，到期如仍有困难可再给予照顾。②

---

①② 《国务院批转关于经济发达省、市同少数民族地区对口支援和经济技术协作工作座谈会纪要的通知》，载于《中华人民共和国国务院公报》1983年第2期，第65～70页。

第五章　为了特殊类型贫困区域的奋战：有计划、有组织、大规模开发式扶贫（1986～2000）

　　1978～1985 年，中国农村经济体制改革释放出巨大的能量，普遍缓解了农村贫困状况。之后，针对重点区域的"输血"救济式扶贫也取得一定成效。但 1985 年以后，随着改革开放的深入推进，我国经济发展出现分异，贫富差距问题开始凸显，仍有部分农民仍面临"吃不饱、穿不暖"的窘境，并且，这些贫困人口明显向"老、少、边、穷"地区集中，即贫困呈现集中化特征。贫困集中分布的地区经济发展缓慢、群众生产生活条件非常困难，以救济式扶贫为主的扶贫模式已不能很好地解决贫困区域集中化带来的问题。为了全面解决人民群众的温饱问题，党中央、国务院对传统的救济式扶贫进行彻底改革，确定开发式扶贫的方针，并决定在全国范围内开展有计划、有组织、大规模的扶贫开发工作。

　　当物资普遍匮乏时，贫困人口并不是一个指代清晰的政策帮扶群体。随着贫富差距逐渐扩大，确定具体帮扶对象成为必然趋势。1986 年，我国成立了国务院贫困地区经济开发领导小组，并制定了符合国情的第一条正式贫困线，将 1985 年农民年人均纯收入低于 206 元的农村人口定为扶贫对象，此时绝对贫困人口为 1.25 亿人，占农村总人口的 14.8%。[①] 同时，第一次确定了国家重点扶持贫困县的标准，即按 1985 年的不变价，将农民人均纯收入低于 150 元/年的县列为贫困县，同时将牧区县和革命老区的标准分别放宽到 200 元和 300 元。据此标准，全国共确定了 331 个国家重点扶持贫困县，其中少数民族贫困县有 141 个，占总数的 42.6%。[②] 1986～1993 年，国家逐步实施以项目开发推动为主的区域瞄准扶贫，除了安排专项扶

---

　　① 《国务院扶贫办新闻发言人解读 1196 元新扶贫标准》，国务院新闻办公室，2009 年 3 月 20 日，http：//www.scio.gov.cn/xwfbh/jjxwfyr/wz/Document/320006/320006.htm。

　　② 国务院：《关于少数民族地区扶贫工作有关政策问题请示的通知》，载于《中华人民共和国国务院公报》1989 年第 21 期，第 789～793 页。

贫资金外，还落实了"温饱工程""以工代赈"等项目，同时实施横向经济联合、对口支援等政策。其间，农村贫困人口由 1.25 亿人减少到 8000 万人，贫困人口占全国农村总人口的比重从 14.8% 下降到 8.7%，以解决温饱为目标的扶贫开发进入了攻坚阶段。[1]

剩余的 8000 万贫困人口主要集中于革命老区和民族地区，[2] 这些地区地域偏远、交通不便、经济发展缓慢、文化教育落后、生产生活条件极为恶劣，与前一阶段扶贫工作相比，解决这些地区群众的温饱问题难度更大。基于此，国务院于 1994 年制定了《国家八七扶贫攻坚计划（1994－2000年）》，决定集中人力、物力、财力，动员社会各界力量，力争用 7 年左右的时间，基本解决全国剩余 8000 万农村贫困人口的温饱问题。在党中央、国务院的高度重视和正确领导下，经过贫困地区广大干部、群众的艰苦努力，我国扶贫开发工作取得了卓越成就：农村贫困现象明显缓解，贫困人口大幅度减少。截至 2000 年底，除了少数社会保障对象和生活在自然环境恶劣地区的特困人口，以及部分残疾人以外，扶贫开发工作基本解决了全国农村贫困人口的温饱问题。

第一节　开发式扶贫阶段中国共产党反贫困思想

一、现实背景：贫困区域集中化，亟须开发式扶贫方式

民族地区反贫困事业事关我国改革、发展和稳定大局。我国是一个多民族国家，且大多数民族地区处于祖国边疆地区，只有民族地区繁荣稳定才能为我国经济社会又好又快发展创造和谐安定的发展环境。以江泽民同志为核心的中央领导集体强调："我国的贫困县，多数分布在少数民族地区和边疆地区。少数民族地区、边疆地区的稳定发展，对加强民族团结，巩固边防，维护祖国统一十分紧要。如果这些地区经济文化长期落后，部分群众生活困难的局面长期得不到改变，就会积累起不稳定因素。"[3]

---

①② 《全党全社会动员起来为实现八七扶贫攻坚计划而奋斗》，中国经济网，2007 年 6 月 22日，http：//www.ce.cn/xwzx/gnsz/szyw/200706/22/t20070622_11897455.shtml。

③ 何毅亭：《论江泽民同志的执政党建设思想》，载于《光明日报》2006 年 8 月 29 日。

随着市场化经济改革的深入开展，经济增长通过涓滴效应自动惠及穷人的效应逐渐减弱，贫富差距日益扩大，"后富"一直未能被同步带动起来。在此期间，针对重点区域给钱给物等"输血"救济式的扶贫措施也取得了一定的时效。然而，随着我国贫困人口逐渐向"老、少、边、穷"地区集中，救济式扶贫的贫困治理效果受到限制，为了解决贫困集中化带来的问题，我国亟须推行有组织、有计划、大规模的开发式扶贫政策，① 充分调动贫困地区广大干部、群众的积极性，发扬自力更生精神，克服小农经济思想，在政府扶持的基础上，利用当地丰富的自然资源，开展开发性生产建设，激活贫困地区内部的经济活力，走依靠自己脱贫致富的道路。②

（一）民族地区经济加速增长

改革开放以来，民族地区经济呈快速增长态势。由表5-1可知，1986~1992年，民族八省区地区生产总值均实现了显著增长，增长速度快于全国平均水平，其中，广西、云南和新疆的地区生产总值增长率超过200%；民族八省区人均地区生产总值也成功翻了一番，增长率基本与全国平均水平持平；同时，农民人均纯收入水平提升，人民生活水平显著改善。

表5-1　　　　　　1986~1992年民族地区及全国经济发展情况

地区	地区生产总值（亿元）			人均地区生产总值（元）			农民人均纯收入（元）		
	1986年	1992年	增长（倍）	1986年	1992年	增长（倍）	1986年	1992年	增长（倍）
内蒙古	181.58	421.70	1.32	888	1906	1.14	382	719	0.88
广西	205.46	646.6	2.14	525	1490	1.83	316	732	1.31
贵州	139.57	339.91	1.43	467	1034	1.21	304	506.13	0.66
云南	182.28	618.69	2.39	529	1625	2.07	338.1	617.98	0.82
宁夏	34.54	83.14	1.41	823	1718	1.08	378.8	618.7	0.63
西藏	16.93	33.29	0.96	842	1468	0.74	492	653	0.32
青海	38.44	87.50	1.27	916	1890	1.06	369.1	603	0.63

---

① 肖时花、吴本健：《轨迹与趋向：民族地区70年扶贫历程研究》，载于《广西民族研究》2018年第5期，第104~111页。

② 江泽民：《国务院贫困地区经济开发领导小组第一次全体会议纪要（摘要）》，载于《中华人民共和国国务院公报》1986年第16期，第523~528页。

续表

地区	地区生产总值（亿元）			人均地区生产总值（元）			农民人均纯收入（元）		
	1986 年	1992 年	增长（倍）	1986 年	1992 年	增长（倍）	1986 年	1992 年	增长（倍）
新疆	129.04	402.31	2.11	924	2477	1.68	420	740	0.76
民族八省区	115.98	329.14	1.63	739.25	1701	1.35	375.00	648.73	0.75
全国 GDP	10275.2	26651.9	1.59	963.00	2287	1.37	423.80	784.00	0.84

资料来源：根据国家统计局国民经济综合统计司编：《新中国六十年统计资料汇编》，中国统计出版社 2010 年版中民族八省区和全国相关数据整理所得。

（二）民族地区与其他地区发展差距扩大

中国不同区域在区位、要素禀赋条件和经济发展基础等方面存在较大差距，这就导致了区域间存在发展不平衡问题。"六五"计划期间，根据"让一部分人先富起来，先富带动后富"的改革策略，我国区域经济政策向东部地区倾斜，这使得民族地区与这些区域间的发展差距进一步扩大。区域间发展差距的扩大具体表现在人均国内生产总值、农民人均收入水平和对外经贸发展等方面。

1. 人均国内生产总值

如表 5-2 所示，1986～1991 年，民族八省区的人均地区生产总值由 622 元增加至 1352 元，同期全国人均地区生产总值由 956 元上升至 1879 元，可见民族八省区人均地区生产总值的增长率高于全国平均水平。尽管如此，民族地区人均地区生产总值绝对值仍旧低于全国平均水平，这一绝对差距甚至从 1986 年的 334 元扩大至 1991 年的 527 元，民族地区的经济发展仍面临巨大的挑战。[①]

表 5-2　　　　1986～1991 年民族地区人均地区生产总值与全国的差距　　　单位：元

地区	1986 年	1991 年	与全国平均水平的差距	
			1986 年	1991 年
内蒙古	888	1642	68	237
广西	525	1211	431	668
云南	529	1377	427	502

---

① 黄健英：《当代中国少数民族地区经济发展史》，中央民族大学出版社 2016 年版，第 253 页。

续表

地区	1986 年	1991 年	与全国平均水平的差距	
			1986 年	1991 年
贵州	467	896	489	983
西藏	842	1358	114	521
宁夏	823	1511	133	368
青海	916	1647	40	232
新疆	924	2101	23	−222
民族八省区	622	1352	334	527
全国	956	1879	—	—

注：差距＝全国数据－该省份数据。

资料来源：黄健英：《当代中国少数民族地区经济发展史》，中央民族大学出版社 2016 年版，第 253 页。

2. 农牧民人均纯收入

随着乡镇企业和其他非国有经济的发展，东部地区农牧民收入来源呈现出多元化趋势，非农收入增加带动了农牧民收入的提高。而少数民族地区非农经济发展缓慢，农牧民收入来源相对单一，收入增长速度低于全国平均水平。如表 5–3 所示，1986 年，民族八省区的农牧民人均纯收入与全国平均水平的差距为 142 元，到 1991 年，这一差距扩大至 201 元。

表 5–3　　　　1986～1991 年民族地区农牧民人均纯收入与全国的差距　　　单位：元

地区	1986 年	1991 年	与全国平均水平的差距	
			1986 年	1991 年
内蒙古	382	651	42	58
广西	316	658	108	51
云南	338	573	86	136
贵州	304	466	120	243
西藏	492	617	−68	92
宁夏	379	608	45	101
青海	369	556	55	153
新疆	420	703	4	6

续表

地区	1986 年	1991 年	与全国平均水平的差距	
			1986 年	1991 年
民族八省区	282	508	142	201
全国	424	709	—	—

资料来源：黄健英：《当代中国少数民族地区经济发展史》，中央民族大学出版社 2016 年版，第 256 页。

3. 对外经济贸易

对外开放推动东部地区加速发展，尤其是对外贸易成为拉动区域经济增长的"新引擎"，外商投资增加能够缓解建设资金不足的难题。但少数民族地区对外开放晚于东部地区，同时受到地理位置、基础设施条件等方面的限制，在开展对外贸易和吸引外资方面处于劣势。如表 5－4 所示，1986～1991 年，民族八省区的进出口总额由 160934 美元增加至 330091 美元，民族八省区占全国进出口总额的比例由 2.18% 增加至 2.43%，尽管比重有所增加，但所占份额依旧很小。此外，民族地区的实际利用外资总额也有所增加，但增长率低于全国水平。

表 5－4　　　　1986～1991 年民族地区及全国对外经济贸易发展情况

地区	进出口总额			实际利用外资总额		
	1986 年（万美元）	1991 年（万美元）	增长（倍）	1986 年（万美元）	1991 年（万美元）	增长（倍）
内蒙古	23937	59964	2.51	136	110	0.81
广西	54528	102351	1.88	3700	3871	1.05
云南	32472	75682	2.33	354	296	0.84
贵州	8605	24614	2.86	1276	2845	2.22
西藏	1195	3470	2.90	—	—	—
宁夏	7465	10286	1.38	168	1292	7.69
青海	4320	7791	1.80	—	19	—
新疆	28412	45933	1.65	1463	407	0.28
民族八省区	160934	330091	2.05	7097	8840	1.25
全国（亿美元）	738.50	1357.00	1.84	22.44	43.66	1.95

资料来源：根据国家统计局国民经济综合统计司编：《新中国五十五年统计资料汇编》，中国统计出版社 2005 年版中民族八省区和全国相关数据整理所得。

二、扩展丰富：开发式扶贫阶段中国共产党反贫困思想的主要内容

开发式扶贫始终坚持"发展才是硬道理"的战略思想，将国家扶持同贫困地区及贫困人口的自力更生、艰苦奋斗相结合，努力增强其自我积累、自我发展的能力，做到物尽其用、人尽其才，使贫困地区及贫困人口能从根本上摆脱贫困，实现"越扶人越勤，越勤人越富"。从 20 世纪 80 年代开始，我国尝试逐步开展扶贫开发实践，以江泽民同志为核心的中央领导集体在继承毛泽东和邓小平反贫困思想的基础上，结合中国扶贫开发的现状，系统地提出了符合国情的扶贫开发理论，进一步丰富和完善了中国共产党的反贫困思想。以江泽民同志为核心的中央领导集体从"均衡发展"与"可持续发展"的角度继承和发展了反贫困思想，提出要继续贯彻落实"人民至上"的发展理念、追求"共同富裕"的发展目标，并要求坚持"他扶"和"自扶"相结合。这一阶段，党和政府先后出台了《国家八七扶贫攻坚计划（1994－2000 年）》《关于尽快解决农村贫困人口温饱问题的决定》《中国农村扶贫开发纲要（2001－2010 年）》等文件，旨在解决改革开放以来我国区域间发展不平衡问题，逐步消除贫困，实现共同富裕。

（一）贯彻落实"人民至上"的发展理念

以江泽民为核心的中央领导集体在科学判断党的历史方位的基础上提出了"三个代表"重要思想，这是对马克思列宁主义、毛泽东思想和邓小平理论的继承和发展。开创中国特色社会主义事业新局面，必须高举邓小平理论伟大旗帜，坚持贯彻"三个代表"重要思想。中国共产党始终代表中国最广大人民的根本利益是"三个代表"重要思想的具体内容之一。江泽民强调："建设中国特色社会主义全部工作的出发点和落脚点，就是全心全意为人民谋利益。""党的根本宗旨是全心全意为人民服务。各级领导干部必须始终想人民之所想，急人民之所急。当前，农村贫困群众最盼望、最着急的就是吃饱穿暖，进而过上比较富裕的日子。帮助贫困群众实现这个愿望，是党的为人民服务宗旨的最实际的体现。"① "到本世纪末基本解决农

---

① 江泽民：《全党全社会进一步动员起来 夺取八七扶贫攻坚决战阶段的胜利》，央视网，1999 年 6 月 9 日，http://www.cctv.com/special/756/1/50328.html。

村贫困人口的温饱问题，是广大贫困群众的强烈愿望，是贯彻党全心全意为人民服务根本宗旨的具体体现，也是全面实现国民经济和社会发展第二步战略目标，维护改革、发展、稳定大局的客观要求，有着极其重要的政治、经济和社会意义。"① 新中国成立以来，为改变旧中国一穷二白的面貌，改善全国各族人民生活面貌，中国共产党团结带领广大人民群众艰苦奋斗。特别是改革开放以来，中国共产党广泛动员社会力量，开展了有计划、有组织和大规模的扶贫开发，为解决农村贫困地区的问题进行了艰苦的工作，取得了举世瞩目的成就。

（二）追求"共同富裕"的发展目标

为了进一步解放和发展生产力，促进经济的快速发展，以江泽民为核心的中央领导集体继承和发展了邓小平的"发展才是硬道理"战略思想，在党的第十四次全国代表大会上提出了建立社会主义市场经济体制的改革目标。但在提高效率的前提下，党中央领导集体对实现社会公平也提出了要求。1992年，江泽民在《加快改革开放和现代化建设步伐，夺取有中国特色社会主义事业的更大胜利》一文中指出："在分配制度上，以按劳分配为主体，其他分配方式为补充，兼顾效率与公平。运用包括市场在内的各种调节手段，既鼓励先进，促进效率，合理拉开收入差距，又防止两极分化，逐步实现共同富裕。"1993年，党的十四届三中全会通过的《关于建立社会主义市场经济体制若干问题的决定》再次阐述了效率与公平，文件指出："建立以按劳分配为主体，效率优先、兼顾公平的收入分配制度，鼓励一部分地区一部分人先富起来，走共同富裕的道路。"可见，虽然关于公平与效率的表述在不断变化，但共同富裕始终是以江泽民核心的中央领导集体关注的核心问题。考虑到社会主义初级阶段的基本国情和当时的国内外形势，突出强调效率是必需的，但同时我国从未忽视公平。江泽民多次强调："社会主义应当创造比资本主义更高的生产力，也应当实现资本主义难以达到的社会公正。从根本上说，高效率、社会公正和共同富裕是社会主义制度本质决定的。"

（三）坚持"他扶"和"自扶"相结合

以江泽民同志为核心的中央领导集体指出反贫困工作需要坚持"他扶"和"自扶"相结合。一是外部力量，即"他扶"。当时，中国剩余的贫困人

---

① 《中共中央、国务院关于尽快解决农村贫困人口温饱问题的决定》，律商网，1996年10月23日，http：//hk. lexiscn. com/law/law-chinese－1－1873508－T. html。

口主要聚集在"老、少、边、穷"地区，自然环境恶劣、地理位置偏远、经济欠发达等先赋共性决定了中国扶贫工作的长期性与艰巨性。[①] 这就需要国家在政策战略的安排上充分考虑民族贫困地区所处的特殊条件并予以支持。二是少数民族群众内生发展力量，即"自扶"。培育贫困人口的内生动力是取得反贫困成功的关键。实行开发式扶贫方式就要倡导和鼓励自力更生、艰苦奋斗的精神，克服贫困户中的"等、靠、要、懒"，变"苦熬为苦干"，在国家的大力支持下，主要依靠自己的力量，开发当地资源，发展商品经济，进而脱贫致富。自力更生、艰苦奋斗的精神是克服困难、开创事业的重要法宝。贫困地区的干部群众有没有改天换地、战胜贫穷、艰苦奋斗的雄心壮志，有没有不等不靠、积极进取、自力更生的顽强意志，决定着脱贫致富的进程和成效。在国家和社会各界的帮扶下，只要贫困地区的各级党组织和干部群众同心协力，开动脑筋，实干苦干，脱贫的办法就会越想越多，致富的路子就会越走越宽。[②]

第二节　开发式扶贫阶段民族地区扶贫工作的开展

从 1986 年开始，中央政府组织开展大规模的农村扶贫开发，确立开发式扶贫方针，强化行政扶贫体制，主要内容包括：设立扶贫工作领导小组、制定贫困标准、确定国家重点扶持贫困县等。为了进一步解决贫困问题，国务院于 1994 年制定了《国家八七扶贫攻坚计划（1994 - 2000 年）》，决定集中人力、物力、财力，动员社会各界力量，力争用 7 年左右的时间，基本解决全国 8000 万农村贫困人口的温饱问题。

一、成立专门的国家扶贫机构，加强对贫困地区经济开发工作的指导

1986 年 4 月，第六届全国人民代表大会第四次会议通过的《中华人民共和国国民经济和社会发展第七个五年计划（1986 - 1990 年）》中将"'老、

---

① 左停、李卓、赵梦媛：《少数民族地区贫困人口减贫与发展的内生动力研究——基于文化视角的分析》，载于《贵州财经大学学报》2019 年第 6 期，第 85 ~ 91 页。

② 江泽民：《扶贫开发要切实解决实际问题》，新浪新闻，2001 年 9 月 17 日，http：//news. si-na. com. cn/c/2001 - 09 - 17/359867. html。

少、边、穷'地区的经济发展"单列一章①，并在政策的制定上对这些地区给予了特殊倾斜。为了加强对贫困地区经济开发工作的指导，尽快改善贫困地区面貌，1986 年 5 月 16 日，国务院决定成立贫困地区经济开发领导小组，下设办公室（办公室设在农牧渔业部，以下简称"开发办"）负责开展日常工作。国务院贫困地区经济开发领导小组的成立标志着我国扶贫工作开始走向规范化、制度化，扶贫模式由救济式向开发式过渡。自此，中央政府开始在全国范围内开展有计划、有组织、大规模的开发式扶贫，瞄准特殊类型贫困区域，尤其是民族贫困地区，这意味着中国的扶贫工作进入了一个新的历史时期。

二、制定第一条正式贫困线、确定国家重点扶持贫困县

1986 年以前，中国还没有贫困线的说法。由于当时物资普遍匮乏，因而贫困人口并没有成为一个指代清晰的政策帮扶群体。随着贫富差距逐渐扩大，确定具体帮扶对象成为必然趋势。1986 年，国家统计局基于 1984 年农村住户调查数据，采用每人每天 2100 大卡热量的最低营养需求的标准，根据 20% 的最低收入人群的消费结构来测定出满足这一营养标准所需要的各种食物量，再按食物的价格计算出相应的货币价值，这一货币价值成为"贫困线"。1986 年，我国据此确定了农民人均纯收入 206 元/年的绝对贫困线。以后每一年的实际贫困线，都在此标准上加入通胀的价格因素。② 此外，1986 年，我国还首次确定了 331 个国家重点扶持贫困县，其中少数民族贫困县达 142 个，占总数的 42.6%。③ 1994 年，《国家八七扶贫攻坚计划（1994－2000 年）》中确定的 592 个国家重点扶持贫困县中，少数民族贫困县为 258 个，占比达 43.4%，这一比例比"七五"期间的 42.6% 提高了3.05 个百分点。1997 年，国家统计局将绝对贫困线调整为农民人均纯收入640 元/年，仅相当于当时国际 1 美元标准的 60%，按此标准，中国有贫困人口 4962 万人。④ 2001 年，考虑通胀的价格因素后，贫困标准调整为 625

① 《中华人民共和国国民经济和社会发展第七个五年计划（摘要）》，中国人大网，2000 年 12月 26 日，http：//www. npc. gov. cn/wxzl/gongbao/2000－12/26/content_5001764. htm。

② 国家统计局农村社会经济调查总队：《2001 中国农村贫困监测报告》，中国统计出版社 2001年版，第 10 页。

③ 《关于少数民族地区扶贫工作有关政策问题请示的通知》，载于《中华人民共和国国务院公报》1989 年第 21 期，第 789～793 页。

④ 《这项奇迹，中国是怎么做到的？》，新华网，2021 年 2 月 25 日，http：//www. xinhuanet.com/fortunepro/2021－02/25/c_1127137706. htm。

元（旧口径），此时我国贫困人口仅剩 2927 万人。而考虑到我国贫困线标准过于苛刻，将很多贫困人群排挤在政策扶持的门槛之外，于是国家统计局在 2000 年将贫困线调整为农民人均纯收入 872 元（新口径），按此标准，我国贫困人口增加至 9029 万人。①

三、实施全方位的开发式扶贫政策

20 世纪 80 年代中后期，经济增长自动惠及贫困人口的涓滴效应逐渐减弱，仅依靠经济增长来缓解贫困的作用降低。并且，随着市场化改革深入推进，我国区域、城乡间收入差距逐步扩大，贫困人口明显向"老、少、边、穷"地区集中。贫困集中分布的"老、少、边、穷"地区引起了国家的重视，除了享受一般贫困地区的优惠政策外，国家还对这些区域在资金、政策上予以倾斜照顾。②

（一）放宽民族地区贫困县标准

1986 年，国务院贫困地区经济开发领导小组陆续确定了 331 个国家重点扶持贫困县。按 1985 年农民人均纯收入计算，若农区县低于 150 元，牧区县低于 200 元，革命老区县低于 300 元，即列入国家扶持范围。③ 当年全国确定的 331 个国家重点扶持贫困县中少数民族贫困县达 141 个，占总数的 42.6%。④ 1994 年，国务院颁布实施了《国家八七扶贫攻坚计划（1994 - 2000 年）》，重新调整了国家重点扶持贫困县的标准。以县为单位，凡是 1992 年农民人均纯收入低于 400 元的县全部纳入国家重点贫困县扶持范围；凡是 1992 年人均纯收入高于 700 元的原国家重点扶持贫困县，一律退出国家扶持范围。依据此标准，列入《国家八七扶贫攻坚计划》的国家重点扶持的贫困县共有 592 个。⑤ 中国农村贫困人口绝大多数集中在中西部，尤其

① 《这项奇迹，中国是怎么做到的？》，新华网，2021 年 2 月 25 日，http：//www. xinhuanet. com/fortunepro/2021 - 02/25/c_1127137706. htm。

② 温军：《中国少数民族经济政策稳定性评估（1949 ~ 2002 年）（下）》，载于《开发研究》2004 年第 4 期，第 19 ~ 23 页。

③ 《扶贫办发布重点扶贫县和连片特困地区县认定历史》，中国政府网，2013 年 3 月 4 日，http：//www. gov. cn/govweb/gzdt/2013 - 03/04/content_2344631. htm。

④ 《关于少数民族地区扶贫工作有关政策问题请示的通知》，载于《中华人民共和国国务院公报》1989 年第 21 期，第 789 ~ 793 页。

⑤ 中共中央办公厅、国务院办公厅：《关于创新机制扎实推进农村扶贫开发工作的意见》，人民网，2014 年 1 月 6 日，http：//politics. people. com. cn/n/2014/0126/c70731 - 24227295 - 4. html。

是西部，并呈块状、片状分布在高原、山地、丘陵、沙漠等地区。由此，在1994年中国政府确定的592个国家重点扶持贫困县中，中西部地区占82%，少数民族贫困县有258个[1]，主要分布在内蒙古、广西、重庆、四川、贵州、云南、西藏、陕西、甘肃、青海、宁夏和新疆等14个省份。

（二）实行宽松的优惠政策

由于民族地区具有贫困面积大、贫困人口集中、自我发展能力差等特征，因而政府对民族贫困地区实行了更为宽松的优惠政策。[2] 在各项扶贫优惠措施中，把少数民族和民族自治地方作为扶持的重点。第一，国家确定重点扶贫县标准为一般贫困地区农民纯收入150元以下，牧区、边区放宽到200元以下、革命老区300元以下；第二，新增农业投资、教育资金、"以工代赈"、"温饱工程"等扶贫项目，要求民族贫困地区的分配比例应明显高于其他地区；第三，为落实国家的民族贸易政策，对民族贫困地区的民族贸易企业实行低息、低税，对民贸企业经营的农副产品和少数民族生产生活必需的一些工业品继续实行价格补贴；第四，为加快民族贫困地区交通建设，交通部每年拨出一定资金予以扶持；第五，对解决民族贫困地区群众温饱确有效益的农林牧开发项目，信贷部门应视其生产周期、自有资金比例等具体情况放宽贷款条件；第六，对民族贫困地区的银行贷款规模和化肥、柴油、农肥等农用生产资料的安排，可以优先予以照顾；第七，对在农村贫困地区、民族地区和恶劣、危险环境中工作的科技工作者，依据国家规定给予补贴；第八，为减轻贫困户负担，减免贫困户子女入学的学杂费，并在助学金上给予照顾。

（三）实施专项扶贫项目

我国民族贫困地区主要集中在高寒山区、干旱、半干旱地区，这些地区农业生产条件差、粮食产量低且不平稳。为了解决这些地区贫困群众的温饱问题，除了对民族贫困地区实行多种优惠政策外，政府还不断加大扶贫开发力度以消除贫困，包括实施以改善贫困地区基础设施落后状况为主的"以工代赈"计划、以解决高寒山区和干旱地区严重缺粮问题为中心的

---

[1]　中华人民共和国国务院新闻办公室：《中国的农村扶贫开发》，载于《人民日报》2001年10月16日。

[2]　温军：《中国少数民族经济政策稳定性评估（1949～2002年）（下）》，载于《开发研究》2004年第4期，第19～23页。

"温饱工程"计划。1988 年，农牧渔业部提出"温饱工程"计划，是一项以在高寒山区推广玉米地膜覆盖栽培技术为主要内容的工程，也是一项为解决贫困地区大多数群众温饱问题而进行的重要科技扶贫措施。经国务院批准，"温饱工程"计划于 1989 年在全国开始实施。同时，考虑到民族贫困地区地理位置偏僻、基础设施落后，而且居住在这些地区的群众难以获得收入来源，我国政府开始实施"以工代赈"计划，即政府在民族贫困地区投资建设基础设施工程，受赈济者参加工程建设获得劳务报酬，以此来取代以前的直接救济政策。

（四）设立扶贫开发专项资金

政府通过设立多种扶贫开发专项资金，对民族地区给予了较高力度的资金扶持，以确保各项扶贫开发政策的贯彻执行及多种计划方案的落实实施。[①] 20 世纪 80 年代中后期，国家为扶持贫困牧区生产，确定了 27 个重点扶持的牧区贫困县，每年拨出专款 5000 万元，并设立了牧区扶贫贴息贷款。[②] 进入 20 世纪 90 年代，国家为切实解决边疆贫困问题，专门安排边疆贫困国有农场专项贴息贷款，每年增加贴息贷款 1 亿元，集中用于解决新疆生产建设兵团、黑龙江、云南、内蒙古和广西五大垦区 118 个边境贫困国有农场的贫困问题。1989 年，国务院决定设立"少数民族贫困地区温饱基金"，专项扶持全国 257 个民族自治地方的国定贫困县，从 1990 年至 1993 年每年安排 2500 万元，自 1994 年开始滚动使用，重点扶持 141 个少数民族贫困县，[③] 用于解决民族地区群众温饱问题和扶持经济开发项目，按照"自力更生为主、国家扶持为辅、自筹与借款相结合"的原则考虑项目资金需要，资金主要用于解决贫困户温饱问题为主的种养业项目、立足本地优势资源符合产业政策的脱贫致富项目、企业技术改造项目、农牧业实用科技推广项目及小区域农业综合开发项目等。此外，政府还设立了贫困残疾人康复专项贴息贷款、贫困县水毁工程专项贴息贷款、贫困地区县办企业专项贷款、贫困县基本农田建设专项贴息贷款等优惠贷款。

（五）推行横向经济联合政策

国家通过推行横向经济联合政策，鼓励经济发达地区到民族地区投资

---

①②③　温军：《中国少数民族经济政策稳定性评估（1949～2002 年）（下）》，载于《开发研究》2004 年第 4 期，第 19～23 页。

建厂、兴办企业，从而推动民族地区对内开放。[①] 民族地区在同经济发达省市联合开发、兴办企业时，可使用一部分国家对民族地区的银行贷款，但需列入国家计划，经济发达省市同民族地区联合建设项目的投资计划指标，包括在民族地区自筹资金计划指标内，可适当照顾；对经济联合企业计划物资特别是对民族地区生产的国家统配产品、部管产品在确定上调任务时要适当给予照顾，经济发达省市同民族地区合办的联合企业，生产的统配产品和部管产品分配按国内合资企业的规定办理；国家规定对横向联合企业税收优惠，企业和单位向能源、交通设施以及"老、少、边、穷"地区进行投资分得利润，可减半征收所得税 5 年，参与投资的企业和单位从联合中分得利润再投资于上述行业和地区，可免征所得税。

由于东部发达地区资金、技术、人才具有优势而自然资源有限，中西部民族地区经济落后、观念滞后，但资源丰富、市场潜力大，因而东部与中西部地区具有明显的互补性和巨大的经济协作潜力。在国家的大力支持下，逐步形成了民族地区及其相邻地区跨地区、跨部门、跨行业的多种横向经济联合形式，初步形成了以各地优势为基础、以市场经济为导向、以优势互补为特点的经济联合协作区域，包括东北经济区（辽宁、吉林、黑龙江和内蒙古东部的呼伦贝尔市、兴安盟、通辽市、赤峰市）、西南 6 省份7 方经济协调会（云南、贵州、四川、广西、西藏和重庆、成都，集中了全国 3/5 的少数民族人口）、黄河流域经济协作区（山东、山西、河南、内蒙古、陕西、甘肃、宁夏、青海和新疆，均为中国自然资源富集地区）、桂西南经济技术协作区（南宁市、南宁地区和百色地区）、湘鄂川黔桂毗邻地区经济技术协作区（民族自治县占该地区县市总数的 1/3）、滇桂黔边区 4 地州经济协作区（少数民族人口占该地区总人口的 2/5）及黄河上游多民族经济开发区（青海、甘肃、宁夏、内蒙古 4 省份）等。这些横向经济联合协作区既有中西部地区同东部地区的协作，也有中西部地区内部的协作，基本形成了资金、技术、物资、人才的全方位、多层次、多领域联合协作格局，其发展演变对民族地区市场经济体系的建立和完善具有重要作用。

（六）继续实施对口支援政策

20 世纪 80 年代中期，我国政府增加了湖北—辽宁、武汉—沈阳、上海—

---

① 温军：《中国少数民族经济政策稳定性评估（1949~2002 年）（下）》，载于《开发研究》2004 年第 4 期，第 19~23 页。

青海、广东—贵州等对口支援项目。本着"优势互补、互惠互利、共同发展"的原则，对口支援政策以帮助贫困地区发展经济、带动广大贫困农户解决温饱问题为重点，致力于实现帮扶到乡、帮扶到村、扶持到户，同时依托当地资源着重发展种植业、养殖业和以种养业为原料的加工业，有力地促进了民族地区的经济发展。当然，对口支援政策也具有局限性，由于大多数对口支援政策都是临时性的短期政策措施，缺乏相对连贯一致的时效性保障。

（七）采取对外开放优惠政策

为了加快民族地区沿边开放市县和边境经济合作区的发展，20世纪80年代以来，政府还对民族地区采取了一系列对外开放优惠政策。第一，边境对外开放市县所属省区可以在其权限范围内授予各边境开放市县人民政府对边贸加工、劳务合作等经济合同的审批权；第二，边境经济合作区开展区内基础设施建设所需进口的机械设备、其他基本建设物资以及合理数量内的办公用品，可以免征进口关税和产品增值税；第三，边境经济合作区的新增财政收入在1995年底前，5年内留归当地用于基础设施建设；第四，对内蒙古、新疆、西藏、广西、宁夏5个自治区和青海、云南、贵州3个多民族省份的外汇留成比例做了特殊照顾；第五，为加快民族地区改革开放，国家推出内蒙古呼伦贝尔市和乌海市、新疆伊犁哈萨克自治州、青海格尔木市、甘肃临夏回族自治州、贵州黔东南苗族侗族自治州、吉林延边朝鲜族自治州等7个内陆民族地区改革开放试验点，实行更加优惠的边境贸易政策，推动西部地区同毗邻国家地区相互开放市场，促进与周边国家区域经济技术合作的健康发展。①

四、实施《国家八七扶贫攻坚计划（1994－2000年）》

20世纪80年代中期以来，我国扶贫开发工作取得了巨大成就。截至1993年底，全国没有稳定解决温饱问题的农村贫困人口已经减少到8000万。② 同年，"国务院贫困地区经济开发领导小组"更名为"国务院扶贫开

---

① 《国务院关于实施西部大开发若干政策措施的通知》，中国政府网，2000年12月26日，http：//www. gov. cn/gongbao/content/2001/content_60854. htm。

② 《扶贫攻坚阶段（1994－2000年）》，中国社会科学网，2020年12月18日，http：//www. cssn. cn/zt/zt_xkzt/mkszyzt/zggcdfpkcgsjdlllj/zggcdzzylfpksxdlsml/kxfzpksjdljyj/fpgjjd/202012/t20201218_5234331. shtml。

发领导小组"，以解决温饱为目标的扶贫开发工作进入了攻坚阶段。为进一步解决农村贫困问题，缩小东西部地区差距，实现共同富裕的目标，国务院印发了《国家八七扶贫攻坚计划（1994－2000年）》，决定从1994年到2000年，集中人力、物力、财力，动员社会各界力量，力争用7年左右的时间，基本解决目标全国8000万农村贫困人口的温饱问题。

（一）加强基础设施建设

为了确保绝大多数贫困乡镇和有集贸市场、商品产地的地方通公路，消灭无电县，使绝大多数贫困乡用上电，政府投资了一系列的基础设施建设工程。由于无电地区多为"老、少、边、穷"地区，是农村通电工程中最艰巨的部分，为了在20世纪内消灭全国的无电县，让1.2亿没有用上电的贫困地区农民用上电，使全国农村通电农户达到95%以上，1994年5月，国家计委、国家经贸委和电力工业部在京联合召开全国农村电气化工作会议，讨论确定了20世纪90年代我国农村电气化改革与发展目标并提出"电力扶贫共富工程"方案。[1] 并且，为了加快中西部地区经济的发展，党中央、国务院大力支持中西部地区乡镇企业的发展，国务院颁布了《关于加快发展中西部地区乡镇企业的决定》，提出从1994年到2000年，每年给中西部地区乡镇企业100亿元专项贷款，对中西部"老、少、边、穷"地区的电力建设继续给予政策性贷款支持。[2]

（二）改变教育文化卫生的落后状况

为了改善民族地区教育文化卫生的落后状况，1995～2000年，国家教委和财政部把中央增加普及义务教育的专款和地方各级政府的配套资金结合起来，在贫困山区、革命老区和少数民族地区组织实施"贫困地区义务教育工程"，覆盖了"八七"扶贫攻坚计划中的全国大多数贫困县，重点改善小学和初中办学条件，推动普及义务教育。此外，为了帮助贫困地区群众提高科学文化素质，增强致富本领，政府还成立了中国文化扶贫委员会，开展了"万村书库""城乡小朋友手拉手""电视扶贫""新闻扶贫""送报下乡""电脑下乡"等活动。

---

[1] 《赵文图：新中国电力工业60年大事摘记（1994～1998）》，搜狐号－列电人，2017年6月18日，https：//www.sohu.com/a/149845389_774014。

[2] 《国务院关于加快发展中西部地区乡镇企业的决定》，中国政府网，1993年2月24日，http：//www.gov.cn/zhengce/content/2016－10/20/content_5122059.html。

民族地区医疗卫生条件差，各种疾病严重威胁着农村人口的健康，因病致贫、因病返贫的现象日益突出，有效的医疗保障对于民族地区来说尤为迫切和重要。我国通过推行互助共济的合作医疗制度来解决民族地区基本医疗保障问题，先从合医不合药、单项减免、单项保偿等初级合作形式起步，逐步提高互助共济合作的保障水平。例如，内蒙古自治区政府鼓励当地条件较差的边境地区要在办好嘎查村卫生室的基础上，积极创造条件，努力探索适应当地实际情况的合作医疗形式，力争到 20 世纪末使全区 60% 的农牧民参与合作医疗，到 2010 年使全区 90% 的农牧民参与合作医疗。[①]

（三）加大扶贫资金的投入，加强资金管理

缺乏资金是民族地区贫困的重要原因之一，为了推动民族地区发展，中央扶贫资金继续向民族贫困地区倾斜。在国家扶贫资金的分配比例上，重点向 5 个民族自治区及云南、贵州、青海等少数民族人口较多的西部省份倾斜。在此期间，我国先后争取到了世界银行的三期扶贫项目，援助规模为 6.1 亿美元，覆盖 9 个省区、91 个贫困县，800 多万贫困人口。这些扶贫项目涉及的 91 个贫困县中，有 43 个县为少数民族贫困县，占项目总数的 47.3%，涉及少数民族贫困人口达 306 万人。[②] 此外，1995 年，我国开始实行过渡期转移支付办法，对 5 个自治区和滇、黔、青三省以及其他省份的民族自治州专门增设了政策性转移支付内容，其支付数额随国家财力的增长而不断增加，截至 1998 年底，对上述民族地区的一般性转移支付额累计近 29 亿元，占全国转移支付总额的 48%。[③]

除了中央政府出台相关政策，各民族地区地方政府也投入大量资金，动员组织干部和群众大规模地开展扶贫工作。例如，从 20 世纪 80 年代中期以来，广西壮族自治区党委和人民政府投入了价值约 28 亿元的扶贫资金和物资。1994～2000 年，新疆维吾尔自治区人民政府每年安排 5000 万元扶贫贴息贷款，贷期 3 年，贴息 3 年，自治区财政每年安排 1000 万元扶贫生产周转金，每年向南疆 4 地州调拨 2500 万元扶贫水利水电基本建设投资，专

<hr />

① 《内蒙古自治区人民政府批转卫生厅关于在全区农村牧区推行合作医疗制度意见的通知》，内蒙古自治区人民政府，2020 年 12 月 8 日，http//www. nmg. gov. cn/zwgk/zfxxgk/zfxxgkml/gzxzgfxwj/xzgfxwj/202012/t20201208_313061. html。

② 陈宗胜、张小鹿：《少数民族地区扶贫工作的做法与经验——以天津等援疆单位在和田地区开展扶贫工作为例》，载于《全球化》2018 年第 7 期，第 87～96 页。

③ 杨寿川：《我国民族经济政策与实践》，载于《思想战线》2000 年第 4 期，第 62～65 页。

项补贴 45 万元用于减免贫困户中小学生的学杂费。① 西藏大规模扶贫开发始于 1995 年，重点扶贫对象是全区 18 个县、48 万贫困人口。据统计，西藏 1995 年用于生产开发的扶贫资金共计 1.176 亿元；1996 年用于扶贫开发的各种资金共计 2.783 亿元；1997 年国家和西藏自治区进一步加大了对扶贫开发的投资力度，中央政府投入了 18100 万元的扶贫投资，其中无偿投资 13100 万元，自治区的扶贫总规模为 33400 万元，其中无偿投资 4400 万元，再加上对口支援省市援助项目中的开发资金和社会各界的捐赠，1997 年的扶贫资金规模达 6 亿元，人均投入约 1800 元。②

同时，为了充分发挥各项扶贫资金的作用，提高资金使用效益也显得尤为重要。国家下拨的财政扶贫资金、以工代赈、信贷扶贫资金和要求地方按比例配套的扶贫资金要严格用于国家确定的 31 个贫困旗县。如内蒙古自治区按照国家规定，地方用于国家级贫困旗县的配套资金必须要达到中央投入的 30% 以上，这部分资金由自治区承担 50%，盟市和旗县承担 50%。自治区确定的 19 个贫困旗县，由自治区和所在盟市共同筹集资金予以扶持。盟市和旗县要按照自治区投入到区贫困旗县的资金额度相应配套 30% 以上的扶贫资金。③ 在资金安排上，对贫困旗县内的革命老区、少数民族聚居地区和边境地区要予以政策倾斜。④ 具体政策文件汇总如表 5-5 所示。

表 5-5 "八七"扶贫攻坚计划实施期间各部门针对民族地区颁布的政策措施汇总

时间	政策文件/会议	内容
1994 年 4 月	《国家八七扶贫攻坚计划（1994-2000 年）》	(1) 贫困人口温饱标准（年人均纯收入 > 500 元）；(2) 要把解决少数民族贫困地区温饱问题并进一步脱贫致富作为工作重点，协调和配合有关部门做好少数民族贫困地区的科技扶贫、智力支边、普及教育和干部交流等项工作；(3) 北京、天津、上海等大城市，广东、江苏、浙江、山东、辽宁、福建等沿海地区较为发达的省份，都要对口帮助西部的一到两个贫困省份发展经济

① 金继斯：《民族地区实施"八七计划"第一年——访国家民委副主任文精》，载于《民族团结》1995 年第 4 期，第 12～14 页。

② 罗莉：《简析西藏扶贫攻坚及其伟大成就》，载于《西南民族学院学报（哲学社会科学版）》2001 年第 4 期，第 18～22 页。

③④《内蒙古自治区人民政府办公厅关于印发内蒙古自治区扶贫开发资金及项目管理暂行办法的通知》，内蒙古自治区人民政府，2020 年 12 月 8 日，http://www.nmg.gov.cn/zwgk/zfxxgk/zfxxgkml/gzxzgfxwj/xzgfxwj/202012/t20201208_313044.html。

续表

时间	政策文件/会议	内容
1996 年 3 月	《中华人民共和国国民经济和社会发展"九五"计划和 2010 年远景目标纲要》	外资引入、国际金融组织和外国政府贷款 60% 用于中西部地区；东部沿海地区以多种形式支援西藏等民族地区的建设、经济联合
1996 年 7 月	《国务院扶贫开发领导小组关于组织经济较发达地区与经济欠发达地区开展扶贫协作的报告》	（1）开展东西部地区扶贫协作；（2）对在国家确定的"老、少、边、穷"地区新办的企业，可在 3 年内减征或免征所得税
1996 年 9 月	中央扶贫开发工作会议	要求如期实现"八七"扶贫攻坚计划，到 20 世纪末基本完成解决农村贫困人口的温饱问题绝不动摇
1997 年 3 月	《国家计划生育委员会国务院扶贫开发领导小组关于"九五"期间进一步做好扶贫开发与计划生育相结合工作意见的通知》	制定和落实扶贫开发与计划生育相结合的政策，使贫困地区实行计划生育的农户尤其是独生子女户、双女户优先得到扶持，率先摆脱贫困
1997 年 7 月	《国家扶贫资金管理办法》	甘肃、宁夏、青海、新疆、内蒙古、云南、贵州、四川、重庆、西藏、广西等省份的地方配套资金比例应当达到 30%～40%
1997 年 7 月	《中华人民共和国乡镇企业法》第六条	多种形式支持少数民族地区
1997 年 9 月	中国共产党第十五次全国代表大会	国家从多方面采取措施，加大扶贫攻坚力度，到 20 世纪末基本解决农村贫困人口的温饱问题
1999 年 9 月	《全党全社会进一步动员起来，夺取八七扶贫攻坚决战阶段的胜利》	（1）今后两年，每年要力争解决 1000 万左右贫困人口的温饱问题；（2）各项扶贫工作逐一落实到贫困村、贫困户
2000 年 10 月	党的十五届五中全会	实施西部大开发战略

资料来源：根据国家颁布的各类政策文件整理得出。

（四）充分调动各部门、民间扶贫团体联合发挥作用

"八七"扶贫攻坚计划是中国扶贫工作中重要的一环，实施过程中需要各级部门的紧密配合才能更好地发挥反贫效果。实施期间，中央政府充分调动了包括计划部门、内贸和外贸部门、农林水部门、科教部门、劳动部

门、民政部门、文化卫生部和计划生育部等在内的多级政府部门，此外还涉及民族工作部门，并要求各部门把解决少数民族贫困地区温饱问题和进一步脱贫致富作为工作重点，协调和配合有关部门做好少数民族贫困地区的科技扶贫、智力支边、普及教育和干部交流等工作。除了充分调动全国各部门发挥职能外，还鼓励中国扶贫基金会和其他各类民间扶贫团体发挥作用。北京、天津、上海等大城市，广东、江苏、浙江、山东、辽宁、福建等较为发达的沿海省份，都要对口帮扶西部的一两个贫困省、区发展经济。在互惠互利基础上，动员大中型企业利用其技术、人才、市场、信息、物资等方面的优势，通过经济合作、技术服务、吸收劳务、产品扩散、交流干部等多种途径，开展与贫困地区的合作，凡是到贫困地区兴办开发性的企业，当地扶贫资金可通过适当形式与之配套，联合开发。

第三节　开发式扶贫阶段民族地区扶贫工作的实施成效

这一阶段，国家在全国范围内开展了有组织、有计划、大规模的扶贫工作，对前期的扶贫工作进行了根本性的改革与调整，实现了从救济式扶贫向开发式扶贫的转变，产生了显著成效。根据 2000 年 625 元的农村贫困标准统计，截至 2000 年底，全国尚未解决温饱的农村贫困人口从 1985 年的 1.25 亿人下降到 3209 万人，农村贫困发生率从 14.8% 下降到 3.4%。①

一、贫困人口减少，贫困发生率降低

1986～2000 年涵盖了"七五""八五""九五"三个计划全期。截至 1992 年，民族地区贫困已得到初步缓解。内蒙古自治区的贫困人口由 1989 年的 268 万人减少到 1992 年的 186 万人；广西由 1980 年的 1920 万人减少到 1992 年的 850 万人；宁夏由 1982 年的 119.3 万人减少到 1992 年的 102.9 万人；云南由 1986 年的 1200 多万人下降到 1993 年的 700 万人。1986～1999 年全国与民族八省区农村贫困人口分布情况如表 5-6 所示。1994 年我国实施"八七"扶贫计划以后，民族地区贫困治理取得了显著成效。

---

① 中华人民共和国国务院新闻办公室：《中国的农村扶贫开发》，载于《人民日报》2001 年 10 月 16 日。

1995～1999 年，民族八省区的贫困人口由 2086 万人减少至 1185 万，贫困发生率由 15.6% 降低至 8.7%①，缩小了民族地区与全国其他地区的贫富差距，为实现"共同富裕"目标补齐短板。

表 5 - 6　　　　　　1986～1999 年全国与民族八省区农村贫困人口分布情况

指标		1986 年	1990 年	1992 年	1994 年	1995 年	1997 年	1999 年
贫困人口（万人）	民族八省区	—	—	—	—	2086	—	1185
	全国	13100	8500	8000	7000	6540	4062	3412
贫困发生率（%）	民族八省区	—	—	—	—	15.6	—	8.7
	全国	15.5	9.4	8.8	7.7	7.1	5.4	3.7

资料来源：根据国家统计局农村社会经济调查总队：《2000 中国农村贫困监测报告》，中国统计出版社 2000 年版第 11～30 页中相关数据整理所得。

"八七"扶贫攻坚计划期间，各民族地区根据国家总体战略要求，并结合当地实际情况制定了发展策略。例如，贵州省坚持以解决群众温饱问题为中心，以贫困村为主战场，以贫困户为基本对象，以改善基本生产生活条件和发展种植业、养殖业为重点，经过全省艰苦努力，取得了显著成效。1999 年末，贵州省贫困人口数量减少到 315.2 万人，占全省农村人口总数的比重下降到 9.92%，在 48 个国定贫困县中，先后有 4 个县越过温饱线，48 个贫困县的农民人均占有粮食和农民人均纯收入分别达 345 公斤和 1225 元，比 1993 年净增 141 公斤和 890 元，增长 69% 和 265%，绝大多数贫困人口的温饱问题已得到基本解决，生活质量得到一定程度的改善。② 新疆维吾尔自治区人民政府制定和实施了"新疆维吾尔自治区百万人温饱工程计划"，经过 7 年的扶贫攻坚，截至 2000 年底全区累计 151 万贫困人口越过温饱线，其中有 19 万人脱贫后又返贫，7 年间实际解决了 132 万贫困人口的温饱问题，完成计划的 75%。全疆的贫困发生率从 1994 年的 20% 下降到了 2000 年底的 4.4%，扶贫成效显著。③ 广西全区未解决温饱的农村贫困人口

---

① 中华人民共和国国务院新闻办公室：《中国的农村扶贫开发》，载于《人民日报》2001 年 10 月 16 日。

② 冉茂文、聂雪松：《贵州扶贫攻坚成效、贫困特征及对策措施》，载于《贵州民族研究》2000 年第 3 期，第 44～48 页。

③ 秦放鸣：《新疆少数民族地区反贫困战略面临的挑战及调整思路》，载于《新疆大学学报（哲学社会科学版）》2003 年第 1 期，第 25～28 页。

从 1985 年的 1500 万减少到 1998 年底的 256 万人，农民人均纯收入从 1985 年底的 194.7 元增加到 1998 年底的 1750 元，全区有 47 个贫困县实现了基本解决温饱的目标，贫困发生率从 1985 年的 4.63% 降到 1998 年底的 6%。[1]

二、人民生活水平显著提高

这一阶段民族地区贫困状况得到了较大程度的缓解，人民生活水平显著提高。1993 年，民族地区人民纯收入总额为 8434 亿元，比 1986 年提高了 5250 亿元[2]；农村居民人均收入为 629 元，比 1986 年提高了 347 元。1998 年 232 个国家重点扶持的民族贫困县农民人均纯收入为 1189 元，比 1995 年的 630 元增长了 88.7%，高于 592 个国家重点扶持贫困县平均增长水平 28.7 个百分点。[3] 其中，广西全区 49 个贫困县农民人均纯收入由 1994 年的 606 元增加到 1999 年的 1836 元，人均粮食产量由 310 公斤上升到 380 公斤，在全国民族地区率先实现"八七"扶贫攻坚目标。[4] 截至 2000 年底，西藏 18 个国家重点扶持贫困县的农牧民人均纯收入达 1316 元，已接近全国平均水平。[5] 贵州省 31 个贫困县的农民人均纯收入由 1985 年的 138 元上升到 1993 年的 335 元，增长 1.43 倍；粮食产量由 22.3 亿公斤增加到 28.7 亿公斤，增长了 28.7%。[6] 内蒙古全区贫困旗县的农民家庭人均纯收入由 1993 年的 678.2 元增加到 1997 年的 1647.8 元，年均增长率为 24.85%，同期内蒙古全区农民人均纯收入年均增长率为 21.67%，贫困旗县农民人均纯收入增长幅度远高于全区平均水平。[7] 内蒙古全区贫困旗县农民的恩格尔系数由 1986 年的 61.8% 下降为到 1997 年的 59.6%，按照国际划分标准 50%～60% 的温饱线，内蒙古贫困旗县的农民总体上已

① 广西区扶贫办、广西区老区办：《广西老区扶贫攻坚的实施与今后任务》，载于《广西社会科学》1999 年第 6 期，第 140～142 页。

② 肖时花、吴本健：《轨迹与趋向：民族地区 70 年扶贫历程研究》，载于《广西民族研究》2018 年第 5 期，第 104～111 页。

③⑥ 中华人民共和国国务院新闻办公室：《中国的农村扶贫开发》，载于《人民日报》2001 年 10 月 16 日。

④⑤ 朱玉福：《改革开放 30 年来我国民族地区扶贫开发的成就、措施及经验》，载于《广西民族研究》2008 年第 4 期，第 25～32 页。

⑦ 杨艳玲、孟繁杰：《内蒙古自治区农村牧区扶贫开发效益分析》，载于《农业经济问题》2002 年第 1 期，第 85～88 页。

经步入温饱阶段。[①]

三、经济实力增强，产业结构优化

"八七"扶贫攻坚计划实施以来，民族贫困地区的经济实力逐渐增强，产业结构趋于优化。例如，内蒙古50个贫困旗县的生产总值由1994年的139.71亿元（1990年不变价）增加到1997年的186.74亿元，年均增长率为10.15%；人均生产总值由1994年的1137元增加到1997年的1500元，年均增长率为9.68%。就产业结构而言，内蒙古农业内部产业结构从单一的粮食农业向农牧林结合、农林牧副渔综合发展方向转变，粮食单产大幅提升，进而增加了贫困户的经济收入。1997年，内蒙古人均产粮729.1公斤，比1986年增加了444.3公斤。其中，1997年检查验收的30个贫困旗县贫困户人均产粮660.1公斤，比"三七"扶贫攻坚计划目标的人均400公斤产粮多了260.1公斤，每亩增产250公斤左右。[②]

西藏自治区人均生产总值由1993年的1624元增加到1995年的2358元，增长率超过40%。[③] 从1994年开始，西藏自治区非农业产值占生产总值的比例已超过53%的最贫困临界值，1995年已接近60%并逐渐向65%的脱贫指标迈进。从人均家庭财产占有额来看，以农民家庭（每户按五口计）人均拥有1400元财产为脱贫标准，西藏人均拥有牲畜的现实市场价值已经远超该水平。西藏农牧民人均占有牲畜为11头（只）左右，人均拥有牲畜超过15个羊单位，而一只羊的市场价格最少在20元以上，仅此一项，西藏农牧民人均占有财产额就达到了3000元以上，远远超过了这个标准。[④]

宁夏回族自治区将扶贫开发与改善农业生产基础条件及调整农村产业结构相结合来解决贫困问题。一方面利用帮扶资金修田打窖，解决水的问题。先后修建基本农田17.48万亩，修建"坡改梯"17.8万亩，打井窖1.5万眼，解决了5.7万人和2万头牲畜的饮水问题。另一方面结合产业结构调整，扶持发展种植业和养殖业，有效地促进了农民增收。此外，宁夏与福建达成经济技术协作项目154项，实际投资近7亿元。福建省科委、福建农

---

①② 杨艳玲、孟繁杰：《内蒙古自治区农村牧区扶贫开发效益分析》，载于《农业经济问题》2002年第1期，第85~88页。

③ 国家统计局国民经济综合统计司：《新中国60年统计资料汇编》2010年版。

④ 罗绒战堆：《西藏"扶贫攻坚"调研报告》，载于《中国藏学》1998年第4期，第3~15页。

业大学在对口办公室的牵头下，在宁夏闽宁镇、彭阳县等地组织当地贫困户学习利用秸秆种植食用菌技术，使近200户农民的户均收入达到了3000～4000元，当年解决温饱。山区8县农民人均收入也有所提高，由1996年的914元增长到20世纪初的1078元。[①]

1985～1998年，广西全区49个贫困县的生产总值由52.12亿元增加到566.3亿元，增长近10倍；工农业产值由47.8亿元增加到707.72亿元，翻了近15番；地方财政收入也由3.3亿元增加到36.3亿元，实现10倍增长；乡镇企业收入也实现了大幅增长，由4.8亿元增加到70.15亿元。[②]

贵州民族自治地方1997年的生产总值达239亿元，比1978年增长了3倍；地方财政收入从1980年的1.4亿增加到1997年的14亿元，增长了10倍。民族自治地方农民人均纯收入1163元，比1978年增加了1024元。[③]

四、基础设施建设水平明显改善

"八七"扶贫攻坚计划实施期间，在国家相关政策的大力支持下，民族地区基础设施建设水平明显改善。例如，在国家以工代赈政策的扶持下，贵州省组织贫困地区的农民投劳投资，大搞农村基础设施建设。1986～1992年，利用粮棉布、中低档工业品以工代赈，新建和改建公路6967公里，使沿线400多万群众的交通条件得到改善；新增和改善灌溉面积52万亩，治理水土流失面积约1419平方公里；新增地方电站装机容量6.1万千瓦，新增高压输电线路2466公里；解决了农村120万人、80万头牲畜的饮水困难。1991年至1995年2月中旬，利用粮食以工代赈完成坡改梯面积216.3万亩，其中贫困县坡改梯面积占全省坡改梯面积总数的77%。[④]通过有效利用国家和地方"以工代赈"工程投入的资金，1994～1997年，内蒙古通电村增加了401个，通电率由1994年的85%增加到1997年的90.4%；通公路、通水的村分别增加1439个和436个，通路村和通水村比例分别提

---

① 魏华祥、马瑞萍、尚勇：《加强东西扶贫协作　缩小区域经济发展差距——对福建省与宁夏回族自治区开展对口扶贫协作的调查》，载于《理论前沿》2003年第12期，第46～47页。

② 广西区扶贫办、广西区老区办：《广西老区扶贫攻坚的实施与今后任务》，载于《广西社会科学》1999年第6期，第140～142页。

③ 辛丽平：《对西部大开发中贵州民族地区经济发展的思考》，载于《贵州民族研究》2000年第1期，第44～48页。

④ 冉茂文：《贵州省少数民族贫困地区扶贫开发的成效、现状、对策及建议》，载于《贵州民族研究》1996年第2期，第45～53页。

高 14.2% 和 4.3%。同时，内蒙古贫困旗县的邮电通信事业也得到明显改观，1997 年，内蒙古 31 个国家级贫困旗县中通邮村有 5578 个，通邮率达 93.9%。①

在易地搬迁扶贫计划的扶持下，广西全区从 1993 年开始对大石山区耕地面积不足 0.3 亩的贫困群众实施移民安置。在沿海地区和生产生活条件较好的土山地区建立了 20 个异地安置点，落实开发土地 132.4 万亩，在开发点安置了 22 个石山贫困县 4.03 万户 20.15 万人。② 通过移民安置，绝大多数搬迁户已基本解决温饱问题，为脱贫致富奔小康打下了良好基础。在区党委、区政府统一布置和安排下，全区各级机关坚持挂钩扶贫，每年都选派 7 万多名干部组成扶贫工作队（组）到老区包村扶贫。从 1997 年开始，广西的南宁、柳州、北海等 7 个地级城市与百色、河池、南宁、柳州等贫困老区结成帮扶对子，并向贫困老区群众投资近 1734 万元，实施帮扶项目 30 多个。③ 1997~1998 年的两年间，广东无偿援助广西 1.5 亿多元，帮扶河池、百色两个老区易地安置 5 万人。在社会关心与支持下，扶贫工作呈现新面貌。此外，社会各界的"巾帼扶贫""希望工程""光彩事业扶贫"等国内外扶贫活动也在有序开展。④ 1997 年下半年以后，为了解决革命老区、贫困山区贫困群众的饮水难、行路难、住房难问题，广西区党委、区政府在这些地区组织开展人畜饮水工程建设、村级道路建设、茅草房改造，基础设施建设取得了重大的突破。历时一年，老区贫困地区兴建人畜饮水工程 11 万多处，解决了 400 多万人的饮水难题，新修公路 1645 条，新增输变电线路 2462 公里，改造茅草房 6 万多户，显著改善了贫困老区的经济社会发展环境。⑤

五、社会、文化、生态建设取得进展

"八七"扶贫攻坚计划实施以来，对口支援政策对民族贫困地区的教育、文化事业产生了显著作用。例如，福建各级政府对口支援宁夏教育的资金达 2960 万元，百所学校通过"一帮一"援助宁南山区百所学校 90 多万元，各界人士捐资 132.5 万元，捐献各类教育物资一大宗；分期分批向宁

① 杨艳玲、孟繁杰：《内蒙古自治区农村牧区扶贫开发效益分析》，载于《农业经济问题》2002 年第 1 期，第 85~88 页。

②③④⑤ 广西区扶贫办、广西区老区办：《广西老区扶贫攻坚的实施与今后任务》，载于《广西社会科学》1999 年第 6 期，第 140~142 页。

南 8 县派遣支教教师 153 人次，帮助兴建、扩建学校 96 所，代培研究生 138 名，培训教师 5000 人，帮助 1.2 万名辍学儿童和近百名贫困大学生重返校园。① 此外，宁夏先后选派 72 名县乡干部到福建挂职，福建也有 26 名干部到宁夏挂职，闽先后为宁培训医疗骨干、妇女干部和企业管理人员 468 名，两省区通过互相转播和开设广播电视节目、书法协会、摄影协会共同举办展览等，促进了省际文化交流。② 随着云南实施科教兴滇战略，加强科教兴农，加大了对贫困地区和农村干部群众的智力开发。1986～1989 年，中央有关部委和云南省对 41 个贫困县的主要领导干部普遍进行了培训，全省共举办各种干部培训班 524 期，培训 1.45 万多人次，举办农民培训班 4522 期，培训 41 万多人次。③

　　"八七"扶贫攻坚计划的推进对民族地区生态建设发挥了显著的促进作用。例如，西藏"一江两河"综合开发极大地改善自治区生态环境。随着"一江两河"的实施，水利基础设施建设迅速发展、灌溉条件不断改善，农业生态系统的绿色面积逐年增加，人工林地面积由 1990 年的 13.23 万亩增加到 1995 年的 29 万亩，人工种草面积由 8.15 万亩增加到 15.18 万亩；人工植被率已由 1990 年的 0.23% 提高到 1995 年的 0.48%，提高幅度达 1 倍之多，④ 局部地区的风沙危害和水土流失现象得到了有效控制，大面积的农田、草地受到保护，以往不良的生态环境状况开始得到改善。随着植被覆盖率的逐步提高，薪柴、牧草等生产能力的不断增强，生态效益向间接经济效益转化的作用日趋明显。在"一江两河"中部流域地区，每营造 1 亩人工林地，平均每年可产薪柴 300～500 公斤，年产落叶饲草 50 公斤左右。从水土保持角度讲，平均每亩林地所形成的生态效益为 1.046 元；从涵养水源角度讲，每亩林地产生的生态效益为 11.01 元；从净化大气角度讲，每亩林地所生产的生态效益为 1.28 元。⑤ 以此推算，"八五"期间，西藏由于工程造林和人工种草等项目的实施，由生态效益经过转化所带来的间接经济效益产值预计每年达到 210 万左右。再从人工林地薪柴生产情况看，15.77 万亩林地每年可产薪柴 2780 万公斤，一方面，薪柴产量的增加既可以满足区域内约 3.68 万个农村人口对生活能源的需求，也可减少他们对生物能源

　　①② 魏华祥、马瑞萍、尚勇：《加强东西扶贫协作　缩小区域经济发展差距——对福建省与宁夏回族自治区开展对口扶贫协作的调查》，载于《理论前沿》2003 年第 12 期，第 46～47 页。

　　③ 黄治元：《坚决啃下深度贫困"硬骨头"——改革开放 40 年云南脱贫攻坚历程回顾》，载于《社会主义论坛》2019 年第 3 期，第 36～38 页。

　　④⑤ 兰志明、王清先：《"八五"时期西藏"一江两河"综合开发效益分析与评价》，载于《中国藏学》2000 年第 1 期，第 11～25 页。

的消耗；另一方面，薪柴产量的增加还能发挥以柴换肥增加还田有机物质的作用。一般地，2780 万公斤的薪柴可以替代 2224 万公斤牛粪或 2138 万公斤作物秸秆直接用于还田、培肥土壤及养畜。另外，人工林地残枝落叶部分，每年可提供饲草 552 万公斤，可以用来喂养牲畜约 5108 个绵羊单位。①

---

① 兰志明、王清先：《"八五"时期西藏"一江两河"综合开发效益分析与评价》，载于《中国藏学》2000 年第 1 期，第 11~25 页。

第六章　为了战胜新标准下的贫困而奋战：
21 世纪提高贫困标准再出发
（2001 ～ 2011）

改革开放以来，我国农村贫困现象明显缓解，贫困人口大幅度减少。1994 年，《国家八七扶贫攻坚计划（1994－2000 年）》提出力争 7 年内解决 8000 万农村贫困人口温饱问题。[①] 严格来讲，任务并没完成，到 2000 年底，除了少数社会保障对象和生活在自然环境恶劣地区的特困人口，以及部分残疾人以外，全国农村贫困人口的温饱问题已经基本解决。[②] 而我国当时处于并将长期处于社会主义初级阶段的基本国情决定，在较长时期内存在贫困地区、贫困人口和贫困现象是不可避免的。按照 2000 年的 625 元低收入标准统计，截至 2001 年底，全国农村其实还有贫困人口 2927 万人，贫困发生率为 3.2%。[③] 随着经济发展水平整体提升，原有的贫困线标准过低，导致很多实际上仍未解决温饱问题的人口无法纳入国家扶持范围。因此，我国 2001 年将贫困标准由原来的 625 元调整至 872 元，提高了近 40%。贫困线标准提高后，2001 年的贫困人口由旧口径核算下的 2927 万人增加至 9029 万人，这意味着 21 世纪的中国扶贫来到了一个新的起点。[④]

进入 21 世纪，中国贫困呈现出与以往不同的特征。剩余的贫困人口大多分布在生存环境与生产条件十分恶劣的高寒山区、大石山区、缺水干旱区以及边疆少数民族聚居区，有的贫困者还是丧失劳动力或没有劳动能力的残疾人员、孤老、孤儿等，继续依靠开发式扶贫已经很难解决此类贫困难题。而且，如果继续以贫困县作为扶贫开发的基本单位，将意味着将近

---

① 《国家八七扶贫攻坚计划（1994－2000 年）》，国家乡村振兴局（原国务院扶贫开发领导小组办公室），1994 年 12 月 30 日，http：//www. cpad. gov. cn/art/1994/12/30/art_46_51505. html。

② 《国务院关于印发中国农村扶贫开发纲要（2001－2010 年）的通知》，中国政府网，2001 年 6 月 13 日，http：//www. gov. cn/zhengce/content/2016－09/23/content_5111138. htm。

③④　国家统计局农村社会经济调查总队：《2011 中国农村贫困监测报告》，中国统计出版社 2011 年版，第 12 页。

一半的农村贫困人口不能从中央政府的扶贫投资中受益。有鉴于此，2001
年 6 月，国务院出台了《中国农村扶贫开发纲要（2001 – 2010 年）》，首次
提出全面实施整村推进的参与式扶贫，我国开始实施第一轮农村扶贫开发
工作纲要，首次提出全面实施整村推进的参与式扶贫。2002 年，党中央、
国务院将扶贫主战场设在 14 个集中连片特困地区、592 个国家扶贫开发重
点县，扶贫对象包括 15 万个贫困村，覆盖了 80% 左右的贫困群体①，并将
扶贫工作的重点投向贫困人口集中的西部少数民族。更进一步，2005 年，
中央将少数民族贫困村优先纳入整村推进的扶贫开发规划。2008 年，国务
院扶贫办与农业部、国家林业局等 13 个部门联合印发了《关于共同促进整
村推进扶贫开发工作的意见》，要求确保 2010 年年底前整村推进三类贫困
村的扶贫工作。② "整村推进" 的实施将更好地瞄准贫困群体，推动扶贫资
金进村入户以及整合各类扶贫资源，从而激发贫困农户的积极性，提高贫
困人口综合素质和贫困村可持续发展能力。在将贫困村作为基本瞄准对象
的同时，配套实施了 "扶贫开发 + 社会保障" 双轮驱动的扶贫手段。一方
面，开展产业扶贫、扶贫搬迁、以工代赈、对口支援等专项扶贫计划，并
通过安居温饱工程等增加资金投入。另一方面，建立农村最低生活保障制
度。2007 年，国务院办公厅印发出台了《少数民族事业 "十一五" 规划》，
要求 "加快完善民族自治地方城镇居民最低生活保障制度，全面实施农村
最低生活保障制度，大力改善城乡贫困人口生活居住条件"，并指出 "建立
健全的社会救助扶贫体系，保障少数民族贫困人口基本生活"。③ 2000 ～
2010 年，我国民族地区贫困治理工作取得了卓越的成绩，民族地区贫困人
口由 2000 年的 3144 万人减少到 2010 年的 1034 万人，贫困发生率由 2000
年的 23.0% 下降到 2010 年的 7.0%。④

---

① 中华人民共和国国家发展和改革委员会：《扶贫开发整村推进 "十二五" 规划》，国家乡村
振兴局（原国务院扶贫开发领导小组办公室），2012 年 10 月 19 日，http：//www. cpad. gov. cn/sof-
pro/ewebeditor/uploadfile/2012/10/19/20121019144156104. pdf.
② 《关于共同促进整村推进扶贫开发工作的意见》，中国政府网，2008 年 6 月 5 日，http：//
www. gov. cn/zwgk/2008 – 06/05/content_1006369. htm。
③ 《国务院办公厅关于印发少数民族事业 "十一五" 规划的通知》，中国政府网，2007 年 3 月
8 日，http：//www. gov. cn/zwgk/2007 – 03/08/content_545955. htm。
④ 国家统计局农村社会经济调查总队：《2011 中国农村贫困监测报告》，中国统计出版社 2011
年版，第 61 页。

第一节　21世纪初中国共产党反贫困思想

一、贫困形势：21世纪初中国共产党扶贫再出发的直接动因

总体上讲，在开发式扶贫阶段，民族地区扶贫工作成就显著。进入21世纪，尚未解决温饱的贫困人口，虽然数量不多，但解决的难度很大；与此同时，初步解决温饱问题的群众，由于生产生活条件尚未得到根本改变，他们的温饱还不稳定，在这个基础上实现小康、进而过上比较宽裕的生活，仍然需要一个较长期的奋斗过程。① 从根本上改变贫困地区社会经济的落后状况，缩小地区差距，更是一个长期的历史性任务。我们党充分认识到扶贫开发的长期性、复杂性和艰巨性，继续将扶贫开发放在国民经济和社会发展的重要位置，并为贫困地区脱贫致富作出不懈努力。在21世纪开局之年，国务院颁布实施了《中国农村扶贫开发纲要（2001–2010年）》，指出2001～2010年扶贫开发总的奋斗目标是："尽快解决少数贫困人口温饱问题，进一步改善贫困地区的基本生产生活条件，巩固温饱成果，提高贫困人口的生活质量和综合素质，加强贫困乡村的基础设施建设，改善生态环境，逐步改变贫困地区经济、社会、文化的落后状况，为达到小康水平创造条件。"② 根据这一奋斗目标，21世纪扶贫开发的主要任务为：一是尽快解决3000万绝对贫困人口的温饱问题；二是帮助已初步解决温饱问题，但还需要进一步巩固扶贫成果的贫困人口增加收入，改善生产、生活条件，实现稳定脱贫。③ 从农村贫困人口的分布情况来看，剩余的未解决温饱的贫困人口大多分布在生存环境与生产条件十分恶劣的高寒山区、大石山区、缺水干旱区以及边疆少数民族聚居区。再加上此时民族地区经济发展水平还比较滞后，贫困地区生产生活条件较差仍不足，贫困地区人口自身发展动力不足，稳定脱贫难度大。毋庸置疑，在相当长的一段时间内民族地区仍将是中国扶贫开发工作的重点地区。

---

①② 《国务院关于印发中国农村扶贫开发纲要（2001–2010年）的通知》，中国政府网，2001年6月13日，http://www.gov.cn/zhengce/content/2016–09/23/content_5111138.htm。

③ 冯强：《中国西部地区的扶贫开发》，载于《农业经济问题》2001年第10期，第48～53页。

（一）民族地区经济和社会发展水平滞后

受到多方面因素的制约，我国民族地区的经济发展基础一直相对薄弱，尤其是实行改革开放以后，民族地区的经济发展水平远远滞后全国平均水平。由表6-1可知，2000年，民族八省区地区生产总值（GDP）为8410亿元，仅相当于全国国内生产总值的10%；民族八省区人均地区生产总值为4930元，远低于全国人均水平（7078元）。其中，只有新疆的人均地区生产总值（7470元）高于全国平均水平，其他省份均低于全国平均水平，尤其是贵州省人均地区生产总值仅相当于全国的1/3。

表6-1　　　　　　　　　　2000年全国及民族地区的经济数据

地区	GDP（亿元）	GDP增长指数	人均GDP（元）
西藏	117	109.4	4559
青海	263	109.0	5087
宁夏	265	109.8	4839
新疆	1363	108.7	7470
广西	2050	108.2	4319
云南	1955	107.1	4637
贵州	993	108.7	2662
内蒙古	1401	109.7	5872
民族八省区	8410	——	4930
全国	89403	108.0	7078

资料来源：根据国家统计局：《中国统计年鉴2001》，中国统计出版社2001年版中全国及民族八省区数据整理所得。

产业结构的合理化和高级化是经济发展的基础。改革开放以来，民族地区坚持优先发展经济，高度依赖国家投资和政策扶持，大力发展资源密集型产业。但是，此时民族地区经济结构呈现典型的二元化特征，从表6-2可知，2000年，民族八省区中，多数省区的第一产业比重远远高于全国平均水平，而第一产业往往技术落后、生产率低下；从第二产业比重来看，民族地区的工业化水平较低，低于全国平均水平。这主要是因为前一阶段我国工业的发展主要是靠国家移植的技术比较先进、生产效率较高的现代大工业[1]，且工业结构属于以资源开发为主导的重型结构，加工工业不发达。从第三产业比重来看，民族地区第三产业占比高于全国平均水平，但这不意味着其产业结构更优，而是第一产业不发达且工业化水平较低的低级化表现，产业结构亟须升级。[2]

表6－2　　　　　　　2000年全国及民族地区三产产值及占比情况

地区	占比（％）			增加值（亿元）		
	第一产业	第二产业	第三产业	第一产业	第二产业	第三产业
西藏	30.9	23.2	45.9	36.3	27.2	53.9
青海	14.6	43.2	42.1	38.5	114.0	80.6
宁夏	17.3	45.2	37.5	46.0	120.0	99.6
新疆	21.1	43.0	35.9	274.4	525.0	564.2
广西	26.3	36.5	37.2	288.2	586.8	489.3
云南	22.3	43.1	34.6	436.3	843.2	675.6
贵州	27.3	39.0	33.7	271.0	387.9	334.7
内蒙古	25.0	39.7	35.3	350.8	556.3	493.9
全国	15.9	50.9	33.2	14212.0	45487.8	29703.8

资料来源：根据国家统计局：《中国统计年鉴2001》，中国统计出版社2001年版中全国及民族八省区数据整理所得。

（二）民族贫困地区生产生活条件不足，扶贫任务艰巨

据初步统计，截至2000年底，全国少数民族地区仍有约1687万贫困人口没有解决温饱问题，占全国农村没有解决温饱的贫困人口总数的半成以上，占民族八省区农村人口的比重为8%左右，高于全国农村贫困人口比重（3%）5个百分点。同时全国共有民族乡1252个，其中贫困民族乡600个，占民族乡总数的48%。还有许多插花的多民族乡、民族聚居村等，过去这些地区多数不在国家扶持范围，因而没有国家扶贫资金基本投入，经济发

---

① 张锐、张宝成：《少数民族地区经济社会发展的现状及政策分析》，载于《前沿》2011年第7期，第156～161页。

② 高新才、滕堂伟：《西北民族地区经济发展差距及其产业经济分析》，载于《民族研究》2006年第1期，第21～30、107页。

展相对滞后，有的贫困程度甚至高于国家重点扶持地区。[①] 贫困线标准提高后（2001 年新扶贫标准为 872 元），按旧口径，2001 年贫困人口数量 2927 万，新口径下贫困人口变成了 9029 万，贫困人口主要集中在民族地区。[②]

第一，民族地区自然条件恶劣，人口、资源、环境的矛盾十分突出。少数民族贫困地区长期以来受人口快速增长、气候干旱和鼠虫害的影响，特别是不合理的耕作、超载放牧和毁林毁草开垦种地等，使生态平衡遭到破坏，水土流失日益严重，土层瘠薄，土地石漠化和草地"三化"现象不断加剧。如新疆全区荒漠化面积 79.6 万平方公里，占总土地面积的47.8%，沙漠化面积居全国之首。贵州全省农民人均有效灌溉的基本农田仅0.3 亩，只有全国平均水平的 35%。四川凉山州有 20 万人生活在 3000 米以上的高山和 40 度以上的陡坡地区，这些地区风大、低温、缺水，农作物难以成熟。[③]据对广西、贵州、云南、西藏、青海、新疆等省区调查统计，在这些地区贫困人口中，处于缺乏生存条件、需要移民搬迁的特困人口有 400多万。[④]日益恶化的生态环境和日渐减少的人均资源，给少数民族贫困地区的发展带来极大影响。牧区生存条件严酷，各种灾害频繁，长期不合理利用和人为破坏导致草原退化、沙化、碱化，不仅危及牧区畜牧业生产，还危及全国大部分地区的生态环境。此外，牧区经济结构单一，畜牧业基本上仍未摆脱逐水草而居的游牧、半游牧的生产方式，致使牧民抗灾能力脆弱。牧区衣食住行方面的支出费用也高于农区，据有关地方初步测算，四川牧区解决温饱需要人均纯收入达到 2500 元以上，因此牧区实际解决温饱的标准也高于农区。根据测算，2000 年，民族自治地方 223 个牧区、半农半牧区县中，以县为单位的农民人均纯收入低于 1300 元的县有 102 个，占45.7%；低于 2000 元的县有 187 个，占 83.9%。[⑤] 可见，民族地区生产生活条件较差，反贫困任务仍很艰巨。

第二，受到自然灾害、产业结构单一和农副产品价格走低等因素影响，造成民族地区群众增收困难，甚至存在减收返贫现象。如 1999 年，宁夏山区 8 县由于发生了历史上罕见的特大干旱，粮食油料大幅度减产，有的地区几乎绝产。据调查，2000 年，宁夏山区 8 县全年农民人均种植业纯收入

①③④　国家统计局农村社会经济调查总队：《2001 中国农村贫困监测报告》，中国统计出版社2001 年版，第 94 页。

②　国家统计局农村社会经济调查总队：《2002 中国农村贫困监测报告》，中国统计出版社 2002年版，第 11 页。

⑤　国家统计局农村社会经济调查总队：《2001 中国农村贫困监测报告》，中国统计出版社 2001年版，第 95 页。

252.61 元，比 1999 年减少 210.8 元，下降 45.5%，30 多万刚刚基本解决温饱的群众又陷入贫困。因此，稳定提高基本解决温饱的贫困人口的经济收入，巩固温饱成果任务艰巨。①

　　第三，民族贫困地区基础设施建设仍不健全，生产生活条件落后。据《2001 中国农村贫困监测报告》不完全统计，全国民族自治地方目前尚未解决温饱的乡（镇）有 2448 个以及行政村 20915 个，占民族自治地方乡（镇）和行政村总数的比例均为 25% 左右。截至 1999 年底，民族自治地方 637 个县（旗、市）中有 18.3% 的村未通公路、1.65% 的村未通电、56.5% 的村没有自来水、57% 的村未通电话。还有不少少数民族乡村仍不通电、不通路、不通邮、不通电话、收不到广播电视、没有卫生所、没有解决人畜饮水困难，部分少数民族群众还住着茅草房和不避风雨的简陋破旧房。②

（三）民族贫困地区农民自身发展动力不足，稳定脱贫困难

　　民族地区不仅贫困现象普遍存在，贫困程度深，而且由于贫困地区人口素质提高缓慢，自身发展动力不足，导致稳定脱贫困难。据《2001 年中国农村贫困监测报告》不完全统计，少数民族贫困人口中，劳动力文盲半文盲比例为 30% 左右；据调查，云南独有的 15 个少数民族中，如独龙族、怒族、佤族、拉祜族、阿昌族、基诺族等，青壮年文盲半文盲率高达 45%；四川凉山州贫困县农村劳动力中，文盲和半文盲的比例达 40% 以上。③ 2000 年第五次全国人口普查数据显示，云南省实际登记 15 周岁及以上文盲人口为 482.3 万人，文盲率达 11.39%；每十万人中仅有 2013 人达到大学（指大专以上）文化水平，仅有 6563 人达到高中文化水平。④ 尽管国家对民族地区教育给予了大力支持，但其教育发展仍十分落后，这导致民族贫困地区农民思想观念落后，农业科技普及和推广应用十分艰难。同时，当时民族地区群众思想观念落后又会抑制当地经济社会发展，从而陷入人与经济社会发展受阻的恶性循环。在民族贫困地区，存在相当一部分不懂现代生产技能的贫困农民，还有相当部分贫困人口自身发展动力不足，抱着"心无余也力不足""听天由命"的思想，严重依赖政府扶贫补贴，导致稳定脱

---

①②③　国家统计局农村社会经济调查总队：《2001 中国农村贫困监测报告》，中国统计出版社 2001 年版，第 94 页。

④　《第五次人口普查公报——云南》，国家统计局，2002 年 1 月 7 日，http：//www.stats.gov.cn/tjsj/tjgb/rkpcgb/dfrkpcgb/200203/t20020331_30337.html。

贫困难。同时，教育资源不均引致的贫困代际传递问题，往往让贫困家庭难以走出贫困泥沼，形成贫困的因果累积循环。

二、深化完善：21 世纪初中国共产党反贫困思想的主要内容

进入 21 世纪，中国扶贫开发战略的重点已经从解决温饱问题转向巩固温饱成果、提高发展能力、加快脱贫致富、缩小发展差距。在此背景下，新一届中央领导人立足 21 世纪的广阔视野、全球视角以及中国实际，结合科学发展观、社会主义和谐社会及新农村建设等理论思想，围绕新形势下"实现什么样的发展、怎样发展"等重大问题，作出了新的科学回答。2003～2011 年，以胡锦涛为核心的中央领导集体高举中国特色社会主义伟大旗帜，解放思想，实事求是，与时俱进，求真务实，树立并落实科学发展观，构建社会主义和谐社会，加速推进全面建设小康社会步伐，加速实现中国特色社会主义现代化。同时，我国对扶贫开发提出了更高要求，将扶贫开发的重要性和目标置于更广阔、更深刻的历史背景，这将中国消除贫困的伟大事业推向新阶段，极大地实现了中国共产党反贫困思想的深化完善。

（一）以科学发展观引领反贫困

党的十六届三中全会以来，科学发展观作为引领民族地区反贫困事业的指导思想，胡锦涛同志在多个重要场合或讲话中阐释了科学发展观的基本内涵，指出"科学发展观，第一要义是发展，核心是以人为本，基本要求是全面协调可持续，根本方法是统筹兼顾"。[1] 2004 年 3 月 10 日，胡锦涛同志在中央人口资源环境工作座谈会上发表了重要讲话，强调："树立和落实科学发展观，必须着力提高经济增长质量和效益努力实现速度和结构、质量、效益相统一，经济和人口、资源、环境相协调，不断保护和增强发展的可持续性。"[2] 这对于民族地区做好人口资源环境工作，具有现实的指导意义。2005 年 5 月 27 日，胡锦涛同志在中央民族工作会议上讲话指出："加快少数民族和民族地区经济社会发展，要贯彻五个统筹的要求，坚持因地制宜，从本地实际出发，走出一条具有本地特色的加快发展的路子，努

---

① 《胡锦涛文选（第二卷）》，人民出版社 2016 年版，第 623 页。
② 《胡锦涛文选（第二卷）》，人民出版社 2016 年版，第 170 页。

力实现生产发展、生活富裕、生态良好。"① 2010 年 7 月，在西部大开发工作会议上胡锦涛同志强调："新形势下深入实施西部大开发战略，必须高举中国特色社会主义伟大旗帜，以邓小平理论和'三个代表'重要思想为指导，深入贯彻落实科学发展观，进一步解放思想、开拓创新。"② 2011 年 11月，胡锦涛又强调："做好新阶段扶贫开发工作，必须高举中国特色社会主义伟大旗帜，以邓小平理论和'三个代表'重要思想为指导，深入贯彻落实科学发展观，提高扶贫标准，加大投入力度，把集中连片特殊困难地区作为主战场，把稳定解决扶贫对象温饱、尽快实现脱贫致富作为首要任务，坚持政府主导，坚持统筹发展，更加注重转变经济发展方式，更加注重增强扶贫对象自我发展能力，更加注重基本公共服务均等化，更加注重解决制约发展的突出问题，努力推动贫困地区经济社会更好更快发展。"③ 因此，搞好扶贫开发是推动区域协调发展的长期任务，必须坚持以科学发展观引领反贫困事业，坚持统筹区域发展，尽最大努力加快贫困地区发展。

（二）坚持"以人为本"发展理念，赋予反贫困新内涵

科学发展观的核心是以人为本。"以人为本"的发展理念就是要把人民的利益作为一切工作的出发点和落脚点，不断满足人们的多方面需求和促进人的全面发展。党的十七大报告指出，"必须坚持以人为本。全心全意为人民服务是党的根本宗旨，党的一切奋斗和工作都是为了造福人民。要始终把实现好、维护好、发展好最广大人民的根本利益作为党和国家一切工作的出发点和落脚点，尊重人民主体地位，激发人民首创精神，保障人民各项权益，走共同富裕道路。"④ 2011 年，胡锦涛同志指出，"深入推进扶贫开发的总体目标是：稳定实现扶贫对象不愁吃、不愁穿，保障其义务教育、基本医疗和住房。"⑤

在消除贫困的伟大实践中，始终坚持"以人为本"的发展理念，将人民的利益作为党和国家一切工作的出发点和落脚点。首先，"以人为本"发展理念高度关注人的本身，将人的解放与全面发展状态作为衡量贫困程度的标准和尺度，凸显了人的本性在反贫困中的地位和意义，表现出对人的

---

① 《胡锦涛文选（第二卷）》，人民出版社 2016 年版，第 318 页。
② 《胡锦涛文选（第三卷）》，人民出版社 2016 年版，第 411 页。
③ 《胡锦涛文选（第三卷）》，人民出版社 2016 年版，第 567 页。
④ 《胡锦涛文选（第二卷）》，人民出版社 2016 年版，第 624 页。
⑤ 《胡锦涛文选（第三卷）》，人民出版社 2016 年版，第 568 页。

尊严和生命价值的高度尊重。其次，"以人为本"发展理念是对贫困内涵的丰富发展。"以人为本"的发展理念要求我们在扶贫工作中不仅关注简单的最原始的物质生活资料匮乏的消除，更要关注贫困者各项权利是否得到有效保障，从而在更高的层次、更深的层面上解决贫困问题，进而把贫困的内涵扩展到物质层面以外的精神、文化、社会等各个方面，极大地延展了消除贫困的实践空间。再次，"以人为本"发展理念是对消除贫困实践的深化提升。科学发展观的第一要义是发展，核心是以人为本。体现科学发展观的扶贫开发，就是始终坚持以贫困人口为本，围绕他们的基本需求安排扶贫资金、开展项目活动，充分调动贫困者参与的积极性、主动性和创造性，把提高贫困人口综合素质摆在更加突出的位置，变人口压力为劳动力资源优势。[①] 最后，"以人为本"发展理念要求依靠贫困群众，增强其自我发展能力。通过提高贫困人口素质，促进贫困人口的充分就业和全面发展，进而让贫困人口成为扶贫开发的受益主体，真正得到扶贫开发的实惠，共同享受经济发展与社会进步的文明成果。[②]

（三）社会主义新农村建设，开辟反贫困新路径

2004 年 9 月，胡锦涛同志指出："现在加快建设社会主义新农村，具备多方面的有利条件。实现经济社会又快又好发展要求我们进一步做好'三农'问题越来越成为全党的共识，全社会关心农业、关注农村、关爱农民的良好氛围已经形成。"[③] 2005 年，党的十六届五中全会通过的《中共中央关于制定国民经济和社会发展第十一个五年规划的建议》中明确提出今后 5 年我国经济社会发展的奋斗目标和行动纲领，提出了建设社会主义新农村的重大历史任务，为做好当前和今后一个时期的"三农"工作指明了方向。[④] 2005 年 12 月，中共中央、国务院出台的《关于推进社会主义新农村建设的若干意见》明确指出"要扎实稳步推进社会主义新农村建设""必须

---

① 华正学：《胡锦涛同志对马克思主义反贫困理论中国化的新贡献》，载于《毛泽东思想研究》2012 年第 3 期，第 76～79 页。
② 李树基：《整村推进扶贫开发方式研究——以甘肃为例》，载于《甘肃社会科学》2006 年第 2 期，第 207～210 页。
③ 《胡锦涛文选（第二卷）》，人民出版社 2016 年版，第 248 页。
④ 《中共中央 国务院关于推进社会主义新农村建设的若干意见》，中国政府网，2005 年 12 月 31 日，http：//www.gov.cn/govweb/gongbao/content/2006/content_254151.htm。

坚持科学规划，实行因地制宜、分类指导，有计划有步骤有重点地逐步推进。"① 现实中，民族贫困地区经济基础十分薄弱，财力非常有限，推进新农村建设不能急于求成，更不能统一标准。为此，推进民族地区新农村建设，一方面要促进民族地区经济社会事业的全面、协调发展，实现民族地区与全国其他地区的统筹发展，推动民族地区城乡统筹发展；另一方面要改善民族地区的经济发展环境和生态环境，改善基础设施，提高人口质量，转变人的观念，为民族经济的发展创造一个良好的环境，促进民族经济的可持续发展。通过积极推进民族地区新农村建设，改善民族地区的落后面貌，从而使缩小民族地区与其他地区的发展差距成为可能。② 2006年，党和政府发布了以"建设社会主义新农村"为主题的中央一号文件，其从统筹城乡经济社会发展、推进现代化农业建设、促进农民增收、加强农村基础设施建设、加快发展农村社会事业、深化农村改革等8个方面提出了32条支农、惠农的具体措施，标志着建设社会主义新农村工作全面展开。③ 建设社会主义新农村是落实科学发展观的具体举措。社会主义新农村建设，不仅是东部、中部地区的任务，同样也是西部贫困地区的任务，消除贫困是新农村建设的前提和基础，也是我国新农村建设最繁重的任务。我国592个扶贫重点县的经济发展水平比全国平均水平落后15至20年这一现实表明，民族贫困地区是我国新农村建设的最大难点和工作重点。④

（四）构建社会主义和谐社会，明确反贫困新目标

社会和谐稳定，百姓安居乐业，是广大人民的共同愿望，也是政府工作的重要任务。构建社会主义和谐社会，是以胡锦涛为核心的中央领导集体从全面建设小康社会全局出发提出的一项重大战略思想，体现了广大人民群众的根本利益和愿望。按照构建社会主义和谐社会的要求，通过扶贫开发加快贫困地区的发展就显得尤其重要，因为无论是要公平正义还是要诚信友爱、充满活力、安定有序及人与自然和谐相处，都需要加快贫困地区的发展，才能使得中国社会各方面的利益关系得到妥善协调，人民内部

---

① 《中共中央 国务院关于推进社会主义新农村建设的若干意见》，中国政府网，2006年2月21日，http://www.gov.cn/jrzg/2006-02/21/content_205958.htm。

②④ 高桂英、韩秀丽：《西部贫困地区新农村建设与反贫困治理——以宁夏贫困地区为例》，载于《宁夏大学学报（人文社会科学版）》2007年第6期，第187～193页。

③ 施由明、刘清荣：《从毛泽东到胡锦涛：中国扶贫开发理论的不断深化》，载于《农业考古》2007年第6期，第332～337页。

矛盾和其他社会矛盾得到正确处理，社会公平和正义得到切实维护和实现，才能使全体人民平等友爱、融洽相处。2005 年，胡锦涛同志在中央民族工作会议暨国务院第四次全国民族团结进步表彰大会上强调："新世纪新阶段的民族工作必须把各民族共同团结奋斗、共同繁荣发展作为主题。共同团结奋斗，就是要把全国各族人民的智慧和力量凝聚到全面建设小康社会上来，凝聚到建设中国特色社会主义上来，凝聚到实现中华民族的伟大复兴上来。共同繁荣发展，就是要牢固树立和全面落实科学发展观，切实抓好发展这个党执政兴国的第一要务，千方百计加快少数民族和民族地区经济社会发展，不断提高各族群众的生活水平。"[①]

第二节 21 世纪初民族地区扶贫工作的开展

21 世纪以来，民族地区反贫困实践与全国反贫困实践一样，是一个逐渐推进的过程。在 21 世纪头 10 年里，民族地区的反贫困政策主要是在巩固"八七扶贫攻坚计划"成果的基础上，对前面几个阶段政策的深入与完善。伴随着国家西部大开发战略、兴边富民行动规划等的实施，民族地区根据《中国农村扶贫开发纲要（2001－2010 年)》提出的相关要求，将扶贫工作的重点从以县级瞄准转向村级瞄准，以整村推进为切入点，以产业化调整农业结构、提高扶贫开发目标的瞄准性，实现基础设施、社会服务、文化培训等多方面融合发展，初步形成民族地区专项扶贫、行业扶贫、社会扶贫"三位一体"的扶贫工作格局。

一、实施"西部大开发"战略，缩小东中西部发展差距

到 20 世纪末，中国经济社会发展总体达到一个低水平、不全面、发展很不平衡的小康。为了解决区域发展不平衡问题，1999 年 9 月，党的十五届四中全会明确提出国家要实施西部大开发战略，支持中西部地区和少数

---

① 《中央民族工作会议暨国务院第四次全国民族团结进步表彰大会在京举行》，中国共产党新闻网，2009 年 11 月 2 日，http：//cpc. people. com. cn/GB/165240/166030/169651/172784/10304359. html。

民族地区加快发展。① 2002 年 11 月，党的十六大提出进入 21 世纪后用 20 年时间全面建设小康社会。与此同时，西部大开发战略从基础设施建设、产业结构调整、科技教育发展和生态环境建设等方面对西部地区加大支持力度，对全面建设小康社会起到了重大作用。表 6 - 3 展示了 1999～2020 年西部大开发的相关会议、政策文件及其内容。

表 6 - 3　　1999～2020 年关于西部大开发的会议、政策文件及其内容

时间	事件/会议/政策文件	内容
1999 年 9 月	党的十五届四中全会	提出我国要实施西部大开发战略
1999 年 11 月	中央经济工作会议	从我国经济发展的实际出发，审时度势，部署着手实施西部地区大开发战略，标志着西部大开发战略正式开始实施
2000 年 1 月	国务院西部地区开发领导小组首次召开的西部地区开发会议	研究提出加快西部地区发展的基本思路、战略任务和工作重点，标志着西部大开发战略的初步实施迈出了实质性步伐
2001 年 9 月	《国务院关于实施西部大开发若干政策措施的通知》	针对西部大开发的政策制定作出了指导，指出应在扩大对外对内开放、改善投资环境、增加资金投入、发展科技教育和吸引人才等方面制定相关政策
2002 年 2 月	《国家计委、国务院西部开发办关于印发"十五"西部开发总体规划的通知》	提出实施西部大开发的指导方针和战略目标，以及"十五"期间西部大开发的主要任务、重点区域和政策措施，标志着西部大开发第一个五年规划正式形成
2004 年 3 月	《国务院关于进一步推进西部大开发的若干意见》	强调持续推进西部大开发仍面临诸多现实矛盾和问题，并针对进一步推进西部的开发建设部署了多项工作
2007 年 1 月	《西部大开发"十一五"规划》	重点围绕扎实推进社会主义新农村建设、继续加强基础设施建设、大力发展特色优势产业、引导重点区域加快发展、坚持抓好生态保护和建设、着力改善基本公共服务、积极扩大对内对外开放以及建立健全西部大开发保障机制等多个方面内容进行规划批示
2010 年 6 月	《中共中央　国务院关于深入实施西部大开发战略的若干意见》	指出西部大开发第一个 10 年取得了良好开局、打下了坚实基础，并针对新一轮西部大开发，提出应加快西部地区基础设施建设、夯实农业基础、发展特色优势产业、强化科技创新以及统筹城乡发展等多方面的措施建议

①　《世纪跨越谋发展》，中国人大网，2011 年 6 月 28 日，http：//www.npc.gov.cn/zgrdw/npc/zt/qt/qzjd90zn/2011 - 06/28/content_1661203.htm。

续表

时间	事件/会议/政策文件	内容
2010 年 7 月	国务院西部地区开发领导小组再次召开西部大开发工作会议	提出新一轮西部大开发的总体目标、工作重点和主要任务，标志着西部大开发进入了新的发展阶段
2011 年 3 月	国家发展改革委西部开发司在云南昆明/宁夏银川召开西部大开发"十二五"规划（西南片/西北片）座谈会	国务院关于深入实施西部大开发战略部署，研究讨论《西部大开发"十二五"规划（初稿)》，做好西部大开发"十二五"规划与地方"十二五"规划的衔接工作
2012 年 2 月	《西部大开发"十二五"规划》	深刻分析新形势下深入实施西部大开发战略面临的新机遇新挑战。明确指出"十二五"时期，是深化改革开放和加快转变经济发展方式的攻坚时期，是深入实施西部大开发战略和全面建设小康社会的关键时期，必须深刻认识并准确把握国内外形势新变化新特点，紧紧抓住利用好重要战略机遇期，推动西部大开发再上一个新台阶
2013 年 12 月	2013 年西部大开发新开工 20 项重点工程	2014 年全力推进西部大开发不断迈向深入，国家将继续加大对西部大开发的支持力度，重点支持西部地区基础设施建设、民生改善、生态环境保护和特色优势产业发展，着力解决西部地区交通和水利两块"短板"问题
2016 年 12 月	李克强主持召开会议审议通过西部大开发"十三五"规划并强调增加内生动力，促民生改善，在改革开放创新中推动西部持续健康发展	"十三五"时期，西部地区进入爬坡过坎、转型升级的关键阶段
2017 年 1 月	《西部大开发"十三五"规划》	突出体现了创新、协调、绿色、开放、共享的发展理念，提出了西部大开发"十三五"时期的奋斗目标。总的目标是，到 2020 年如期全面建成小康社会，西部地区综合经济实力、人民生活水平和质量、生态环境状况再上新台阶
2018 年 8 月	国家发展改革委举行新闻发布会介绍西部大开发进展情况	发布会就西部地区经济增长、重大工程建设、脱贫攻坚、固定资产投资、地区间协调发展、生态环境保护及生态补偿等方面的相关问题进行了介绍

续表

时间	事件/会议/政策文件	内容
2020年5月	《中共中央　国务院关于新时代推进西部大开发形成新格局的指导意见》	新时代继续做好西部大开发工作，对于增强防范化解各类风险能力，促进区域协调发展，决胜全面建成小康社会，开启全面建设社会主义现代化国家新征程，具有重要现实意义和深远历史意义。确保到2020年西部地区生态环境、营商环境、开放环境、创新环境明显改善，与全国一道全面建成小康社会；到2035年，西部地区基本实现社会主义现代化，基本公共服务、基础设施通达程度、人民生活水平与东部地区大体相当，努力实现不同类型地区互补发展、东西双向开放协同并进、民族边疆地区繁荣安全稳固、人与自然和谐共生
2021年2月	科技部印发《关于加强科技创新促进新时代西部大开发形成新格局的实施意见》的通知	以习近平新时代中国特色社会主义思想为指导，深入贯彻落实党的十九大和十九届二中、三中、四中、五中全会精神，按照党中央、国务院的决策部署，统筹推进"五位一体"总体布局，协调推进"四个全面"战略布局，坚持新发展理念，坚定实施创新驱动发展战略和人才强国战略，以推进西部地区全面建设创新型省份为主线，培育全国及区域性科技创新高地，提升企业科技创新能力，加强开放创新合作，支持加快实施一批事关产业发展核心技术与重大民生保障的科技创新行动，全面提升西部地区创新能级，形成与西部大开发相适应的"中心带动、多点支撑、开放合作、协同创新"的区域创新格局，为西部大开发和建设创新型国家提供有力支撑

资料来源：根据相关政策文件整理所得。

　　西部地区繁荣、发展、稳定，事关各族群众福祉，事关我国改革开放和社会主义现代化建设全局，事关国家长治久安，事关中华民族伟大复兴。实施西部大开发战略，为西部地区的经济发展确立了新的目标，提出了新的任务和要求，对于加快民族贫困地区的经济文化发展、提高各族人民的生活水平、巩固和发展社会主义民族关系、实现各民族的共同进步和繁荣、保持社会稳定和维护祖国统一带来了前所未有的历史机遇。[①] 据统计，2000～2012年，西部大开发累计新开工重点工程187项，投资总规模3.68万亿元。[②]

---

　　①　李玲：《实现各民族的共同发展繁荣是实施西部大开发战略的根本任务》，载于《经济问题探索》2002年第2期，第19～21页。
　　②　国家发展改革委员会：《2012年西部大开发新开工22项重点工程》，中国政府网，2012年12月19日，https://www.ndrc.gov.cn/xwdt/xwfb/201212/t20121219_956581.html。

二、新贫困标准下，加大扶贫开发投入力度

（一）因地制宜制定新的贫困标准

根据经济社会发展水平适时调整扶贫标准是国际惯例。1986 年，我国公布了第一条官方贫困线，为农民人均纯收入 206 元/年，它是根据农户维持基本生活的食物消费支出和非食物消费支出确定的。食物消费支出采用每人每日 2100 大卡热量的最低营养需求为标准，由一篮子基本食物消费量和相应的价格计算并加总得出。[1] 在该贫困标准下，农户的脱贫标准极低。而且这种方法被认为有缺陷，因为在这里非食品消费项目选择和所谓"合理的食品支出占生活消费支出的比例"是经验的、主观的和武断的。为了克服这个问题，从 1995 年开始，国家统计局采纳了世界银行的建议，根据食品消费支出函数回归模型来客观计算低收入人群的非食物消费支出。在实际计算时，同时考虑了不同地区人们的消费习惯、家庭结构、生产结构等因素对居民的消费支出，特别是食品支出产生的影响。最后，食物贫困线和非食物贫困线之和就是贫困标准。2001 年，我国贫困标准调整为 872 元/人/年，贫困人口相应地大幅增加到 9029 万人。2001 ~ 2007 年，我国农村扶贫标准有两条贫困线，即绝对贫困线和相对贫困线，是国家统计局采用以基本生存需求为核心的绝对贫困概念作为计算基础，按照价格指数进行调整得到。[2] 其间，贫困线反映的是我国农村维持生存需求的水平，解决的是绝对贫困问题。[3] 据国家民委扶贫办对少数民族地区（包括民族八省区和其余民族自治地方，共 20 个省份）农村贫困监测结果分析和据国家统计局对全国 31 个省份 6.8 万个农村住户的抽样调查中民族八省区调查数据统计分析，2005 年末少数民族地区农村绝对贫困人口 1170.4 万，比上年减少 75.2 万人；贫困发生率为 6.9%，下降 0.9 个百分点；其中民族八省区农村绝对贫困人口 879.7 万，比上年减少 75.3 万人；贫困发生率为 6.2%，下降

---

① 叶兴庆、殷浩栋：《从消除绝对贫困到缓解相对贫困：中国减贫历程与 2020 年后的减贫战略》，载于《改革》2019 年第 12 期，第 5 ~ 15 页。

② 《图解 30 年扶贫标准和贫困人口如何变迁》，人民网，2016 年 10 月 17 日，http：//politics. people. com. cn/n1/2016/1017/c1001 - 28782841. html。

③ 段美枝：《中国农村贫困线分析及贫困规模测算》，载于《内蒙古财经大学学报》2015 年第 2 期，第 15 ~ 19 页。

0.5 个百分点。[①] 2008 年，全国人大十一届二次会议的政府工作报告中提出新的扶贫标准（农民人均纯收入 1196 元），并提出对农村低收入人口全面实施扶贫政策。根据新贫困标准，2008 年全国农村贫困人口共计 4007 万人，其中，民族自治地方农村贫困人口为 2102.4 万人，占全国农村贫困人口的比重为 52.5%，比上年（52.2%）上升 0.3 个百分点；民族自治地方贫困发生率为 17.6%，比全国（4.2%）高出 13.4 个百分点。按照新的贫困标准，2006 年、2007 年、2008 年底，民族自治地方农村贫困人口占同期全国农村贫困人口的比重分别为 44.5%、52.2% 和 52.5%；民族自治地方的贫困发生率分别是 18.9%、18.6% 和 17.6%，与全国同期贫困发生率（6.0%、4.6%、4.2%）相比，分别高出 12.9 个百分点、14.0 个百分点和13.4 个百分点，民族自治地方的贫困发生率远远高于全国同期的贫困发生率。[②] 2000～2011 年国家贫困标准及全国贫困人口数，如表 6－4 所示。

表 6－4　　　　　　　2000～2011 年国家贫困标准及全国贫困人口数

年份	扶贫标准：年人均纯收入（元）	贫困人口数（万人）
2000	625	3209
2001	872	9029
2002	869	8645
2003	882	8517
2004	924	7587
2005	944	6432
2006	958	5698
2007	1067	4320
2008	1196	4007
2009	1196	3597
2010	1274	2688
2011	2536	12200

资料来源：《图解 30 年扶贫标准和贫困人口如何变迁》，人民网，2016 年 10 月 17 日，http：// politics. people. com. cn/n1/2016/1017/c1001 - 28782841. html。

---

① 《2005 年少数民族地区农村贫困监测结果》，国家民族事务委员会，2006 年 7 月 10 日，https：// www. neac. gov. cn/seac/xxgk/200607/1079965. shtml。

② 《国家民委公布 2008 年民族自治地方农村贫困监测结果》，中国政府网，2009 年 8 月 27 日，http：// www. gov. cn/gzdt/2009 - 08/27/content_1402898. htm。

与此同时，针对不同民族聚居区域贫困问题的特殊性，我国坚持因地制宜、分类指导的方针，制定解决少数民族地区贫困问题的特殊政策措施。例如，2009 年 8 月，青海省人民政府召开第 44 次常务会议，研究确定了青海省贫困人口扶贫标准。会议指出："根据党的十七届三中全会精神和国家扶贫战略，国家实行新的扶贫标准。按照国家的统一部署，结合青海实际情况，会议决定适当提高青海省贫困人口扶贫标准。"① 综合考虑全省农牧民人均纯收入、消费支出以及毗邻省份的扶贫标准，确定将青海省 2009 年的扶贫标准调整为：农民人均纯收入 1300 元、牧民人均纯收入 1500 元。按此标准测算，青海省农村牧区贫困人口为 138.36 万人（农民 104.36 万人，牧民 34 万人），占全省农牧民总人口的 37.6%。② 2011 年，内蒙古制订出台相关方案，基于"农村牧区区别对待，高于国家扶贫监测标准，在 2010 年农牧民年人均纯收入的 30% 至 50% 之内、不低于自治区低保标准"③ 的原则调整扶贫标准，农区农民的年人均纯收入由原来的 1560 元上调为 2600 元，牧区牧民的年人均纯收入由原来的 1800 元上调为 3100 元。

（二）加大扶贫开发投入力度

2001 年，国务院出台《中国农村扶贫开发纲要（2001 – 2010 年）》，将扶贫工作的重点转向贫困人口集中的西部少数民族。2005 年 2 月，胡锦涛同志指出："要坚持开发式扶贫的方针，进一步加大扶贫工作力度。"④ 2007 年 6 月，国务院办公厅印发的《兴边富民行动"十一五"规划》中明确指出："加大对边境地区的资金投入、实行特殊的贫困边民扶持政策、支持边境贸易发展和区域经济合作、全面落实社会事业发展的优惠政策、加强边境地区人才队伍建设、动员社会力量支持边境地区开发建设、实施一批兴边富民重点工程等。"⑤ 此外，《西藏自治区"十一五"时期国民经济和社

① 《青海省政府召开会议研究确定贫困人口扶贫标准》，中国政府网，2009 年 8 月 17 日，http://www.gov.cn/gzdt/2009 – 08/17/content_1393977.htm。

② 《青海省人民政府办公厅 转发省扶贫局关于调整扶贫标准及今后全省扶贫开发工作意见的通知》，青海省人民政府办公厅，2009 年 9 月 17 日，http://zwgk.qh.gov.cn/xxgk/fd/zfwj/201712/t20171222_19192.html。

③ 《内蒙古出台方案调整扶贫标准 惠及广大农牧民》，中国政府网，2011 年 11 月 3 日，http://www.gov.cn/govweb/jrzg/2011 – 11/03/content_1985412.htm。

④ 《胡锦涛：要坚持开发式扶贫方针 加大扶贫工作力度》，中国政府网，2005 年 2 月 11 日，http://www.gov.cn/ldhd/2005 – 02/11/content_8156.htm。

⑤ 《国务院办公厅印发〈兴边富民行动"十一五"规划〉》，国家民族事务委员会，2007 年 6 月 18 日，https://www.neac.gov.cn/seac/xxgk/200706/1082183.shtml。

会发展规划纲要》也明确指出要加大扶贫开发投入力度，具体要增加对贫困地区的投入，进一步改善生产生活条件。① 2008 年 4 月，广西壮族自治区人民政府办公厅发布的《自治区党委　自治区人民政府关于贯彻〈中共中央　国务院关于切实加强农业基础建设进一步促进农业发展农民增收若干意见〉的实施意见》中指出："深入推进扶贫开发。继续坚持开发式扶贫的方针，抓好第二批整村推进贫困村扶贫开发工作，力争年内农村现有未解决温饱的贫困人口减少 13 万人以上、低收入贫困人口减少 25 万人以上。继续抓好五县基础设施建设大会战，实施桂西北少数民族聚居村寨火灾整治和对 2.1 万户农村特困户茅草房进行改造，抓好桂西北边远贫困山区基础设施建设工程，开展兴边富民行动大会战，集中力量解决革命老区、民族地区、边境地区和特殊类型地区贫困问题。动员社会力量参与扶贫开发事业，积极推进世界银行四期扶贫项目、社区主导型发展示范项目等外资扶贫项目。"②

三、创新实施整村推进扶贫，加大三类贫困村支持力度

根据《中国农村扶贫开发纲要（2001－2010 年）》中关于扶贫工作要重心下沉、进村入户的要求，针对当时农村贫困"大分散、小集中"的特点，在深入总结《国家八七扶贫攻坚计划（1994－2000 年）》后期开展贫困村建设经验的基础上，国务院扶贫开发领导小组提出将整村推进作为2001 年至 2010 年扶贫开发的重点工作。整村推进是以重点贫困村为单元，以村级扶贫规划为依据，以贫困人口为对象，集中扶贫资金投入，解决贫困人口温饱问题，提高贫困人口素质，改善农村生产生活条件的一种扶贫模式。③ 2002 年，全国有扶贫开发工作任务的省份共确定了 15 万个贫困村实施整村推进，占当时全国行政村总数的近 1/4，覆盖了 80% 左右的扶贫对

---

① 《西藏自治区"十一五"时期国民经济和社会发展规划纲要》，西藏自治区人民政府，2019年 2 月 23 日，http://www.xizang.gov.cn/zwgk/xxfb/ghjh_431/201902/t20190223_61919.html。

② 《自治区党委　自治区人民政府关于贯彻〈中共中央　国务院关于切实加强农业基础建设进一步促进农业发展农民增收若干意见〉的实施意见》，广西壮族自治区人民政府办公厅，2008 年4 月 11 日，http://www.gxzf.gov.cn/zwgk/zfwj/zzqrmzfwj/20080520-297623.shtml。

③ 文秋良：《支持整村推进扶贫　促进新农村建设》，载于《中国财政》2006 年第 3 期，第42～43 页。

象。① 到 2005 年底，已有 4.5 万个村按规划完成了建设任务。②

民族地区基础薄弱、生态环境恶劣、贫困人口集中分布，自进入扶贫新阶段以来，就成为我国整村扶贫重点试点地区。2005 年，国家将少数民族贫困村优先纳入整村推进的扶贫开发规划，贫困瞄准重心下移至村，更具针对性。2008 年，为深入贯彻落实中央扶贫开发工作会议精神和《中国农村扶贫开发纲要（2001－2010 年）》，在全面推进整村推进工作基础上，我国决定加大对以下三类地区贫困村的整村推进工作力度，并确保在 2010 年底前完成其规划实施（以下简称"三个确保"）：一是人口较少民族尚未实施整村推进的 209 个贫困村；二是内陆边境 48 个国家扶贫开发工作重点县中距边境线 25 公里范围内尚未实施整村推进的 432 个贫困村（其他边境县可参照执行）；三是 592 个国家扶贫开发工作重点县中 307 个革命老区县的尚未实施整村推进的 24008 个贫困村。实现"三个确保"，就可以在"十一五"期间初步解决人口较少民族、边境地区和革命老区等三类重点地区的贫困村问题。这对于推动民族团结进步、巩固边防、加快革命老区发展步伐、促进社会和谐具有重要意义。为此，民族地区不断完善工作举措，创新工作机制，形成了政府主导、部门配合、群众参与的扶贫工作格局，有力地推动了整村推进工作的顺利开展。例如，2005 年，西藏自治区人民政府按照国务院扶贫办的总体要求，立足西藏地广人稀、交通不便、贫困人口呈集中连片分布的实际，创造性地实施了全区首批 10 个乡镇的整乡推进扶贫开发试点工作。截至 2008 年底，西藏自治区共实施了 40 个整乡推进扶贫开发项目和 4 个整村推进扶贫开发试点项目，覆盖农牧区人口 19.44 万人，其中贫困人口 4.8 万人，约占全区农牧区人口 273.59 万人的 7.1%，约占全区绝对贫困人口 27 万人的 17.78%。③ 2008 年，《云南省国民经济和社会发展第十一个五年规划纲要》也明确指出坚持开发式扶贫和政府主导、全社会共同参与的扶贫方针，因地制宜，分类指导，突出重点，明确扶贫工作目标，创新扶贫工作机制。以贫困人口为基本对象，以贫困村、贫困户为主战场，以改善基本生产生活条件为重

---

① 中华人民共和国国家发展和改革委员会：《扶贫开发整村推进"十二五"规划》，国家乡村振兴局（原国务院扶贫开发领导小组办公室），2012 年 10 月 19 日，http：//www.cpad.gov.cn/art/2012/10/19/art_50_10362.html。

② 《积极实施整村推进扶贫开发》，中国政府网，2006 年 9 月 23 日，http：//www.gov.cn/ztzl/fupin/content_396653.htm。

③ 蓝红星：《新时期西藏扶贫开发的探索》，载于《安徽农业科学》2011 年第 9 期，第 5616～5618 页。

点，解决温饱和巩固温饱同时推进，经济和社会协调发展。突出抓好整村推进、劳动力转移培训、产业开发等重点工作，对缺乏生存条件地区的贫困人口实行易地扶贫，对丧失劳动能力的贫困人口建立救助制度。加大扶贫资金整合力度，加强贫困地区基础设施和生态建设，大力发展贫困地区公共事业。[①]

四、创新扶贫开发社会参与机制，聚集全社会力量助力扶贫

动员社会力量参与扶贫开发，不仅是专项扶贫的必要补充，而且也是整个扶贫工作的重要组成部分。社会扶贫模式主要包括东西协作扶贫、政府部门定点扶贫和动员社会力量参与，通过基础设施建设、发展当地产业和固定项目投资等措施来促进贫困地区及贫困人口的发展。

（一）东西协作扶贫

东西扶贫协作是党中央、国务院按照邓小平同志关于共同富裕的伟大构想，根据我国社会经济发展的客观需要做出的一项重要决策，是贯彻"三个代表"重要思想和科学发展观的一项重大实践。自1996年开展这项工作以来，在党中央、国务院的领导下，东部15个省份积极行动，对口帮扶西部11个省份，做了大量卓有成效的工作，取得了良好成绩，涌现出一大批先进典型，有力地推动了民族地区扶贫开发工作，促进了东西部经济社会协调发展和共同进步，为构建社会主义和谐社会作出了积极的贡献。1996年，国务院扶贫开发领导小组作出《关于组织经济较发达地区与经济欠发达地区开展扶贫协作的报告》，[②]经由国务院同意后，正式部署了北京帮内蒙古、天津帮甘肃、上海帮云南、广东帮广西、江苏帮陕西、浙江帮四川、山东帮新疆、辽宁帮青海、福建帮宁夏、四个计划单列市帮贵州的对口帮扶工作，标志着全国东西扶贫协作工作的全面开展。2002年，国务院又作出了珠海市、厦门市对口帮扶重庆市的决定。至此，东部共有15个发达省份对口帮扶西部11个省份（西藏为一个贫困片区，整体享受重点扶持政策），东西扶贫协作已涉及26个省份。[③]

---

① 《云南省国民经济和社会发展第十一个五年规划纲要》，云南省人民政府办公厅，2008年5月14日，http://www.yn.gov.cn/zwgk/zfxxgkpt/fdzdgknr/ghxx/zxgh/202011/t20201112_213193.html。

②③ 《加强东西扶贫协作》，中国政府网，2006年9月23日，http://www.gov.cn/ztzl/fupin/content_396729.htm。

随着农村扶贫开发的逐步推进，为进一步推动东西扶贫协作，2008 年 2 月 20 日，国务院扶贫办颁布《2008 年东西扶贫协作工作指导意见》，强调"在现有省份扶贫协作关系不变的前提下，适当调整 2008～2010 年双方区县级对口帮扶结对关系，优先把西部集中连片特殊贫困地区纳入对口帮扶范围。"① 2009 年 6 月，全国东西扶贫工作会议中提出要加大对西藏和四川、云南、甘肃、青海四省藏区及新疆援助工作力度等，这为进一步促进东西扶贫协作提供了良好机遇，创造了良好环境。2009 年，东西扶贫协作工作在领导互访交流、政府援助、人力资源合作等方面取得了进展，尤其在投资合作方面取得了新的成绩。据统计，2009 年全年东西协作双方共签订协作企业 1151 家，新增 112 家；签订合作项目 1912 个，新增 1754 个，其中实施了 1796 个项目；协议合作投资 1172.5 亿元，实际投资 424.35 亿元，比上年增长了 11 倍；吸收 2.4 万人就业；实现税收 9384 万元。② 2010 年 6 月，经国务院批准，国务院扶贫办对浙江、四川、天津、甘肃、辽宁、青海、上海、云南、山东、重庆、新疆、厦门、珠海 13 个省区市的东西扶贫协作关系进行了调整，具体安排是：山东的东西扶贫协作任务由原帮扶新疆 10 个县调整为帮扶重庆市国家扶贫开发工作重点县；原对口帮扶重庆的厦门、珠海分别调整至甘肃临夏回族自治州、四川凉山彝族自治州；浙江与四川的东西扶贫协作扩大到四川甘孜藏族自治州、阿坝藏族羌族自治州、凉山州木里藏族自治县；天津与甘肃的东西扶贫协作扩大到甘肃省甘南藏族自治州、武威市天祝藏族自治县；辽宁与青海重点推进西宁市和海东市的东西扶贫协作。至此，东西扶贫协作首次实现了对全国藏区的全覆盖。③

（二）政府部门定点扶贫

定点扶贫是党中央、国务院为了加快扶贫开发进程，全面建设小康社会，构建社会主义和谐社会作出的重大战略决策，是贯彻落实科学发展观的具体体现。

1984 年 9 月，中共中央、国务院印发了《关于帮助贫困地区尽快改

---

① 《2008 年东西扶贫协作工作指导意见》，中国政府网，2008 年 3 月 11 日，http://www.gov.cn/gzdt/2008－03/11/content_916681.htm。

② 《09 年我国东西扶贫协议合作投资比上年增长 11 倍》，中国政府网，2010 年 6 月 24 日，http://www.gov.cn/jrzg/2010－06/24/content_1636382.htm。

③ 韩广富、周耕：《我国东西扶贫协作的回顾与思考》，载于《理论学刊》2014 年第 7 期，第 34～38 页。

变面貌的通知》，以倡导的形式呼吁各级党政机关干部、事业单位技术骨干奔赴贫困地区，支援贫困地区建设。① 1994 年，定点挂帮政策成为中央党政机关乃至全国党政机关和事业单位参与驻地扶贫的指导方式。1994年 11 月 23 日，国务院发布的《关于印发国家八七扶贫攻坚计划的通知》中明确要求："中央和地方党政机关及有条件的企事业单位，都应积极与贫困县定点挂钩扶贫，一定几年不变，不脱贫不脱钩。"1996 年 9 月 23至 25 日，江泽民在中央扶贫工作会议上再次明确要加强全国定点扶贫工作，要求"要搞好定点扶贫工作。"② 直到 2010 年，《中国农村扶贫开发纲要（2011－2020 年）》首次提及"社会扶贫"的概念，并在该栏目下列入"加强定点扶贫"的内容，把定点帮扶纳入社会扶贫范畴之内，提出在全国党政机关之外，将定点帮扶的责任主体外延至中央民主党派及团体，同时积极鼓励、引导、支持和帮助各类非公有制企业、社会组织承担定点扶贫任务。③

各定点帮扶单位及人员把定点扶贫作为本单位及个人义不容辞的责任和义务，选派精兵强将，狠抓思想行动，争取帮扶项目。例如，2007 年，《青海省贯彻落实〈少数民族事业"十一五"规划〉实施意见》中明确指出："努力实现对口定点扶贫工作由帮扶贫困县、乡向帮扶贫困村、户转变，由救济式扶贫向开发式扶贫转变，由单一帮扶向综合帮扶转变。"④ 西藏自治区的定点扶贫工作围绕维护稳定和促进发展两个重点进行，坚持扶贫同扶志扶智相结合，帮助贫困地区干部群众解放思想，更新观念，增强市场意识、竞争意识、开放意识和自我脱贫意识，进一步加大贫困群众培训力度，切实增强贫困群众摆脱贫困、自我发展的能力。⑤ 广西壮族自治区人民政府在《2009 年广西扶贫开发工作意见》中指出："加大自治区、市、县（市、区）定点扶贫工作力度，完善党政机关、企事业单位、科研院所

---

① 《中共中央、国务院关于帮助贫困地区尽快改变面貌的通知》，中国经济网，2007 年 6 月 14日，http://www.ce.cn/xwzx/gnsz/szyw/200706/14/t20070614_11749910.shtml。

② 《江泽民文选（第一卷）》，人民出版社 2006 年版，第 555 页。

③ 周恩宇：《定点扶贫的历史溯源与实践困境——贵州的个案分析》，载于《西南民族大学学报（人文社科版）》2017 年第 3 期，第 13～21 页。

④ 《青海省人民政府办公厅　关于印发〈青海省贯彻落实《少数民族事业"十一五"规划》实施意见〉的通知》，青海省人民政府办公厅，2007 年 12 月 6 日，http://zwgk.qh.gov.cn/xxgk/fd/zfwj/201712/t20171222_18945.html。

⑤ 蓝红星：《新时期西藏扶贫开发的探索》，载于《安徽农业科学》2011 年第 9 期，第 5616～5618 页。

定点扶贫工作机制，进一步明确帮扶责任。"① 2010 年，贵州省民政厅制定了《贵州省民政厅领导干部定点联系基层实施方案》，明确指出："明确厅领导联系、帮助和指导一个地区的民政工作，厅各处（室、局）和厅直属事业单位负责同志在厅领导所联系的地区选择一个贫困乡（镇）的一个贫困村作为对口帮扶点。全厅共分 9 个工作组，联系帮扶 27 个村（居）。同时，在定点一个帮扶点的基础上，扩大帮扶指导范围。厅领导按照'1 + 4'包保责任形式开展帮扶，实行包保责任制。即厅领导定点联系一个市州地、一个重点县、一个贫困村、一户贫困群众；处长和副处长以处（室、局）为单位，在搞好定点联系贫困村整体工作的同时，对口帮扶一户以上有致富能力的贫困户。"② 此外，新疆维吾尔自治区科技厅在与墨玉县人民政府签订的《科技联系制度议定书》中明确提出 2008 年将通过组织实施科技富民强县项目、科技特派员启动项目，建立科技示范点等扶持措施，促进先进适用技术的推广应用，提高农业综合生产能力，增加当地农民收入。③

（三）动员社会力量参与扶贫

鼓励和支持中介组织、民间组织参与扶贫项目实施和扶贫资金管理。具体而言，主要内容包括：（1）创新农户参与机制。贫困群众是扶贫开发的主体。如有关部门在四川仪陇开展的"整村推进扶贫开发、构建和谐文明新农村"试点，在组织群众参与方面进行了积极的探索。一是在贫困农户认定的过程中，按照总人口 10% 左右的比例，由全体村民投票认定，张榜公示后建档立卡。二是村级扶贫规划由村民代表共同制定，并公示资金和项目的具体安排情况。三是动员农户参与村级扶贫规划的实施。四是为保证贫困农户的利益，在扶贫规划的制定和实施过程中，要求必须有贫困农户和妇女代表参加。（2）创新社会动员机制。随着民营经济的发展和公民意识的觉醒，动员社会资源参与扶贫开发的潜力正在逐步释放。④ 如 2004

---

① 《广西壮族自治区人民政府办公厅关于印发 2009 年广西扶贫开发工作意见的通知（桂政办发〔2009〕27 号）》，广西壮族自治区人民政府办公厅，2009 年 4 月 23 日，http：//www.gxzf.gov.cn/zwgk/zfwj/zzqrmzfbgtwj_25543/2009ngzbwj/t951624.shtml。

② 《贵州省民政厅制定领导干部定点联系基层实施方案》，贵州省人民政府办公厅，2010 年 12 月 24 日，http：//www.guizhou.gov.cn/xwdt/dt_22/bm/201709/t20170928_1043589.html。

③ 《自治区科技厅建立定点扶贫新机制》，新疆维吾尔自治区人民政府办公厅，2008 年 6 月 11 日，http：//kjt.xinjiang.gov.cn/kjt/c100263/200806/cdaae6bd03f243f6b1e5549165221195.shtml。

④ 《创新社会力量参与扶贫开发机制》，中国政府网，2006 年 9 月 23 日，http：//www.gov.cn/ztzl/fupin/content_396727.htm。

年，《青海省"两基"攻坚（2004－2007 年）实施规划》中指出："动员全
社会以各种方式支持贫困地区教育发展，各部门特别是各级党政机关把教
育扶贫作为定点扶贫的一项重要任务。"① 2009 年，青海省扶贫开发局发布
的《关于调整扶贫标准及今后全省扶贫开发工作的意见》中明确指出："广
泛动员和积极争取各民主党派、社会团体、民间组织、国际组织参与我省
扶贫开发活动，支持贫困地区经济社会加快发展。深入开展'村企共建'
活动，加强与共建企业的联系和协调，充分调动企业参与扶贫开发的积极
性，引导更多的企业尤其是国有大中型企业积极参与'村企共建'活动。
积极动员广大党员干部和社会各界人士，参与'户帮户、一扶一'结对帮
扶贫困户活动，力争年内结对帮扶贫困户达到 1 万户。"② 2005 年，内蒙古
自治区人民政府在《关于切实加强扶助贫困残疾人工作的意见》中指出：
"动员社会力量参与和支持扶助贫困残疾人工作。动员社会各界发扬扶残济
困的传统美德和人道主义精神，广泛开展'一帮一'、'众帮一'、'单位包
户'等各种形式的帮、包、带、扶活动，不断拓展服务内容，创新服务形
式。"③ 广西壮族自治区人民政府在《2008 年广西扶贫开发工作意见》中提
出："不断拓宽扶贫渠道，动员、鼓励、支持各民主党派、工商联和社会组
织参与我区的整村推进贫困村扶贫开发工作。"④

五、完善社会救助制度，保障弱势群体生存权利

社会救助是现代社会保障制度的有机组成部分。社会救助的目标是消
除贫困，其基本含义是指国家和社会通过立法，对那些因自身、自然和社
会原因导致生活陷入困境，不能维持最低生活标准的社会成员给予物质援

---

① 《青海省人民政府办公厅关于印发青海省"两基"攻坚（2004－2007 年）实施规划的通
知》，青海省人民政府办公厅，2004 年 8 月 5 日，http：//zwgk. qh. gov. cn/xxgk/fd/ghxx/201712/
t20171222_18727. html。

② 《青海省人民政府办公厅转发省扶贫局关于调整扶贫标准及今后全省扶贫开发工作意见的
通知》，青海省人民政府办公厅，2009 年 9 月 17 日，http：//zwgk. qh. gov. cn/xxgk/fd/ghxx/201712/
t20171223_22042. html。

③ 《内蒙古自治区人民政府办公厅转发残联等部门关于切实加强扶助贫困残疾人工作意见的
通知》，内蒙古自治区人民政府，2020 年 12 月 8 日，http：//www. nmg. gov. cn/zwgk/zfxxgk/
zfxxgkml/zdly/tpgj/wj/202012/t20201208_314156. html。

④ 《广西壮族自治区人民政府办公厅关于印发 2008 年广西扶贫开发工作意见的通知（桂政办
发〔2008〕13 号）》，广西壮族自治区人民政府办公厅，2008 年 5 月 15 日，http：//www. gxzf. gov.
cn/zfwj/zzqrmzfbgtwj_34828/2008ngzbwj_34839/t1508211. shtml。

助，维护其基本生存权利的一种社会保障制度。①

我国于 1999 年全面实施《城市居民最低生活保障条例》，在城镇普遍建立了低保制度，而广大农村却迟迟没有建立起低保制度。《国民经济和社会发展第十一个五年规划纲要》中明确指出有条件的地方要积极探索建立农村低保制度。2007 年政府工作报告指出："今年要在全国范围建立农村最低生活保障制度，这是加强'三农'工作、构建和谐社会的又一重大举措。"② 党的十六大报告提出："建立健全同经济发展水平相适应的社会保障体系，是社会稳定和国家长治久安的重要保证。"③ 而加快构筑和完善少数民族地区社会保障体系是保障民族地区群众民生问题和促进全国政治经济稳定发展的必然要求，是民族地区亟待解决的重要问题。④ 例如，2010 年 12 月，四川省开始实施《四川省社会稳定风险评估暂行办法》，将社会保障纳入评估社会稳定尤其是少数民族地区社会稳定的风险评估体系当中。四川省甘孜州重视州内社会救助工作，加大政策投入力度，致力建设甘孜州社会救助体系。据统计，2008 年以来甘孜州社会保险基金征缴持续增长，2008 年甘孜州社保基金征缴 37483.88 万元，同比增长 34.7%，全年投入各项扶贫资金 34008.5 万元，发放贫困农牧民救助金 10260 万元，全州农村低保对象扩展到 22.32 万人，月人均补助 45 元。⑤ 2010 年，甘孜州新型农村养老保险试点工作全面启动，这使全州 87 万名农牧民直接受益。⑥ 与此同时，甘孜州贫困救助以医疗卫生建设为中心，2005 年以来，先后在 18 个县推行城乡医疗救助；2010 年，甘孜州稳步推进新型农村合作医疗工作，积极实施"富民安康"卫生工程。自甘孜州救助政策实施以来，州内人民生活得以救助保障，社会压力和矛盾得到缓和，有效推动了甘孜州扶贫开发并缓解了贫困问题。青海省发展改革委于 2005 年在《青海省全面建设小康社会规划纲要》中提出："加快医疗卫生体制改革，促进卫生事业与经济社会协调发展。合理配置卫生资源，完善医疗急救、预防保健、地方病防治、

---

① 段美枝：《社会救助制度变革方向》，载于《北京行政学院学报》2010 年第 5 期，第 94 ~ 97 页。

② 杜毅：《农村最低生活保障资金筹集机制研究》，载于《兰州商学院学报》2010 年第 6 期，第 110 ~ 115 页。

③ 《2007 年国务院政府工作报告》，中国政府网，2009 年 3 月 16 日，http://www.gov.cn/test/2009 - 03/16/content_1260188_4.htm。

④ 《江泽民同志在党的十六大上所作报告全文》，共产党员网，2012 年 9 月 27 日，http://fu-wu.12371.cn/2012/09/27/ARTI1348734708607117_all.shtml。

⑤⑥ 李需霖、罗雪菱、傅新禾：《甘孜州民族地区社会保障现状探析》，载于《前沿》2011 年第 16 期，第 157 ~ 161 页。

疫情监控和卫生监督服务体系，形成社会卫生机构、专业医院、综合医院合理分工的医疗卫生服务体系框架，满足人民群众基本卫生保健需求。"①2008 年，云南省发布的《云南省农业和农村经济发展"十一五"规划》中也明确指出："加强农村医疗卫生体系建设，重点加快建立农村疾病预防控制和医疗救治体系，推进初级卫生保健，在原有 52 个新型农村合作医疗试点县的基础上，全面推行新型农村合作医疗；建立农村困难群众大病医疗救助制度，减轻农民医疗负担，提高农民的健康素质。全面建立农村最低生活保障制度，按照城乡统筹发展的要求，逐步建立与农村经济发展水平相适应、与其他保障措施相配套、适合农村不同群体特点和需求的农村社会养老保险制度。"②内蒙古自治区人民政府在《内蒙古自治区 2008 年国民经济和社会发展计划》指出："加强农村牧区社会救助工作，实施好盟市级儿童福利院、流浪未成年人救助保护中心和残疾人综合服务中心项目，进一步提高五保对象供养标准和敬老院集中供养率。"③2009 年，宁夏回族自治区人民政府在《关于印发宁夏回族自治区新型农村社会养老保险试点实施意见的通知》指出："探索建立个人缴费、集体补助、政府补贴相结合的新农保制度，实行社会统筹与个人账户相结合，与家庭养老、土地保障、社会救助等其他社会保障政策措施相配套，保障农村居民老年基本生活。2009 年全区选择贺兰、平罗、盐池 3 个县进行新农保试点，2010 年逐步扩大试点范围，到 2012 年新农保制度要覆盖全区所有县（市）。"④

在我国社会救助的主体结构中，政府固然是第一责任主体，但受政府财力限制，政府救助存在许多盲点，有相当一部分社会成员游离在政府救助的保障网之外。基于我国基本国情，确立以政府为主导、以非政府力量为补充的社会救助多元主体结构，营造非政府社会救助良性发展的社会环境，是完善我国社会救助体系的必然选择。因而，除了政府救助之外，慈

---

① 《青海省人民政府办公厅转发省发展改革委关于青海省全面建设小康社会规划纲要的通知》，青海省人民政府办公厅，2005 年 6 月 24 日，http：//zwgk. qh. gov. cn/xxgk/fd/zfwj/201712/t20171222_18635. html。

② 《云南省农业和农村经济发展"十一五"规划》，云南省人民政府办公厅，2008 年 5 月 14 日，http：//www. yn. gov. cn/zwgk/zfxxgk/dzjhbg/201903/t20190301_179290. html。

③ 《内蒙古自治区人民政府关于下达 2008 年自治区国民经济和社会发展计划的通知》，内蒙古自治区人民政府，2008 年 2 月 29 日，http：//www. nmg. gov. cn/zwgk/zfxxgk/zfxxgkml/zzqzfjbgtwj/202012/t20201208_314477. html。

④ 《自治区政府关于印发宁夏回族自治区新型农村社会养老保险试点实施意见的通知》，宁夏回族自治区人民政府，2009 年 11 月 17 日，http：//www. nx. gov. cn/zwgk/tzgg/200911/t20091117_319000. html。

善机构、扶贫机构、社会福利机构、社会救助团体等非政府组织和社会成员是我国社会救助的又一重要主体。社会互助就是在政府的倡导、组织和资助下，引导社会团体和社会成员自愿参与社会捐赠、社会帮扶、邻里互助等社会活动，并使之形成经常化、制度化、规范化的制度。① 2007 年，四川甘孜州组织社会各界创办甘孜州扶贫救助协会，呼吁社会各方关心四川藏族，特别是甘孜藏族贫困农牧民无钱治病的问题，为甘孜州的扶贫工作作出了巨大的贡献。② 此外，内蒙古自治区政府开展了政府自然灾害救援、社会救助等工作，并积极组织动员各机关企事业单位和驻军部队的广大干部职工和社会各界力量积极参与，汇聚各方资源，形成"捐善款、献爱心、关爱困难群众"的良好社会氛围，共同帮助困难群众改善生活境况。③

六、推进实施行业扶贫，助推扶贫工作

行业扶贫及专项扶贫是 21 世纪以来我国扶贫体系的重要组成部分，通过把改善贫困地区发展环境和条件作为本行业发展规划的重要内容，在资金和项目等方面向贫困地区倾斜，有力地促进贫困地区发展。如 2008 年，广西壮族自治区人民政府发布的《关于贯彻〈中共中央国务院关于切实加强农业基础建设进一步促进农业发展农民增收若干意见〉的实施意见》中指出："要继续做大特色农业，促进农业产业化与工业化联动发展。采取有力措施，继续做强现有优势产业，大力发展新兴优势产业，加快培育潜在优势产业，形成优势产业集群，构建广西特色现代农业体系。并且，总结经验，制订方案，加快推进政策性农业保险试点工作。全面落实对粮食、生猪和奶牛生产的各项扶持政策。"④ 青海省发展改革委于 2005 年发布的关于《青海省全面建设小康社会规划纲要》中指出："到'十一五'末，实现西宁通往周边地区公路高等级化，省会到州府通二级以上公路，州到县及

---

① 许琳、薛许军：《论我国社会救助的多元化主体》，载于《中国软科学》2002 年第 8 期，第 40～43 页。

② 李霈霖、罗雪菱、傅新禾：《甘孜州民族地区社会保障现状探析》，载于《前沿》2011 年第 16 期，第 157～161 页。

③ 《内蒙古自治区人民政府办公厅关于进一步开展好"博爱一日捐"活动的通知》，内蒙古自治区人民政府，2010 年 4 月 30 日，http://www.nmg.gov.cn/zwgk/zfgb/2010n_4950/201006/201004/t20100430_300240.html。

④ 《自治区党委　自治区人民政府关于贯彻〈中共中央　国务院关于切实加强农业基础建设进一步促进农业发展农民增收若干意见〉的实施意见（桂发〔2008〕7 号）》，广西壮族自治区人民政府办公厅，2008 年 5 月 20 日，http://www.gxzf.gov.cn/zfwj/zzqrmzfwj_34845/t1508779.shtml。

县际间通三级油路，基本实现乡乡通油路，行政村通公路。加快电子商务、电子政务和教育科研信息系统建设，推进国民经济和社会信息化进程。加强广播电视基础设施建设，继续实施好'西新工程'，在完成广播电视'村村通'的基础上，在国家支持下，适时启动'户户通'工程。"① 2009年，青海省扶贫开发局拟定的《关于调整扶贫标准及今后全省扶贫开发工作的意见》中指出："大力发展特色产业，扎实推进产业化扶贫。结合扶贫开发整村推进，加大资金投入，积极鼓励和扶持贫困群众大力发展牛羊肉、奶业、油菜、马铃薯、蚕豆、生猪和食用菌、蔬菜等特色优势农畜产品，把实施产业化扶贫工程与培育专业合作经济组织有机结合起来，积极引导和扶持专业合作经济组织兴办产业实体。同时，鼓励和扶持各专业合作经济组织和经纪人队伍，提升贫困群众的组织化程度，辐射带动贫困群众发展特色产业，切实增强自我发展能力，加快脱贫致富步伐。"② 云南省于2008年发布的《云南省农业和农村经济发展"十一五"规划》中指出："要创新投融资方式。按照集中资金、突出重点、扶优扶强的原则，整合资金、整合项目，加大对重点产业、重点产品、重点项目和重点地区的支持力度。"③

第三节 21世纪初民族地区扶贫工作的实施成效

21世纪初民族地区的扶贫成效十分突出，贫困人口大幅减少、贫困发生率显著下降、农民人均收入稳步提高，有效提高了贫困地区人民生活水平和生产质量。

一、贫困地区经济全面发展

截至2010年底，民族八省区地区生产总值达到42053.20亿元，人均地

---

① 《青海省人民政府办公厅转发省发展改革委关于青海省全面建设小康社会规划纲要的通知》，青海省人民政府办公厅，2005年6月24日，http://zwgk.qh.gov.cn/xxgk/fd/zfwj/201712/t20171222_18635.html。

② 《青海省人民政府办公厅转发省扶贫局关于调整扶贫标准及今后全省扶贫开发工作意见的通知》，青海省人民政府办公厅，2009年9月17日，http://zwgk.qh.gov.cn/xxgk/fd/zfwj/201712/t20171222_19192.html。

③ 《云南省农业和农村经济发展"十一五"规划》，云南省人民政府办公厅，2008年5月14日，http://www.yn.gov.cn/zwgk/zfxxgk/dzjhbg/201903/t20190301_179290.html。

区生产总值达到 22196 元，比 1999 年的 4536.52 元翻了 4 倍。① 这一阶段民族贫困地区经济结构调整也取得重大进展。总体来看，这一阶段民族地区注重第二产业的发展，第二产业的发展速度高于第一、第三产业，在地区生产总值中的比重持续上升，基本完成从农牧业主导型向工业主导型的历史性转变。2001～2011 年这 10 年间，265 个少数民族扶贫开发工作重点县（以下简称"民族扶贫县"）的三次产业增加值分别达到 1952.3 亿元、4093.8 亿元和 3046.5 亿元，年均增长率分别为 12.7%、27.5% 和 21.2%。② 与扶贫重点县相比，民族扶贫县的经济增长更快。虽然 2010 年民族扶贫县的第一、第二产业占地方生产总值的比率比全国扶贫重点县平均水平低，但第三产业所占比重达到 33.5%，比扶贫重点县的平均水平高 1.9 个百分点。③

二、各民族贫困群众巩固温饱成果显著

民族地区的贫困状况得到有效缓解，贫困人口大幅减少，贫困发生率显著降低。据国家统计局农村贫困监测结果显示，按当年的扶贫标准，如表 6－5 所示，2000～2010 年，民族八省区农村贫困人口从 3144 万人减少到 1034 万人，共减少 2110 万人；农村贫困发生率从 23.0% 下降到 8.7%，减少了 14.3 个百分点。④ 2010 年，与全国农村平均水平相比，民族八省区的贫困发生率高出 5.9 个百分点，相比 2000 年的 12.8 个百分点的差距下降了 6.9 个百分点。这表明，虽然民族八省区贫困面与全国相比仍然较大，但从其贫困发生率与全国差距缩小的情况看，贫困程度缓解的速度快于全国平均水平，国家多年来对少数民族贫困地区加大扶持力度取得明显成效。

表 6－5　　　2000～2010 年全国与民族八省区农村贫困人口分布情况

指标		2000 年	2002 年	2005 年	2008 年	2010 年
贫困人口（万人）	民族八省区	3144	2986	2338	1585	1034
	全国	9422	8645	6432	4007	2688
	所占比重（%）	33.4	34.5	36.3	39.6	38.5

① 根据国家统计局公布的《中国统计年鉴》（2000～2011）中民族八省区数据整理计算所得。
②③④ 国家统计局农村社会经济调查总队：《2011 中国农村贫困监测报告》，中国统计出版社 2011 年版，第 62 页。

续表

指标		2000年	2002年	2005年	2008年	2010年
贫困发生率（%）	民族八省区	23.0	21.5	16.4	11.0	8.7
	全国	10.2	9.2	6.8	4.3	2.8
	与全国相比（百分点）	12.8	12.3	9.6	6.7	5.9

资料来源：国家统计局农村社会经济调查总队：《2011中国农村贫困监测报告》，中国统计出版社2011年版，第61页。

三、基础设施建设取得重大突破

国家不断加大民族贫困地区基础设施建设投入，到"十一五"末，民族贫困地区生产生活水平明显改善。根据国家统计局对265个民族扶贫县开展的贫困监测调查数据显示（见表6-6），"十一五"期间（2006~2010年），民族扶贫县自然村通路比重从75.5%提高到87.0%，通电比重从93.5%提高到97%，通电话比重从62.2%提高到90%，通广播电视比重从82.2%提高到94.4%，所占比重逐年上升，各项指标分别比2005年提高11.5个百分点、3.3个百分点、27.7个百分点和12.2个百分点，民族扶贫县的基础设施逐年改善。此外，2002~2010年，民族贫困地区新增竣工房屋面积10092万平方米，新建及改扩建公路里程49万公里，新增医院、卫生院床位19.6万张，贫困地区农村面貌发生明显变化。①

表6-6　　　　　2005~2010年民族扶贫县基础设施建设现状　　　单位：%

指标	2005年	2006年	2007年	2008年	2009年	2010年
通公路的自然村比重	75.5	79.0	80.3	81.8	85.6	87.0
通电的自然村比重	93.5	93.8	94.5	95.2	96.8	97.0
通电话的自然村比重	62.2	70.5	77.7	81.3	87.3	90.0
能接收电视节目的自然村比重	82.2	84.5	89.1	90.1	92.6	94.4

资料来源：国家统计局农村社会经济调查总队：《2011中国农村贫困监测报告》，中国统计出版社2011年版，第64页。

---

① 国家统计局农村社会经济调查总队：《2011中国农村贫困监测报告》，中国统计出版社2011年版，第64页。

四、社会事业不断进步

国家切实加强以改善民生为重点的社会建设，不断扩大各项社会保险覆盖面，提高就业率，全面改善民族地区的生活条件。"十一五"规划明确指出，要加强贫困地区基础设施建设，加快发展教育、文化、卫生事业。重点推进西部贫困地区和少数民族地区的义务教育，实施贫困地区义务教育二期工程。截至 2010 年底，国家扶贫开发工作重点县 7～15 岁学龄儿童入学率达到 97.7%，接近全国平均水平；青壮年文盲率为 7%，比 2002 年下降 5.4 个百分点。农村义务教育得到加强，扫除青壮年文盲工作取得积极进展。如图 6-1 所示，2010 年，在民族扶贫县农村劳动力中，文化程度为文盲、半文盲的占 13.50%、小学文化程度的占 35.30%、初中文化程度的占 41.20%、高中及以上文化程度的占 10.0%。与 2005 年相比，文盲、半文盲劳动力降低了 3.3 个百分点，小学劳动力降低 3.2 个百分点，初中劳动力提高了 4.0 个百分点，高中及以上劳动力提高了 2.6 个百分点。①

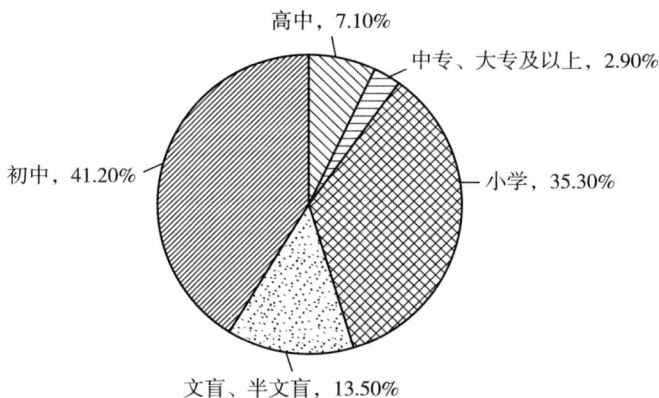

图 6-1　2010 年民族扶贫县劳动力文化程度构成

资料来源：国家统计局农村社会经济调查总队：《2011 中国农村贫困监测报告》，中国统计出版社 2011 年版，第 70 页。

在农村生活保障方面，"十一五"期间，内蒙古自治区用于社会保障补助的财政支出累计达到 1048 亿元，基本养老保险、医疗保险参保人数分别

① 国家统计局农村社会经济调查总队：《2011 中国农村贫困监测报告》，中国统计出版社 2011 年版，第 68 页。

达到430.7万人和886.4万人同时通过提高农村五保户生活补助标准解决了200多万城乡困难群众的基本生活问题。① 截至2011年底，宁夏回族自治区五项社保基金累计结余190.44亿元，较上年末增加49.46亿元，增长了35.1%；共为57.73万人提供低保救济，其中农村人口达37.85万。②

为解决农民医疗方面的问题，降低农民看病的支出，防止出现因为疾病而陷入贫困的现象，我国从2002年开始推广新农村合作医疗制度。到了"十一五"末，民族贫困地区农村医疗网点不断增多，新型农村合作医疗覆盖面迅速扩大，医疗卫生水平得到很大的改善。截至2010年底，国家扶贫开发工作重点县参加新农合的农户比例达到93.3%，有病能及时就医的比重达到91.4%，每个乡镇建有卫生院，绝大多数行政村设有卫生室。③ 2011年末，宁夏回族自治区全区有22个县（市）开展新型农村合作医疗工作，参加农民人数372.2万人，参合率96.7%，比2010年提高0.9个百分点。④广西28个国家扶贫重点县中本村有卫生室的比重从2005年的74.1%提高到2010年的80.0%；本村有合格的乡村医生（卫生员）的比重从2005年的70%提高到2010年的72.8%；有合格接生员的比重从2005年的68.3%提高到2010年的70.3%。⑤

在扶持人口较少民族发展方面，中国对全国人口在10万人以下的22个人口较少民族实行专项扶持，编制并实施《扶持人口较少民族发展规划（2005－2010年)》，对人口较少民族及其聚居区投入各项扶持资金37.51亿元，集中力量帮助人口较少民族加快发展步伐。

五、生态恶化趋势初步得到遏制

随着多项重点工程的实施，民族地区的生态环境得到有效改善，生态环境恶化趋势初步得到遏制。如在民族八省区中，西藏、新疆属于生态环境特殊的地区。国家实施西部大开发战略后，中央政府于2001年召开第四

---

① 《内蒙古自治区政府工作报告》，内蒙古自治区人民政府，2011年5月10日，http://www.nmg.gov.cn/zwgk/zfgb/2011n_4924/201103/201105/t20110510_300530.html。

②④ 《宁夏回族自治区2011年国民经济和社会发展统计公报》，宁夏回族自治区统计局，2012年3月15日，http://www.nx.gov.cn/ztsj/sj1/tjxx/201802/t20180211_689342.html。

③ 国家统计局农村社会经济调查总队：《2011中国农村贫困监测报告》，中国统计出版社2011年版，第69~70页。

⑤ 《2010年广西国家扶贫开发工作重点县农村贫困监测报告》，广西统计局，2011年7月21日，http://tjj.gxzf.gov.cn/tjsj/yjbg/qq_267/t2372822.shtml。

次西藏工作座谈会,进一步加大了对西藏生态建设投资力度。西藏从实现可持续发展的角度出发,明确把旅游、绿色农业等作为推动地区经济增长的支柱产业。到"十一五"末,西藏自治区生态文明建设取得重大进展。天然林保护、天然草地退牧还草、野生动植物资源保护、自然保护区建设、水土流失治理、地质灾害防治、植树造林、防沙治沙取得显著成效。全面启动农村薪柴替代工程和"绿色拉萨"工程,青藏铁路、重点公路沿线绿化不断加强。完成人工造林 11.47 万公顷。① 森林生态效益补偿全面实施,草原、湿地等其他生态补偿研究和试点工作稳步推进。严格环境准入条件,加大执法监管力度,节能减排工作成效明显。垃圾污水处理设施建设加快,主要污染物排放得到有效控制,大力淘汰落后产能,实施节能节电重点工程,单位生产总值能耗持续下降。生态环境保护与建设进入科学规划、协调推进、持续发展的新阶段。在环保部、财政部的大力支持下,新疆维吾尔自治区积极筹措资金,大力推进污染减排"三大体系"建设,截至 2009 年底,共安排资金 3.0319 亿元;完成 14 台装机容量 266 万千瓦燃煤机组的脱硫,占燃煤机组总装机容量的 37%,占 10 万千瓦以上新老机组装机容量的 67%,其中 20 万千瓦以上新老机组全部建成了脱硫设施;全区共建成污水处理厂 57 座,污水处理能力 167.34 万吨/日,提升了新疆污染源监督管理能力。②

---

① 《西藏自治区"十二五"时期国民经济和社会发展规划纲要》,西藏自治区人民政府,2018 年 8 月 29 日,http://drc.xizang.gov.cn/zwgk_1941/fz/zt/201806/t20180629_173405.html。

② 《新疆提升污染源监管能力 确保"十一五"减排目标》,载于《新疆日报》2010 年 6 月 19 日,http://www.gov.cn/gzdt/2010-06-19/content_1631195.htm。

第七章 为了消灭绝对贫困的脱贫攻坚战：新时代向贫困发起总攻（2012～2020）

　　国家贫困标准的调整直接导致贫困人口规模动态变化，被消除的贫困人口可能随时在统计学意义上重新返贫，且不同约束条件、不同贫困标准下的贫困人口的生存环境及生存能力存在差异。随着《中国农村扶贫开发纲要（2001－2010年）》的实施，我国扶贫事业取得了显著的成就，按照2001年872元的低收入标准，贫困人口规模由2001年的9029万人降低至2010年的2688万人。2011年，中央大幅提高我国扶贫标准，当年农村贫困人口数量从2688万人增加到1.28亿人。[①] 同时，2011年中共中央、国务院印发的《中国农村扶贫开发纲要（2011－2020年）》提出"两不愁三保障"的贫困治理目标，我国扶贫开发已经从以解决温饱为主要任务的阶段转入巩固温饱成果、加快脱贫致富、改善生态环境、提高发展能力、缩小发展差距的新阶段。2012年新设定592个国家扶贫工作重点县中，299个位于民族地区或包含民族自治地方；全国14个集中连片特困地区中，11个位于民族地区或包含民族自治地方；深度贫困"三区三州"都在民族地区[②]；且存在人口较少民族、"直过民族"、边民三类特殊群体。2015年，民族八省区农村贫困人口占全国的比重为32.5%，比上年（31.4%）略有增加，高出1.1个百分点。民族八省区减贫率为17.8%，全国同期减贫率为20.6%，民族八省区减贫速度慢于全国。民族八省区农村贫困人口占乡村人口的比重，即贫困发生率为12.1%，比全国（5.7%）高出6.4个百分点。[③] 由此可见，民族地区成为我国该阶段扶贫工作中最难啃的"硬骨头"。

---

　　① 《国务院扶贫办：我国现行贫困标准已高于世行标准》，人民网，2015年12月15日，http://politics. people. com. cn/n1/2015/1215/c70731－27932806. html。

　　② 《国家扶贫开发工作重点县名单》，国家乡村振兴局（原国务院扶贫开发领导小组办公室），2012年3月19日，http://www. cpad. gov. cn/art/2012/3/19/art_343_42. html。

　　③ 《2015年民族地区农村贫困情况》，广西民族报网，2016年4月14日，http://www. gxmzb. net/content/2016－04/14/content_13965. htm。

为了实现全体人民共同富裕的宏伟目标，习近平总书记强调："全面建成小康社会，一个民族都不能少"① "无论这块硬骨头有多硬都必须啃下"② ……由于民族地区的致贫原因、贫困特征都更复杂且多元，为了破除开发式扶贫效果受结构性因素制约的难题，并且更加精准地识别、帮扶贫困群体，习近平总书记于 2013 年 11 月首次提出"精准扶贫"的重要思想，此后我国开始实施精准扶贫精准脱贫方略。我国扶贫工作对象随贫困治理阶段不断调整，从最早的区域瞄准，到贫困县瞄准，到贫困村瞄准，再到以贫困户和贫困人口为主的瞄准，而精准扶贫实质上是将扶贫瞄准的对象放置在了以家庭为单位的贫困人口身上。③ 精准扶贫精准脱贫基本方略实施以来，各地根据"五个一批""六个精准"的要求，从找准贫困成因、识别到户到人瞄准机制、大扶贫格局、多元化扶贫方式、做到真扶贫及建立长效脱贫机制等方面进一步推进扶贫工作。为了确保到 2020 年农村贫困人口全部实现脱贫、全面建成小康社会，2015 年 11 月，中共中央政治局审议通过《关于打赢脱贫攻坚战的决定》，在现有基础上不断创新扶贫开发思路和办法，确保到 2020 年我国现行标准下农村贫困人口实现脱贫，贫困县全部摘帽，解决区域性整体贫困。2018 年 6 月，中共中央、国务院发布了《关于打赢脱贫攻坚战三年行动的指导意见》，指出要坚持脱贫攻坚目标和现行扶贫标准，聚焦深度贫困地区和特殊贫困群体，集中力量支持深度贫困地区脱贫攻坚，并制定系列精准帮扶举措，确保到 2020 年贫困地区和贫困群众同全国一道进入全面小康社会。

如期脱贫、全面小康，这是中国共产党以建党 100 周年为节点，向中国人民作出的庄严承诺。2021 年 2 月 25 日，习近平总书记在全国脱贫攻坚总结表彰大会上庄严宣告："经过全党全国各族人民共同努力，在迎来中国共产党成立 100 周年的重要时刻，我国脱贫攻坚战取得了全面胜利，现行标准下 9899 万农村贫困人口全部脱贫，832 个贫困县全部摘帽，12.8 万个贫困村全部出列，区域性整体贫困得到解决，完成了消除绝对贫困的艰巨任务，创造了又一个彪炳史册的人间奇迹！这是中国人民的伟

---

① 《"全面建成小康社会，一个民族都不能少"》，光明时评，2020 年 5 月 24 日，https：// guancha. gmw. cn/2020－05/24/content_33854028. htm。

② 《习近平春节前夕赴四川看望慰问各族干部群众》，新华网，2018 年 2 月 13 日，http：// www. xinhuanet. com/politics/2018－02/13/c_1122415641. htm。

③ 邢成举：《精准扶贫：背景、要义及其结构性困境——基于甘肃个案的调研》，载于《云南行政学院学报》2017 年第 3 期，第 7~13 页。

大光荣，是中国共产党的伟大光荣，是中华民族的伟大光荣！"① 民族地区与全国一同脱贫，意味着在迎来中国共产党成立 100 周年的重要时刻，我们党在团结带领人民创造美好生活、实现共同富裕的道路上迈出了坚实的一大步。

第一节　新时代中国共产党反贫困思想

一、时代背景：新时代民族地区经济社会发展现状

党的十八大以来，面对错综复杂的国内外环境和艰巨繁重的改革、发展、稳定任务，在国家和社会各界的大力支持和帮助下，我国民族地区经济社会发展取得了新的历史性成就，呈现出经济发展持续向好、开放工作有序推进、生态环境明显改善、民生福祉稳步提升、民族团结进步事业不断向前发展、社会大局和谐稳定、党风政风进一步好转的良好局面。

（一）经济发展实现量的提升和质的飞跃

第一，民族地区经济实力显著增强。党的十八大以来，民族地区抢抓历史性机遇，应对历史性挑战，始终坚持将发展作为第一要务，经济综合实力显著增强。如表 7－1 所示，从经济总量看，民族八省区地区生产总值由 2012 年的 5.14 万亿元增至 2020 年的 10.45 万亿元，GDP 增速高于全国平均水平；从人均地区生产总值看，2012 年，民族八省区人均地区生产总值分别为：内蒙古 42119.8 元，广西 24238 元，贵州 19394 元，云南 23891 元，西藏 23248.87 元，青海 26783.96 元，宁夏 33125 元，新疆 33375 元；到 2020 年分别增加到：内蒙古 67852.13 元，广西 42964 元，贵州 46433 元，云南 47944 元，西藏 48902 元，青海 48570 元，宁夏 54217 元，新疆 54280 元，民族八省区人均 GDP 同全国同期人均 GDP 差额逐步缩小。② 经济

---

① 《习近平：在全国脱贫攻坚总结表彰大会上的讲话》，新华网，2021 年 3 月 3 日，http：//www. xinhuanet. com/world/2021－03/03/c_1211049315. htm。

② 根据国家统计局公布的《中国统计年鉴》（2013～2020）中全国、民族八省区数据以及国家统计局分省年度数据（https：//data. stats. gov. cn/easyquery. htm？ cn＝E0103）相关内容整理计算所得。

总量的不断扩大和质量效益的稳步提升，为开启新征程、实现新的更高目标奠定了坚实基础。

表 7 - 1　　　　　　2012 ~ 2020 年民族八省区经济发展基本情况

指标	2012年	2013年	2014年	2015年	2016年	2017年	2018年	2019年	2020年
GDP（万亿元）	5.14	5.79	6.35	6.82	7.39	8.30	9.26	10.04	10.45
GDP 增长指数（上年 = 100）	111.29	110.88	109.13	108.88	108.28	107.87	107.36	106.81	103.63
第一产业增加值占 GDP 比重（%）	13.42	13.12	12.96	12.77	12.64	11.86	11.47	11.56	12.75
第二产业增加值占 GDP 比重（%）	41.46	40.55	40.48	38.65	38.17	38.10	38.29	37.18	36.25
第三产业增加值占 GDP 比重（%）	45.13	46.33	46.59	48.55	49.19	50.11	50.24	51.28	51.00

资料来源：根据国家统计局公布的《中国统计年鉴》（2013 ~ 2020）中民族八省区数据以及国家统计局分省年度数据（https：//data. stats. gov. cn/easyquery. htm？cn = E0103）中相关数据整理计算所得。

第二，民族地区经济结构调整和转型升级进一步推进。总体来看，民族八省区三次产业结构不断优化，截至 2020 年底，三次产业比重为 12.75：36.35：51.00；以文化旅游、商贸物流为重点的第三产业比重呈现逐年递增的趋势。各民族地区结合自身特色，调优一产、调强二产、调快三产，不断提升优势产业的核心竞争力。以青海省为例，"十三五"以来，青海省绿色低碳循环经济发展水平不断提升，战略性新兴产业增加值占比提高 3.1 个百分点，达到 6.5%，三大工业园区循环经济占比超过 60%。绿色有机农畜产品示范省建设深入推进，化肥农药减量增效试点面积扩大到 300 万亩，粮食总产量连续 13 年保持在百万吨以上。服务业增加值占比保持在 50% 以上，金融机构人民币存贷款余额分别比五年前增加 1090 亿元、1590 亿元。全域旅游加快发展，年旅游人次突破 5000 万人、收入达到 560 亿元。①

---

① 《2021 年青海省政府工作报告》，青海省人民政府，2021 年 1 月 30 日，http：//zwgk. qh. gov. cn/xxgk/gzbg/202102/t20210209_181967. html。

（二）对外开放程度不断提升

党的十八大以来，特别是2013年"一带一路"倡议提出后，民族八省区成为对外开放的前沿地带，跨境经济合作的热潮兴起。[①] 民族地区积极主动融入"一带一路"建设，开放水平显著提升。2017年，《兴边富民行动"十三五"规划》等规划从顶层设计层面强调了民族地区对外开放的重要性，并提出了具体的战略措施。截至2019年底，民族八省区进出口总额达到10538.21亿元，占全国进出口总额的3.34%，比2018年提高了0.16个百分点。2020年，对外开放程度进一步提升，如2020年，云南外贸进出口总额同比增长15.4%[②]；中国（云南）自由贸易试验区建设加快推进；广西全面对接粤港澳大湾区，构建"南向、北联、东融、西合"全方位开放发展新格局，利用外资和对外经济合作水平不断提高；内蒙古加快建设"中蒙俄经济走廊"，满洲里和二连浩特国家重点开发开放试验区、呼伦贝尔中俄蒙合作先导区等平台建设稳步推进，向北开放的重要桥头堡作用进一步发挥。[③]

（三）基础设施建设实现新突破

党的十八大以来，国家通过规划指导、政策扶持和项目安排等加大了对民族地区基础设施建设的支持力度，基础设施建设突破瓶颈制约，向高速化、网络化、广覆盖快速推进，发展后劲不断增强，为经济社会持续发展提供了坚实保障。交通方面，交通运输网络逐步完善。截至2019年底，民族八省区公路网总里程达122万公里，二级及以上公路里程达14.2万公里，高速公路通车里程达3.6万公里，公路网等级结构进一步优化。[④] 2019年12月29日，以宁夏银中高铁正式运营为标志，除西藏外的其余七个民族省区全部进入高铁时代。通信方面，"数字鸿沟"进一步缩小。如贵州实现

---

① 郑长德：《伟大的跨越：中国少数民族地区经济发展70年》，载于《民族学刊》2019年第6期，第1～8、106、108页。

② 王予波：《2021年云南省人民政府工作报告》，云南统一战线，2021年2月1日，http：//www.swtzb.yn.gov.cn/tzyw/bwyw/202102/t20210201_1044029.html。

③ 《内蒙古自治区国民经济和社会发展第十四个五年规划和2035年远景目标纲要》，内蒙古自治区人民政府，2021年2月10日，http：//www.nmg.gov.cn/zwgk/zfxxgk/zfxxgkml/202102/t20210210_887052.html。

④ 闵言平：《谋划好"十四五"时期少数民族和民族地区发展》，中国民族宗教网，2021年3月16日，http：//www.mzb.com.cn/html/report/210331629-1.htm。

了 5G 县县通，建成贵州·中国南方数据中心示范基地、国家级互联网骨干直联点、国际互联网数据专用通道。电力方面，民族地区电网供电质量逐步改善，有力地助推了民族地区如期脱贫。截至 2020 年底，西藏地区电力装机容量达到 419 万千瓦，阿里与藏中电网联网工程建成投运，主电网覆盖全区 74 个县（区），累计外送电量 63 亿千瓦时。① 水利方面，民族地区水利建设空前加快，解决了千万人口的饮水安全问题。"十三五"期间，广西共投入农村饮水安全巩固提升工程建设资金 61.85 亿元，巩固提升受益总人口 803.2 万人，同步解决和巩固提升了 153.2 万建档立卡贫困人口的饮水安全保障水平。②

（四）社会公共事业蓬勃发展

1. 民族地区基础民生事业发展稳中带增

党的十八大以来，民族地区基础教育、医疗卫生、就业等基础民生事业发展水平显著提高，并积累了丰富经验。教育方面，民族地区教育质量稳步提升，办学方式逐步实现信息化、多元化。2018 年，青海省海东市与无锡市结为对口支援协作市，根据两地的发展需求和合作意愿，海东市 29 所学校与无锡市 33 所学校建立了"一对一"或"一对多"的结对帮扶关系，重点在学校管理、教师培训、优质教学资源共享、评价机制建设、课程开发、专业建设、实习实训等方面开展结对帮扶工作。2019 年，无锡市各区与海东市各县区经常性开展名师支教、教师培训及捐资助学等活动，累计培训、支教教师达 360 人次，开展捐资助学活动 60 余次。为解决搬迁群众子女上学问题，海东市投入 7700 万元东西部扶贫协作帮扶资金，创办了能容纳 1400 名学生的九年一贯制"海东·无锡希望学校"，进一步提升了对口帮扶的效能。③ 广西通过实施"学前教育发展工程"等政策措施，着力解决民族地区学前教育"入园难""入园贵""上好园""有人教"等问题；辽宁、广东等地通过育人育心、搭建平台、创新管理模式，科学开办

---

① 《西藏自治区国民经济和社会发展第十四个五年规划和二〇三五年远景目标纲要》，西藏自治区发展和改革委员会，2021 年 3 月 30 日，http://drc.xizang.gov.cn/xwzx/daod/202103/t20210329_197641.html。

② 《"十三五"期间广西解决 153.2 万贫困人口饮水安全问题》，中国新闻网，2021 年 1 月 24 日，http://www.gx.chinanews.com/pczt/2021gxlh/news/2021-01-24/detail-ihafytsw6083802.shtml。

③ 买雪燕：《民族地区教育脱贫攻坚的基本经验：以海东市为例》，载于《中国民族教育》2020 年第 6 期，第 25~28 页。

内地民族班，取得良好成效。医疗卫生方面，民族自治地方医疗卫生水平显著提高，基层卫生人员储备进一步巩固。如表7－2所示，相较2012年，2019年民族八省区卫生机构、床位、技术人员分别增长了3.85%、61.21%、67.61%，医疗基础设施和人员配备增幅显著。其中，"十三五"期间，云南全面建立基本医保、大病保险、医疗救助、医疗费用兜底"四重保障"，提供技能培训和岗位推荐等就业服务；渝东南民族地区发展远程医疗事业，基本实现医院医疗数据互联互通。就业方面，民族自治地方积极开展就业帮扶项目以拓宽群众就业渠道，居民收入水平不断提高。如表7－3所示，民族八省区单位就业人员年平均工资由2012年的43991元上涨至2019年的87361元，增幅接近1倍。据统计，2014～2019年，新疆安排各类技能培训多达695.7万人次，其中南疆四地州232.5万人次，新增创业37.94万人，带动就业82.74万人，年均创业7.59万人。新疆阿克苏地区按照个人自愿和市场需求确定培训职业（工种）和人数，重点开展农村富余劳动力外出就业技能培训、纺织服装企业新招录员工岗前培训等，有效提升了当地劳动力就业能力。[1]

表7－2　　　2012～2019年民族八省区卫生机构、床位、人员统计

指标	2012年	2013年	2014年	2015年	2016年	2017年	2018年	2019年
卫生机构数（个）	143065	146280	147533	147341	146711	147140	147512	148567
卫生机构床位数（万张）	80.72	89.30	95.81	101.50	107.00	116.10	122.75	130.13
卫生技术人员数（人）	866761	965424	1031985	1105367	1182102	1277586	1349436	1454784

资料来源：根据国家统计局公布的《中国统计年鉴》（2013～2020）中民族八省区数据以及国家统计局分省年度数据（https：//data.stats.gov.cn/easyquery.htm？cn＝E0103）中相关数据整理计算所得。

表7－3　　　2012～2019年民族八省区单位就业人员年平均工资统计　　　单位：元

指标	2012年	2013年	2014年	2015年	2016年	2017年	2018年	2019年
合计	43991	48829	53120	62727	68101	74201	81712	87361
国有单位	45801	50522	54393	67253	74166	81689	88109	93001

---

[1] 《新疆少数民族劳动就业调查报告》，中国新闻网，2020年10月20日，http：//www.chinanews.com/gn/2020/10－20/9317353.shtml。

续表

指标	2012 年	2013 年	2014 年	2015 年	2016 年	2017 年	2018 年	2019 年
城镇集体单位	37043	42419	46132	51340	57185	64450	69090	81894
其他单位	41027	46342	51960	55040	58447	63257	80802	80773

资料来源：根据国家统计局公布的《中国统计年鉴》（2013～2020）中民族八省区数据以及国家统计局分省年度数据（https：//data.stats.gov.cn/easyquery.htm？cn＝E0103）中相关数据整理计算所得。

2. 民族地区文化保护进一步加强，民族文化产业发展进一步壮大

党的十八大指出："文化是民族的血脉，是人民的精神家园。全面建成小康社会，实现中华民族伟大复兴，必须推动社会主义文化大发展大繁荣，兴起社会主义文化建设新高潮，提高国家文化软实力，发挥文化引领风尚、教育人民、服务社会、推动发展的作用。"[①] 我国少数民族文化资源丰富，具有发展相关产业的良好基础。近几年来，依托于国家政策的支持和各级政府机关的帮助，在民族文化保护与传承方面，利用现代化技术，有力地推动了民族文化事业的发展。"十三五"以来，云南借助数字化优势，打造一批民族文化资源数据库，推进民族文化有效保护与传承，目前已建成云南少数民族古籍数据库、云南少数民族语言文字资源库、云南人口较少民族口头传统典藏数据库以及云南边疆少数民族农耕文化传习共享平台等。[②] 文化旅游方面，各地区合理开发旅游资源，发展民族地区旅游文化市场。例如，贵州依据其高原山地气候特点、传统工业工艺（如茅台、习酒的生产）打造度假旅游、工业旅游等多种旅游模式。文化消费方面，少数民族文化传承人借力短视频平台化解经营危机，拓展全新销售渠道；少数民族文化为"潮牌"注入中国力量，拓宽民族文化消费线。

（五）生态环境保护事业成效显著

党的十八大提出，将生态文明建设纳入中国特色社会主义事业"五位一体"总体布局中，党中央把环境保护工作的重要性提升到前所未有的高度。

---

① 《十八大报告（全文）》，党建网，2012 年 11 月 8 日，http：//www.wenming.cn/djw/gcsy/zywj/201305/t20130524_1248116.shtml。

② 《云南："数字化"助力民族文化保护传承》，中国政府网，2021 年 4 月 27 日，http：//www.gov.cn/xinwen/2021－04/27/content_5603287.htm。

为了响应中央号召，民族地区政府纷纷出台加强地方环境保护等政策性文件，生态文明建设进一步制度化、法制化，自然资源产权、生态环境效益补偿等法规制度体系逐步完善，并在实践中取得了显著成绩。[①] 如西藏自治区先后出台了《西藏自治区湿地保护条例》《西藏自治区生态环境保护监督管理办法》《西藏自治区矿产资源勘查开发监督管理办法》等30多部地方性法规和政府规章，为生态环境保护构建起系统的法治屏障。

从分散治理向集中治理、从单一措施向综合措施、从偏重数量向提升质量转变，经过多年的重点流域和区域水污染防治、土壤治理与修复等措施实施，基本形成国家生态安全屏障体系。重点在内蒙古、宁夏、甘肃、青海、新疆等省区开展以草原恢复、防风固沙为主要内容的综合治理，加强沙区林草植被保护及牧区水利设施、人工草场和防护林建设，逐步实现了包括内蒙古草原、宁夏中部干旱带、黑河流域等为代表的北方草原荒漠化防治。在陕西、甘肃、宁夏及青海东部黄土高原丘陵沟壑区开展以防治水土流失为主要内容的综合治理，大力开展植树造林、封山育林育草、淤地坝建设，加强小流域山水田林路综合整治，包括陕西北及中部、甘肃东中部等为代表的黄土高原水土保持区；以祁连山、环青海湖、三江源、四川西部等为代表的青藏高原江河水源涵养区；以贵州、云南东部、广西西北部为代表的西南石漠化防治区以及以秦巴山、武陵山、云南西北部等为代表的重要森林生态功能区的综合治理。工业污染防控体系逐渐健全，能源、水、土地、矿产等资源节约、集约利用与管理得到不断加强。工业、建筑、交通运输、公共机构等领域节能减排重点工程持续落地生效，城市、农村环境综合整治等主要措施稳步实施，民族地区的各类环境污染明显减少，整体环境质量显著改善。以西藏为例，截至2020年9月，西藏七市地空气环境质量平均优良天数达95%以上；主要江河湖泊水质达到或优于Ⅲ类标准，城镇集中式饮用水水源地水质达标率100%，无黑臭水体；土壤环境质量总体稳定；二氧化硫、氮氧化物、化学需氧量、氨氮四项主要污染物排放总量控制在国家核定范围内；单位GDP二氧化碳排放量较2015年累计降低12.24%；划定生态保护红线面积占比44.8%，森林覆盖率达到12.14%，草原综合植被覆盖度达到45.9%，湿地面积达到652.9万公顷。

---

① 杨春蓉：《建国70年来我国民族地区生态环境保护政策分析》，载于《西南民族大学学报（人文社科版）》2019年第9期，第206～213页。

西藏仍然是世界上生态环境质量最好的地区之一。①

二、砥砺前行：民族地区是脱贫攻坚的主战场

改革开放以来，中国经济社会快速发展的同时，贫富差距以及发展不平衡、不充分的问题也越发凸显。进入新时代，社会主要矛盾已经转变为人民日益增长的美好生活需要和不平衡不充分的发展之间的矛盾，发展不平衡、不充分的问题在民族地区尤为突出。民族地区集"老、少、边、穷"于一体，贫困覆盖面大、贫困程度深、致贫原因复杂加大了脱贫攻坚的复杂性和难度。全面建成小康社会，民族地区是短板、是重点、也是难点，为此，党和国家一直在积极创造条件，千方百计加快民族地区经济社会发展，促进各民族共同团结奋斗、共同繁荣发展。

（一）贫困覆盖面广，贫困程度深

1. 贫困地区的集中地带，脱贫攻坚的"硬骨头"

如表7-4所示，从贫困县分布来看，2012年国务院扶贫办确定的592个国家扶贫重点县中，位于民族八省区的有232个，占国家扶贫重点县总数的39.2%；而位于民族地区的（包括民族八省区、八省区以外其他省份的民族自治州、自治县）有299个，占国家扶贫重点县总数的50.5%。2012年国家公布的14个集中连片特殊困难地区的680个县中，位于民族八省区的有292个，占总数的42.9%；位于民族地区的（同上）有421个，占总数的61.9%。民族地区内部，国家扶贫开发重点县主要集中在云南、贵州、内蒙古、广西和新疆5省份，合计209个县市，占民族地区全部国家贫困县的70%；而民族地区集中连片特困地区县主要集中在云南、贵州、西藏、青海、新疆、广西6省份，合计317个县市，占全部民族地区集中连片特困县的75%。② 民族地区中，除了西藏和四川省藏区外，云南、贵州、广西、新疆都是贫困县集中的地区。

---

① 《五年来西藏生态文明建设和生态环境保护成效》，山南网，2020年9月2日，http://www.xzsnw.com/xw/xzxw/164709.html。

② 《国家扶贫开发工作重点县名单》，国家乡村振兴局（原国务院扶贫开发领导小组办公室），2012年3月19日，http://www.cpad.gov.cn/art/2012/3/19/art_343_42.html。

表7-4　　　　　　　　　　民族地区贫困县分布　　　　　　　　　　单位：个

地区	国家扶贫开发工作重点县数量	集中连片特困地区县数量	地区	国家扶贫开发工作重点县数量	集中连片特困地区县数量
河北	3	2	四川	20	42
内蒙古	31	8	贵州	50	65
吉林	4	—	云南	73	85
湖北	9	10	甘肃	14	18
湖南	10	13	青海	15	40
广西	28	29	宁夏	8	7
海南	3	—	新疆	27	24
重庆	4	4	西藏	—	74
合计[a]	232	332	合计[b]	299	421

注：a 表示民族八省区，b 表示民族地区，指民族八省区以及八省区以外其他省份的民族自治州、自治县。

资料来源：国家扶贫开发工作重点县和集中连片特困地区县名单来源于 2012 年国务院扶贫办公布的名单。民族自治州和自治县名单来源于《中国民族统计年鉴 2013》。

　　打赢脱贫攻坚战是全面建成小康社会的底线目标和必由之路。脱贫攻坚的主要难点是深度贫困。主要难在以下几种地区：一是连片的深度贫困地区，西藏和四省藏区、南疆四地州、四川凉山、云南怒江、甘肃临夏等地区，生存环境恶劣，致贫原因复杂，基础设施和公共服务缺口大，贫困发生率普遍在 20% 左右。二是深度贫困县，据国务院扶贫办对全国最困难的 20% 的贫困县所做的分析，贫困发生率平均在 23%，县均贫困人口近 3 万人，分布在 14 个省份。三是贫困村，全国 12.8 万个建档立卡贫困村居住着 60% 的贫困人口，基础设施和公共服务严重滞后，村两委班子能力普遍不强，3/4 的村无合作经济组织，2/3 的村无集体经济，无人管事、无人干事、无钱办事现象突出。[①] 深度贫困地区要在 2020 年如期实现脱贫攻坚目标，难度之大可想而知。脱贫攻坚本来就是一场硬仗，而深度贫困地区脱贫攻坚是这场硬仗中的硬仗。连片的深度贫困地区全部属于民族地区，深度贫困县和深度贫困村也大部分在民族地区。这些深度贫困地区、贫困县、贫困村的致贫原因和贫困现象有许多共同点：一是集革命老区、民族地区、

_____

① 《习近平：在深度贫困地区脱贫攻坚座谈会上的讲话》，中国共产党新闻网，2017 年 8 月 31 日，http://cpc.people.com.cn/n1/2017/0831/c64094-29507970.html。

边疆地区于一体。自然地理、经济社会、民族宗教、国防安全等问题交织
在一起，加大了脱贫攻坚的复杂性和难度。二是基础设施和社会事业发展
滞后。深度贫困地区生存条件比较恶劣，自然灾害多发，地理位置偏远，
地广人稀，资源贫乏。这些地方的建设成本高，施工难度大，要实现基础
设施和基本公共服务主要领域指标接近全国平均水平难度很大。三是社会
发育滞后，社会文明程度低。由于历史等方面的原因，许多深度贫困地区
长期封闭，同外界脱节。四是生态环境脆弱，自然灾害频发。深度贫困地
区往往处于全国重要生态功能区，生态保护同经济发展的矛盾比较突出。
五是经济发展滞后，人穷村也穷。很多深度贫困村发展产业欠基础、少条
件、没项目，少有的产业项目结构单一、抗风险能力不足，对贫困户的带
动作用有限。① 以上特征和因素决定了我国全面建成小康社会的重点和难点
在民族地区。

2. 贫困呈现"大分散、大集中"空间格局

民族八省区的贫困地区贫困程度整体较深，在空间分布上整体呈现出
"大分散，大集中"格局。就"大分散"来看，西藏地域辽阔，南北最宽
900 多公里，东西最长达 2000 多公里，是全国总面积 1/8，贫困人口在全区
7 个地（市）、74 个县（区）均有分布，呈现"整体大分散"格局。反观
"大集中"，那曲、昌都和日喀则三个地（市）贫困人口约占全区贫困人口
总数的 73.05%，而拉萨、山南、阿里、林芝的贫困人口比例均不足 10%，
呈现着"局部大集中"特征。②

云南地处我国的西南边陲，面积 39.41 万平方公里，山地面积 33.11 万
平方公里，占全省国土总面积的 84%；高原面积 3.9 万平方公里，占全省
国土总面积的 10%；盆地面积 2.4 万平方公里，占全省国土总面积的
6.0%，平均海拔约 2000 米，地势起伏较大，各地海拔高度差距悬殊。云南
有 8 个州（市）的 25 个边境县分别与缅甸、老挝和越南交界。③ 云南省有
73 个贫困重点县，贫困人口多、贫困面广、贫困程度深，呈现"大分散"
特征。但是云南省贫困人口分布具有极强的区域性，主要集中在集中连片

① 《知标本者，万举万当；不知标本者，是谓妄行》，光明时政，2020 年 8 月 12 日，
https://politics.gmw.cn/2020-08/12/content_34079245.htm。
② 张丽君、侯霄冰：《西藏多维贫困特征及精准扶贫研究》，载于《黑龙江民族丛刊》2017
年第 3 期，第 79~85 页。
③ 《云南概况》，云南省人民政府，2021 年 4 月 22 日，http://www.yn.gov.cn/yngk。

特困地区、革命老区、少数民族地区和边境地区，呈现出"大集中"特征。[1]

广西贫困人口主要集中在深度贫困县，呈现出"大集中"特征，这些地方属于桂西北、西南岩溶石山贫困片区、边境地区贫困片区，交通不便、生态环境脆弱、产业发展难，居民上学难、看病难、教育文化水平低，自我发展能力弱。尤其是大化、都安、隆林、那坡4个极度贫困县，以及贫困发生率在30%以上的深度贫困村，需要采取更大的力度才能彻底打赢脱贫攻坚战。[2]

宁夏是西北民族地区，全区22个县区中有9个是贫困县，其中8个是国家贫困县，主要集中在西海固地区，脱贫攻坚任务艰巨。[3] 脱贫攻坚的重点在于原州区、西吉县、海原县、同心县和红寺堡区五个深度贫困县和中部干旱带西部片（沙坡头区兴仁镇、香山乡、永康镇、迎水桥镇、常乐镇部分贫困村和中宁县喊叫水乡、徐套乡、太阳梁乡部分贫困村），简称"五县一片"。

（二）致贫原因复杂，脱贫难度大

民族地区的贫困问题呈现多维性，具有以下几个方面的特征：一是民族地区的经济发展程度较低，收入性贫困特征明显；二是民族地区贫困群体的生活条件较差，农牧业发展受阻；三是劳动力素质不高，人力资本相对匮乏；四是特殊贫困群体是稳定脱贫的难点；五是脆弱性程度高、返贫风险高。

1. 经济发展程度较低，收入性贫困特征明显

如表7-5所示，截至2019年底，民族八省区的常住人口超2亿人，占全国总人口的比例为14.4%；城镇化率为51.9%，比2018年提高了1个百分点，但与全国60.6%的城镇化率相比，仍低8.7个百分点。2019年，民族八省区地区生产总值超过100452亿元，占当年国内生产总值的10.1%，与2018年相比，占全国的比例基本保持不变。2019年，民族地区三次产业结构为13.0∶35.9∶51.1，与2018年相比，第一产业比重基本保持不变，第

---

① 《国家扶贫开发工作重点县名单》，国家乡村振兴局（原国务院扶贫开发领导小组办公室），2012年3月19日，http：//www.cpad.gov.cn/art/2012/3/19/art_343_42.html。

② 中共广西区委党校课题组、凌经球：《广西少数民族聚居县脱贫攻坚问题研究》，载于《改革与战略》2020年第4期，第110～124页。

③ 《一鼓作气，尽锐出战！宁夏脱贫稳定持续攻坚中》，国家互联网信息办公室，2021年1月14日，http：//www.cac.gov.cn/2021-01/19/c_1612628816979811.htm。

二产业比重下降，第三产业比重上升，并超过第二产业 15.2 个百分点，整体上处于工业化中期阶段。① 从产业结构看，民族地区工业化进程持续推进，但与全国还有较明显的差距，民族八省区第一产业比重较高，超过全国平均水平；而第二、第三产业均低于全国水平，工业化水平相对较低。如图 7-1 所示，按可比价格计算，民族八省区 2019 年经济增长率为 6.6%。2011~2019 年民族八省区地区生产总值年均增速达 9.1%，比同期国内生产总值的年均增速（7.3%）高出 1.8 个百分点。② 民族八省区与全国的经济增长速度均呈现明显下降的趋势，但是民族八省区的下降速度明显快于全国。

表 7-5　　　　　2011~2019 年民族八省区基本情况及与全国的比较

指标	2011 年	2012 年	2013 年	2014 年	2015 年	2016 年	2017 年	2018 年	2019 年
年底常住人口（万人）	18946	19076	19214	19342	19519	19681	19857	20012	20158
人口占全国比例（%）	14.1	14.1	14.1	14.1	14.2	14.2	14.3	14.3	14.4
年底城镇人口比例（%）	41.6	43.1	44.3	45.7	47.0	48.4	49.8	50.9	51.9
全国城镇人口比例（%）	51.3	52.6	53.7	54.8	56.1	57.4	58.5	59.6	60.6
地区生产总值（亿元）	51664	58519	65245	70774	74736	79972	84899	90576	100452
地区生产总值占全国比例（%）	10.7	11.0	11.1	11.1	11.0	10.7	10.3	10.1	10.1
第一产业比重（%）	13.4	13.4	13.4	13.2	13.4	13.4	13.2	13.0	13.0
第二产业比重（%）	48.4	47.4	46.6	45.9	44.2	43.1	41.3	39.8	35.9
第三产业比重（%）	38.1	39.3	40.0	40.9	42.4	43.5	45.5	47.2	51.1

资料来源：根据国家统计局公布的《中国统计年鉴》（2019~2020）以及国家统计局分省年度数据（https：//data. stats. gov. cn/easyquery. htm？cn = E0103）中全国及民族八省区相关数据整理所得。

———————————

① ② 根据国家统计局公布的《中国统计年鉴》（2019~2020）以及国家统计局分省年度数据（https：//data. stats. gov. cn/easyquery. htm？cn = E0103）中全国及民族八省区数据整理计算所得。

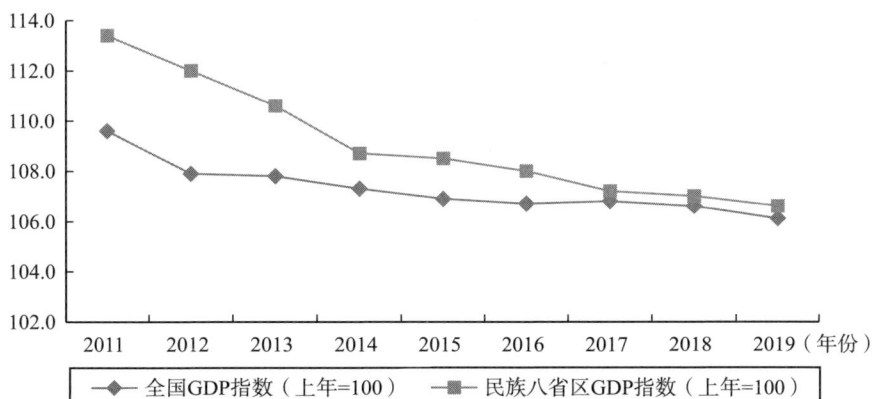

图 7-1 2011～2019 年民族八省区与全国生产总值指数

注：生产总值指数按照可比价格计算。

资料来源：根据国家统计局公布的《中国统计年鉴》（2012～2020）以及国家统计局分省年度数据（https：//data. stats. gov. cn/easyquery. htm？cn = E0103）中全国及民族八省区相关数据整理所得。

如表 7-6 所示，2019 年，民族八省区全社会固定资产投资（不含农户）达 9.31 万亿元，占全国固定资产投资总额的 13.2%，与 2018 年相比大体不变；地方财政公共预算收入为 10218 亿元，占全国地方财政公共预算总收入的 10.1%，与 2018 年相比，略有提升；全社会消费品零售额达34073 亿元，占全国消费品零售总额的比例为 8.3%，与 2018 年相比稍有下降。这主要与民族地区面临复杂严峻的国内外形势，经济下行压力大有关，为脱贫攻坚带来了一定的挑战。

表 7-6　　　　　　　　**2018～2019 年民族八省区主要经济指标**

指标			数值
全社会固定资产投资（不含农户）	金额（亿元）	2018 年	88363
		2019 年	93128
	占全国比例（%）	2018 年	13.2
		2019 年	13.2
	2013～2019 年年平均增速（%）	民族八省区	10.7
		全国	5.3
财政公共预算收入	金额（亿元）	2018 年	9731
		2019 年	10218

续表

指标			数值
财政公共预算收入	占全国比例（%）	2018 年	9.9
		2019 年	10.1
	2013～2019 年 年平均增速（%）	民族八省区	7.0
		全国	5.3
消费品零售总额	金额（亿元）	2018 年	31956
		2019 年	34073
	占全国比例（%）	2018 年	8.4
		2019 年	8.3
	2013～2019 年 年平均增速（%）	民族八省区	10.0
		全国	7.5

注：年均增速按可比价格计算，其中价格指数分别使用民族八省区和全国的生产总值平减指数。

资料来源：根据国家统计局公布的《中国统计年鉴》（2012～2020）以及国家统计局分省年度数据（https：//data. stats. gov. cn/easyquery. htm？cn＝E0103）中全国及民族八省区数据整理计算所得。

　　如表 7－7 所示，2011～2019 年，民族地区农村居民可支配收入和消费水平增长较快，与全国平均水平的相对差距进一步缩小。可支配收入方面，按可比价格计算，2011～2019 年民族八省区农村居民人均可支配收入年均增速12.3%，比全国平均增速高出 1.3 个百分点，但截至 2019 年，人均可支配收入仍比全国低 21.1%。消费支出方面，总体上看，民族八省区城镇居民人均消费支出水平与全国平均水平的相对差距呈现缓慢缩小态势。按可比价格计算，2011～2019 年民族八省区农村居民人均消费支出年均增速为 13.2%，比全国平均增速高出 1.4 个百分点。截至 2019 年，民族八省区农村居民人均消费支出达到 11068 元，扣除价格因素，比 2018 年实际增长8.2%。但是，2019 年民族八省区农村居民人均消费支出绝对水平仍比全国平均水平低 12.2%。① 这主要是因为过低的收入水平使得贫困人口的生活消费水平相对较低，同时，其购买生产生活资料的能力也极为有限。

---

① 根据国家统计局公布的《中国统计年鉴》（2012～2020）以及国家统计局分省年度数据（https：//data. stats. gov. cn/easyquery. htm？cn＝E0103）中全国及民族八省区数据整理计算所得。

表7－7　　　　2011～2019年民族八省区农村居民可支配收入与消费支出情况

指标		2011年	2012年	2013年	2014年	2015年	2016年	2017年	2018年	2019年	年均增速（%）
农村居民人均可支配收入	民族八省区（元）	5017	5799	7180	8012	8777	9577	10468	11457	12648	12.3
	全国（元）	6977	7917	9430	10489	11422	12363	13432	14617	16021	11.0
	相对差距（%）	－28.1	－27.0	－23.9	－23.6	－23.2	－22.5	－22.1	－21.6	－21.1	—
农村居民人均消费支出	民族八省区（元）	4141	4744	6116	6796	7516	8213	8994	9925	11068	13.2
	全国（元）	5221	5908	7485	8383	9223	10130	10955	12124	12604	11.8
	相对差距（%）	－20.7	－19.0	－18.3	－18.9	－18.5	－18.9	－17.9	－18.1	－12.2	—

注：2011～2012年农村居民人均可支配收入统计口径为人均纯收入。年均增速按可比价格计算，价格指数为各省区居民消费价格指数。

资料来源：根据国家统计局公布的《中国统计年鉴》（2012～2020）以及国家统计局分省年度数据（https：//data. stats. gov. cn/easyquery. htm？cn = E0103）中全国及民族八省区相关数据整理所得。

2. 贫困群体生活条件较差，农牧业发展受阻

民族贫困地区大多属于深度贫困地区，贫困群众生活条件差，作为第一产业的农牧业发展受阻。如西藏贫困人口生活条件较差，既面临着气候恶劣、海拔高、灾害与疾病多发的自然环境，也面临着基础设施建设滞后、公共服务水平不高的社会环境制约。就农牧业看，西藏生产方式单一脆弱，而西藏低产田面积占贫困区总面积近70%，部分区域人均耕地甚至不足1亩，草场灌溉面积尚不到可利用草场面积的1%[①]，这一情况尚难以满足贫困人口的基本生活需求，若受自然灾害影响更会导致减产绝收，农牧业发展容易受阻。受高寒缺氧，冻土层厚等自然因素影响，西藏地区第一产业发展的限制因素较多，乡村民营企业发展不完善，农畜产品加工转化率低，加之人口居住分散使得社会经济发展无法形成增长极，在一定程度上阻碍了乡村企业的发展。再如内蒙古的贫困地区大多集中在风蚀沙化区和边境

---

① 张丽君、侯霄冰：《西藏多维贫困特征及精准扶贫研究》，载于《黑龙江民族丛刊》2017年第3期，第81页。

牧区，自然条件恶劣，水资源贫乏，到处是戈壁荒漠，草场是荒漠草场，基础设施条件落后，自然灾害频繁，贫困人口的农牧业生产艰难。贫困群众"吃水难""饮水不安全"的问题、乡村看病难的问题、贫困户住危房的问题等在一些贫困地区仍然存在。新疆贫困人口几乎集中于南疆四地州，尤其是和田地区与喀什地区。南疆四地州位于塔克拉玛干沙漠边缘，自然条件恶劣，气候干旱少雨，沙尘暴、大风、干旱、山洪等自然灾害频发，戈壁、沙漠占区域面积的90%以上，平原区绿洲面积仅为9.2%①，人均耕地少且土地盐碱化、沙化、荒漠化严重，生态环境极其脆弱，是全国生态环境最为脆弱的区域之一。广西的深度贫困地区主要集中在石漠化区和国家重要生态功能区，自然条件相对较差，地质灾害频繁，这些地区山高沟深、耕地少、土质差，山区村约占78%，丘陵村约占20%，平原仅占2%。②青海是集中连片特困地区和国家扶贫开发重点县全覆盖区域，农牧区资源禀赋差，贫困群众抵御自然灾害和市场风险能力弱，经济发展滞后，社会发育程度低，基础设施欠账多，公共服务配套难，且项目建设差异大、成本高。云南的贫困地区由于信息闭塞，基础设施和基本公共服务薄弱，社会教育程度更为落后，生产力发展滞后，生态环境保护压力大，许多贫困人口生活在"一方水土养不起一方人"的地方。此外，地震、干旱、洪涝、泥石流等自然灾害频发，使得经济发展带动效益较低，脱贫成本较高、压力较大。

3. 劳动力素质不高，人力资本相对匮乏

民族地区始终面临着劳动力素质偏低、人力资本匮乏这一关键问题。据第六次人口普查数据显示，西藏自治区文盲人口为73.32万人，文盲率为32.29%③；2005年，云南省民族地区的普通话普及率仅有27.77%，2014年上升到40%左右，仍然低于全国平均水平。④民族地区基础教育相对薄弱，乡村小规模学校办学条件较差，教育质量、教育公平难以保证，教育均衡发展推进难度较大，优质教育资源缺乏；民族高等教育发展滞后，高层次人才匮乏。据统计，2017年普通高校中少数民族硕士、博士研究生数量为12.8万人，占全国硕士、博士研究生总人数的4.85%，远远低于少数

①② 孟向京：《中国生态移民的理论与实践研究》，中国人民大学出版社2016年版，第193页。

③ 《西藏自治区2010年第六次全国人口普查主要数据公报》，国家统计局，2012年2月28日，http://www.stats.gov.cn/tjsj/tjgb/rkpcgb/dfrkpcgb/201202/t20120228_30406.html。

④ 张文凌：《云南民族地区普通话普及率上升》，中青在线，2017年9月13日，http://news.cyol.com/content/2017-09/13/content_16498556.htm。

民族人口占全国人口的比例。2017 年，广西壮族自治区每 10 万人口高等教育在校生数仅为全国平均数的 3/4，在校博士研究生不足千人，全区博士研究生教育规模远不足一所国家重点大学。① 2011 年，贵州省黔东南州小学专任教师的学历合格率总体水平为 98.81%，比全国低 0.91 个百分点；2015年为 99.64%，比全国低 0.26 个百分点。2015 年，贵州省黔东南州初中生师比为 15.12∶1，即每位初中专任教师需负责 15 名学生，与 13.5∶1 的标准相比仍存在较大差距。②

4. 特殊贫困群体是稳定脱贫的难点

深度贫困地区主要有"三类人"需要关注：一是因病致贫人群；二是因灾和市场行情变化返贫人员；三是贫困老人。病、残、老等特殊贫困群体占比高，脱贫难度大，因病致贫和缺劳力是民族地区的主要致贫原因。如截至 2017 年底，内蒙古自治区因病、因残致贫约占贫困人口总数的 64%以上，涉及 10.8 万个家庭。③ 截至 2018 年末，宁夏回族自治区"五县一片"深度贫困地区三类特殊贫困群体 4.42 万人，其中大病和长期患病群体1.58 万人、残疾人 1.43 万人、60 岁以上单老双老户 1.4 万人，占全区未脱贫人口的 35.6%，较 2017 年底占比（27.7%）高出 7.9 个百分点。④ 2018年末，新疆全区未脱贫的贫困人口中，因病致贫的占 15.12%，因残致贫的占 7.49%，合计占 22.61%，涉及贫困人口 18.47 万人。⑤ 因此，聚焦特殊贫困群体实施健康扶贫、残疾人扶贫、老年人养老保障是稳定脱贫的必要之举。

深度贫困民族地区除了这"三类人"之外，还有三个特殊的贫困群体：一是"直过民族"贫困人群；二是人口较少民族贫困人群；三是贫困边民。其中，"直过民族"生活方式落后、社会发育程度低、缺乏市场竞争意识等，整体上处于贫困状态，并且贫困程度深、脱贫难度大。在精准扶贫过程中采取了专门的、有针对性的扶贫手段。如云南就有景颇、傈僳、独龙、怒、佤、阿昌、普米、布朗、基诺、德昂、拉祜族等 11 个"直过民族"，

①　陈立鹏、仲丹丹：《新中国成立 70 年：对民族教育"深层次问题"的再思考》，载于《民族教育研究》2019 年第 5 期，第 14～21 页。

②　杨军昌、周惠群：《贵州民族地区基础教育资源配置的问题与优化分析——以黔东南苗族侗族自治州为例》，载于《贵州民族研究》2018 年第 9 期，第 241～246 页。

③　《内蒙古落实习近平总书记全国两会重要讲话精神纪实》，中国新闻网，2019 年 2 月 27 日，http：//www.chinanews.com/gn/2019/02－27/8765883.shtml。

④　宁夏社会科学院：《宁夏社会发展报告》，宁夏人民出版社 2019 年版，第 87 页。

⑤　汪三贵：《当代中国扶贫》，中国人民大学出版社 2019 年版，第 7 页。

这些民族的人口大部分处于深度贫困状态。为了推动这些民族的全面脱贫，云南省委、省政府专门制订了《云南省全面打赢"直过民族"脱贫攻坚战行动计划（2016－2020 年)》。我国有 28 个人口较少民族，他们有其特有的文化、生活习惯和生产方式。对贫困的认知、致贫原因、贫困表现和对扶贫政策的反映存在着特殊性。此外，我国有 140 个陆地边境县（旗、市、市辖区），其中民族自治地方 111 个，还有新疆生产建设兵团的 58 个边境团场。① 边民的贫困问题具有特殊性，有守边固边的职责，不能采取易地扶贫搬迁等策略去解决他们的贫困问题。因此，也采取了特殊的、有针对性的扶贫手段予以帮助。

5. 脆弱性程度高、返贫风险高

首先，脆弱性程度高。课题组基于国家统计局 2010 年农村贫困监测的调查（样本地区大部分是国家级贫困县）获取的 53271 个样本数据，运用脆弱性测量的方法，按照 2300 元（2010 年不变价）的贫困标准对少数民族和汉族的脆弱性进行测量，发现少数民族家庭的脆弱性程度为 61.2%，比整体样本的脆弱性程度高出 12.7 个百分点。无独有偶，基于 2017 年的实地调研数据，按照 2300 元（2010 年不变价）的贫困标准计算得到，彝族、藏族、蒙古族和回族的脆弱性程度分别为 33%、29%、18% 和 18%，均高于整体样本的脆弱性程度（12.9%）。虽然，由于样本选择问题，上述两个数据并不能代表全国整体情况，但却能反映出少数民族脆弱性程度高的事实，也即少数民族家庭更容易陷入贫困。

其次，返贫风险高。在大扶贫格局下，帮扶政策及其撬动的社会资源确保了脱贫攻坚的胜利。脱贫之后，虽然有"对脱贫县，从脱贫之日起设立 5 年过渡期，过渡期内要保持主要帮扶政策总体稳定"的政策保障，但帮扶政策撬动的社会资源投入可能会减少。尤其是在边境地区，脱贫家庭的收入不高且结构不合理。例如，新疆喀什地区建档立卡贫困户 2018 年的收入结构为：工资性收入（主要是外出务工收入）占 36.35%，转移性收入占 31.51%，生产经营性收入（主要是农业经营收入）占 31.38%，财产性收入占 0.74%。若帮扶政策撬动的社会资源投入减少，边境地区脱贫家庭的工资性收入和转移性收入将会减少，而农业经营性收入又同时面临自然风险和市场风险，因此可能面临返贫风险。本节基于国务院扶贫办提供的

---

① 《多措并举确保少数民族和民族地区全面脱贫》，中青在线，2017 年 9 月 4 日，http://news. cyol. com/content/2017－09/04/content_16465853. htm。

2018 年全国人口较少民族建档立卡贫困家庭数据中 100312 户已脱贫家庭的数据①，借鉴并扩展了蒙特卡洛模拟方法，计算得出：若收入来源和结构保持稳定，边境九省区脱贫家庭的平均返贫风险为 0.99%（100 户脱贫家庭有近 1 户可能返贫）。黑龙江、新疆、云南、广西、甘肃、辽宁、西藏、内蒙古、吉林 9 个省区人口较少民族脱贫家庭的返贫风险分别为 1.10%、1.02%、1.02%、1.01%、1.01%、0.94%、0.88%、0.87%、0.81%。进一步使用云南省某边境州 2017～2019 年建档立卡贫困户的数据，测量出边境地区脱贫家庭三种类型的返贫风险：一是在扶贫政策及其撬动的社会资源对全州脱贫家庭的投入不变的情形下，全州脱贫家庭平均返贫风险为 0.09%，其中边境县脱贫家庭的返贫风险为 0.06%；二是在专项扶贫政策退出的情形下，即脱贫家庭的其他转移性收入（总的转移性收入扣除计划生育补贴、低保金、养老保险金、生态补偿金、粮食补贴、农资综合补贴、农机具补贴等相对稳定的常规转移性收入部分）减少至 0 的情况下，全州脱贫家庭的平均返贫风险增至 1.25%，边境县脱贫家庭的平均返贫风险增至 1.34%；三是在所有扶持政策都退出的情形下，即脱贫家庭的全部转移性收入减少至 0 的情形下，全州脱贫家庭的平均返贫风险为 8.67%，边境县脱贫家庭的平均返贫风险为 9.19%。可见，在政策减弱或全部退出的情形下，边境县脱贫家庭的返贫风险明显高于全州平均水平。当然，上述数据并不是严格随机抽样获取的，并不能代表边境地区整体情况，但能反映出在政策减弱或全部退出的情形（如 5 年过渡期之后）下，边境地区脱贫家庭返贫概率情况。因此，边境地区脱贫家庭返贫风险亟待加大关注，警惕专项扶贫政策的快速退出。

（三）缺乏脱贫成功的理论和实践参考

我国发展尚处于社会主义初级阶段，改革开放讲求"摸着石头过河"的原则，很多理论和经验都是在不断实践中探索、总结出来的，再加上民族地区本身存在历史、文化与地理环境等多方面的特殊性，民族地区的脱贫攻坚既缺少科学适用的理论指导，又缺少可参照的成功的实践经验。从

---

① 根据国务院扶贫办提供的 2018 年全国人口较少民族建档立卡贫困家庭数据整理，该数据涵盖了全国所有人口较少民族贫困家庭，共 124617 户。截至 2018 年底，这些人口较少民族贫困家庭有 103820 户已脱贫，还有 20797 户尚未脱贫。由于数据库中有 3508 户人口较少民族脱贫家庭关键变量数据缺失（无法计算返贫风险），在测量返贫风险时不得不将其剔除，最终样本量为 100312 户人口较少民族脱贫家庭。

历史与文化因素的特殊性来看，以农业经济为主的汉族和以游牧经济为主的其他民族在经济生产方式、民族文化等方面已经表现了较大的不同，进而整个民族在发展中也逐渐出现了不同。三大改造完成后，56个民族共同进入到社会主义社会，各民族在政治权利和政治地位上平等、和谐发展，有部分民族"大踏步跨越"到了社会主义社会，例如在1956年之前，四川凉山彝族地区仍保留着奴隶社会制度，西藏的农奴制直到1959年民主改革时才被废除。而由原始社会跨越多个社会形态直接过渡到社会主义社会的"直过民族"，更是体现了其在社会发展上的差距，"直过民族"与其他少数民族社会政治、经济、文化形态一起，人类社会纵向排列的原始公社制、奴隶制、封建制等社会形态在同一历史时空中以横向排列展示出来，使得我国民族地区的社会经济状况呈现出复杂性。党的十八大以来，民族地区贫困的发生情境、反贫困行动的背景以及经济社会诸多领域的变迁都在不同程度上改变了扶贫理论演进和实践发展的前提与边界，这也是扶贫领域包括我国脱贫攻坚学术研究反思与革新的良好契机。

三、传承创新：习近平关于民族地区扶贫工作重要论述的主要内容

（一）习近平关于民族地区扶贫工作重要论述的基本内涵

党的十八大以来，党中央对民族地区工作作出了一系列重大决策部署，习近平总书记高度重视民族地区的发展，多次身体力行先后深入新疆、云南、贵州、宁夏、青海、广西、内蒙古、西藏等民族地区考察，对民族地区贫困状况和全面小康社会建设进程作出了新的研判，明确了发展思路和关键要点。多年来，习近平总书记关于民族地区扶贫工作的重要论述是针对民族地区发展现状和特点而逐步形成的，是中国共产党在民族地区扶贫工作中的经验总结，旨在促进民族地区改善民生、消除贫困。

1. 第一要义——全面建成小康社会，一个民族都不能少

民族地区大多位于西部和边境地区，地理上较为偏远，自然条件较差，基础设施落后，市场化程度低，多数产业处于低端，竞争力和自我发展能力不强，加之人口居住分散，公共服务半径大，经济建设和社会管理成本

高。导致贫困发生率在少数民族同胞中尤其高。① "全面实现小康，少数民族一个都不能少，一个都不能掉队，要以时不我待的担当精神，创新工作思路，加大扶持力度，因地制宜，精准发力，确保如期啃下少数民族脱贫这块'硬骨头'，确保各族群众如期实现全面小康。"② 这是习近平总书记对民族地区扶贫工作作出的重要指示，是对当前我国民族工作"两个共同"主题和根本任务的形象概括和具体要求，也是对解放和发展生产力，消灭剥削，消除两极分化，最终达到共同富裕的社会主义本质贯彻到我国民族关系理论上的集中表达，更是对马克思主义坚持民族平等、民族团结和各民族共同繁荣发展这一处理民族问题基本原则的中国化、大众化、通俗化的诠释。2020 年是脱贫攻坚的决胜之年，也是我国全面建成小康社会的决胜之年。全面建成小康社会的"全面"指的是所覆盖群体和涉及领域的全面，是不分地域、群体、层级和民族，不使一个人掉队，通过全国各族人民的共同努力，所有人群全部实现全面小康。"一个民族都不能少"包含了中华民族伟大复兴的目标，充分彰显了中国特色社会主义制度的优势，是党中央对民族贫困地区以及少数民族群众发展的高度重视和深切关怀的重要体现。

2. 根本宗旨——实现中华民族伟大复兴

"实现中华民族伟大复兴的中国梦，就是要实现国家富强、民族振兴、人民幸福。"③ 为实现全面小康，习近平总书记把脱贫攻坚摆在治国理政的突出位置，脱贫攻坚力度之大、规模之广、影响之深前所未有。实现中华民族伟大复兴，铸牢中华民族共同体意识是关键。习近平总书记在党的十九大报告中首次提出"铸牢中华民族共同体意识"④，近几年在各种不同场合反复强调这一理念。实现中华民族伟大复兴的中国梦，需要不断增强和铸牢中华民族共同体意识，加强各民族交往交流交融，打牢各族人民共同团结奋斗、共同繁荣发展的思想基础、政治基础、经济基础和社会基础，凝

---

① 董强：《习近平关于民族工作重要论述的马克思主义政治哲学基础》，载于《民族研究》2020 年第 6 期，第 18～28、139 页。

② 《习近平：全面建成小康社会，一个民族都不能少》，人民网理论频道，2017 年 6 月 12 日，http：//theory. people. com. cn/n1/2017/0612/c40531－29333825. html。

③ 习近平：《在第十二届全国人民代表大会第一次会议上的讲话》，人民出版社 2013 年版，第 9 页。

④ 《习近平：决胜全面建成小康社会 夺取新时代中国特色社会主义伟大胜利——在中国共产党第十九次全国代表大会上的报告》，中国政府网，2017 年 10 月 27 日，http：//www. gov. cn/zhuanti/2017－10/27/content_5234876. htm。

聚起同心共筑中国梦的磅礴力量。

3. 关键之处——民族地区脱贫攻坚成败之举在于精准

2013 年，习近平总书记在湖南湘西十八洞村考察时，首次提出"精准扶贫"理念，为脱贫攻坚提供了重要遵循。习近平总书记科学指引脱贫攻坚的前进方向，并指出："要做到六个精准，即扶持对象精准、项目安排精准、资金使用精准、措施到户精准、因村派人（第一书记）精准、脱贫成效精准。各地都要在这几个精准上想办法、出实招、见真效。"① 民族地区扶贫开发贵在精准，重在精准，成败之举在于精准。每个民族地区的资源禀赋、区位条件不同，历史文化特色各异，贫困家庭致贫的原因也不一样。在民族地区扶贫工作的实践中，具体问题具体分析，因地制宜，因人而异，发挥比较优势，研究不同地区不同家庭致贫的原因和脱贫发展的出路，坚持精准扶贫精准脱贫，推进民生保障精准化精细化。

4. 战略保证——坚持党的领导是根本保障、党基层组织是组织保证、资金投入是物质保障

坚持党的领导是民族地区扶贫工作的根本保障。长期以来，党中央对民族地区的经济社会发展和扶贫工作高度重视，将其纳入全国一盘棋进行统筹部署，适时制定出台指导和支持民族地区经济社会发展的大政方针和政策。解决困扰中华民族千百年来存在的绝对贫困问题，是对中国共产党领导能力的重要检验。党的十八大以来，在习近平总书记的领导下，举全党全社会之力全面打响脱贫攻坚战，强调民族地区是全国脱贫攻坚的难点和重点，是决定全国能否如期脱贫、实现全面建成小康社会的关键所在。在民族地区脱贫攻坚的伟大进程中，各级党组织始终重视加强党的思想引领力、政治引领力建设，以马克思主义反贫困理论和中国特色反贫困理论为指导，坚持实事求是的工作原则，做到因地制宜、因时施策，促进民族地区从"输血性"扶贫转变为"造血性"扶贫，走出了一条具有中国特色的脱贫致富路。

切实加强党基层组织是民族地区扶贫工作的组织保障。做好扶贫开发工作，基层是基础，习近平总书记强调："扶贫开发，要给钱给物，更要建个好支部。要把扶贫开发同基层组织建设有机结合起来，抓好以村党组织为核心的村级组织配套建设，鼓励和选派思想好、作风正、能力强、愿意

---

① 《坚持精准方略，提高脱贫实效》，人民网理论频道，2018 年 9 月 18 日，http：//theory. people. com. cn/n1/2018/0918/c421125 – 30299488. html。

为群众服务的优秀年轻干部、退伍军人、高校毕业生到贫困村工作，真正把基层党组织建设成带领群众脱贫致富的坚强战斗堡垒。"① 民族地区脱贫攻坚任务的艰巨性不言而喻。如果没有"雄心征服千层岭，壮志压倒万重山"的精神、"不破楼兰终不还"的劲头，脱贫攻坚的任务很难如期完成。在民族地区脱贫攻坚战中，充分发挥党的组织优势，特别是发挥少数民族聚集地区党组织力量，严格执行脱贫攻坚一把手负责制，选拔任用一批年轻化、知识化的党员干部和民族骨干力量投入一线扶贫工作中。同时充分发挥基层党支部战斗堡垒作用，打通联系群众的最后一公里，动态掌握各家各户脱贫、返贫情况，摸清底数、精准施策、靶向发力，激发各族干部攻坚斗志，深化扶贫工作、强化攻坚能力、提高脱贫质量。

加大资金投入是民族地区扶贫工作的物质保障。习近平总书记强调："坚持加大投入，强化资金支持。脱贫攻坚，资金投入是保障。"② 对此，将新增脱贫攻坚资金主要用于深度贫困地区，新增脱贫攻坚项目主要布局于深度贫困地区，新增脱贫攻坚举措主要集中于深度贫困地区。各部门安排的惠民项目向深度贫困地区倾斜，深度贫困地区新增涉农资金要集中整合用于脱贫攻坚项目。通过各种举措，形成支持深度贫困地区脱贫攻坚的强大投入合力。

5. 根本路径——扶贫先扶志，激发民族地区内生动力

2016 年，习近平总书记在东西部扶贫协作座谈会上讲道："摆脱贫困首要并不是摆脱物质的贫困，而是摆脱意识和思路的贫困。脱贫致富不仅要注意'富口袋'，更要注意'富脑袋'"。2017 年初，在十八届中央政治局第三十九次集体学习时，习近平总书记指出："发展是解决民族地区各种问题的总钥匙。要把民族地区发展融入全省发展大棋局中，把政府推动发展同吸引各族群众积极参与发展统一起来、把生产条件改善同生活条件改善统一起来、把生产和发展教育文化事业统一起来，最大限度地调动当地群众的积极性，变要我发展为我要发展。"③ 习近平总书记多次强调"治穷先治愚，扶贫先扶智"，深刻论述了"物质贫困""思路贫困""意识贫困"的内在逻辑，指出摆脱物质贫困必先摆脱思路贫困，摆脱思路贫困必先摆

---

① 中共中央党史和文献研究院：《习近平扶贫论述摘编》，中央文献出版社 2018 年版，第 37 页。

② 《【党史上的今天】2 月 12 日》，光明时政，2021 年 2 月 12 日，https：//politics. gmw. cn/2021－02/12/content_34616482. htm。

③ 《习近平谈扶贫》，人民网理论频道，2016 年 9 月 1 日，http：//theory. people. com. cn/n1/2016/0901/c49150－28682345－2. html。

脱意识贫困。① 这些重要论述为民族地区脱贫提供了强大的理论指导和科学的实践方向。脱贫攻坚战的全面胜利充分证明了只要充分调动人民群众的主体性、创造性，脱贫攻坚路上的任何困难必能解决。民族地区在脱贫攻坚战中，不断创新扶贫开发社会参与机制，畅通民意表达渠道，在接受广大人民群众建言献策的基础上，激发贫困人口的内生动力。通过采取教育引导、技能培训、观摩学习等方式，让民族地区贫困群众开阔眼界、增长见识、更新理念、提振心气，提高群众自主发展的主观能动性。从宣传引导、励志教育、典型引路入手，大力宣传推广脱贫致富典型、帮扶先进典型、扶贫模式典型，唤醒贫困群众的自主意识，从"要我脱贫"向"会脱贫、要脱贫、敢脱贫、争脱贫"转变，增强其追赶先进、脱贫奔小康的自信心。正是依靠各族群众的辛勤劳动和不懈奋斗，各族群众走出了一条波澜壮阔的脱贫致富奔小康之路。

6. 重要支撑——凝聚各方力量，构建大扶贫格局

"扶贫开发是全党全社会的共同责任，要动员和凝聚全社会力量广泛参与。"② 民族地区贫困程度深、扶贫成本高、脱贫难度大，需进一步做好东西部扶贫协作和对口支援工作，合力打赢民族地区脱贫攻坚战。习近平总书记高度重视构建大扶贫格局，并作出一系列重要指示，为民族地区凝聚脱贫攻坚强大力量指明了方向。"坚持社会动员，凝聚各方力量。脱贫攻坚，各方参与是合力。必须坚持充分发挥政府和社会两方面力量作用，构建专项扶贫、行业扶贫、社会扶贫互为补充的大扶贫格局，调动各方面积极性，引领市场、社会协同发力，形成全社会广泛参与脱贫攻坚格局。"③

（二）习近平关于民族地区扶贫工作重要论述的特性

1. 科学性和实践性的有机统一

科学性是习近平总书记关于民族地区扶贫工作重要论述的基础和动力源泉，实践性是习近平总书记关于民族地区扶贫工作重要论述的具体措施，二者相互关联，有机统一于解决民族地区贫困问题的实际当中。科学性方面。首先，马克思主义经典作家关于民族发展与进步的思想主张，是习近平总书记关于民族地区扶贫工作重要论述生成的思想渊源，这一论述基于中

① 《习近平在中央民族工作会议暨国务院第六次全国民族团结进步表彰大会上的重要讲话》，新华网，2014 年 9 月 29 日，http://www.xinhuanet.com/politics/2014 - 09/29/c_1112683008.htm。
② 中共中央党史和文献研究院：《习近平扶贫论述摘编》，中央文献出版社 2018 年版，第 99 页。
③ 中共中央党史和文献研究院：《习近平扶贫论述摘编》，中央文献出版社 2018 年版，第 107 页。

国共产党鲜活的革命、建设和改革的实践，是56个民族在携手实现中华民族伟大复兴征程中积累的丰富经验总结；其次，新时代中国经济社会发展的现实需要是习近平总书记关于民族地区扶贫工作重要论述形成的动力源泉。它不仅是我国全面建成小康社会的需要，也是维护民族团结、实现中华民族伟大复兴的需要，更是维护国家总体安全的需要。实践性方面。习近平总书记关于民族地区扶贫工作重要论述，回答了"谁来解决民族地区发展问题""如何解决民族地区发展问题"等基本问题，科学地指明了解决少数民族和民族地区发展问题的路径，努力构建了党委领导、政府负责、有关部门协同配合、全社会通力合作的民族地区扶贫工作格局，坚持以中国特色解决民族问题的正确道路，重申"发展是解决民族地区各种问题的总钥匙。"① 科学性与实践性的有机统一，赋予习近平总书记关于民族地区扶贫工作重要论述鲜活的生命力，指导着民族地区大步迈向全面小康。

2. 系统性和精准性的有机统一

民族地区的扶贫工作既要有大局观，又要照顾到当地的具体实情，实现系统性和精准性的有机统一。协调、协同、协作式发展和精准扶贫的同时推进体现了习近平总书记关于民族地区扶贫工作重要论述的系统性和精准性的有机统一。

系统性方面，一是推动区域协调、协同、共同发展。"东西部扶贫协作和对口支援，是推动区域协调发展、协同发展、共同发展的大战略，是加强区域合作、优化产业布局、拓展对内对外开放新空间的大布局，是实现先富帮后富、最终实现共同富裕目标的大举措。"② 二是要形成大扶贫格局。"要坚持专项扶贫、行业扶贫、社会扶贫等多方力量、多种举措有机结合和互为支撑的'三位一体'大扶贫格局，健全东西部协作、党政机关定点扶贫机制。""要加大中央和省级的财政扶贫投入，坚持政府投入在扶贫开发中的主导作用，积极开辟新的资金渠道。"③ 三是要广泛动员社会力量，形成扶贫开发强大合力。"各级党委、政府和领导干部对贫困地区和贫困群众要格外关注、格外关爱，履行领导职责，创新思路方法，充分发挥贫困地区广大干部群众的能动作用，推动贫困地区和贫困群众加快脱贫致富奔小

---

① 《发展是解决民族地区各种问题的总钥匙》，中国民族宗教网，2019年7月4日，http：//www. mzb. com. cn/html/report/190734522 – 1. htm。

② 《习近平主持召开东西部扶贫写作座谈会并发表的重要讲话》，新华网，2016年7月21日，http：//www. xinhuanet. com/politics/2016 – 07/21/c_1119259129. htm。

③ 《习近平出席部分省区党委主要负责同志座谈会并发表重要讲话》，中国政府网，2015年7月19日，http：//www. gov. cn/xinwen/2015 – 07/19/content_2899612. htm。

康的步伐。"① "做好经济社会发展工作，民生是'指南针'。要全面把握发展和民生相互牵动、互为条件的关系，通过持续发展强化保障和改善民生的物质基础，通过不断保障和改善民生创造更多有效需求。要特别关注和关心困难群众，坚持精准扶贫，广泛动员社会力量扶危济困。"②

精准性方面，强调扶到点上、扶到根上、扶贫扶到家。习近平总书记关于民族地区"差别化支持""精准扶贫、精准脱贫"的论述正是对精准性生动的阐释与体现。2013 年 11 月，习近平总书记在湖南湘西土家族苗族自治州首次提出精准扶贫，指出："要从实际出发，因地制宜，把种什么、养什么、从哪里增收想明白。"③ 2014 年 9 月，在中央民族工作会议上，习近平总书记又进一步强调："对边疆地区、民族地区、贫困地区、生态保护区实行差别化的区域政策，把政策动力和内生潜力有机地结合起来。"④ "充分考虑民族地区的特殊性，在土地使用、金融服务、资本市场建设等方面给予差别化支持。"⑤ 2015 年，习近平总书记在贵州召开部分省区市党委主要负责同志座谈会上提出："要坚持因人因地施策，因贫困原因施策，因贫困类型施策，区别不同情况，做到对症下药、精准滴灌、靶向治疗。"⑥ 精准化做事的方式方法，体现出习近平总书记对民族地区现状的深入了解，坚持问题导向的务实作风。民族地区无论是区位条件、地形地貌、民族构成，还是资源禀赋、发展水平都存在显著差异，"要加大扶贫资金投入力度，重点向农牧区、边境地区、特困人群倾斜，建立精准扶贫工作机制。"⑦ 确保民族地区扶贫对象精准、措施到户精准、项目安排精准、资金使用精准、因村派人（第一书记）精准、脱贫成效精准。正是在这种系统性的"四梁八柱"和精准性的政策措施高度融会指引下，民族地区减贫事业才取得了

① 《习近平在首个"扶贫日"之际做出的重要批示》，中国政府网，2014 年 10 月 17 日，http：//www. gov. cn/guowuyuan/2014 - 10/17/content_2767106. htm。

② 《习近平在吉林调研时强调　保持战略定力增强发展自信》，新华网，2015 年 7 月 18 日，http：//www. xinhuanet. com/politics/2015 - 07/18/c_1115967338. htm。

③ 《人民日报评论员：精准扶贫的湘西经验》，人民网，2019 年 3 月 31 日，http：//opinion. people. com. cn/n1/2019/0331/c1003 - 31004764. html。

④ 《加快边境地区发展维护民族团结和边防稳固》，人民政协网，2017 年 8 月 10 日，http：//www. rmzxb. com. cn/c/2017 - 08 - 10/1711595. shtml。

⑤ 《进一步提升民族地区金融服务水平》，中国社会科学网，2017 年 5 月 10 日，http：//www. cssn. cn/ddzg/ddzg_ldjs/ddzg_jj/201705/t20170510_3514278. shtml。

⑥ 《习近平：对症下药　精准滴灌　靶向治疗　打赢脱贫攻坚战》，人民网理论频道，2016 年 9 月 5 日，http：//theory. people. com. cn/n1/2017/0609/c40531 - 29328807. html。

⑦ 《习近平在第二次中央新疆工作座谈会发表的重要讲话》，中国政府网，2014 年 5 月 29 日，http：//www. gov. cn/govweb/xinwen/2014 - 05/29/content_2690156. htm。

前所未有的非凡成就。

3. 继承性和创造性的有机统一

继承性和创造性的有机统一保证了民族地区扶贫工作进展的有效性和可持续性。习近平总书记关于民族地区扶贫工作的重要论述是对马克思主义反贫困理论、中国历代领导人反贫困思想的继承与创新。并着眼于少数民族和民族地区新时代面临的新情况和新问题，基于新阶段、新时代的新要求，从"两个一百年"目标和马克思主义中国化的历史进程等角度，对民族地区全面小康作出了贴近实际的顶层设计，提出了紧扣发展细节的建瓴之策，系统而全面，是继承性与创造性的紧密结合。如创造性地提出"用新发展理念引领民族地区发展""以乡村振兴战略推动民族地区发展"；创造性地提出坚持"输血"和"造血"相结合。"坚持民族和区域相统筹，重在培育自我发展能力，重在促进贫困区域内各民族共同发展。"① 一是注重"扶智"。"让贫困地区的孩子们接受良好教育，是扶贫开发的重要任务，也是阻断贫困代际传递的重要途径。"② "让贫困地区每一个孩子都能接受良好教育，实现德智体美全面发展，成为社会有用之才。"③ 二是注重"扶志"，激发民族地区广大人民群众对美好生活的向往并付诸辛勤劳动，重视发挥民族地区扶贫干部的首创精神，引导他们树立献身于民族地区脱贫事业的远大志向。三是阻止贫困的代际传递。"要帮助民族地区贫困群众提高身体素质、文化素质、就业能力，努力阻止因病致贫、因病返贫，打开孩子们通过学习成长、青壮年通过多渠道就业改变命运的扎实通道。"④

（三）习近平关于民族地区扶贫工作重要论述彰显"四个自信"

党的十八大以来，以习近平同志为核心的党中央以全面消除贫困、实现全国人民共同富裕为重要使命，坚持"以人民为中心"的发展思想，夺取了全面建成小康社会的胜利旗帜。在脱贫攻坚的不同阶段作出重要的决策与指示，最终实现了到2020年底现行标准下农村贫困人口全部脱贫、贫

---

① 《习近平在中央民族工作会议上的讲话》，中国政府网，2014年9月29日，http：//www. gov. cn/xinwen/2014－09/29/content_2758814. htm。

② 《以教育扶贫阻断贫困代际传递》，中国日报中文网，2020年11月10日，http：//cn. chinadaily. com. cn/a/202011/10/WS5fa9e5baa3101e7ce972e62d. html。

③ 《习近平总书记给"国培计划（2014）"北京师范大学贵州研修班参训教师的回信》，新华网，2015年9月9日，http：//www. xinhuanet. com/politics/2015_09/09/C_1116512910. htm。

④ 《习近平参加广西代表团审议》，新华网，2015年3月8日，http：//www. xinhuanet. com/politics/2015－03/08/c_1114560777. htm。

困县全部摘帽的目标。以习近平同志为核心的党中央高度重视民族地区脱贫攻坚工作，对民族地区的人力、物力与财力支援力度之大前所未有。经过全国各族人民的齐心协力，民族地区广大群众的生活水平得到了极大提高，与全国人民一同迈入全面小康社会。我国民族地区脱贫攻坚战所取得的巨大成就，强有力地说明了中国特色社会主义道路的正确性、中国特色社会主义理论的科学性、中国特色社会主义制度的优越性和中国特色社会主义文化的引领性；充分彰显了中国特色社会主义道路自信、理论自信、制度自信、文化自信，确保了脱贫攻坚的伟大事业始终沿着正确方向胜利前进，极大地增强了中国人民创造美好生活的信心和底气，进一步铸牢了中华民族共同体意识。

1. 彰显中国特色社会主义道路的正确性

"中国是实行中国特色社会主义的国家。中国人苦苦寻找适合中国国情的道路，最后选择了社会主义道路。改革开放以后，我们从中国国情和时代要求出发，形成了中国特色社会主义。我们走出了这样一条道路，并且取得了成功。"[①] 民族地区是深度贫困的集中地带，贫困问题相对复杂，脱贫任务较为艰巨。"坚持中国特色社会主义道路，是新形势下做好民族工作必须牢牢把握的正确政治方向。"[②] 民族地区脱贫攻坚之所以取得重大胜利，正是因为走在了中国特色社会主义这条正确的道路上。中国特色社会主义道路以实现全体人民共同富裕为使命，遵循实事求是的基本原则，从而取得中华民族全体脱离贫困并走向富裕的历史性成就。

（1）中国特色社会主义道路是走向全体人民共同富裕的道路。

中国特色社会主义道路走的既不是苏联社会主义等封闭僵化的老路，也不是西方资本主义充斥着剥削的道路，而是带领全体人民走向共同富裕的康庄大道。"解放生产力，发展生产力，消灭剥削，消除两极分化，最终达到共同富裕。"[③] 邓小平阐述了中国特色社会主义的根本原则是实现全体人民共同富裕。民族地区大多自然条件差、经济基础弱、贫困程度深。2019 年，在全国民族团结进步表彰大会上，习近平总书记强调："把各族人民对美好生活的向往作为奋斗目标，确保少数民族和民族地区同全国一

---

① 《习近平在比利时布鲁日欧洲学院发表重要演讲》，中国经济网，2014 年 4 月 1 日，http：//www. ce. cn/xwzx/gnsz/szyw/201404/02/t20140402_2587901. shtml。

② 《全国政协十二届二次会议》，中国新闻网，2014 年 3 月 12 日，http：//www. chinanews. com/gn/2014/09 – 30/6647599. shtml。

③ 陈学明：《中国道路对马克思主义的发展——论中国道路的马克思主义意义之三》，载于《南京政治学院学报》2015 年第 6 期，第 1～12、151 页。

道实现全面小康和现代化。中华民族是一个大家庭，一家人都要过上好日子。没有民族地区的全面小康和现代化，就没有全国的全面小康和现代化。"① 关注民族地区的发展状况，缩小民族地区与其他地区的差距，是中国特色社会主义坚持以人民为中心，致力于促进全体人民共同富裕的生动体现，是我们党为铸牢中华命运共同体意识、加强民族团结而积极作为的现实写照。

（2）中国特色社会主义道路遵循实事求是的基本原则。

历史充分证明，只有坚持实事求是的基本原则，国家和社会才能大步前进。民族地区决战决胜脱贫攻坚的奋斗历程，贯穿着实事求是的基本原则。第一，民族地区脱贫攻坚立足于我国多民族特征的基本国情。"我国是统一的多民族国家，多民族是我国的一大特色，也是我国发展的一大有利因素。"② 民族地区是我国的资源富集区、水系源头区、生态屏障区、文化特色区、边疆地区、贫困地区，这一基本事实决定了民族问题始终是我们建设中国特色社会主义必须处理好的一个重大问题，也决定了民族地区脱贫攻坚始终是关系党和国家发展全局的一项重大任务。第二，脚踏实地开展扶贫工作，讲求脱贫实效。习近平总书记指出："扶贫要实事求是，因地制宜。要精准扶贫，切忌喊口号，也不要定好高骛远的目标。"③ "要坚持时间服从质量，科学确定脱贫时间，不搞层层加码。要真扶贫、扶真贫、真脱贫。"④ "脱贫计划不能脱离实际随意提前，扶贫标准不能随意降低，决不能搞数字脱贫、虚假脱贫""脱贫攻坚工作要实打实干，一切工作都要落实到为贫困群众解决实际问题上，切实防止形式主义，不能搞花拳绣腿，不能搞繁文缛节，不能做表面文章。"⑤ 衡量民族地区扶贫工作成效不是脱离实际，追赶脱贫时间、攀比脱贫数字，而是立足民族地区贫困实情、脚踏实地讲求脱贫实效。坚持实事求是，是民族地区脱贫攻坚成果长足永续的基本要求，是中国特色社会主义道路自信的要义所在。

---

① 《习近平在全国民族团结进步表彰大会上的讲话》，光明网，2019 年 9 月 27 日，https：// news. gmw. cn/2019 – 09/28/content_33195424. htm。

② 《中央民族工作会议暨国务院第六次全国民族团结进步表彰大会》，新华网，2014 年 9 月 29 日，http：//www. xinhuanet. com/politics/xxjxs/2020 – 06/13/c_1126110166. htm。

③ 《习近平在湖南湘西考察时的讲话》，中华网，2013 年 11 月 3 日，https：//news. china. com/zw/news/13000776/20191201/37484850. html。

④ 《习近平主持召开东西部扶贫协作座谈会上的讲话》，人民网理论频道，2016 年 7 月 20 日，http：//theory. people. com. cn/n1/2016/0901/c49150 – 28682345. html。

⑤ 《习近平在深度贫困地区脱贫攻坚座谈会上的讲话》，新华网，2017 年 6 月 23 日，http：// www. xinhuanet. com/politics/2017 – 08/31/c_1121580205. htm。

（3）中国特色社会主义道路可以顺利跨越"中等收入陷阱"。

"对中国而言，'中等收入陷阱'过是肯定要过去的，关键是什么时候迈过去、迈过去以后如何更好向前发展。我们有信心在改革发展稳定之间，以及稳增长、调结构、惠民生、促改革之间找到平衡点，使中国经济行稳致远。"①"中等收入陷阱"本质上是经济增长的可持续问题，收入差距大是其主要的成因之一。脱贫攻坚战的实施，将经济活力推向民族地区，激活了发展较为滞后的民族地区的创造性，从而形成新的产能，摆脱低收入恶性循环。扶贫不仅扶的是物质，扶的还是思想、头脑，极大程度上开发了民族地区的群众智慧，促使民族地区和贫困群众树立紧跟时代潮流的观念，产生符合时代需求的创新灵感，快速形成新的生产力。同时，脱贫攻坚的胜利还拓展了市场范围，一个贫困户脱离贫困的同时，也增加了一份有效需求，经济发展也就获得一份新的动力。因此，脱贫攻坚是中国特色社会主义经济持续增长的秘诀所在，发挥着助推创新驱动发展的积极作用，为中国跨越"中等收入陷阱"提供了重要保障。

2. 彰显中国特色社会主义理论的科学性

在马克思主义反贫困思想的基础上，经过我国历代共产党人的实践探索和经验总结，逐步形成了一系列贫困治理的理论。习近平总书记关于扶贫工作的重要论述正是结合了新时代中国贫困治理的实际情况而形成的科学体系，具有深刻的指导意义和深厚的时代价值，丰富了马克思主义反贫困理论。中国脱贫攻坚伟大实践中形成和确立的习近平总书记关于扶贫工作的论述，指导民族地区脱贫攻坚取得胜利，体现了中国特色社会主义道路上高度的理论自信，成为世界反贫困实践中宝贵的精神财富。

（1）对马克思主义反贫困理论的创新。

马克思通过对无产阶级贫困现象的深入考察，形成了一系列的反贫困思想，揭露了资本主义制度下贫困发生问题的本质、规律与根源，为中国共产党审视贫困问题提供了坚定的唯物主义立场，为中华民族指明了消除贫困的正确方向和根本路径。习近平总书记关于扶贫工作重要论述立足于中国国情，指导中国扶贫实践，丰富发展了马克思主义关于反贫困的理论认识。第一，深化了马克思主义反贫困理论的本质论。马克思指出："每个

---

① 《习近平主席在北京出席亚太经合组织领导人同工商咨询理事会代表对话会时的致辞》，人民网理论频道，2014 年 11 月 10 日，http://theory. people. com. cn/n1/2017/0609/c40531 - 29329 099. html。

人的自由发展是一切人自由发展的前提。"① 也就是"全面实现小康，少数民族一个都不能少，一个都不能掉队。"② 其中，坚持"以人为本"的基本原则体现了马克思主义反贫困理论的本质。第二，丰富了马克思主义反贫困理论的主体论。中国共产党带领全国人民脱贫攻坚强调主体多元化，建立"一把手"负责制，构建了"政府主导、社会参与、自力更生、开发扶贫、全面发展"的格局，体现了中国特色社会主义集中力量办大事的优势，丰富了马克思主义反贫困理论的主体论。第三，发展了马克思主义反贫困理论的方法论。"六个精准""五个一批""志智双扶""对口支援"等贫困治理的新理念和新思路，将马克思主义与中国实际国情相结合，发展了马克思反贫困理论的方法论。

（2）对资本主义反贫困理论的创新。

第一，对"涓滴效应"理论的创新。传统的涓滴理论认为，优先发展起来的地区与群体可以通过增加就业与消费从而"涓滴"到贫困阶层，政府应该为大企业和富人减税，通过市场机制来促进经济增长，从而增加穷人的福利水平，而不必直接给予贫困人群以优待。然而，涓滴理论在20世纪50年代至70年代中期是有效的，从80年代开始，美国的不平等程度迅速加剧，并产生了"负向涓滴效应"。新兴市场国家在发展过程中，同样由于过分迷信私有制经济和自由市场模式而陷入贫困、失业的"中等收入陷阱"之中。③ 传统涓滴理论的失败有市场失灵和政府失职的双重原因，更重要的一点是缺乏精准的导向。由于资本具有逐利的本性，如果没有政府的因势利导，"涓滴效应"所产生的福利则难以精准滴向贫困群体，导致产生分配无序的现象。习近平总书记提出"精准扶贫精准脱贫"方略，将"涓滴效应"精准导向民族地区，精准聚焦于贫困群体，解决了"扶持谁、谁来扶、怎么扶、如何退"的问题，以"精准"解决民族地区的市场失灵问题，防止大水漫灌，走完了民族地区脱贫攻坚最后一公里。

第二，对区域经济理论的创新。在区域层面上，西方强调私有制基础上由增长极辐射效应所产生的区域交流合作。在西方，联邦制下利益分割的地方分治治理体系难以有效、全面地辐射到贫困地区，传统增长极模式

---

① 《精准扶贫：马克思主义反贫困理论中国化的新贡献》，中国新闻网，2021年1月8日，http://www.chinanews.com/m/gn/2021/01－08/9382044.shtml。

② 《习近平总书记在国家民委一份简报上批示》，人民网理论频道，2015年1月29日，http://theory.people.com.cn/n1/2017/0612/c40531－29333825.html。

③ 1980年代以来，拉美地区贫困人口比例常年保持在40%以上，超过2亿人生活在贫困线以下，1990年贫困发生率最高达48.3%。

的减贫效果往往不尽如人意。事实上，如阿根廷、巴西、印度等国先后建立起了本国的经济发展增长极，但这些增长极在融入国际价值链分工体系过程中都逐渐割断了与国内其他地区的经济联系，成为孤立的经济发展飞地，不仅未能带动本国其他地区发展，反而固化加深了自身二元经济结构。而中国特色社会主义经济以公有制为主体，在个体与集体、局部与整体、短期与长期的考量上规范与引导着社会生产和利益分配，国家政策的制定以人民整体利益而非单独地域的局部利益为目标，制定了东西部协作、对口支援等全国一盘棋的区域发展战略，破除了区域间的市场障碍和政策壁垒，使得民族地区得以快速发展。

第三，对内生增长理论的创新。内生经济增长理论的核心思想是认为经济可以不依赖外力的推动而实现可持续的增长，内生的科技创新和技术进步是保证经济持续增长的决定因素。然而，科技的发展必定要以人为载体，通过人的主观能动性去学习、创造新的知识，从而激活科技进步的源泉。因此，习近平总书记强调了"志智双扶"的重要性，通过"扶志"激发贫困户树立自力更生、勤劳致富、铆足精气神、立志拔穷根的正确观念，通过"扶智"加强贫困户基础知识学习和职业培训学习，以保证民族地区的贫困群体能够可持续地承接外来要素资源以及外来科技创新成果，从而为本地经济发展以及自身发展提供源源不断的内生动力。

（3）我国新时代民族地区扶贫工作的行动指南。

第一，精准扶贫思想引领民族地区脱贫攻坚全员取胜。2013年11月3日，习近平总书记在深入湖南湘西十八洞村考察扶贫工作时发表重要讲话，针对扶贫的方向性问题提出了十六个字的要求，即"实事求是、因地制宜、分类指导、精准扶贫"[①]，这是习近平总书记首次提出精准扶贫的思想。2015年6月，习近平总书记在贵州召开的部分省区市党委主要负责同志座谈会提出扶贫开发工作"六个精准"的要求：各地都要在扶持对象精准、项目安排精准、资金使用精准、措施到户精准、因村派人（第一书记）精准、脱贫成效精准上想办法、出实招、见真效。习近平总书记从"六个精准"对精准扶贫的内容进行了精辟论述，为精准扶贫理论的实践提供了指引。2015年10月16日，习近平总书记在减贫与发展高层论坛上首次提出"五个一批"的脱贫措施，为打通脱贫"最后一公里"开出破题药方。随

---

① 《总书记关切脱贫事｜精准扶贫：提速脱贫奔小康》，新华网，2019年12月3日，http：//www.xinhuanet.com/politics/leaders/2019－12/03/c_1125303953.htm。

后，"五个一批"的脱贫措施被写入《中共中央　国务院关于打赢脱贫攻坚战的决定》，经中共中央政治局会议审议通过。精准扶贫思想为贫困治理提供了顶层设计，如何将思想转化为具体的实践，是检验精准扶贫的标准，也是精准扶贫思想的题中之义。

第二，内源扶贫思想创造民族地区脱贫攻坚不竭动力。习近平总书记当年指导闽东地区的扶贫工作时就强调指出："安贫乐道""穷自在""等、靠、要"等观念全应在扫荡之列。① 内源性的精神扶贫是习近平总书记的扶贫思想中不可或缺的一环。因为"真正的社会主义不能仅仅理解为生产力的高度发展，还必须有高度发展的精神文明——一方面要让人民过上比较富足的生活，另一方面要提高人民的思想道德水平和科学文化水平，这才是真正意义上的脱贫致富。"② 综观习近平总书记在多个重要场合和扶贫工作会议上的有关论述，可以将习近平总书记内源扶贫思想概括为"扶志"和"扶智"两方面。所谓"扶志"，是指通过扶观念、扶思想和扶信心来改变贫困群众的精神面貌，激发他们脱贫致富的内生动力，帮助他们树立起追求美好生活的信心和勇气。"扶智"，是指通过文化扶贫、技能扶贫和教育扶贫，以提高贫困群众脱贫致富的自觉性、自主性、能动性及创造性。"既扶贫又扶志，调动扶贫对象的积极性，提高其发展能力，发挥其主体作用。"③ 可见，帮助贫困群众拔掉思想"穷根"，激发其内生动力，提升其脱贫能力，避免"穷与懒"及"穷与愚"的恶性循环，是习近平总书记内源扶贫思想的应有之义。扶贫先扶"志"，树立民族地区贫困群众脱贫自信。"志不强者智不达，言不信者行不果。"贫困群众头脑中的意识贫困、思路贫困是主观上阻碍扶贫工作的首要根源，也就是说，只有首先摆脱头脑中的贫困（即精神贫困），贫困群众才能彻底摆脱物质上的贫困。而对于如何摆脱意识贫困，习近平总书记认为，必须从增强贫困群众的自信心及激发他们脱贫的斗志入手。扶贫必扶"智"，增强民族地区群众致富能力。2020年1月，习近平总书记在云南考察时深刻指出，要坚持"富脑袋"和"富口袋"并重，加强扶贫同扶志扶智相结合，加强开发式扶贫同保障性扶

① 《习近平的扶贫故事》，中国共产党新闻网，2020 年 5 月 20 日，http：//cpc. people. com. cn/big5/n1/2020/0520/c64094 - 31715522 - 2. html。

② 《加强家风建设：助推乡村振兴战略》，光明思想理论网，2019 年 7 月 6 日，https：//theory. gmw. cn/2019 - 07/06/content_32977582. htm。

③ 《坚决打赢打好精准脱贫攻坚战》，人民网理论频道，2018 年 10 月 7 日，http：//theory. people. com. cn/n1/2018/1007/c40531 - 30326582. html。

相衔接。① 事实证明，农民群众的文化素养、就业与创业能力往往决定了其生活富裕程度。受过一定教育、具有较高文化素养的农民比较容易接受新鲜事物，创业思路多，就业路径广，致富门路宽，学习新技术的能力也比较强。因此，扶"智"就成为精神扶贫命题的应有之义及核心"因子"。扶贫不扶"智"，部分群众即使在政策、政府、亲友等外界的帮助下暂时摆脱了贫困，也极有可能因为文化知识匮乏、身无一技之长而返贫。正因如此，"治贫先治愚""扶贫必扶智"一直被习近平总书记高度重视且反复强调。习近平总书记指出："古人有家贫子读书的传统。把贫困地区孩子培养出来，这才是根本的扶贫之策。"② 在给"国培计划2014"北师大贵州研修班参训教师的回信中，他再次强调："扶贫必扶智，让贫困地区的孩子们接受良好教育，是扶贫开发的重要任务，也是阻断贫困代际传递的重要途径。"③ 在他看来，民族地区要真正的摆脱贫困，不仅是经济上脱贫，也应是教育上脱贫。实践证明，教育扶贫的最终效益远远大于所投入的成本。它不仅能够提高民族地区贫困家庭的长期收入，还能获得民族地区人口素质提升、社会文明程度提高等方面的社会效益。

第三，多方协作扶贫机制扩大民族地区脱贫攻坚阵营。强调多元主体协同参与民族地区贫困治理，构建多元化的贫困治理主体，是民族地区贫困治理取得成功的重要经验之一。动员和引导包括党政机关、社会团体组织、企业和个人在内的多元主体参与扶贫脱贫工作，已成为我国贫困治理的亮点。我国精准扶贫多元主体协同脱贫中的多元主体主要有政府、企业、社会组织以及贫困人口。政府是扶贫工作的主力军，社会力量是扶贫工作的助推剂。在脱贫攻坚阶段，政府的人力和财力资源都是有限的，必须推动社会力量参与民族地区脱贫攻坚中来，形成"政府主导、社会参与、自力更生、开发扶贫、全面发展"的扶贫局面。习近平总书记在决战决胜脱贫攻坚座谈会的重要讲话中指出："要深化东西部扶贫协作和中央单位定点扶贫，帮助中西部地区降低疫情对脱贫攻坚的影响。要立足国家区域发展总体战略，深化区域合作，推进东部产业向西部梯度转移，实现产业互补、

---

① 《脱贫攻坚必须坚持"富脑袋"和"富口袋"并重》，新华网，2020年3月21日，http：//www. xinhuanet. com/politics/2020 – 03/21/c_1125746417. htm。

② 《习近平论扶贫工作》，人民网理论频道，2016年3月1日，http：//theory. people. com. cn/n1/2016/0301/c352498 – 28161661. html。

③ 《习近平总书记给"国培计划（2014）"北京师范大学贵州研修班参训教师的回信》，新华网，2015年9月9日，http：//www. xinhuanet. com/politics/2015 – 09/09/c_1116512910. htm。

人员互动、技术互学、观念互通、作风互鉴，共同发展。"① 东西部扶贫协作工作是党中央、国务院为加快西部贫困地区扶贫开发进程、缩小东西部发展差距，促进共同富裕作出的重大战略决策。作为中国特色扶贫开发的重要组成部分，东西部扶贫协作一直在政府主导下推进，东西部协作双方建立高层定期互访机制，做到了"有领导分管、有专人负责、有工作计划、有督促检查"。多年来，我国一直实施东西部扶贫协作和对口帮扶的政策，探索出了联席推进、结对帮扶、产业带动、互学互助、社会参与的扶贫协作机制。实践证明，新时代下东西部扶贫协作和对口支援扶贫模式，极大拓展了中国特色扶贫开发道路，是中国特色社会主义制度优越性的生动体现，是民族地区脱贫制胜的重要法宝。

第四，生态扶贫思想保障民族地区可持续发展。党的十八大以来，习近平总书记强调，扶贫开发不能以破坏生态环境为代价，而是要与生态环境保护结合起来，"探索一条生态脱贫的新路子"，推动民族地区走上可持续发展道路。党的十八届五中全会正式提出生态扶贫的重大理念，将"通过生态保护脱贫一批"作为新时代中国精准扶贫精准脱贫基本方略"五个一批"的重要内容。从长远和可持续发展来看，发展必须与生态保护有机统一起来。实施生态扶贫，既可以保护民族地区生态环境，又可以绿色发展，真正做到扶贫开发和生态保护相协调。一方面，民族地区往往与国家重点生态功能区和生态脆弱区重叠，生态保护同经济发展的矛盾比较突出；另一方面，部分民族地区生存条件比较恶劣，自然灾害多发。这些地区经济发展相对落后，人民生活普遍贫困。生态致贫的原因大致可分为三类：一是因生态环境保护，不能发展传统产业和项目，导致发展机会的丧失，发展相对滞后，加上长期生态环境建设，持续投入较大，从而财政困难，当地居民比较贫困，甚至是深度贫困；二是因生态环境恶劣，自然灾害频繁，因灾致贫现象严重；三是因生态环境污染严重，危害和威胁当地居民健康，因病致贫比较突出。对于这些地区的扶贫，不能采取传统的大建设、大开发的扶贫模式，必须根据国家主体功能定位和当地生态环境特征，采取生态扶贫的方式进行精准扶贫。2013 年以来，习近平总书记密集调研全国 14 个集中连片特困地区，对这些贫困地区如何创新利用当地自然条件脱贫致富提出了一系列新思想，分类指导，精准施策，科学帮扶和绿色发展，

---

① 《习近平在决战决胜脱贫攻坚座谈会上的讲话》，新华网，2020 年 3 月 6 日，http：//www. xinhuanet. com/politics/leaders/2020－03/06/c_1125674682. htm。

为全国因地制宜开展生态扶贫指明了实践方向。一是易地搬迁或生态移民。对居住在生存条件恶劣、生态环境脆弱、自然灾害频发等"一方水土养活不了一方人"地区的贫困群众通过"易地搬迁安置一批",将他们搬迁到自然灾害较少、生态环境和生活条件较好的地方重新安家、居住和发展。二是生态补偿和生态保护。"要把生态补偿扶贫作为双赢之策,让有劳动能力的贫困人口实现生态就业,既加强生态环境建设,又增加贫困人口就业收入。"① 针对不同条件和优势,探索公益岗位扶贫、光伏扶贫、增设护林员等公益事业扶贫、资产收益扶贫、奖励补助扶贫等生态补偿和生态保护的扶贫方式。三是生态修复、治理和发展。"探索生态脱贫新路子,让贫困人口从生态建设与修复中得到更多实惠。"② 对于生态环境污染比较严重的贫困地区,通过加强生态环境治理和修复来扶贫脱贫。对于有生态等资源的贫困地区,可以通过发展生态产业,将生态资源转化为经济效益,把"绿水青山"变为"金山银山",实现扶贫开发和生态文明建设的有机统一。

3. 彰显中国特色社会主义制度的优越性

中国在长期的革命、建设、改革实践中确立了中国特色社会主义制度,为今后的发展提供了根本指引。党的十一届三中全会以来,党领导人民不断改革创新,中国特色社会主义制度不断发展和完善。"如果贫困地区长期贫困,面貌长期得不到改变,群众生活长期得不到明显提高,那就没有体现我国社会主义制度的优越性,那也不是社会主义。"③ 充分发挥中国特色社会主义制度优势,始终坚持党的领导,以人民为中心,集中力量办大事,动员全党全社会投身到脱贫攻坚工作中,是民族地区脱贫攻坚取得成功的关键。

(1)坚持党集中统一领导是民族地区脱贫攻坚的政治保证。

党的领导是中国特色社会主义制度最鲜明的特征和最大的政治优势。习近平总书记强调要加强党对扶贫工作的集中统一领导,精准扶贫才能形成社会合力。"越是进行脱贫攻坚战,越是要加强和改善党的领导。"④ "我

---

① 《2017年春节前夕,习近平赴河北张家口看望慰问基层干部群众时的讲话》,中国新闻网,2017年1月24日,http://www.chinanews.com/gn/2017/01-24/8134756.shtml。

② 《中共中央 国务院关于打赢脱贫攻坚战的决定》,中国政府网,2015年12月7日,http://www.gov.cn/zhengce/2015-12/07/content_5020963.htm。

③ 《习近平在党的十八届二中全会第二次全体会议上的讲话》,人民网理论频道,2013年2月28日,http://theory.people.com.cn/n1/2018/0913/c421125-30290544.html。

④ 中共中央文献研究室:《习近平关于社会主义经济建设论述摘编》,中央文献出版社2017年版,第225页。

们加强党对脱贫攻坚工作的全面领导，建立各负其责、各司其职的责任体系，精准识别、精准脱贫的工作体系，上下联动、统一协调的政策体系，保障资金、强化人力的投入体系，因地制宜、因村因户因人施策的帮扶体系，广泛参与、合力攻坚的社会动员体系，多渠道全方位的监督体系和最严格的考核评估体系，为脱贫攻坚提供了有力制度保障。"① 民族地区扶贫工作始终坚持党委领导、政府主导，注重发挥党和政府顶层设计、整体规划、统筹协调的作用，不断扩大民族地区扶贫干部的团队力量，凝聚脱贫攻坚的强大合力，促进了民族地区脱贫致富、全面迈进小康的新局面。

（2）坚持以人民为中心，实现脱贫一个民族也不能少。

以人民为中心是中国共产党理论逻辑、历史逻辑、实践逻辑的辩证统一。民族地区是夺取脱贫攻坚全面胜利最难啃的"硬骨头"，以习近平同志为核心的党中央坚持"以人民为"中心的发展理念，始终把人民的利益放在最高位置，始终为人民利益和幸福而努力奋斗。

第一，坚持脱贫为了人民，打赢脱贫攻坚战是实现人民对美好生活向往要求的必然选择，是实现共同富裕的基本途径，是发挥社会主义制度优越性的必然要求。始终同人民在一起，为人民利益而奋斗是中国共产党一贯追求的目标。习近平总书记心系少数民族群众，鼓舞各族儿女奋发图强、共奔小康，指出："各民族都是中华民族大家庭的一分子，脱贫、全面小康、现代化，一个民族也不能少。"② 第二，坚持脱贫依靠人民。人民是历史的创造者，是社会进步的主体力量。"贫困群众既是脱贫攻坚的对象，更是脱贫致富的主体。"③ 脱贫攻坚过程中紧紧依靠人民，发挥贫困人口在脱贫攻坚中的主体地位深刻体现了"以人民为中心"的发展理念。第三，坚持脱贫成效由人民评价。在评价脱贫攻坚成效时，习近平总书记强调，"要实行逐户销号，做到脱贫到人，脱没脱贫要同群众一起算账"④，以人民满不满意、答不答应作为衡量脱贫攻坚的成效最终标准，"人民对美好生活的

---

① 《习近平在打好精准脱贫攻坚战座谈会上的讲话》，中国政府网，2018 年 2 月 12 日，http：//www. gov. cn/xinwen/2020 – 04/30/content_5507726. htm。

② 《习近平赴宁夏吴忠市利通区金花园社区考察时的讲话》，新华网，2020 年 6 月 8 日，http：//www. xinhuanet. com/politics/leaders/2020 – 06/09/c_1126091063. htm。

③ 《坚持辩证思维　打赢脱贫攻坚战》，中国新闻网，2020 年 9 月 22 日，http：//www. chinanews. com/gn/2020/09 – 22/9297096. shtml。

④ 《习近平在中央扶贫开发工作会议上的讲话》，中国新闻网，2015 年 11 月 29 日，http：//www. chinanews. com/gn/2015/11 – 29/7646305. shtml。

向往就是我们的奋斗目标。"① 打赢脱贫攻坚战关系到全体中国人民福祉，关系到中华民族伟大复兴，关系到社会主义现代化强国战略目标的实现，是迈向中华民族伟大复兴的关键一步。

（3）民族地区脱贫攻坚彰显社会主义制度集中力量办大事的优势。

习近平总书记指出："我们最大的优势是我国社会主义制度能够集中力量办大事。这是我们成就事业的重要法宝。"② 以习近平同志为核心的党中央带领全国人民紧紧围绕脱贫攻坚的战略目标，汇聚全民脱贫攻坚强大力量，全国共派出 25.5 万个驻村工作队、累计选派 290 多万名县级以上党政机关和国有企事业单位干部奔赴精准扶贫第一线③，形成了一支"扶贫铁军"，上下一体联动，与贫困群众一道凝聚起强大的攻坚合力，形成了跨地区、跨部门、跨单位、多主体、多渠道、全社会共同参与的脱贫攻坚大体系，集中必要的人力、物力、财力、智力，开辟出一条中国特色的脱贫攻坚之路。

4. 彰显中国特色社会主义文化的引领性

党的十九大将中国特色社会主义文化同中国特色社会主义道路、中国特色社会主义理论体系、中国特色社会主义制度一并写入党章。习近平总书记在十九大报告中强调："中国特色社会主义文化，源自中华民族五千多年文明历史所孕育的中华优秀传统文化，熔铸于党领导人民在革命、建设、改革中创造的革命文化和社会主义先进文化，植根于中国特色社会主义伟大实践。"④ "文化自信是一个国家、一个民族发展中更基本、更深沉、更持久的力量。"⑤ 在民族地区打赢脱贫攻坚战既要加强经济上的扶持，更需要精神层面的扶贫。只有通过坚定社会主义文化自信，传承中华民族优秀传统文化，发扬革命精神和革命文化，践行社会主义核心价值观，引导和支持所有有劳动能力的人，依靠自己的双手开创美好的明天，以文化扶贫提升贫困群众精神生活质量，以文化自信带动发展自信，才能增强打赢脱贫

---

① 中共中央文献研究室：《十八大以来重要文献选编（上）》，中央文献出版社 2014 年版，第 70 页。

② 郝永平、黄相怀：《集中力量办大事的显著优势成就"中国之治"》，载于《人民日报》2020 年 3 月 13 日。

③ 吴传毅：《决战决胜脱贫攻坚彰显制度优势》，中国社会科学网，2020 年 3 月 11 日，http://www.cssn.cn/index/skpl/202003/t20200311_5099624.shtml。

④ 《党的十九大报告》，中国政府网，2017 年 10 月 18 日，http://www.gov.cn/zhuanti/19thcpc/baogao.htm。

⑤ 《习近平在全国抗击新冠肺炎疫情表彰大会上的讲话》，中共中央党校（国家行政学院），2020 年 9 月 8 日，https://www.ccps.gov.cn/xxsxk/zyls/202009/t20200911_143334.shtml。

攻坚的信心和决心。在脱贫攻坚战中，同舟共济、滴水穿石、愚公移山等中华民族优秀传统精神释放了新活力，涌现出各类鲜活的同心同德甩穷帽子、拔穷根子、踏富路子的生动故事，携手书写着脱贫攻坚的壮丽史诗。

（1）发扬中国优秀传统文化，带动民族地区发展信心与动力。

中华优秀传统文化是中华文明成果根本的创造力，是民族历史上道德传承和各种文化思想精神观念形态的总体。在一些深度贫困的民族地区，贫困群众往往自我发展能力较差、发展动力不足、发展路子较窄，更需要以文化自信带动发展的信心与动力。一是在弘扬中华优秀传统文化中提升奋发向上的自信。切实通过优秀传统文化的传承弘扬，增强文化自觉、提升文化自信，鼓舞和引领贫困地区和贫困群众自强不息、奋发向上，以自己的勤劳勇敢、诚实劳动摆脱贫困、服务社会、贡献国家。二是在抒写社会主义先进文化中提升勇于创新的自信。改革创新是最好的减贫剂。以习近平同志为核心的党中央举社会主义先进文化的旗帜，弘扬社会主义核心价值观，用改革开放的巨大成就和脱贫攻坚的典型事迹，鼓励民族地区贫困群众振奋起以改革创新为核心的时代精神，善于创造、勇于创新，奋力拓宽就业和创业空间，走出贫困地区致富奔小康的发展新路。三是在脱贫攻坚实践中形成伟大的脱贫攻坚精神。"脱贫致富不仅仅是贫困地区的事，也是全社会的事""守望相助、扶危济困是中华民族的传统美德。"① 以习近平同志为核心的党中央广泛动员全党全国各族人民以及社会各方面力量，全国 56 个民族举国同心，合力攻坚，党政军民学劲往一处使，东西南北中拧成一股绳，形成了脱贫攻坚的共同意志、共同行动，尤其是广大的少数民族群众与扶贫干部在脱贫攻坚的过程中发挥了主体作用，对民族地区摆脱贫困作出了巨大的贡献。习近平总书记在全国脱贫攻坚总结表彰大会上深刻指出："脱贫攻坚伟大斗争，锻造形成了'上下同心、尽锐出战、精准务实、开拓创新、攻坚克难、不负人民'的脱贫攻坚精神。"② 这一伟大精神，是中国共产党的宗旨、中国人民意志品质、中华民族精神的生动写照，是爱国主义、集体主义、社会主义思想的集中体现，是中国精神、中国价值、中国力量的充分彰显，是社会主义文化自信的重要体现，是中国人民为实现梦想拼搏奋斗、敢教日月换新天的意志品质，是中华民族无

---

① 中共中央文献研究室：《十八大以来重要文献选编（下）》，中央文献出版社 2018 年版，第 50～51 页。

② 《习近平在全国脱贫攻坚总结表彰大会上的讲话》，新华网，2021 年 2 月 25 日，http://www.xinhuanet.com/politics/leaders/2021－02/25/c_1127140240.htm。

所畏惧、不屈不挠、敢于斗争、坚决战胜前进道路上一切困难和挑战的精神品格，彰显了中国共产党始终坚守的初心使命和强大政治领导力、思想引领力、群众组织力、社会号召力，彰显了中国特色社会主义制度集中力量办大事的优势。脱贫攻坚伟大实践锻造形成"上下同心、尽锐出战、精准务实、开拓创新、攻坚克难、不负人民"的脱贫攻坚精神，赓续传承了伟大民族精神和时代精神，将激励中国人民为创造美好未来继续奋斗。①

（2）传承红色基因，发扬革命精神和革命文化。

我们党的革命文化中积淀的崇高理想信念和敢于胜利的豪情壮志，是攻克深度贫困这个坚中之坚最可贵的精神财富。"党团结带领人民进行革命、建设、改革，根本目的就是为了让人民过上好日子，无论面临多大挑战和压力，无论付出多大牺牲和代价，这一点都始终不渝、毫不动摇。"②红色基因是中国共产党人砥砺前行的精神动力，是中国共产党人始终坚守的信仰和情怀，是中国共产党人特有的革命精神和政治品格的集中体现。党的十八大以来，习近平总书记多次强调要把红色资源利用好、把红色传统发扬好、把红色基因传承好。③ 民族地区是我们党较早成立组织机构、开展革命活动的地区，在艰苦卓绝的革命历程中，形成了包括革命遗址、战斗遗迹、重要会议旧址等在内的红色资源，也孕育了红船精神、井冈山精神、长征精神、延安精神、西柏坡精神等革命精神，这些精神为民族地区打赢脱贫攻坚战，全面建成小康社会提供了强大的精神支撑。打赢脱贫攻坚战需要不忘初心的为民精神、团结协作的攻坚精神、矢志不渝的奋斗精神，顽强拼搏的斗争精神，也只有坚持和发扬这些精神，我们才能赢得这场攻坚战的最终胜利。中国革命历史激励着全国人民坚定革命的理想信念、彰显革命的文化自信，带领贫困地区和贫困群众不忘初心、继续前行、奋力攻克贫困道路上的艰难险阻，坚守全面建成小康社会的基本底线，完成脱贫攻坚任务的最终答卷。

（3）坚定社会主义文化自信，积极开展民族地区文化扶贫。

用文化自信引领贫困群体脱贫自信是新时代赋予的新课题、新使命。民族地区的扶贫开发工作首要任务就是转变思想观念教育。习近平总书记

---

① 国务院新闻办公室：《〈人类减贫的中国实践〉白皮书》，求是网，2021 年 4 月 6 日，http：//www. qstheory. cn/yaowen/2021 – 04/06/c_1127297359. htm。

② 《习近平在参加十三届全国人大三次会议内蒙古代表团审议时的讲话》，央广网，2020 年 5 月 22 日，http：//china. cnr. cn/news/20200524/t20200524_525102096. shtml。

③ 李喆：《发挥红色资源在民族地区脱贫攻坚中的作用》，理论周刊，2020 年 4 月 21 日，http：//www. mzb. com. cn/zgmzb/html/2020 – 04/21/content_14451. htm。

在党的十九大报告中明确指出："坚持大扶贫格局，注重扶贫同扶志、扶智相结合，深入实施东西部扶贫协作，重点攻克深度贫困地区脱贫任务。"① 以习近平同志为核心的党中央把坚定文化自信转化为扶贫工作的具体行动。一是以文化育民增加民族贫困地区脱贫攻坚能力。针对贫困地区发展能力弱，民众缺乏脱贫的信心和斗志，通过文化教育整合各相关部门力量和资源，增强贫困群体的学习意识、进取意识，提升创业能力和就业能力，大力培育和增强贫困群众自我发展能力。二是以文化励民强化民族贫困地区脱贫攻坚信心。面对贫困地区群众信心不足的问题，强化贫困人口的信心和斗志，加强贫困人口脱贫致富奔小康的动力。三是以文化惠民丰富民族贫困地区脱贫攻坚内涵。民族贫困地区的公共文化服务体系建设是脱贫攻坚的重要内容和抓手。为此，脱贫攻坚工作大力推动贫困地区建成符合文化小康标准的覆盖城乡、便捷高效、保基本、促公平的公共文化服务体系，提升公共文化服务效能，让贫困群众均等的享有文化资源。四是以文化富民拓宽民族贫困地区脱贫攻坚路子。文化产品既是特殊的精神产品，也是特殊的经济产品。尤其对贫困地区来说，依托自身的特色文化资源发展特色文化产业，更是一个进入门槛较低，能够吸纳贫困人口就业、创业的包容性产业。近年来各地积极推动特色文化与产业扶贫深度融合，促进民族地区传统产业转型发展、特色产业加快发展、新兴产业高端发展，强化民族地区群众持续奔小康的产业支撑。

（4）践行社会主义核心价值观，以核心价值观的最大公约数画出助力脱贫攻坚的最大同心圆。

社会主义核心价值观集中体现了当代中国精神，它植根于中华优秀传统文化沃土，形成于中国革命、建设和改革的伟大实践，是民族地区脱贫攻坚战坚强的精神引领。文化软实力建设是全面建成小康社会的重要一环，而"一个国家的文化软实力，从根本上说，取决于其核心价值观的生命力、凝聚力、感召力。"② 党的十八大以来，习近平总书记多次强调培育和践行社会主义核心价值观的重要意义，并对社会主义核心价值观融入脱贫攻坚工作进行一系列部署。首先，社会主义核心价值观根植于中国传统文化，中华优秀传统文化蕴含的思想观念、人文精神、道德规范可以促进民族地

① 习近平：《决胜全面建成小康社会，夺取新时代中国特色社会主义伟大胜利——在中国共产党第十九次全国代表大会上的报告》，载于《人民日报》2017年10月28日。

② 中共中央文献研究室：《习近平关于全面建成小康社会论述摘编》，中央文献出版社2016年版，第111页。

区脱贫攻坚成果创造性转化和创新性发展。其次，培育和践行社会主义核心价值观的过程中，通过综合运用教育引导、舆论宣传、文化熏陶、实践养成、制度保障等途径，为民族地区脱贫攻坚提供了制造了内生动力；同时，培育和践行社会主义核心价值观需要发挥党员的先锋带头模范作用，使得民族地区脱贫攻坚在党的领导下顺利进行。

为了啃下民族地区这块"硬骨头"，以习近平同志为核心的党中央将社会主义核心价值观融入脱贫攻坚工作中，以"精神扶贫"助推脱贫攻坚，凝聚扶贫最大公约数，全国人民铸成统一战线，画出最大的同心圆。党中央关心、全国人民支援，民族地区多措并举、尽锐出战，各族群众勠力同心、攻坚克难，形成了各民族共同团结奋斗、共同繁荣发展的局面，这不仅是践行社会主义核心价值观的重要体现，更是铸牢中华民族共同体意识的伟大实践。

第二节　新时代民族地区扶贫工作的开展

一、新时代民族地区扶贫工作的科学实践

党的十八大以来，习近平总书记多次赴民族地区，特别是到其中的深度贫困地区考察调研，看望慰问困难群众，了解民族地区扶贫情况，针对性地提出一系列新理念新思想新战略，科学回答了我国民族地区扶贫工作的理论和实践问题。

（一）找准贫困成因——"为什么贫困"

长期以来，贫困是人类发展史上难以消灭的难题。贫困的原因有很多，如要素稀缺、能力缺乏、文化落后、制度限制、权力剥夺、环境脆弱等。总的来说，可将民族地区贫困发生的原因分为两类：一是要素、资源和环境禀赋的稀缺。因贫困代际传递，或者因劳动力、土地要素稀缺，或者因地理环境与生态环境脆弱、自然灾害频发，或者因基础设施和社会事业落后，或者因自身人力资本的不足，使得个体缺乏发展的条件、机会和能力，从而陷入"贫困陷阱"和"贫困恶性循环"之中。二是对贫困的认知差异。除了缺乏发展的条件、机会和能力，一些贫困人口"人穷志短""穷不自

知"，没有上进心、不想努力，缺少对美好生活的向往，缺乏创造财富的行动力，因而陷入贫困陷阱。解决民族地区的贫困问题，首先要抓住问题的根源，找准贫困成因，才能对症下药。习近平总书记在深度贫困地区脱贫攻坚座谈会上作出重要判断，指出："我国贫困问题具有区域性特征。"① 民族地区由于自身特殊的历史、经济和社会发展状况、文化因素等使得致贫原因更为复杂多样。"概括起来说，民族地区是我国的资源富集区、水系源头区、生态屏障区、文化特色区、边疆地区、贫困地区。"② 自然环境恶劣，地理位置特殊，集"老、少、边、穷"于一体，交通和基础设施体系不健全，经济发展滞后，这些是导致民族地区贫困产生的外在因素。党的十八大以来我国大规模扶贫资金的投入、各种各样的扶贫手段已经部分解决了禀赋稀缺的问题，但深度贫困问题依然存在，并且越来越向民族地区集中（集中连片的深度贫困地区"三区三州"全部分布在民族地区）。除了要素、资源和环境的禀赋稀缺等一般性的贫困成因之外，深度贫困民族地区还有一个特殊的贫困成因——文化差异。思想的封闭和教育的缺失是造成民族地区贫困产生的内在因素，"有的民族地区，尽管解放后实现了社会制度跨越，但社会文明程度依然很低，人口出生率偏高，生病不就医、难就医、乱就医，很多人不学汉语、不识汉字、不懂普通话，大孩子辍学带小孩。"③ 一部分贫困群体之所以长期处于贫困状态，是因为他们并不认为自己贫困，所以并不会主动采取任何措施来改变现状，对外界给予的扶贫项目反应也不积极，表现为内生动力不足。

（二）识别到户到人瞄准机制——"扶持谁"

在"扶持谁"的问题上，要抓住主要矛盾对象，聚焦深度贫困地区和特殊贫困群体，确保不重不漏。2014 年，国务院扶贫办印发《扶贫开发建档立卡工作方案》，为精准识别少数民族地区贫困人口提供了明确的判断标准。民族贫困地区实际情况复杂，要完善扶贫对象瞄准机制，不能够遗漏真正贫困的群体，也不能把非贫困人口纳入扶贫对象。要综合采用建档立卡以及村民集体讨论的民主评议方式，选择具有民族特征符合民族地区发展的贫困识别和检测方法，通过一系列环节精准认定贫困户，扣好"精准

---

①③ 习近平：《在深度贫困地区脱贫攻坚座谈会上的讲话》，载于《人民日报》2017 年 9 月 1 日。

② 国家民族事务委员会：《中央民族工作会议精神学习辅导读本》，民族出版社 2015 年版，第 158 页。

扶贫"的第一颗扣子。要"进一步做细做实贫困人口识别工作"，精准摸清贫困户的实际情况，做到入户到人实地调研，保证统计数据质量，根据民族地区当年的经济社会发展情况对贫困线标准、贫困对象范围进行动态调整，确保"扶真贫、真扶贫"。要不断创新识别机制，主动借鉴典型地区优秀做法，比如贵州省威宁县迤那镇在实践中总结了"四看法"：一看房（居住条件和生活环境）、二看粮（土地情况和生产条件）、三看劳动力强不强（劳动力状况）、四看家中有没有读书郎（受教育程度）。这些做法在实践中成效良好，要加以完善和推广。

（三）大扶贫格局——"谁来扶"

习近平总书记在党的十八届五中全会后召开的第一个中央工作会议上指出，要解决好"谁来扶"的问题，实现政府、市场和社会互动，构建"专项扶贫、行业扶贫、社会扶贫"联动的"三位一体"大扶贫格局。

首先，发挥各级党委总揽全局，协调各方的作用。各级党委和政府要把打赢脱贫攻坚战作为重大政治任务，加快形成中央统筹、省（自治区、直辖市）负总责、市（地）县抓落实的扶贫开发工作机制，做到分工明确、责任清晰、任务到人、考核到位。"各级领导干部，特别是贫困问题较突出的地区的各级党政主要负责同志，要认真履行领导职责，集中连片特困地区领导同志的工作要重点放在扶贫开发上。"① 特别地，"做好民族工作，少数民族干部是重要桥梁和纽带。许多事情他们去办，少数民族群众更容易接受；关键时刻他们出面，效果会更好。"② "要坚持德才兼备的原则，大力培养选拔少数民族干部，优秀的要放到重要领导岗位上来。"③

其次，深入推进东西部扶贫协作、党政机关定点帮扶、军队和武警部队扶贫。"民族地区、边疆地区、革命老区、连片特困地区贫困程度深、扶贫成本高、脱贫难度大，是脱贫攻坚的短板"④，需要率先完成脱贫任务的东部地区予以协作支持，需要党政机关、军队和武警部队定点帮扶，这是"中国特色扶贫开发事业的重要组成部分，也是我国政治优势和在制度优势

---

① 中共中央党史和文献研究院：《习近平扶贫论述摘编》，中央文献出版社 2018 年版，第 87 页。

② 《习近平：像珍视自己的生命一样珍视民族团结》，中国共产党新闻网，2021 年 4 月 22 日，http：//cpc. people. com. cn/xuexi/n1/2017/1123/c385476 - 29663133. html。

③ 《中央民族工作会议暨国务院第六次全国民族团结进步表彰大会在北京举行》，载于《中国民族》2014 年第 10 期，第 4~6 页。

④ 《习近平在东西部扶贫协作座谈会上强调　认清形势　聚焦精准　深化帮扶　确保实效》，载于《实践（思想理论版）》2016 年第 8 期，第 7 页。

的重要体现。"①

最后，坚持社会动员，凝聚各方力量，鼓励社会各界团体和个人参与民族地区扶贫工作。民族地区贫困问题的解决离不开社会各界的广泛参与，全社会的力量凝聚在一起，能够形成扶贫开发工作的强大合力，是打赢脱贫攻坚战的重要保障。"贫困群众既是脱贫攻坚的重要力量，更是脱贫致富的主体"，民族地区贫困群众既要依靠自身力量，形成"自力更生的意识和观念"，同时也要加强同其他民族之间的交往交流交融，铸牢中华民族共同体意识，促进各民族像石榴籽一样紧紧抱在一起。

（四）多元化扶贫方式——"怎么扶"

各民族地区的致贫原因不同，在扶贫方式的选择上也理应有所不同。习近平总书记在中央政治局委员会讲话时强调："不同的地方，不同的贫困户有不同的扶法，新疆南疆是一种扶法，石漠化地区是一种扶法，太行山是一种扶法，大小凉山又是一种扶法。对民族地区、游牧地区、'直过民族'地区，对语言不通的地方和语言通的地方，工作要因地制宜。"②"因乡因族制宜、因村施策、因户施法，扶到点上、扶到根上。"解决好"怎么扶"的问题，关键是要按照贫困地区和贫困人口的具体情况，采用多元化的扶贫方式，实施"五个一批"工程。

"五个一批"即发展生产脱贫一批，易地搬迁一批，生态补偿一批，发展教育脱贫一批，社会保障兜底一批，是习近平总书记关于多元化扶贫方式的科学归纳。发展生产一批是指通过扶持生产和就业发展带动民族地区贫困户脱贫。"产业脱贫是稳定脱贫的根本之策。产业增收是脱贫攻坚的主要途径和长久之策。"③ 要多维度发展民族地区特色产业，增强民族地区自我发展的"造血"能力。同时，要"充分考虑边境地区特殊需要，集中改善边民生产生活条件，扶持发展边境贸易和特色经济，使边民能够安心生产生活、安心守边固边。"④ 易地扶贫搬迁是指以易地搬迁的方式进行扶贫。一些民族贫困地区由于先天自然环境恶劣，"一方水土养不好一方人"。在民族地区易地搬迁决策过程中，充分尊重群众意见，考虑到民族地区生活

---

① 中共中央党史和文献研究院：《习近平扶贫论述摘编》，中央文献出版社 2018 年版，第 101 页。

② 中共中央党史和文献研究院：《习近平扶贫论述摘编》，中央文献出版社 2018 年版，第 79 页。

③ 《习近平这样部署脱贫攻坚的长久之策》，中国网，2020 年 10 月 27 日，http：//sl. china. com. cn/2020/1027/99313. shtml。

④ 《中共中央　国务院关于打赢脱贫攻坚战的决定》，中国政府网，2015 年 12 月 7 日，http：//www. gov. cn/xinwen/2015－12/07/content_5020963. htm。

方式和传统习惯，合理规划。"要坚持群众自愿原则，合理控制建设规模和成本，发展后续产业，确保搬得出、稳得住、逐步能致富。"① 生态补偿脱贫是指针对生态环境脆弱的禁止开发区和限制开发区的贫困人口，将生态补偿和扶贫措施结合在一起，如增加护林员等公益岗位，以实现生态保护和脱贫双重目标。发展教育脱贫是指通过各种教育扶贫措施，推动基础教育的普及，提高民族地区人口文化素质水平，阻断贫困的代际传递。治贫先治愚，扶贫先扶智。具体来讲，要"加大对民族地区、边远地区、贫困地区基础教育的投入力度保障贫困地区办学经费。"② "改善边疆民族地区义务教育阶段基本办学条件，建立健全双语教学体系，加大教育对口支援力度，积极发展符合民族地区实际的职业教育，加强民族地区师资培训。"③ 社会保障兜底是指对于那些由于缺少劳动就业能力，无法通过产业扶贫等方式脱贫的贫困户实行政策性兜底保障，以帮助他们维持基本的生活水平。

（五）精准扶贫要做到真正扶贫——"如何退"

2015 年 11 月，习近平总书记在中央扶贫开发工作会议上讲话强调，要加快建立反映客观实际的贫困县、贫困户的退出机制，科学地解决好"如何退"问题，并从以下四个角度提出了相关思路：一是要设定时间表，实现有序退出；二是要留出缓冲期，在一定时间内实行摘帽不摘政策；三是要严格评估，按照标准验收；四是要实行逐户销号，做到脱贫到人。2016 年 4 月，中共中央办公厅、国务院办公厅印发了《关于建立贫困退出机制的意见》，对贫困人口、贫困村、贫困县退出的标准和程序作出了详细的规定，并强调各地要在"国家标准"的基础之上，因地制宜地制定贫困退出具体方案，把握退出的基本原则，明确退出的标准和程序，落实退出的具体环节。各省份结合自身实际情况，针对性地制定退出机制实施方案，以脱贫实效为依据，以群众认可为标准，建立严格、规范、透明的贫困退出机制，促进民族地区贫困人口、贫困村、贫困县科学有序退出。如"甘肃等地在建档立卡的基础上绘制贫困地图，全面掌握贫困人口规模、分布以

---

① 中共中央党史和文献研究院：《习近平扶贫论述摘编》，中央文献出版社 2018 年版，第 76 页。
② 《习近平在北京市八一学校考察时强调　全面贯彻落实党的教育方针　努力把我国基础教育越办越好》，中国政府网，2016 年 9 月 9 日，http：//www. gov. cn/guowuyuan/2016 – 09/09/content_5107047. htm。
③ 《中共中央　国务院关于打赢脱贫攻坚战的决定》，中国政府网，2015 年 12 月 7 日，http：//www. gov. cn/xinwen/2015 – 12/07/content_5020963. htm。

及居住条件、就业渠道以及收入来源、致贫原因等情况，挂图作业，按图销号，做到一户一本台账，一户一个脱贫计划，一户一套帮扶措施，倒排工期，不落一人。"①

（六）防止返贫、构建长效脱贫机制——"如何巩固"

习近平总书记在全国脱贫攻坚总结表彰大会上深刻指出，"脱贫摘帽不是终点，而是新生活、新奋斗的起点。"② 当前，我国脱贫攻坚战取得全面胜利，全国 56 个民族全部实现脱贫，困扰中华民族几千年的绝对贫困问题已经解决，但是我们必须清醒地认识到，相对贫困问题仍旧存在，民族地区由于发展基础薄弱、自然条件脆弱等原因，存在一定返贫风险。"解决发展不平衡不充分问题、缩小城乡区域发展差距、实现人的全面发展和全体人民共同富裕仍然任重道远。"③ 脱贫不返贫，才是真脱贫，新征程上一个民族也不能少，要构建脱贫长效机制。对脱贫县、脱贫村、脱贫人口，特别是易返贫致贫人口要加强监测，及时发现潜在的返贫因素并解决。对于民族地区产业，要进一步投入政策、资金和人才支持，依托民族地区的特色优势资源，走高质量特色产业发展之路。此外，要将实现巩固拓展脱贫攻坚成果同乡村振兴有效衔接，"接下来要做好乡村振兴这篇大文章，推动乡村产业、人才、文化、生态、组织等全面振兴。"④

二、国家及各地区关于扶贫工作的指导意见及政策

摆脱贫困一直是困扰全球发展和治理的突出难题，中国以自身实践创造了减贫治理的中国样本。中国立足本国国情，深刻把握减贫规律，出台一系列政策举措，构建了一整套行之有效的政策体系、工作体系、制度体系，走出了一条中国特色减贫道路，形成了中国特色反贫困理论。民族地区是国家扶贫工作的重中之重，党中央、国务院、中央有关部门和地方政府适时制定了一系列政策规划，既有涵盖整个民族地区的全局性重大举措，又有为民族八省区分别量身定做的专项政策。在多年扶贫实践经验的基础

---

① 《实施精准扶贫、精准脱贫，坚决打赢脱贫攻坚战》，人民网理论频道，2017 年 6 月 27 日，http：//theory. people. com. cn/big5/n1/2017/0627/c40555－29364876. html。

②③ 《习近平：在全国脱贫攻坚总结表彰大会上的讲话》，人民网，2021 年 2 月 25 日，http：//jhsjk. people. cn/article/32037041。

④ 《做好乡村振兴这篇大文章》，中国青年网，2021 年 4 月 26 日，https：//baijiahao. baidu. com/s？id = 1664996107137157632&wfr = spider&for = pc。

上，我国已构建了一个由精准扶贫战略政策、精准扶贫推进政策和精准扶贫保障政策共同构成的较为完善的有中国特色的精准扶贫体系，形成了民族地区脱贫攻坚的"四梁八柱"。在扶贫方法上，政府特别强调根据贫困地区和贫困人口的实际情况精准扶贫、精准脱贫，并提出"六个精准"和"五个一批"；在扶贫政策上，围绕"真脱贫，脱真贫"的指导思想，通过"建档立卡"、一对一帮扶的精准扶贫方式来提高基本公共服务。实行教育扶贫、社会兜底保障、整村推进、劳动力转移培训、产业化扶贫、易地搬迁、少数民族发展资金、贫困村村级互助资金、彩票公益金等专项扶贫项目，动员社会所有力量助力脱贫工作，为民族地区脱贫攻坚提供了有力支持。

（一）国家层面关于脱贫攻坚工作的指导意见梳理

党的十八大以来，中央人民政府紧紧围绕习近平新时代中国特色社会主义思想，依托习近平总书记针对我国扶贫问题作出"实事求是、因地制宜、分类指导、精准扶贫"的重要指示，按照国务院扶贫开发领导小组工作部署，国务院办公厅依据各贫困地区发展实情，接续出台一系列政策举措，政策涉及财政、产业、金融、生态、教育、医疗、文化、社会保障、就业等各个领域。各地方政府认真贯彻落实党中央决策部署，扎实推进精准扶贫精准脱贫各项工作，各地区脱贫行动进展顺利，深度贫困地区脱贫效果明显，截至 2020 年底，我国脱贫攻坚任务圆满完成，减贫事业取得了历史性成就。

在财政扶贫方面，中央财政持续加大对贫困地区的转移支付力度，中央财政专项扶贫资金规模持续增长，一般性转移支付资金、各类涉及民生的专项转移支付资金和中央预算内投资进一步向贫困地区和贫困人口倾斜。政府不断加大对贫困地区尤其是民族贫困地区财政政策力度，贫困地区财政赤字逐步减小。例如 2012 年，国务院针对民族地区印发了《少数民族事业"十二五"规划》，规划指出，要在继"十一五"取得的显著性成就上继续加速少数民族地区发展，持续加大对民族地区一般性转移支付和专项转移支付力度，建立对民族地区转移支付稳定增长机制，为民族地区基本公共服务保驾护航。各民族地区政府认真贯彻落实政策实施，政策效果显著提升。在已有政策基础之上，为进一步发挥政府投入在扶贫开发中的主体和主导作用，积极开辟扶贫开发新的资金渠道，确保政府扶贫投入力度与脱贫攻坚任务相适应，扶贫政策开始逐步针对深度贫困地区。2015 年，中共中央、国务院在《关于打赢脱贫攻坚战的决定》中指出，财政专项扶贫资金和其他涉农资金投入设施农业、养殖、光伏、水电、乡村旅游等项目形成的资产，具备条件的可折股量化给贫困村和贫困户，尤其是丧失劳动能力的贫困户。针对重度贫困地区，国务院根据各地区实际情况，要求财政政策要向深度贫困地区和贫困人口多、贫困发生率高、脱贫难度大的贫困地区倾斜，确保"两不愁三保障"顺利实现。

在产业扶贫方面，国务院继续围绕"四个全面"战略布局，引进龙头企业并帮扶了贫困地区旅游业等特色优势产业，优化了有关部门各种专项资金的分配，使资金向民族自治地方和民族乡倾斜。在已有脱贫成效的基础上，重点支持贫困村、贫困户因地制宜发展种养业和传统手工业等，扶持建设一批贫困人口参与度高的特色农业基地；加强贫困地区农民合作社和龙头企业培育，发挥其对贫困人口的组织和带动作用，强化其与贫困户的利益联结机制，通过集体经济、合作社等形式提高村民的自组织程度，发展集体经济、互助经济，提升就业率，更好助力2020年全面打赢脱贫攻坚战。

在金融扶贫方面，国务院以"三农"问题为出发点，针对民族贫困地区，政府鼓励金融机构在满足审慎监管要求和有效防范风险的前提下，在民族地区设立分支机构，加大金融服务力度，并且加大金融服务对民族地区基础设施、特色农牧业、能源、环境保护、教育、文化产业、医疗卫生等重点领域的支持力度。例如，国务院在2015年出台的《推进普惠金融发展规划（2016－2020年）》中强调，鼓励和引导商业性、政策性、开发性、合作性等各类金融机构加大对扶贫开发的金融支持。运用适当的政策安排，动用财政贴息资金及部分金融机构的富余资金，对接政策性、开发性金融机构的资金需求，拓宽扶贫资金来源渠道。为解决"两不愁三保障"突出问题，聚焦脱贫攻坚、聚焦特殊群体，针对贫困地区，创新借贷政策，为农户创业提供了强有力支持。

在生态扶贫方面，为确保如期实现脱贫攻坚任务，国务院要求各地方政府建立民族地区资源开发和生态保护补偿机制，在配套产业、社会服务业、劳动用工等方面，充分发挥政策效益，尤其要把生态保护放在优先位置，探索生态脱贫新路子，让贫困人口从生态建设与修复中得到实惠。例如，2018年中共中央、国务院出台的《关于打赢脱贫攻坚战的决定》中明确要求实施退耕还林还草、天然林保护、防护林建设、石漠化治理、防沙治沙、湿地保护与恢复、坡耕地综合整治、退牧还草、水生态治理等重大生态工程，在项目和资金安排上进一步向贫困地区倾斜，提高贫困人口参与度和受益水平，并且在"三区三州"等重点贫困地区，强化了生态环境保护力度，各民族地区生态环保扶贫取得了巨大成效。

在教育扶贫方面，首先，中央政府将公共教育资源、重大教育工程和项目向少数民族和民族地区倾斜，其中加大了对民族地区实施农村义务教育阶段学校教师特设岗位计划的倾斜力度，提高了基础教育的质量，扩大了家庭经济困难学生资助比例，加强了对民族地区科普工作的支持力度。例如，2015 年国务院出台的《关于加快发展民族教育的决定》中指出要加快实施教育扶贫工程，让贫困家庭子女都能接受公平有质量的教育，阻断贫困代际传递，保证贫困家庭义务教育阶段适龄儿童、少年不失学辍学，保障有学可上、上得起学。其次，新时期直属高校也要积极落实帮扶责任，聚焦脱贫攻坚，要开展脱贫攻坚调研，履行定点扶贫责任，选派干部挂职扶贫，加强扶贫工作指导，加大督促检查力度，鼓励社会参与，宣传推广典型等，巩固脱贫攻坚成果。

在医疗扶贫方面，中央政府持续支持民族地区医疗卫生事业发展，新增医疗卫生资源重点向民族地区倾斜，鼓励医学院校毕业生到民族地区服务，鼓励发达地区医务人员到民族地区开展医疗帮扶。国务院扶贫办还联合其他相关部门提出"大病集中救治一批、慢病签约服务管理一批、重病兜底保障一批"等政策内容，加快落实健康扶贫工程，保障贫困人口享有基本医疗卫生服务，努力防止因病致贫、因病返贫；不仅如此，医疗部门还积极开展患有大病和长期慢性病的农村贫困人口（指建档立卡贫困人口和农村低保对象、特困人员、贫困残疾人）识别，根据患病情况，实施分类分批救治，确保健康扶贫落实到人、精准到病，有效解决因病致贫、因病返贫问题。例如，2018 年 9 月，国家医保局、财政部、国务院扶贫办印发的《医疗保障扶贫三年行动实施方案（2018－2020 年）》中提出，要完善可持续筹资政策，实现贫困人口应保尽保；为实现 2020 年我国现行标准下农村贫困人口脱贫提供坚强保障。同时，聚焦"三区三州"中医药健康扶贫薄弱环节，坚持问题导向、目标导向，夯实基础、补齐短板，使"三区三州"城乡居民能够享受到安全、有效、经济、便捷的中医药服务，国家中医药管理局还提出了要按照填平补齐原则，支持"三区三州"县级中医类医院开展标准化建设；要加强中医药服务能力建设，加强基层医疗卫生机构、县级中医医院服务能力，提升民族医院制剂能力，推进医改工作，尽可能在源头上阻断因病返贫的根源，为脱贫工作保驾护航。

在社会保障扶贫方面，国家相继出台了各项重要文件，不断完善各地社会保障制度，顺利实施社会救助兜底脱贫行动，减轻贫困户参保缴费负担，确保兜牢贫困群众基本民生底线。例如，2012 年，在国务院出台的《关于进一步动员社会各方面力量参与扶贫开发的意见》中指出，要完善民族地区城镇居民基本医疗保险和新型农村合作医疗制度，逐步提高补助标准，不断提高保障水平；国务院扶贫办还联合各部门积极开展各项扶贫工作，确保精确识别建档立卡贫困户，并按照家庭人均收入低于当地低保标准的差额发放低保金，完善农村低保家庭贫困状况评估指标体系，根据地方实际情况综合评估家庭贫困程度，确保做到精准扶贫。中国残联要求要确保符合条件的建档立卡贫困残疾人全部纳入农村低保范围，加大建档立卡贫困家庭重度残疾人的医疗救助，严格落实困难残疾人生活补贴制度和重度残疾人护理补贴制度，为 16 岁以上有照料护理需求的重度残疾人提供照护和托养服务，逐一解决贫困家庭未入学适龄残疾儿童义务教育问题，以及让因残致贫家庭更好地享受资产收益扶贫政策等。民政部要求加强农村低保制度与扶贫开发政策有效衔接，加大临时救助、特困人员救助供养力度，落实残疾人福利保障政策，引导社会力量参与深度贫困地区脱贫攻坚。主要政策汇总如表 7-8 所示。

表 7-8　　　　　2012～2020 年国家层面脱贫攻坚主要政策汇总

时间	会议/文件	主要内容
2012 年 1 月	《农村残疾人扶贫开发纲要（2011-2020 年)》	农村残疾人生活总体达到小康；稳定实现农村残疾人不愁吃、不愁穿
2012 年 7 月	《少数民族事业"十二五"规划》	着力推动民族地区加快发展，不断改善各族群众生产生活条件；大力发展教育、科技、卫生、就业和社会保障事业，不断提高民族地区基本公共服务水平
2012 年 9 月	《滇西边境片区区域发展与扶贫攻坚规划（2011-2020 年)》	旅游业、文化产业、能源产业、农业等特色支柱产业加快发展，产业结构不断优化
2013 年 12 月	《中共中央办公厅　国务院办公厅关于创新机制扎实推进农村扶贫开发工作的意见》	针对制约贫困地区发展的瓶颈，以集中连片特殊困难地区为主战场，因地制宜，分类指导，突出重点，注重实效，继续做好整村推进、易地扶贫搬迁、以工代赈、就业促进、生态建设等工作
2014 年 1 月	《中共中央　国务院关于全面深化农村改革加快推进农业现代化的若干意见》	全面深化农村改革，坚持社会主义市场经济改革方向，因地制宜、循序渐进

续表

时间	会议/文件	主要内容
2014 年 11 月	《国务院办公厅关于进一步动员社会各方面力量参与扶贫开发的意见》	坚持政府引导、多元主体、群众参与、精准扶贫，要培育多元社会扶贫主体。大力倡导民营企业扶贫，积极引导社会组织扶贫，广泛动员个人扶贫，进一步深化定点扶贫工作，强化东西部扶贫协作
2014 年 12 月	《国家贫困地区儿童发展规划（2014－2020 年)》	5 岁以下儿童生长迟缓率降低到 10% 以下，低体重率降低到 5% 以下，贫血患病率降低到 12% 以下；以乡镇为单位，适龄儿童国家免疫规划疫苗接种率达到并保持在 90% 以上
2015 年 5 月	《中共中央办公厅　国务院办公厅关于深入推进农村社区建设试点工作的指导意见》	创新农村基层社会治理，提升农村公共服务水平，促进城乡一体化建设，深入推进农村社区建设试点工作
2015 年 6 月	《乡村教师支持计划（2015－2020 年)》	健全教育、宣传、考评、监督、奖惩机制，全面提高乡村教师思想政治素质和师德水平；全面提升"双语"教师的专业水平，切实培养一批"双语"骨干教师
2015 年 8 月	《国务院关于加快发展民族教育的决定》	加快"两基"步伐，促进各级各类教育的协调发展；进一步增强对民族教育的扶持力度；做好高校民族班和民族预科班的招生工作
2015 年 11 月	《中共中央　国务院关于打赢脱贫攻坚战的决定》	到 2020 年，稳定实现农村贫困人口不愁吃、不愁穿，义务教育、基本医疗和住房安全有保障；实现贫困地区农民人均可支配收入增长幅度高于全国平均水平，基本公共服务主要领域指标接近全国平均水平；确保我国现行标准下农村贫困人口实现脱贫，贫困县全部摘帽，解决区域性整体贫困
2015 年 12 月	《国家能源局关于加快贫困地区能源开发建设推进脱贫攻坚的实施意见》	要着力实现农村动力电全覆盖；完成 200 万建档立卡贫困户光伏扶贫项目建设；帮助甘肃省通渭县、清水县摘掉贫困县帽子
2015 年 12 月	《国务院关于支持沿边重点地区开发开放若干政策措施的意见》	加大对边境地区民生改善的支持力度，通过扩大就业、发展产业、创新科技、对口支援稳边安边兴边，支持对外贸易转型升级。优化边境地区转移支付资金安排的内部结构。有序发展边境贸易，完善边贸政策，支持边境小额贸易向综合性多元化贸易转变，探索发展离岸贸易

续表

时间	会议/文件	主要内容
2016 年 2 月	《中共中央办公厅　国务院办公厅关于加大脱贫攻坚力度支持革命老区开发建设的指导意见》	要把贫困老区作为老区开发建设的重中之重，充分发挥政治优势和制度优势，主动适应经济发展新常态；以扶持困难群体为重点，全面增进老区人民福祉。切实解决好老区贫困人口脱贫问题，全面保障和改善民生
2016 年 2 月	《省级党委和政府扶贫开发工作成效考核办法》	针对主要目标任务设置考核指标，注重考核工作成效；坚持客观公正、群众认可，规范考核方式和程序，充分发挥社会监督作用；坚持结果导向、奖罚分明，实行正向激励，落实责任追究，促使省级党委和政府切实履职尽责，改进工作，坚决打赢脱贫攻坚战
2016 年 2 月	《国务院关于进一步健全特困人员救助供养制度的意见》	要以解决城乡特困人员突出困难、满足其基本需求为目标，坚持政府主导，发挥社会力量作用，在全国建立起城乡统筹、政策衔接、运行规范、与经济社会发展水平相适应的特困人员救助供养制度
2016 年 3 月	《国家发展改革委关于支持贫困地区农林水利基础设施建设推进脱贫攻坚的指导意见》	要通过加强贫困地区农林水利基础设施建设，提高发展能力、夯实发展基础，推进产业发展、增强发展后劲，改善民生条件、共享发展成果，加强生态保护和建设、保护青山绿水
2016 年 3 月	《国务院关于进一步做好为农民工文化服务工作的意见》	要全面实现农民工平等享受城镇基本公共文化服务，为农民工文化服务的内容和手段更加丰富；基本公共文化服务标准化、均等化水平要稳步提高
2016 年 4 月	《中共中央办公厅　国务院办公厅关于建立贫困退出机制的意见》	加强组织领导和统筹协调，认真履行职责。贫困退出年度任务完成情况纳入中央对省级党委和政府扶贫开发工作成效考核内容；做好退出方案。各省（自治区、直辖市）要按照省（自治区、直辖市）负总责的要求，因地制宜，尽快制订贫困退出具体方案，明确实施办法和工作程序。退出方案要符合脱贫攻坚实际情况，防止片面追求脱贫进度
2016 年 4 月	《国务院办公厅关于支持贫困县开展统筹整合使用财政涉农资金试点的意见》	通过试点形成"多个渠道引水、一个龙头放水"的扶贫投入新格局。试点以支持贫困县摘帽销号为目标，提高资金使用精准度和效益，按期完成脱贫攻坚任务

时间	会议/文件	主要内容
2016 年 5 月	《国家发展改革委 交通运输部 国务院扶贫办关于进一步发挥交通扶贫脱贫攻坚基础支撑作用的实施意见》	加快实施交通扶贫"双百"工程。要按照职责分工，抓紧制订具体实施方案，细化实化时间表、路线图，进一步完善政策措施和工作机制，确保完成交通扶贫脱贫各项任务
2016 年 6 月	国家卫生计生委等 15 个中央部门联合发布了《关于实施健康扶贫工程的指导意见》	按照"填平补齐"原则，实施贫困地区县级医院、乡镇卫生院、村卫生室标准化建设，使每个连片特困地区县和国家扶贫开发工作重点县达到"三个一"目标，即每个县至少有 1 所县级公立医院，每个乡镇建设 1 所标准化的乡镇卫生院，每个行政村有 1 个卫生室
2019 年 9 月	国务院办公厅《贫困地区水电矿产资源开发资产收益扶贫改革试点方案》	农村集体经济组织为股权持有者，其成员为集体股权受益主体，建档立卡贫困户为优先受益对象。探索建立以组、村、乡镇不同层级农村集体经济组织为入股单位的集体股权制度
2016 年 9 月	民政部等 6 个中央部门联合发布了《关于做好农村最低生活保障制度与扶贫开发政策有效衔接的指导意见》	对农村低保家庭中的老年人、未成年人、重度残疾人、重病患者等重点救助对象，要采取多种措施提高救助水平，保障其基本生活，严格落实困难残疾人生活补贴制度和重度残疾人护理补贴制度
2016 年 10 月	《网络扶贫行动计划》	实施"网络覆盖工程、农村电商工程、网络扶智工程、信息服务工程、网络公益工程"五大工程，建立起网络扶贫信息服务体系，实现网络覆盖、信息覆盖、服务覆盖
2016 年 11 月	《"十三五"脱贫攻坚规划》	到 2020 年，稳定实现现行标准下农村贫困人口不愁吃、不愁穿，义务教育、基本医疗和住房安全有保障贫困地区农民人均可支配收入比 2010 年翻一番以上，增长幅度高于全国平均水平，基本公共服务主要领域指标接近全国平均水平。确保我国现行标准下农村贫困人口实现脱贫，贫困县全部摘帽，解决区域性整体贫困
2017 年 9 月	《中共中央办公厅 国务院办公厅关于支持深度贫困地区脱贫攻坚的实施意见》	中央统筹，重点支持"三区三州"。新增脱贫攻坚资金、新增脱贫攻坚项目、新增脱贫攻坚举措主要用于深度贫困地区，构建起适应深度贫困地区脱贫攻坚需要的支撑保障体系
2018 年 6 月	《中共中央 国务院关于打赢脱贫攻坚战三年行动的指导意见》	着力激发贫困人口内生动力；着力夯实贫困人口稳定脱贫基础；着力加强扶贫领域作风建设

续表

时间	会议/文件	主要内容
2018 年 10 月	国务院扶贫办等 13 个部门联合发布了《关于开展扶贫扶志行动的意见》	严格落实"两不愁、三保障"要求，做好教育扶贫、健康扶贫、易地扶贫搬迁、危房改造、饮水安全、保障性扶贫等工作，确保贫困人口不愁吃、不愁穿，保障贫困家庭孩子接受九年义务教育、贫困人口基本医疗需求和基本居住条件
2019 年 1 月	《国务院办公厅关于深入开展消费扶贫助力打赢脱贫攻坚战的指导意见》	大力拓宽贫困地区农产品流通和销售渠道，打通供应链条，拓展销售途径，加快流通服务网点建设；要全面提升贫困地区农产品供给水平和质量，加快农产品标准化体系建设，提升农产品规模化供给水平，打造区域性特色农产品品牌
2019 年 6 月	《国务院扶贫开发领导小组关于解决"两不愁三保障"突出问题的指导意见》	全面摸清全部农户"两不愁三保障"情况，逐村逐户逐人逐项开展核查，确保不漏一户、不落一人；要制定实施方案，建立工作清单，明确时间表、路线图，细化实化帮扶举措
2020 年 2 月	《国务院扶贫开发领导小组关于开展挂牌督战工作的指导意见》	及时掌握各地进展，研判形势，协调有关部门加大工作指导和政策支持，督促各地狠抓工作、责任落实，及时解决制约完成脱贫攻坚任务的突出问题，确保剩余贫困人口如期脱贫、贫困县全部摘帽
2020 年 12 月	《中共中央　国务院关于实现巩固拓展脱贫攻坚成果同乡村振兴有效衔接的意见》	过渡期内严格落实"四个不摘"要求，摘帽不摘责任，防止松劲懈怠；摘帽不摘政策，防止急刹车；摘帽不摘帮扶，防止一撤了之；巩固"两不愁三保障"成果。落实行业主管部门工作责任。健全控辍保学工作机制，确保除身体原因不具备学习条件外脱贫家庭义务教育阶段适龄儿童少年不失学辍学

资料来源：根据国家颁布的各类政策文件整理得出。

（二）民族地区关于脱贫攻坚工作的指导意见及政策梳理

为贯彻落实国务院办公厅关于脱贫攻坚工作的指导意见，民族八省区因地制宜，针对深度贫困问题采取了一系列扶贫政策。第一，针对资本长期极度稀缺问题，各地方加大财政专项扶贫资金和其他涉农资金投入，大力开展资产收益扶贫，统一推行"贫困线"和"低保线"两线合一；各地方开展金融扶贫、电商扶贫等相关政策，针对不同地区地理环境，各地方政府"因地施策"，在具备光热条件的地方实施光伏扶贫，建设村级光伏电站，通过收益形成村集体经济，开展公益岗位扶贫、小型公益事业扶贫、奖励补助扶贫等。第二，针对人力资本（含健康水平和文化程度）长期低下的贫困问题，各民族地区政府开展健康扶贫工程（如地方病防治方案、医疗保险扶贫方案等）与教育扶贫工程，防止贫困的代际传递等。第三，针对内生动力不足问题，各地方政府积极开展就业扶贫、文化扶贫专项政策，为民族地区脱贫攻坚工作提供了有力支持。第四，针对制度限制的深度贫困问题，各民族地区政府出台专门文件推动扶贫开发，西藏和四省藏区、南疆四地州和四川凉山、云南怒江、甘肃临夏等地区针对此类深度贫困问题分别出台了具有针对性的专项政策，如在居住环境欠佳的贫困地区实施有关基础设施改善等政策，有效改善民族地区因客观原因导致的贫困问题。第五，针对环境极度恶劣的深度贫困问题，对居住在生存条件恶劣、生态环境脆弱、自然灾害频发等"一方水土养活不了一方人"的贫困地区，大力度实施易地搬迁工程，如推进彝家新寨、藏区新居、乌蒙新村、扶贫新村建设；推动基础设施扶贫工程、生态扶贫工程等。这些扶贫政策措施为民族地区扶贫工作提供了强有力的支持与保障。通过梳理相关政策，以厘清民族地区相关专项扶贫政策的发展与演变，明晰制度的变迁方式，为下一步巩固脱贫成果制定相关政策奠定基础。

在财政扶贫方面，为紧紧围绕国家对脱贫攻坚战的指导思想，各民族地区政府出台了一系列财政方面的规划与政策，为各民族地区扶贫工作保驾护航。例如，新疆维吾尔自治区先后出台了《新疆维吾尔自治区"十三五"脱贫攻坚规划》《新疆维吾尔自治区南疆四地州片区区域发展与扶贫攻坚"十三五"实施规划》，西藏自治区出台了《关于开展统筹整合涉农资金工作的实施意见》，广西壮族自治区印发《关于做好贫困县统筹整合使用财政涉农资金的通知》，贵州省出台了《关于在全省开展农村资源变资产资金变股金农民变股东改革试点工作方案（试行）》，青海省出台了《青海省村集体经济发展基金设立方案》，云南省出台了《云南省财政专项扶贫资金管理暂行办法》等。各地方政府持续将新增财政扶贫资金统筹用于深度贫困地区脱贫攻坚，各行业惠民项目向深度贫困地区倾斜，对口支援和东西部扶贫协作资金多数用于深度贫困地区基础设施、公共服务项目建设和产业就业扶贫，持续提供脱贫工作动力源泉。

在产业扶贫方面，实施产业政策旨在发展和增强已脱贫人口的生产能力、发展能力，使之不再返贫，确保不落下一个贫困人口，不丢下一户贫困户。各民族地区政府积极响应中央下达政策方案，认真贯彻落实脱贫指导思想和工作方案，内蒙古自治区印发了《关于培育发展农牧业产业化联合体进一步深化农企利益联结机制的实施意见》，宁夏回族自治区出台了《宁夏特色产业精准扶贫规划（2016－2020年)》《关于加快推进产业扶贫的指导意见》《关于创新财政支农方式加快发展农业特色优势产业的意见》等，新疆维吾尔自治区出台了《新疆维吾尔自治区农村扶贫开发条例》，西藏自治区出台了《产业精准扶贫规划》《关于支持深度贫困地区旅游扶贫行动方案》，广西壮族自治区出台了《关于打赢脱贫攻坚三年行动的实施意见》，贵州省出台了《中共贵州省委贵州省人民政府2018年脱贫攻坚夏秋攻势行动令》，青海省出台了《关于打赢脱贫攻坚战三年行动计划的实施意见》，云南省出台了《云南省脱贫攻坚规划（2016－2020年)》。一系列产业扶贫政策加大了民族地区特色产业扶持力度，增强了地方特色产业的造血能力，直接促进了贫困人口增收，强化了产业发展的带贫益贫能力。

在金融扶贫方面，国家将重心投向经济发展相对滞后的少数民族地区，以改善少数民族的生产生活条件为重点、以扶贫开发为目标、以项目落实到乡村为基点，各省区利用政策优势，连续出台地方金融政策保证扶贫工作高效进行，如宁夏回族自治区人民政府办公厅发布《关于印发进一步加强银行业金融机构助推脱贫攻坚实施意见的通知》，提出扩大扶贫信贷总规模、提高扶贫小额贷款额度等17项措施；新疆维吾尔自治区出台了《2016年新疆金融助推脱贫攻坚工作计划》《新疆维吾尔自治区扶贫小额信贷贴息资金及风险补偿金管理办法》等相关文件，包括下沉银行业服务、发展多层次资本市场工具、建立保险行业扶贫长效机制等内容；广西壮族自治区出台了《关于严格防范村集体经济投资经营风险的通知》《关于印发广西壮族自治区农村集体经济组织资金财务管理办法（试行）的通知》《支持发展壮大村集体经济的若干政策措施》等文件，规范村集体经济组织和贫困村村民合作社运行，对村民合作社负责人进行集中培训，提高经营管理能力，做好村集体经济风险防范和财务管理；贵州省出台了《贵州省150亿元网络扶贫政策性优惠贷款实施方案》，构筑贫困地区民生保障网络系统，重点支持政务和公共服务向农村基层延伸覆盖、医疗机构开展远程医疗服务等；青海省制定下发《关于金融支持扶贫产业带动精准脱贫的指导意见》，组织召开扶贫产业带动贫困户精准脱贫项目对接会，对带动贫困户发展的经营主体按带动人数实施基准利率全额贴息优惠政策。各地方省政府关于金融扶贫各项决策部署，不断强化金融扶贫工作机制，提升服务水平，压实攻坚责任，精准对接施策，聚力助力脱贫攻坚。

在生态扶贫方面，民族八省区为充分发挥生态保护和建设在精准扶中的作用，切实做好林业生态扶贫工作，出台了一系列具有针对性的与生态扶贫相关指导意见，如"草原奖补"等倾向农户改善生态环境等专项政策。各民族地区依托各自区域特点，精准施策，例如，内蒙古自治区出台了《内蒙古自治区林业生态扶贫三年规划（2018－2020年）》《内蒙古自治区林业生态扶贫2018年实施方案》，通过生态产业发展增加经营性收入和财产性收入，通过生态保护补偿等政策增加转移性收入；宁夏回族自治区生态移民按照"山内的问题山外解决、山上的问题山下解决、面上的问题点上解决"的思路，出台了《关于落实绿色发展理念加快美丽宁夏建设的意见》等一系列相关文件，利用生态补偿和生态保护工程资金，就地将部分有劳动能力的建档立卡贫困人口优先转化为生态保护人员，实现有劳动能力的贫困人口顺利就业；新疆维吾尔自治区出台了《新疆维吾尔自治区煤炭石油天然气开发环境保护条例》等文件，结合财政转移支付和生态保护补助奖励机制，提高贫困人口参与度和受益水平，使部分有劳动能力的贫困人口转为生态保护人员。西藏自治区政府出台了《西藏自治区"十三五"时期生态补偿脱贫实施方案》，整合中央对民族地区、主体功能区、边境转移支付等重大生态资金，实行"定岗定员、定岗定责、定岗定酬"，落实林业生态保护、草原生态保护、野生动物保护等岗位落实；广西壮族自治区出台了《广西脱贫攻坚"十三五"规划（2016－2020年）》等政策文件，秉承"绿水青山就是金山银山"的发展理念，逐步扩大对贫困地区和贫困人口生态补偿；增加生态公益岗位，使贫困群众可以通过参与生态保护实现就业脱贫；贵州省探索建立省内生态补偿机制，切实加大贫困地区生态保护修复力度，提出了8个方面45项具体改革举措，搭好了生态文明制度改革的"四梁八柱"，还建立生态文明建设目标评价考核办法、生态环境损害党政领导干部问责暂行办法等；编制贵州国家生态文明试验区实施方案，提出绿色发展等8个方面的制度创新试验；青海省出台了《青海省国土绿化提速三年行动计划（2018－2020）》《关于创新造林机制激发国土绿化新动能办法的通知》等一系列政策文件，大力开发贫困人口草原、林地、湿地等生态公益性管护岗位，实现生态保护、扶贫开发、改善民生多赢；云南省出台了《云南省农村饮水安全巩固提升工程"十三五"规划报告》等政策文件，创新生态扶贫机制，利用生态工程建设、生态公益性岗位、生态产业发展、生态保护补偿等增加贫困群众收入。各民族地区地方政府牢固树立和践行"绿水青山就是金山银山"的理念，实现脱贫攻坚与生态文明建设"双赢"。

在教育扶贫方面，民族八省区以教育为本，从根治贫，从骨脱贫。在教育水平极度落后的深度贫困地区，各地区加强施策力度，持续扩大受众群体。例如，内蒙古自治区出台了《内蒙古自治区"十三五"教育事业发展规划》，在此基础上，实施"雨露计划"，对3万名贫困劳动力进行了农牧业职业技能和实用技术培训。随后内蒙古自治区推动建立从学前教育到高等教育、职业教育一条龙的教育资助政策体系，实现农村牧区义务教育阶段在校生营养改善计划试点范围由8个集中连片特困县扩大到其他23个国贫县，实现31个国贫县全覆盖；宁夏回族自治区出台了《宁夏教育精准扶贫行动方案（2016－2020年)》等扶贫政策，积极改善贫困户子女接受基础教育的教学水平，提高对贫困户子女的资助力度，在高等教育和职业教育方面向贫困户子女倾斜。保证教育经费向贫困地区基础教育、职业教育等倾斜，支持中南部地区贫困家庭子女更多地依靠教育走出去，着力强化"三保障"，全面加强义务教育控辍保学；新疆维吾尔自治区出台了《教育扶贫专项行动的实施方案》，具体提出了积极推进教育精准扶贫、加强爱国主义和民族团结教育、加快双语教育普及进程、巩固提高基础教育普及成果、加快发展现代职业教育、提升高等教育服务能力、实施各级各类学校结对帮扶计划、加强贫困地区教师队伍建设、推进教育信息化进程、加强教育脱贫管理能力等脱贫措施，加大教育扶贫力度，确保了贫困家庭学生有学上、上得起学、不辍学；西藏自治区出台了《关于进一步加强控辍保学提高义务教育巩固水平的意见》《深度贫困地区教育脱贫攻坚实施方案（2018－2020年）》《关于进一步加强控辍保学提高义务教育巩固水平的意见》等一系列扶贫政策，实现了自治区整体教育水平稳步提高；广西壮族自治区印发了《关于进一步加强贫困地区控辍保学工作的通知》等政策文件，努力降低贫困户适龄儿童辍学率，并强化对贫困群众的教育、医疗、住房"三保障"，努力让贫困群众实现学有所教、病有所医、住有所居；贵州省教育厅通过开展贫困劳动力全员培训，以县为统筹，人社部门整合教育、扶贫、农业等十余个部门培训资源，构建起全省"大培训"格局。不仅如此，贵州省全面实行农村贫困家庭子女无障碍入学"教育云"助力教育扶贫，依托自身发展大数据产业的独特优势，率先推动"精准扶贫云"与"教育云"融合，自动生成学生数据、自动识别贫困学生、自动办理教育扶贫资助，实现了贫困家庭子女高中、大专院校免学费的零申请、零证明、零跑腿；青海省全面落实西宁海东贫困家庭学生和藏区全部学生15年免费教育政策，优先安排贫困家庭大学生和中专生助学贷款，阻断贫困代际传递。实施乡村教师支持计划，稳步实施学前教育、义务教育"全面改薄"和高中建设项目，出台了《关于实施 15 年免费教育后相关收费政策》，全面实施 15 年免费教育政策，2018 年包括 6 个民族自治州（海南藏族自治州、海北藏族自治州、黄南藏族自治州、玉树藏族自治州、果洛藏族自治州和海西蒙古族藏族自治州）所有学生和西宁、海东两市贫困学生在内的全省 86 余万名学生受益。云南省秉持"扶贫先扶智，治贫先治愚"的理念，出台了《云南省贫困地区儿童发展规划实施方案（2015－2020 年）》，特别是对留守儿童给予特殊关爱；大力实施免费职业、技能培训和高中教育，提升贫困地区、贫困家庭子女的受教育范围、程度和质量，以此增强就业实力，跳出贫困陷阱，阻断贫困代际传递，加快推进"发展教育脱贫一批"的任务。云南省在义务教育保障方面，重点抓好"控辍保学"责任落实，加强偏远地区寄宿制学校建设，确保贫困家庭义务教育阶段的孩子不失学辍学，从政策实施成效来看，民族地区整体教育质量稳步提升。

在医疗扶贫方面，为了缓解民族地区在教育和医疗方面的返贫压力，保证脱贫工作持续稳定推进，各级政府加大对教育、卫生医疗投入，改善公共服务质量。例如，内蒙古自治区对建档立卡贫困人口实行免费体检，将建档立卡贫困人口全部纳入了重特大疾病医疗救助范围，设立贫困人口大病保障基金；实施"三个一批"计划，即大病集中救治一批、慢病签约服务一批、重病兜底保障一批；开展医院"一对一"帮扶行动。同时，内蒙古自治区要求各地严格落实"四定两加强"政策，按应治尽治的原则，实施农村贫困人口大病集中救治。截至 2018 年底，北京和内蒙古三级医院结对帮扶贫困旗县医院，二级医院帮扶卫生院，加大贫困地区医疗服务体系标准化建设，远程医疗服务实现贫困旗县全覆盖。宁夏回族自治区人民政府办公厅发布《关于印发宁夏健康扶贫工程实施方案的通知》等，将扶贫资金直接投入贫困对象本身，全方位构建起以社会政策为核心的保障式扶贫机制，将残疾预防纳入全区基本公共卫生服务范围，强化残疾预防工作，对筛查出的残疾人给予早期干预和康复救助。对贫困病人深入推进分类精准救治，实施常见病、慢性病分级诊疗，采取组合措施，确保农村建档立卡、因病致贫返贫人口年度住院医疗费用实际报销比例不低于 90%，或当年住院自付费用累计不超 5000 元。实现长期慢性病贫困患者家庭医生签约服务全覆盖，鼓励引导社会力量参与健康扶贫。新疆维吾尔自治区推进健康扶贫"三个一批"行动，全面实施农村户籍人员在各地州市范围内和公立医院住院"先诊疗、后付费"服务模式及"一站式"结算制度；全面提升贫困县县级医院医疗服务能力和管理水平，充分发挥"互联网＋"的优势，推进深度贫困地区远程医疗建设，确保治全治好。西藏自治区聚焦地方病筛查诊治，提高补助标准，推行"先诊疗、后付费""一站式"即时结报，有效解决了贫困患者交押金难、现金垫付难等问题，建立了"基本医保＋大病保险＋医疗救助＋慈善救助＋地方政府兜底保障"多重医疗保障体系。广西壮族自治区根据国务院扶贫办综合司发布的《关于印发贫困地区健康促进三年攻坚行动方案的通知》中的要求，出台广西贫困地区健康扶贫三年行动计划，通过实施"将健康融入所有政策"策略，加大政策保障力度，全面提升贫困群众医疗保障水平和健康素养。按照"看得起病、看得了病、看得好病"的工作要求，全面落实贫困人口购买基本医疗保险保费财政补助政策。按要求实行先诊疗后付费和"一站式"结算的方式，对确实无力购买的由财政兜底，贫困人口基本医保参保率达100％，全区贫困人口住院医疗费用个人实际平均报销比例达90％。加强贫困村标准化卫生室建设，要求每个村级卫生室至少配备国家基本药物目录品种30种以上且不过期。重点对农村贫困人口大病和慢性病进行分类救治，全面落实贫困人口家庭医生签约服务全覆盖。贵州省出台了《贵州省进一步完善医疗保障机制助力脱贫攻坚三年行动方案（2017－2019年)》《贵州省提升基层医疗服务能力助力脱贫攻坚三年行动方案（2017－2019年)》《贵州省提升基层公共卫生服务能力助力脱贫攻坚三年行动方案（2017－2019年)》等"三年行动方案"，计划通过四重医疗保障制度、全面提升基层公共服务卫生能力和基层医疗服务能力等措施，实现贫困人口病有所医，医有所保，从源头上遏制因病致贫，因病返贫。青海省印发了《青海省健康扶贫工程"三个一批"行动实施方案》《关于开展贫困人口健康体检工作做实家庭医生签约履约服务的通知》等政策文件，深入推进健康扶贫行动，全面落实"一免七减"政策，全面推进健康扶贫"三个一批"和"六大攻坚"行动，严格落实"六减免十覆盖"政策，筑牢基本医疗、大病保险、民政救助、商业补充医疗保险四道"保障线"，贫困群众住院费用自费比例稳定控制在10％以内。持续推进健康扶贫"双签约"活动，加快推进村级卫生室标准化改造，选准配强村级卫生力量。全面推行先诊疗后付费和"一站式"结算，让贫困群众享受最便捷、最直接的服务，达到便民式医疗制度。云南省出台了《云南省健康扶贫30条措施》等政策文件，全面落实健康扶贫政策举措，精准识别因病致贫人口，健全健康保障体系，确保建档立卡贫困人口医保城乡居民参保率达到100%。落实好医保向贫困人口救治倾斜政策，开展贫困人口重大疾病分类救治和防病管理。加大健康教育力度，促进贫困人口转变不良生活方式，提高健康素质，预防疾病发生。各省份根据客观条件相继建设加大远程医疗体系建设，促进社会医疗服务资源和诊疗资源向贫困地区基层下沉，提升基层医疗服务水平，为脱贫攻坚保驾护航。

在社会保障扶贫方面，各民族地区采取多项政策措施，为持续提升民生福祉，切实增强当地社会保障水平，切实为脱贫攻坚工作提供有力保障。例如，内蒙古自治区出台了《内蒙古自治区社会救助与扶贫开发政策衔接实施方案》等政策文件，按照"摸清底数、区分类型、精准认定、综合施策"的思路，借助实施四项措施使农村牧区最低生活保障制度与扶贫开发政策有效衔接，按照精准扶贫精准脱贫"五个一批"中"社会保障兜底一批"要求，对完全或部分丧失劳动能力的特殊贫困人口，综合实施保障性扶贫政策，确保病有所医、残有所助、生活有兜底。宁夏回族自治区政府出台了《宁夏健康扶贫三年攻坚行动实施方案》等指导文件，要求不仅要为农村长期贫困人口建立以最低生活保障制度和社会救助制度为特征的基本社会保障制度，而且还大力推进家庭计划（政府专门针对农村缺乏基本能力或丧失生产能力的异质人口固定发放的特殊生活补贴）为形式的社会福利制度。新疆维吾尔自治区落实《社会保障兜底专项行动实施方案》等文件，明确提出了实施健康扶贫工程，大力提升贫困人口享受基本医疗卫生服务的保障水平，加大对贫困乡镇卫生院和村卫生室标准化建设力度，新疆每年安排20亿元财政资金，建立最低生活保障兜底脱贫专项基金，对丧失劳动力家庭、重度残疾人家庭、鳏寡孤独老人等特殊困难群众，通过多种脱贫措施仍达不到脱贫标准的，进行兜底保障。截至2018年，新疆22个深度贫困县所有符合低保条件、无法通过自己劳动摆脱贫困的32万贫困人口，已全部纳入农村低保范围，实现了应保尽保。新疆还建立了临时救助制度，安排了2亿元资金用于22个深度贫困县临时救助。① 广西壮族自治区认真贯彻落实国家《"十三五"发展规划》的相关要求，加强低保对象与建档立卡贫困人口信息核查，及时将符合条件的贫困人口纳入低保范围，确保应保尽保。统筹推进低保政策与医疗救助、教育救助、住房救助、就

---

① 阿班·毛力提汗：《2018年新疆扶贫攻坚报告》，载于《新西部》2019年第Z1期，第20～28页。

业救助等救助制度衔接。逐步提高农村低保标准，继续加强低保对象与建档立卡贫困人口的对象衔接，实行动态管理，继续加强标准衔接，对纳入低保的贫困人口，广西采取资金入股、代种代养、安排公益性岗位等措施，增加其他方面收入，防止"一兜了之"。贵州省将农村最低生活保障制度和扶贫开发政策进行有效衔接，制定了一系列相关扶贫政策，充分发挥农村"低保"制度和扶贫开发政策的作用，保障农村贫困人口基本生活，提高收入水平和自我发展能力，稳定解决温饱并实现脱贫致富，为全面实施"两项"制度有效衔接、实现到2020年基本消除绝对贫困现象的目标奠定基础。青海省根据民政部、国务院扶贫办、中央农办、财政部、国家统计局和中国残联联合发布的《关于做好农村最低生活保障制度与扶贫开发政策有效衔接的指导意见》，制订具体实施方案，对符合条件的所有贫困家庭及时纳入最低生活保障范围，做到应保尽保。主要政策汇总如表7-9所示。

表7-9　　　　　2012～2020年民族八省区脱贫攻坚主要政策汇总

时间	会议/文件	主要内容
内蒙古自治区		
2014年1月	《内蒙古自治区金融扶贫富民工程实施方案（2013-2017年）》	"金融扶贫富民贷款"主要支持38个重点旗县和其他19个贫困旗县贫困嘎查村有生产经营能力的农牧户、农牧民专业合作组织（包括扶贫互助组织）、扶贫龙头企业。重点扶持乳、肉、绒、薯、菜、粮油、饲草、瓜果、药材、旅游及民族用品等十大扶贫产业以及能够安置大量贫困农牧民就业的其他劳动密集型产业
2014年4月	《关于创新扶贫工作机制扎实推进扶贫攻坚工程的意见》	以"三到村三到户"精准扶贫为抓手，改革创新扶贫工作体制机制，加快转变扶贫开发方式，构建政府、市场、社会协同推进的大扶贫格局
2014年4月	《深入推进扶贫攻坚工程"三到村三到户"工作方案》	落实自治区"8337"发展思路，坚持开发式扶贫方针，以省级领导干部联系贫困旗县为龙头，以规划、项目、干部"到村落户"为支撑，建立精准扶贫机制
2015年12月	《贯彻落实〈中共中央国务院关于打赢脱贫攻坚战的决定〉》会议	坚持把扶贫开发作为重大政治任务和头号民生工程来抓，加强组织领导，加大资金投入，强化帮扶举措，大力实施农村牧区"十个全覆盖"工程，着力兴办"三个一"民生实事，深入开展领导干部联系帮扶活动，扎实推进"三到村三到户"精准扶贫

续表

时间	会议/文件	主要内容
	内蒙古自治区	
2016 年 1 月	《贫困旗县党政领导班子和领导干部经济社会发展实绩考核办法》	坚持把扶贫开发成效作为检验和考核干部政绩的重中之重，着力在扶贫开发主战场培养干部、考察干部、选拔干部，把扶贫攻坚业绩作为选人用人的重要依据，对完成"减贫摘帽"任务的贫困县党政正职予以提拔重用，树立了鲜明的用人导向
2016 年 5 月	《内蒙古自治区脱贫攻坚村级"453"挂图作战实施意见》	准确核查贫困户家庭情况，对照"两不愁三保障"脱贫标准，核准每一户的致贫原因、家庭成员的健康、教育、医疗等情况，真正做到贫困户进退"底数清"；要做到每一个有建档立卡贫困人口的嘎查村均要派驻村工作队，每个贫困户都要落实帮扶责任人，明确各级各部门的脱贫攻坚责任，明确党员干部的帮扶责任，切实做到"责任清"
2016 年 8 月	《盟市党委、政府（行政公署）扶贫开发工作成效考核办法》	针对主要目标任务设置考核指标，注重考核工作成效；坚持客观公正、群众认可，规范考核方式和程序，充分发挥社会监督作用；坚持结果导向、奖罚分明，实行正向激励，强化责任追究，促进盟市党委、政府（行政公署）切实履职尽责，改进工作，坚决打好打赢脱贫攻坚战
2017 年 2 月	《关于成立自治区脱贫攻坚指挥部、向国贫旗县派驻脱贫攻坚督导组和进一步加强驻村帮扶工作的通知》	要围绕"六个精准"抓好督导工作，重点督导扶贫责任落实、帮扶干部选派、扶贫对象识别精准、致贫原因找准、帮扶措施到位、贫困退出，切实增强针对性和实效性
2017 年 4 月	《关于进一步加大脱贫攻坚力度十项措施的通知》	针对当前我区特困地区重点群体脱贫攻坚中存在的突出困难和问题，聚焦贫困人口产业发展、义务教育、基本医疗和住房安全等问题，现制定进一步加大脱贫攻坚力度的十项措施
2017 年 4 月	《关于印发自治区健康扶贫工作推进方案》	按照国家健康扶贫工程和自治区脱贫攻坚总体部署确定的脱贫任务目标，实施"三个一批"行动计划，对已核实核准的患病贫困人口实行分类分批救治，确保 2019 年底前全部完成，2020 年巩固救治成果；加强贫困旗县（市、区）医疗卫生机构服务体系建设，到 2020 年，实现贫困人口县域内就诊率达到 90%，解决因病致贫返贫长效机制基本建立

续表

时间	会议/文件	主要内容
	内蒙古自治区	
2017 年 5 月	《内蒙古自治区脱贫攻坚责任制实施细则》	建立了脱贫攻坚分级负责机制，自治区对脱贫攻坚总负责，盟市承担主要责任，旗县承担主体责任，苏木乡镇承担具体责任，构建责任清晰、各负其责、合力攻坚的责任体系
2017 年 7 月	《关于进一步推动金融扶贫工作的通知》	建立"政府＋银行＋保险＋担保＋龙头企业＋专业合作社＋贫困户""金融机构＋龙头企业＋专业合作社＋贫困户""公司＋基地＋贫困户""合作社＋贫困户"和基地托养等基于产业扶贫链条的授信模式
2017 年 10 月	《关于印发〈内蒙古自治区深度贫困地区脱贫攻坚推进方案〉的通知》	健全监测预警机制、稳定扶贫政策措施、巩固提升扶贫产业、拓展就业创业渠道、完善综合保障措施、发挥扶贫资产作用、激发群众内生动力、强化基层组织建设等八项措施
2017 年 11 月	《关于支持易地扶贫搬迁项目有关政策的通知》	进一步加大对易地扶贫搬迁工程用地倾斜力度，优先保障用地需求。土地预审、审批要开辟专门绿色通道，减少中间环节，缩短审批时间，降低中介费用。农牧业、林业等部门也要针对占用草牧场、林地新建集中安置点出台务实管用、简便易行的支持政策。确保项目早开工，早建设，不因工程建设进度缓慢影响脱贫工作进程
2017 年 12 月	《关于调整易地扶贫搬迁有关政策的通知》	各盟市项目旗县（市、区）可综合考虑建房成本等因素，本着实事求是的原则，制定差异化住房建设补贴政策，自行确定本地区住房建设补助标准并向社会公告。搬迁任务完成后，易地扶贫搬迁相关剩余资金可用于扶持建档立卡搬迁人口后续产业发展。对于搬迁建档立卡贫困人口为单户单人的，鼓励和引导采取入住互助幸福院方式进行安置
2018 年 1 月	《关于做好 2018 年贫困旗县涉农涉牧资金整合试点工作的通知》	坚持将整合资金项目审批权限完全下放到县，由试点贫困县根据年度脱贫任务及巩固脱贫成效需要，用好用足整合试点政策，实事求是确定年度计划整合资金规模，在"因需而整"的前提下做到"应整尽整"

续表

时间	会议/文件	主要内容
内蒙古自治区		
2018 年 2 月	《关于支持易地扶贫搬迁项目有关政策的通知》	贫困农牧民搬迁后必须有相关的产业扶持和就业保障，才能稳得住、能致富、可持续。各项目旗县（市、区）要根据当地的资源禀赋，积极探索搬迁贫困群众增收的途径和方式。引导龙头企业、投融资主体和光伏企业开展产业扶贫和光伏扶贫，推进移民光伏新村建设
2018 年 2 月	《关于印发自治区"十三五"推进基本公共服务均等化规划的通知》	体制机制更加健全，在幼有所育、学有所教、劳有所得、病有所医、老有所养、住有所居、弱有所扶等方面持续取得新进展，基本公共服务均等化总体实现
2018 年 2 月	《关于 2018 年全区社会救助标准有关事宜的通知》	做好农村牧区最低生活保障工作的动态化精细化管理，把符合条件的贫困人口全部纳入保障范围。对低保家庭中未成年人、老年人、重度残疾人和重病患者，可按照不超过当地低保标准 30% 的比例提高补助水平，更好地改善其基本生活。充分发挥困难群众基本生活保障工作协调机制作用，规范议事程序和规则，统筹各类救助资源，着力解决困难群众遇到的就医、教育、住房等困难
2018 年 4 月	《关于培育发展农牧业产业化联合体进一步深化农企利益联结机制的实施意见》	以党的十九大精神和习近平新时代中国特色社会主义思想为指导，全面贯彻习近平视察内蒙古重要讲话精神，积极实施乡村振兴战略，重点围绕推进农牧业供给侧结构性改革，以帮助农民提高农民、富裕农民为目标，以发展现代农牧业为方向，以创新农牧业经营机制体制为动力，积极培育发展一批带农作用突出、综合竞争力强、稳定可持续发展的农牧业产业化联合体，成为引领全区农村第一、第二、第三产业融合和现代农牧业建设的重要力量，为农牧业和农村发展注入新动力
2018 年 4 月	《关于完善旗县脱贫攻坚项目库建设的实施意见》	加强组织领导。建立分级负责工作机制，自治区和盟市扶贫部门要加强对项目库建设工作指导。旗县要承担项目库建设的主体责任，行业部门要承担工作责任，扶贫部门要承担承办协调责任，各部门切实把工作落到实处。苏木乡镇、嘎查村两委、第一书记和驻村工作队要做好群众动员工作，在项目库建设和项目管理中发挥积极作用。同时加强项目库建设民主监督，防止腐败现象发生

续表

时间	会议/文件	主要内容
	内蒙古自治区	
2018 年 5 月	《我区保险业要对全区 15 个深度贫困旗县实行结对帮扶》	加大对深度贫困旗县建档立卡贫困户和扶贫产业项目的帮扶支持；依照"保基本、广覆盖、有弹性、可持续"的原则，通过保险公司减免、捐赠和争取财政扶贫资金补贴等多种方式，实行深度贫困旗县建档立卡贫困户参加政策性农业保险、民生保险、健康保险三大类保险保费特惠政策
2018 年 5 月	《关于进一步完善精准扶贫信贷政策八项措施的通知》	各金融机构平等享受财政贴息和风险缓释政策。各盟市、旗县（市、区）按照突出精准、平等合作、协同推进的原则，广泛与当地有合作意愿、符合政策条件的各金融机构开展金融精准扶贫合作，努力形成多元化、多层次、多渠道的金融精准扶贫信贷体系
2018 年 5 月	《内蒙古自治区农村牧区低保专项治理方案》	自治区就各级民政部门开展专项治理进行全面部署，制定专项治理时间表和路线图，进一步细化盟市制订方案及开展部署、旗县和苏木乡镇全面排查、盟市督促检查、自治区调研督导等关键环节的具体时限及要求，全面压实各级责任。12 个盟市全部印发专项治理方案，召开农村牧区低保专项治理会议，对所属地区开展专项治理工作进行安排部署
2018 年 9 月	《内蒙古自治区在脱贫攻坚三年行动中切实做好社会救助兜底保障工作的实施方案》	坚持应保尽保、兜底救助、统筹衔接、正确引导，优化政策供给，完善农村牧区低保、特困人员救助供养、临时救助等保障性扶贫措施，充分发挥社会救助在打赢脱贫攻坚战中的兜底作用，保障完全丧失劳动能力和部分丧失劳动能力且无法依靠产业就业帮扶脱贫的未脱贫建档立卡贫困人口的基本生活，推动全区建档立卡贫困人口稳定脱贫
2018 年 10 月	《关于进一步完善优化内蒙古自治区健康扶贫医疗保障政策的通知》	要严格按照国家和自治区相关规定和标准要求，尽快明确责任、优化完善实施方案，确保贫困患者救治工作按要求规范实施，取得实效；统筹资金使用，加大对健康扶贫资金的支持力度，在以旗县为单位建立大病保障基金中，自治区、盟市财政资金、扶贫资金和整合资金给予一定比例支持，解决好因病致贫返贫问题；加强基本医疗保险基金收支预算管理，根据"以收定支、收支平衡、略有结余"的原则，严格执行医保基金总额预算管理

续表

时间	会议/文件	主要内容
内蒙古自治区		
2018 年 12 月	《关于开展"农校对接"助推脱贫攻坚试点的指导意见》	各盟市农牧部门将加强对校企对接试点工作的督促指导，及时跟踪进展情况，协调解决工作推进中的困难和问题。各农牧企业还要积极与高校进行互通互联，针对学校实际需求调整种植养殖结构和产品方向
宁夏回族自治区		
2016 年 2 月	《关于创新财政支农方式加快发展农业特色优势产业的意见》	预计到 2020 年，全区粮食播种面积稳定在 1200 万亩，总产量保持在 370 万吨左右；蔬菜面积稳定在 200 万亩；奶牛存栏 80 万头，肉牛、肉羊（滩羊）饲养量分别达到 300 万头、2000 万只；优质饲草料基地 1000 万亩；适水产业面积 80 万亩。农业增加值达到 310 亿元，年均增长 4.5%；农民人均可支配收入达到 14100 元，年均增长 9%。优质粮食、草畜、蔬菜产业基本实现现代化，奶业率先实现现代化
2016 年 3 月	《宁夏回族自治区农村扶贫开发条例》	到 2018 年，要实现现行标准下的 58.12 万农村贫困人口全部脱贫、800 个贫困村全部销号、9 个贫困县全部摘帽，不让一个贫困地区、一个贫困群众掉队
2016 年 5 月	《关于力争提前两年实现"两个确保"脱贫目标的意见》	脱贫攻坚关键要在能力提高上下功夫，通过教育培训、产业发展等增强贫困地区、贫困人口的造血功能和发展能力，这是脱贫攻坚的重点。同时，我们要通过立法、执法，完善与农村扶贫制度相衔接的农村养老保险、医疗保险、最低生活保障、救助救济制度，通过提高自我发展能力与社会保障兜底相结合确保贫困人口全部脱贫
2016 年 9 月	《宁夏"十三五"易地扶贫搬迁规划》	统筹推进移民住房、基础设施和公共服务设施建设、技能培训、产业培育等工作，到 2018 年完成 82060 人易地扶贫搬迁，移民安置区基本公共服务达到贫困村脱贫标准，到 2020 年使移民生产生活条件得到明显改善，移民收入接近全区农民收入平均水平，与全区人民一道进入全面小康社会

续表

时间	会议/文件	主要内容
宁夏回族自治区		
2016 年 12 月	《宁夏特色产业精准扶贫规划（2016－2020 年)》	按照"三年集中攻坚、两年巩固提高、力争提前脱贫"的要求，9 个贫困县农民人均可支配收入增长幅度高于全区平均水平，到 2018 年达到 9080 元，其中特色产业收入 4080 元；2020 年达到 1.1 万元，其中特色产业收入 4950 元，占农村居民可支配收入的 45%。通过特色产业发展实现 30 万人脱贫，其中盐池县 1.1 万人、同心县 3.56 万人、红寺堡区 2.55 万人、原州区 3.72 万人、西吉县 5.32 万人、彭阳县 2.17 万人、隆德县 1.15 万人、泾源县 0.96 万人、海原县 4.27 万人，灌区脱贫销号村及生态移民村 5.2 万人
2017 年 4 月	《宁夏教育精准扶贫"十三五"行动方案》	"十三五"期间，宁夏将把教育扶贫作为长远脱贫的根本之策，聚焦 9 个贫困县（区）、843 所贫困村学校和 16 万建档立卡贫困学生（含农村低保家庭学生和特困供养学生)，以全面提高贫困地区群众基本文化素质和劳动者职业技能为重点，着力提升贫困地区教育发展水平，全力保障贫困地区学生接受公平有质量的教育
2017 年 4 月	《宁夏回族自治区"十三五"脱贫攻坚规划》	到 2020 年，全区 9 个贫困县（区）农民人均可支配收入达到 1 万元以上，增长幅度高于全区平均水平，基本公共服务领域主要指标达到或接近全国平均水平，稳定实现农村贫困人口不愁吃、不愁穿、不愁冬季取暖，保障义务教育、基本医疗、住房安全、饮水安全，确保 58.12 万农村建档立卡贫困人口全部脱贫、800 个贫困村全部销号、9 个贫困县（区）全部摘帽，贫困村、贫困县（区）贫困发生率均下降到 3% 以内，坚决打赢脱贫攻坚战，全面建成小康社会的总目标任务
2017 年 6 月	《关于印发金融扶贫示范区建设实施方案的通知》	产业迈向中高端水平，第一产业综合生产能力明显增强，第二产业竞争力显著增强，第三产业发展壮大，服务业比重进一步提升，区域特色优势产业体系基本形成
2017 年 7 月	《关于推进健康扶贫若干政策的意见》	提高大病保障水平。2017 年城乡居民大病保险筹资标准由 2016 年的每人每年 32 元提高到 37 元，大病保险报销比例普惠性提高 5 个百分点。降低贫困患者大病保险报销起付线，由现在的 8400～9500 元下调至 3000 元，对贫困患者大病保险报销比例在普惠性的基础上再提高 5 个百分点

续表

时间	会议/文件	主要内容
宁夏回族自治区		
2017 年 9 月	《关于召开全区打赢教育脱贫攻坚战推进会议的通知》	贯彻落实习近平总书记2017 年6 月23 日在深度贫困地区脱贫攻坚座谈会上的讲话精神和全国打赢教育脱贫攻坚战现场会精神，现场观摩同心县部分中小学校、幼儿园教育精准扶贫工作推进情况，总结交流教育精准扶贫工作的做法经验，安排部署全区下一阶段教育精准扶贫工作
2017 年 10 月	《关于推进脱贫富民战略的实施意见》	实施农民工工资"治欠保支"三年行动计划，保障劳动报酬权益等，确保在经济增长的同时实现居民收入同步增长。在着力提升公共服务惠民水平方面，有4 条政策聚焦增加优质公共服务供给，在教育、医疗、社保等领域设计了多项普惠性、保基本、均等化的惠民政策
2017 年 12 月	《关于加快推进产业扶贫的指导意见》	"十三五"期间，在贫困地区实施"四个一"工程，即建设100 个产业扶贫示范村、培育100 家扶贫龙头企业、培育1000 家扶贫产业合作社、发展10000 名致富带头人
2017 年 12 月	《宁夏回族自治区深度贫困地区脱贫攻坚实施方案》	到2020 年，深度贫困地区稳定实现贫困人口不愁吃、不愁穿，义务教育、基本医疗和住房安全有保障，农村居民人均可支配收入年均增幅高于全区平均水平，基本公共服务主要领域指标接近全区平均水平，确保现行标准下农村贫困人口实现脱贫，170 个深度贫困村全部退出，5 个深度贫困县全部摘帽，解决区域性整体贫困，深度贫困地区和贫困群众同全区人民一道进入全面小康社会
2017 年 12 月	《关于推进全区农村学前教育发展的意见》	合理规划农村公办学前教育布局，完善县、乡、村三级学前教育网络，多种形式实现扩大公办农村学前教育资源；采取县聘乡用等多种方法加强农村学前教育师资队伍建设，为农村幼儿园配备教师和保教人员；加大农村学前教育管理，规范办园行为，提高保教质量；提高农村学前三年毛入园率，努力促进农村学前教育与城市学前教育同步协调发展

续表

时间	会议/文件	主要内容
宁夏回族自治区		
2017 年 12 月	《宁夏回族自治区深度贫困地区脱贫攻坚实施方案》	到 2020 年，深度贫困地区稳定实现贫困人口不愁吃、不愁穿，义务教育、基本医疗和住房安全有保障，农村居民人均可支配收入年均增幅高于全区平均水平，基本公共服务主要领域指标接近全区平均水平，确保现行标准下农村贫困人口实现脱贫，170 个深度贫困村全部退出，5 个深度贫困县全部摘帽，解决区域性整体贫困，深度贫困地区和贫困群众同全区人民一道进入全面小康社会
新疆维吾尔自治区		
2017 年 5 月	《新疆维吾尔自治区"十三五"脱贫攻坚规划》	明确了"十三五"时期新疆脱贫攻坚的总体思路、基本原则、脱贫目标、脱贫路线图、主要任务和重大举措，为全区脱贫攻坚工作提供了行动指南，为新疆各地以及各部门制定相关脱贫攻坚专项规划提供了依据
2017 年 5 月	《新疆维吾尔自治区南疆四地州片区区域发展与扶贫攻坚"十三五"实施规划》	明确了片区区域发展与扶贫攻坚的指导思想、基本原则、总体目标、区域发展目标、脱贫目标、退出标准、保障措施，对优化空间布局、加强基础设施建设、着力改善农村生活条件、提高基本公共服务能力、培育壮大特色优势产业、加强生态建设与环境保护等进行了具体的规划
2017 年 12 月	《南疆四地州深度贫困地区脱贫攻坚实施方案（2018 - 2020)》	各部门要牢固树立"四个意识"，强化政治责任，下大力气、真功夫，编制出"严精高细实"的实施方案，为真扶贫扶真贫打下坚实基础
2018 年 7 月	《新疆维吾尔自治区农村扶贫开发条例》	明确了新疆脱贫攻坚"七个一批"的措施和路径，突出了三个加大力度，即加大教育扶贫力度、加大健康扶贫力度、加大基础设施建设力度
西藏自治区		
2015 年 5 月	《关于进一步动员社会各方面力量参与扶贫开发的实施意见》	加强与中央和国家定点帮扶我省贫困县的机关单位的联系，做好中央企业定点帮扶贫困革命老区县"百县万村"活动的协调服务，积极争取政策、资金、项目、信息、技术、人才、智力、市场等方面的支持

续表

时间	会议/文件	主要内容
西藏自治区		
2017 年 9 月	《西藏自治区扶贫（农发）办依法分类处理信访诉求清单》	为仲裁、信访渠道、扶贫信访事项等有关扶贫相关工作作出改善
2018 年 11 月	《西藏自治区"十三五"时期脱贫攻坚规划》	搞好"六个结合"（坚持扶贫开发与戍边固疆相结合、与新型城镇化相结合、与新农村建设相结合、与产业发展相结合、与防灾避灾相结合、与反分裂斗争相结合）；实施"十项提升工程"；实施整体脱贫攻坚行动，着力解决区域性整体贫困问题
广西壮族自治区		
2015 年 12 月	《关于贯彻落实中央扶贫开发工作重大决策部署坚决打赢"十三五"脱贫攻坚战的决定》	从今年开始，全区平均每年要有 1000 个贫困村摘帽、100 万以上农村贫困人口脱贫，实现"十三五"奋斗目标，实现"两个建成"
2016 年 1 月	《广西壮族自治区精准扶贫档案管理办法（试行)》	为精准扶贫档案管理工作实行统一领导、分类管理、集中保管
2016 年 1 月	《关于印发脱贫攻坚大数据平台建设等实施方案的通知》	到 2019 年，完成脱贫攻坚大数据服务于平台建设，向相关部门及社会公众提供扶贫信息查询、投诉举报、信息互动、政策导航等服务，提高公众对扶贫工作的参与度，进一步提升扶贫工作的透明度
2016 年 7 月	《关于进一步明确精准脱贫摘帽标准及认定程序有关问题的通知》	贫困户脱贫摘帽标准按照"八有一超"执行：有稳定收入来源且吃穿不愁、有住房保障、有基本医疗保障、有义务教育保障、有安全饮水、有路通村屯、有电用、有电视看
2018 年 8 月	《关于进一步推进涉农资金统筹整合的通知》	在遵循"渠道不变"基本原则前提下，对涉农资金进行归集管理。从 2019 年起，自治区在下达纳入贫困县（市、区）整合范围的中央和自治区涉农资金时，全部以统一的资金文号切块下达，实行与其他非整合资金隔离管理。市级安排的列入贫困县（市、区）整合范围的涉农资金，要比照自治区做法分配下达和管理

续表

时间	会议/文件	主要内容
广西壮族自治区		
2018 年 8 月	《全区易地扶贫搬迁就业扶持工作实施方案》	通过摸清底数、开展技能培训、开发就业岗位、组织劳务输出、提供就业服务、扶持创业、加强权益保障等，多渠道引导和促进易地扶贫搬迁劳动力就业，做到全覆盖、全帮扶，确保每个有劳动能力且有就业意愿的易地扶贫搬迁家庭有 1 人以上实现稳定就业
2018 年 10 月	《关于打赢脱贫攻坚战三年行动的实施意见》	保障教育、医疗、产业、住房安全、基础设施等薄弱环节和财政投入、项目倾斜、组织领导等方面进行重点部署，明确了各级各部门职责分工和工作目标完成时间节点
贵州省		
2016 年 2 月	《关于在全省开展农村资源变资产资金变股金农民变股东改革试点工作方案（试行）》	通过开展农村"三变"改革试点，整合城乡资源要素，加快推进农村集体产权制度改革，盘活农村资源资产资金，建立农民增收长效机制，加快农业现代化发展，努力走出一条有别于东部、不同于西部其他省份的农村改革发展新路，确保 2020 年与全国同步全面建成小康社会
2016 年 6 月	《贵州省全面推进农村资源变资产资金变股金农民变股东改革工作方案》	落实农业生产者销售的自产农产品免征增值税优惠政策。对农业生产者销售的自产农产品（包括《农业产品征税范围注释》内的所有农产品、农民专业合作社、"公司＋农户"经营模式）免征增值税，符合条件的农业生产资料免征增值税。落实好企业从事农、林、牧、渔业项目（包括种植、养殖、农产品初加工、"公司＋农户"经营模式）的所得减征或免征企业所得税优惠政策
2017 年 3 月	《关于报送"三变"改革有关情况的通知》	贵州省六盘水市开展的"资源变资产、资金变股金、农民变股东"的农村"三变"改革，通过集体资源调动政府资源、政府资源撬动社会资源的"双轮驱动"，有效活化了要素资源，实现"产业连体""股权连心"，促进了农业增效、农民增收、农村增绿，成为脱贫攻坚、产业革命、乡村振兴的助推

续表

时间	会议/文件	主要内容
贵州省		
2018 年 7 月	《中共贵州省委贵州省人民政府 2018 年脱贫攻坚夏秋攻势行动令》	实现全省农村居民人均可支配收入增长 10% 左右，贫困地区增幅高于全省平均水平，全年减少农村贫困人口 120 万人，全省农村贫困发生率下降到 4.5% 以下。盘州、镇远、安龙、道真、务川、六枝、麻江、施秉、三穗、雷山、丹寨、贵定、惠水、印江、石阡、普定、镇宁、大方 18 个贫困县贫困发生率下降到 3% 以下，达到脱贫退出标准，赤水等已脱贫退出县的脱贫成果得到持续巩固提升
青海省		
2015 年 7 月	《关于打赢脱贫攻坚战提前实施的意见》	明确打赢扶贫攻坚战的指导思想、目标任务、实现路径和保障措施，确保到 2019 年底全省建档立卡贫困人口实现稳定脱贫、建档立卡村全部退出、贫困县（市、区、行委）全部脱贫摘帽
2016 年 8 月	《青海省"十三五"脱贫攻坚计划》	按照"四年集中攻坚，一年巩固提升"的总体部署，到 2019 年，52 万贫困人口全部脱贫，1622 个贫困村全部退出，42 个贫困县全部摘帽，贫困人口人均可支配收入达到 4000 元以上，实现不愁吃、不愁穿，义务教育、基本医疗和住房安全有保障的目标。贫困地区农村牧区居民人均可支配收入增长幅度高于全省平均水平，基本公共服务主要领域指标接近全国平均水平。到 2020 年，贫困地区生产生活条件明显改善，基本公共服务水平大幅度提高，农牧民自我发展能力显著增强，全面消除绝对贫困现象
2018 年 4 月	《建档立卡贫困户应知手册》	宣传辅导材料，设立易地扶贫搬迁公示牌等，不断提升扶贫干部政策水平和群众知晓率，广大贫困群众脱贫攻坚主人翁意识明显增强
2018 年 6 月	《关于加强后续扶持巩固脱贫成果的意见》	按照摘帽不摘责任、摘帽不摘政策、摘帽不摘帮扶、摘帽不摘监管的要求，分别做好摘帽县、退出村、脱贫群众的后续巩固提升工作。把已经摘帽的县全部纳入市州和县级脱贫攻坚成效考核范围，分类设置考核指标进行排序，进一步压实责任，巩固脱贫成效

续表

时间	会议/文件	主要内容
青海省		
2018 年 9 月	《关于实施全省村集体经济"破零"工程的指导意见》	按照村均 290 千瓦的标准，在全省 1622 个贫困村建立村级光伏电站，计划 2019 年 6 月底全部建成，项目完工后每村年度收益达到 30 万元以上
2018 年 12 月	《青海省加快推进深度贫困地区脱贫攻坚实施方案》	坚持 8 名省委常委包片督战和 39 名省级领导持续联点到县帮扶督导机制、市县领导包县包乡镇、乡镇领导包村、第一书记和驻村工作队驻村结对帮扶、干部包户制度，明确刚性要求，压实攻坚责任
2019 年 3 月	《关于贯彻落实习近平总书记"不获全胜、决不收兵"重大要求的实施意见》	结合青海实际研究制定"1 + 8 + 10"脱贫攻坚政策体系，明确了精准施策路径
2019 年 6 月	《青海省"精神脱贫"试点方案》	在 13 个县开展"精神脱贫"试点，汪洋主席、胡春华副总理先后作出批示给予肯定。注重脱贫巩固，提升衔接实效。青海省始终把脱贫摘帽地区作为乡村振兴重点优先扶持，保持帮扶政策和支持力度连续稳定，用乡村振兴措施巩固脱贫攻坚成果
2019 年 8 月	《关于健全扶贫资金扶持村集体经济发展的指导意见》	投入资金 24 亿元，按照村均 100 万元的标准，在全省 2358 个有贫困人口的非贫困村投入村集体经济扶持资金，预计从 2019 年起每村收益超过 10 万元
2020 年 9 月	《青海省村集体经济发展基金设立方案》	计划投入资金 3 亿元，撬动银行贷款 7 亿元，建立村集体经济发展基金，重点支持村集体领办创办或参股合作的产业和项目
云南省		
2016 年 1 月	《云南省困难残疾人生活补贴和重度残疾人护理补贴制度实施办法》	主要补助残疾人因残疾产生的额外生活支出，对象为具有云南省户籍的低保家庭中的残疾人，有条件的地方可逐步扩大到低收入残疾人及其他困难残疾人。低收入残疾人及其他困难残疾人的认定标准由县级以上政府参照有关规定、结合实际情况制定

续表

时间	会议/文件	主要内容
	云南省	
2016 年 2 月	《云南省美丽宜居乡村建设行动计划（2016－2020年)》	以县级为主体整合各级各类新农村试点示范项目和相关涉农资金，通过点、线、片、面整体推进，每年推进 4000 个以上美丽宜居乡村建设（其中 1000 个美丽宜居乡村典型示范村)，到 2020 年全省建成 2 万个以上美丽宜居乡村（其中 5000 个美丽宜居乡村典型示范村)，乡村人居环境明显改善，农民生活质量明显提高，加快形成城乡发展一体化新格局
2016 年 5 月	《云南省"十三五"农村电网建设攻坚工程实施方案》	到 2019 年，基本建成结构合理、技术先进、安全可靠、智能高效的现代农村电网。农村电网供电可靠率达到 99.81%、综合电压合格率达到 97.9%、乡村户均配变容量达到 2 千伏安以上，重点生态功能区达到 4 千伏安以上。2020 年进行巩固提升，确保全面完成农村电网改造升级目标任务
2016 年 6 月	《云南省国民经济和社会发展第十三个五年规划纲要》	各方面制度建设实现新进展十大发展目标，设置了经济发展、创新驱动、民生福祉和资源环境 4 大类共 28 项主要指标，其中预期性指标和约束性指标各 14 项
2016 年 6 月	《云南省进一步提升城乡人居环境五年行动计划(2016－2020 年)》	以建设"七彩云南、宜居胜境、美丽家园"为主题，以城乡规划为引领，以提升居民生活品质为核心，坚持政府主导、社会参与，城乡并重、属地管理，以更高的标准、更大的力度、更硬的措施，在城市全面实施治乱、治脏、治污、治堵，改造旧住宅区、改造旧厂区、改造城中村，拆除违法违规建筑，增加绿化面积的"四治三改一拆一增"行动，在农村开展改路、改房、改水、改电、改圈、改厕、改灶和清洁水源、清洁田园、清洁家园的"七改三清"行动，着力改善城乡环境质量、承载功能、居住条件、特色风貌
2016 年 7 月	《云南省人民政府关于加强农村留守儿童关爱保护工作的实施意见》	到 2020 年，努力实现公共服务均等化全覆盖，未成年人保护制度体系更加健全，全社会关爱保护农村留守儿童的意识普遍增强，农村留守儿童成长环境更为改善、安全更有保障，农村留守儿童数量明显减少

续表

时间	会议/文件	主要内容
云南省		
2016 年 7 月	《云南省开展"助盲脱贫"行动实施方案》	以技能培训为重点，同时规范盲人按摩行业管理，改善盲人就业环境，最终达到"培训一人、就业一人、解困一家、带动一片"的效果。目标是在"十三五"期间，培训扶持贫困盲人10000 人次，扶持建设 500 家盲人规范化按摩店，扶持建设 10 家盲人医疗按摩诊所
2016 年 7 月	《云南省沿边地区开发开放规划（2016－2020 年)》	加快建设面向南亚东南亚辐射中心，以跨境经济合作区、重点开发开放试验区、边境经济合作区等开发开放平台为载体，以互联互通的设施网络建设为基础，以率先发展跨境旅游、跨境物流、跨境电商和跨境金融为抓手，积极探索沿边地区开发开放新模式、新经验、新体制
2016 年 7 月	《关于深入推进新型城镇化建设的实施意见》	到 2020 年，全省常住人口城镇化率达到 50%，户籍人口城镇化率达到 40%。实现全省累计新增城镇户籍人口 500 万人左右，引导 250 万人在中小城镇就近就地城镇化，促进在城镇稳定就业和生活的 150 万人落户城镇，推动 100 万人通过棚户区、城中村改造改善居住条件实现城镇化
2016 年 8 月	《关于推进基层综合性文化服务中心建设的实施意见》	到 2020 年，全省范围的乡镇（街道）和村（社区）普遍建成集宣传文化、党员教育、科学普及、普法教育、体育健身等功能于一体，资源充足、设备齐全、服务规范、保障有力、群众满意度较高的基层综合性公共文化设施和场所，形成一套符合实际、运行良好的管理体制和运行机制
2016 年 9 月	《关于进一步健全特困人员救助供养制度的实施意见》	关于目标任务。以解决城乡特困人员突出困难、满足城乡特困人员基本需求为目标，按照托底供养、属地管理、城乡统筹、适度保障、社会参与的原则，将符合条件的城乡特困人员全部纳入救助供养范围，切实维护他们的基本生活权益
2016 年 8 月	《关于促进农民合作社规范发展的意见》	力争到 2020 年，全省农民合作社达 6 万个以上，农户入社率 30% 以上，培育 1 万个县级以上农民合作社示范社

续表

时间	会议/文件	主要内容
云南省		
2016 年 8 月	《云南省全面打赢"直过民族"脱贫攻坚战行动计划（2016－2020）》	围绕"两不愁、三保障"目标，采取超常规举措，精准施策，11 个"直过民族"和人口较少民族聚居行政村建档立卡贫困人口，由 2014 年的 70.27 万人减少到 2016 年底的 50.43 万人，19.84 万人脱贫。其中，9 个"直过民族"聚居区建档立卡贫困人口由 2014 年的 18.73 万户 66.75 万人减少到 2016 年底的 13.02 万户 45.92 万人
2016 年 8 月	《云南省旅游扶贫专项规划（2016－2020 年)》	到 2020 年，稳定实现农村贫困人口不愁吃、不愁穿，义务教育、基本医疗和住房安全有保障；实现贫困地区农村常住居民人均可支配收入增长幅度高于全省平均水平，基本公共服务主要领域指标接近全省平均水平。实现现行标准下建档立卡贫困人口脱贫、贫困村退出、贫困县摘帽，区域性整体贫困问题基本解决
2016 年 12 月	《关于加强困境儿童保障工作的实施意见》	针对困境儿童生存发展面临的突出问题和困难，完善落实社会救助、社会福利等保障政策，合理拓展保障范围和内容，实现有关制度的有效衔接，形成困境儿童保障工作合力
2016 年 12 月	《云南省"十三五"加快残疾人小康进程规划纲要》	到 2020 年，全省残疾人合法权益保障制度基本健全，基本公共服务体系更加完善，残疾人事业与经济社会协调发展；残疾人社会保障和基本公共服务水平明显提高，残疾人共享全面建成小康社会的成果
2017 年 1 月	《关于加快乡村旅游扶贫开发的意见》	大力发展特色种植业和养殖业，重点打造"一乡一景""一村一品""一家一艺"，配套完善旅游服务设施体系。围绕自助自驾游、修学旅游、康体健身、养生养老、露营休闲等旅游市场新需求，采取景区带动、"公司＋农户"、"专业合作社＋农户"、综合开发、整村推进等多种方式，大力发展乡村旅游新业态，推动第一、第二、第三产业融合发展，增强乡村旅游发展的内生动力
2017 年 7 月	《关于在脱贫攻坚第一线考察识别干部的意见（试行)》	坚持"从基层一线培养选拔干部"的用人导向，把脱贫攻坚第一线作为干部增长见识、磨砺才干的"大熔炉"，作为了解、识别、检验干部工作作风、素质能力的"试金石"，切实把在脱贫攻坚中想干事、能干事、敢担当、善作为的优秀干部精心培养起来

续表

时间	会议/文件	主要内容
云南省		
2017 年 7 月	《关于印发云南省医疗保险健康扶贫工作方案的通知》	到 2020 年，基本医疗保险、大病保险、签约服务管理、公共卫生服务对农村贫困人口实现全覆盖；贫困地区医疗卫生能力和可及性明显提升，贫困人口大病和长期慢性病得到及时有效治疗
2017 年 12 月	《云南省教育扶贫实施方案》	从 2017 年起，要确保建档立卡贫困家庭适龄儿童少年接受九年义务教育并原则上无辍学；确保贫困县摘帽时实现县域义务教育发展基本均衡；确保各教育阶段建档立卡贫困家庭学生从入学到毕业的全程资助，不让一个学生因家庭经济困难而失学。到 2020 年，贫困地区教育总体发展水平显著提升，实现建档立卡贫困人口教育基本公共服务全覆盖
2018 年 3 月	《云南省开展技能脱贫千校行动的实施方案》	2016～2020 年，力争每年招生 3.5 万人以上，使每个有就读技工院校意愿的建档立卡贫困家庭、往届"两后生"都能免费接受技工教育；力争全省每年开展职业培训 60 万人次以上，每个有劳动能力且有参加职业培训意愿的建档立卡贫困家庭劳动者每年都能够到技工院校及其他培训机构接受至少 1 次免费职业培训
2018 年 2 月	《关于加快推进"四好农村路"建设的实施意见》	明确"四好农村路"建设的工作内容，并细化各州、市人民政府负责，省交通运输厅等省级有关部门配合和指导的任务分工。要有保障措施：加强组织领导、开展示范创建、加强资金筹措、加强监督考核四个方面
2018 年 4 月	《云南省贫困对象动态管理工作方案》	对现有建档立卡贫困户进行识别，对违规纳入、识别不精准的建档立卡"贫困户"坚决剔除，做到应退尽退，确保无错评人口
2018 年 5 月	《云南省林业生态脱贫攻坚实施方案（2018－2020年)》	到 2020 年，贫困地区贫困人口参与生态保护和建设、发展生态产业的收入占可支配收入的 30% 以上，森林资源得到全面保护，生态环境明显改善，生态产业基础明显增强，通过生态扶贫，助推全省 30 万以上贫困户、110 万建档立卡贫困人口稳定增收脱贫

续表

时间	会议/文件	主要内容
云南省		
2018 年 6 月	《关于切实做好社会保险扶贫工作的实施意见》	进一步优化城乡医保定点协议管理，增加原新农合定点机构的服务功能。这样规定主要是进一步规范城乡居民医保定点政策，通过制定全省统一的城乡居民医保定点机构协议，建立自愿申请、考察评估、协商谈判、日常管理、监督考核、动态退出等机制，并且进一步加强对定点医疗机构医务人员医疗服务行为的有效监管，为包括贫困人员在内的城乡居民提供更好的医疗保险服务
2018 年 7 月	《关于推进非 4 类重点对象农村危房改造的指导意见》	县级人民政府可为自身改造能力不足的危房户提供危房改造贷款贴息支持，或按照规定统筹有关财政资金等给予适当补助。具体扶持方式和标准，由各相关县级人民政府统筹确定，但要合理控制农户贷款数额，防止因贷致贫、因贷返贫，贴息支持标准不得超过 4 类重点对象危房改造贴息支持标准
2018 年 9 月	《关于打赢精准脱贫攻坚战三年行动的实施意见》	到 2020 年，巩固脱贫成果，通过发展生产脱贫一批，易地搬迁脱贫一批，生态补偿脱贫一批，发展教育脱贫一批，社会保障兜底一批，因地制宜综合施策，确保现行标准下 332 万农村贫困人口实现脱贫，消除绝对贫困；确保 5732 个贫困村全部出列、73 个贫困县全部摘帽，解决区域性整体贫困
2018 年 10 月	《关于加强扶贫项目资金绩效管理工作的通知》	设置扶贫年度总绩效目标；设置扶贫行业绩效目标；设置扶贫项目资金绩效目标；强化绩效监控；开展绩效评价
2018 年 12 月	《云南省东西部扶贫协作投资项目优惠政策措施的实施方案》	在 27 个深度贫困县投资注册的企业，企业投资项目固定资产投资形成额达到 3000 万元以上，按照 5% 比例，给予申报单位最高不超过 500 万元资金补助

资料来源：根据民族八省区颁布的各类政策文件整理得出。

第三节　全国各族人民共同实现全面小康

全面建成小康社会是我们党向人民、向历史作出的庄严承诺，是 14 亿中国人民的共同期盼。党的十八大以来，以习近平同志为核心的党中央把扶贫开发工作纳入"五位一体"总体布局和"四个全面"战略布局，聚焦贫困地区，大力实施精准扶贫、精准脱贫，不断加大扶贫投入和攻坚力度，在国家和社会各界的大力支持下，为贫困地区发展开拓了新空间。经过不懈努力，全国各级党组织在党中央的坚强领导下，在有效应对新冠肺炎疫情和洪涝灾害的不利影响的同时，如期完成了新时代脱贫攻坚目标任务。2020 年底，现行标准下，我国 9899 万农村贫困人口全部脱贫，832 个贫困县全部摘帽，12.8 万个贫困村全部出列。全国民族自治地方 420 个贫困县全体脱贫，一直以来困扰民族地区发展的绝对贫困问题终被解决。① 人民生活水平得到显著提高，经济社会得到了很大发展，推动各民族和睦相处、和衷共济、和谐发展，走出一条具有中国特色的科学发展路子，与全国人民一同进入全面小康社会。与此同时，中华民族共同体意识进一步铸牢，各族人民一心向党，平等团结互助和谐的新型社会主义民族关系不断发展。

一、实现全面脱贫，精准扶贫成就举世瞩目

民族地区由于历史、地理等原因，贫困群众多、贫困程度深、脱贫任务重。2012 年以来国家继续加大对民族地区脱贫攻坚的支持力度，民族地区农村贫困人口大幅下降。据国家统计局抽样调查数据显示，按年人均收入 2300 元（2010 年不变价格）的国家农村扶贫标准测算，民族地区贫困人口从 2011 年底的 3917 万人减少到 2019 年底的 208 万人（如表 7－10 所示）。截至 2020 年底，我国的 832 个贫困县全部脱贫摘帽，中华民族千百年来的绝对贫困问题得到历史性解决。

表 7－10　　　　　**2011～2019 年全国及民族八省区贫困人口**　　　　单位：万人

指标	2011 年	2012 年	2013 年	2014 年	2015 年	2016 年	2017 年	2018 年	2019 年
贫困标准（元）	2356	2625	2736	2800	2855	2952	2952	2995	3218
民族八省区（万人）	3917	3121	2562	2205	1813	1411	1032	603	208
全国（万人）	12238	9899	8249	7017	5575	4355	3046	1660	551

---

①　《民族地区脱贫攻坚战彰显中国社会治理之"能"》，光明思想理论网，2021 年 4 月 1 日，https：//theory. gmw. cn/2021－04/01/content_34733642. htm。

续表

指标	2011 年	2012 年	2013 年	2014 年	2015 年	2016 年	2017 年	2018 年	2019 年
民族八省区占全国比重（%）	32.0	31.5	31.1	31.4	32.5	32.5	33.9	36.3	37.7
内蒙古（万人）	160	139	114	98	76	53	37	14	6
广西（万人）	950	755	634	540	452	341	246	140	51
贵州（万人）	1149	923	745	623	507	402	295	173	53
云南（万人）	1041	804	661	574	471	373	279	179	66
西藏（万人）	106	85	72	61	48	34	20	13	4
青海（万人）	108	82	63	52	42	31	23	10	5
宁夏（万人）	77	60	51	45	37	30	19	9	3
新疆（万人）	353	273	222	212	180	147	113	64	20

资料来源：根据《中国农村贫困监测报告》（2011～2020）中全国及民族八省区数据整理计算所得。

如表 7-11 所示，民族八省区贫困发生率由 2011 年的 26.5% 下降为 2019 年的 1.5%，下降了 25 个百分点，同期全国贫困发生率由 2011 年的 12.7% 下降为 2019 年的 0.6%，下降了 12.1 个百分点。民族八省区脱贫工作取得了显著成效，贫困发生率下降幅度高于全国下降幅度。但从 2019 年的数据来看，民族地区贫困发生率仍然明显偏高，比全国贫困发生率高出 0.9 个百分点（2019 年全国贫困发生率已经降至 0.6%）。最终，截至 2020 年底，民族地区贫困人口全部清零。

表 7-11　　　　2011～2019 年全国及民族八省区贫困发生率　　　单位：%

地区	2011 年	2012 年	2013 年	2014 年	2015 年	2016 年	2017 年	2018 年	2019 年
全国	12.7	10.2	8.5	7.2	5.7	4.5	3.1	1.7	0.6
民族八省区	26.5	20.8	17.1	14.7	12.1	9.3	6.9	4.0	1.5
内蒙古	12.2	10.6	8.5	7.3	5.6	3.9	2.7	1.0	0.8
广西	22.6	18.0	14.9	12.6	10.5	7.9	5.7	3.3	1.2
贵州	33.4	26.8	21.3	18.0	14.7	11.6	8.5	5.0	1.5
云南	27.1	21.7	17.8	15.5	12.7	10.1	7.5	4.8	1.8
西藏	43.9	35.2	28.8	23.7	18.6	13.2	7.9	5.1	1.6
青海	28.5	21.6	16.4	13.4	10.9	8.1	6.0	2.6	1.3

续表

地区	2011 年	2012 年	2013 年	2014 年	2015 年	2016 年	2017 年	2018 年	2019 年
宁夏	18.3	14.2	12.5	10.8	8.9	7.1	4.5	2.2	1.0
新疆	32.9	25.4	19.8	18.6	15.8	12.8	9.9	5.7	1.8

资料来源：根据《中国农村贫困监测报告》（2012～2020）中全国及民族八省区数据整理计算所得。

如表 7－11 所示，民族八省区内部，西藏自治区在国家的大力支持下，贫困治理效果最为明显，贫困发生率由 2011 年的 43.9% 下降至 2019 年的 1.6%，下降了 42.3% 个百分点。截至 2019 年，贫困发生率低于民族八省区平均水平的 4 个省区分别是内蒙古（贫困率发生率从 2011 年的 12.2% 下降至 2019 年的 0.8%，基本与全国贫困发生率持平）、青海、宁夏、广西；其他省区高于民族八省区平均水平，但差距不大。

如图 7－2 所示，2015～2019 年民族八省区减贫比例大幅攀升，2019 年，民族八省区减贫比例达到 66.3%，与 2018 年相比，减贫比例上升了 24.6 个百分点。这表明为了实现 2020 年全面脱贫的宏伟目标，民族地区从 2015 年开始，加大了扶贫开发投入力度。近年来民族地区在国家的大力支持下，扶贫开发工作取得显著成绩。

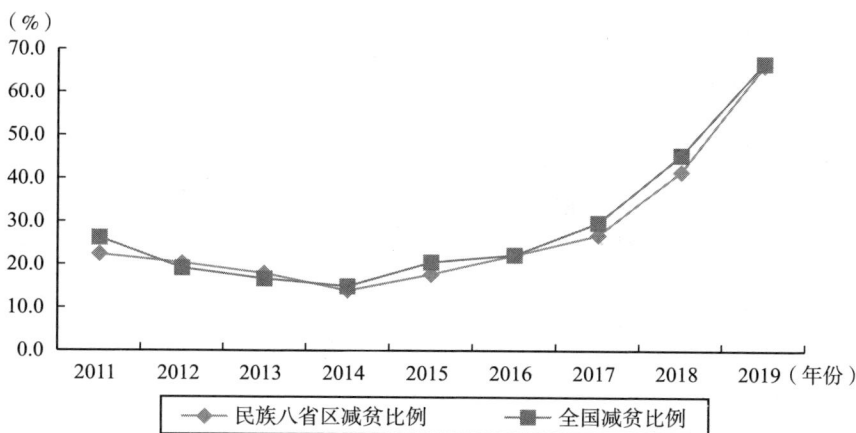

图 7－2 2011～2019 年全国及民族八省区减贫比例

资料来源：根据《中国农村贫困监测报告》（2011～2020）中全国及民族八省区相关数据整理所得。

二、贫困人口生活水平显著提升

2012 年以来，农村居民收入消费继续保持较快增长，尤其是民族贫困地区农村居民收入消费实现快速增长，与全国农村平均水平差距逐渐缩小，民族地区贫困人口生活水平持续提升。

（一）贫困地区农村居民收入较快增长

如表 7 - 12 所示，2013 ~ 2019 年，民族贫困地区农村居民收入实现快速增长，与全国贫困地区平均水平的差距进一步缩小，甚至超过全国农村贫困地区平均水平。2019 年民族八省区贫困地区农村居民人均可支配收入均较上一年有所增长，平均名义增速达到 11.4%，其中，西藏自治区增速最快，比 2018 年名义增长 13.1%。

表 7 - 12   2013 ~ 2019 年民族贫困地区农村常住居民人均可支配收入

地区	2013 年（元）	2014 年（元）	2015 年（元）	2016 年（元）	2017 年（元）	2018 年（元）	2019 年（元）	2019 年名义增速（%）
内蒙古	6545	7375	8201	9005	9852	10965	12272	11.9
广西	6252	7044	7927	8800	9719	10761	11958	11.1
贵州	5557	6381	7171	7894	8677	9528	10580	11.0
云南	5616	6314	7070	7847	8695	9595	10771	12.3
西藏	6553	7359	8244	9094	10330	11450	12951	13.1
青海	6462	7283	7933	8664	9462	10393	11499	10.6
宁夏	5840	6555	7255	7937	8809	9744	10804	10.9
新疆	5986	6635	7341	8055	9985	10907	12035	10.3
民族八省区	6101	6868	7643	8412	9441	10418	11609	11.4
全国	6079	6852	7653	8452	9377	10371	11567	11.5

资料来源：根据《中国农村贫困监测报告》（2014 ~ 2020）中全国及民族八省区相关数据整理所得。

（二）贫困地区农村居民消费不断提升

如表 7 - 13 所示，民族贫困地区农村居民消费水平不断提升。据全国农村贫困监测调查，2013～2019 年民族八省区贫困地区农村居民人均消费支出均有所改善，如表 7-13 所示，总体上看，2013～2018 年民族八省区农村居民人均消费支出水平与全国平均水平的差距逐步缩小，其中，新疆维吾尔自治区的 2019 年名义增速达到 15.7%，远高于全国农村居民消费增长水平。

表 7-13　2013～2019 年全国及民族贫困地区农村常住居民人均消费支出

地区	2013 年（元）	2014 年（元）	2015 年（元）	2016 年（元）	2017 年（元）	2018 年（元）	2019 年（元）	2019 年名义增速（%）
内蒙古	6467	7232	7886	8377	9112	10206	11376	11.5
广西	5764	6517	6991	7755	8279	9352	10368	10.9
贵州	5327	5897	6498	7327	7852	8895	9509	6.9
云南	4413	4958	5686	6275	6809	7677	8844	15.2
西藏	4102	4822	5880	6070	6691	7452	8418	13.0
青海	7506	8235	8566	9222	9903	10352	11343	9.6
宁夏	5616	6132	7060	7728	8079	8904	9580	7.6
新疆	4925	5203	5434	5633	6222	7056	8162	15.7
民族八省区	5515	6125	6750	7298	7868	8737	9700	9.9
全国	5889	6007	6656	7331	7998	8956	10011	11.8

资料来源：根据《中国农村贫困监测报告》（2014～2020）中全国及民族八省区相关数据整理所得。

三、贫困地区落后面貌根本改变

党的十八大以来，各级政府继续加大对农村尤其是贫困地区建设和投入力度，民族贫困地区农村居民生活条件和生活环境明显改善，享有的公共服务水平不断提升，生活质量得到全面提高。

（一）基础设施建设取得成效

民族八省区基础设施总体得到明显改善。民族地区通电的自然村、通电话的自然村、通宽带的自然村以及通有线电视信号的自然村比重显著提升，其中宁夏回族自治区实现"四通"全覆盖，内蒙古自治区、广西壮族自治区和新疆维吾尔自治区在通电的自然村、通电话的自然村比重达到100%；在住房安全和生活设施方面明显改善，截至2019年，民族八省区居住竹草土坯房的农户比重均在5%以下，其中新疆维吾尔自治区为0；使用管道供水的农户比重、使用经过净化处理自来水的农户比重、饮水无困难的农户比重和使用独立厕所的农户比重也有较大幅度提高；教育医疗设施持续改善，便利程度提高，卫生站的数量比2014年有所增长，有幼儿园或学前班的行政村比重和有小学且就学便利的行政村比重与2014年相比均有所提高。①

宁夏回族自治区贫困地区的基础设施也有极大改善，交通更加通畅，根据表7-14可知，截至2019年，通电话、通电、通有线电视和主干道路面经过硬化处理的自然村比重均达到100%，实现了全覆盖。通客运班车的自然村比重达到96%。农村公路的通达改善了贫困地区农民生产生活条件，激活了农村经济发展的潜力，刺激了农村居民消费的多样性，树立了"村容整洁"和"乡风文明"的社会主义新农村。

表7-14　　2014~2019年宁夏回族自治区贫困地区农户基础设施状况　　单位：%

年份	通电话的自然村比重	通有线电视信号的自然村比重	通宽带的自然村比重	主干道路面经过硬化处理的自然村比重	通客运班车的自然村比重
2014	94.0	100.0	27.5	69.0	71.9
2015	96.9	91.7	29.7	73.7	73.1
2016	100.0	92.3	64.3	100.0	85.4
2017	100.0	96.0	83.2	100.0	86.8
2018	100.0	100.0	100.0	100.0	90.0
2019	100.0	100.0	99.0	100.0	96.0

资料来源：根据《中国农村贫困监测报告》（2015~2020）中宁夏相关数据整理所得。

根据表7-15所示，2014~2019年，内蒙古自治区贫困地区农户基础设施持续改善。自然村通电话、通有线电视信号、通宽带的比重逐年上升。2019年，通电话的自然村比重、通有线电视信号的自然村比重、主干道路面经过硬化处理的自然村比重均达到了100%。2013年到2020年，内蒙古自治区对贫困地区的交通投资累计完成2716亿元，占全区交通完成投资的

① 根据《中国农村贫困监测报告（2020）》中民族八省区数据整理计算所得。

一半以上。这一期间，贫困地区公路里程增加了4.4万公里，所有旗县都开通了一级及以上高等级公路，所有具备条件的乡镇苏木和建制嘎查村实现了通硬化路、通客车，旗县地区交通基础设施得到明显改善。①

表7-15　　　　2014～2019年内蒙古自治区贫困地区基础设施状况　　　单位：%

年份	通电话的自然村比重	通有线电视信号的自然村比重	通宽带的自然村比重	主干道路面经过硬化处理的自然村比重	通客运班车的自然村比重
2014	87.5	90.9	49.7	49.8	63.1
2015	93.7	93.4	53.2	65.4	67.6
2016	100.0	95.7	73.7	93.8	85.8
2017	100.0	99.6	80.5	94.8	85.1
2018	100.0	100.0	94.3	100.0	76.6
2019	100.0	100.0	97.0	100.0	77.7

资料来源：根据《中国农村贫困监测报告》（2015～2020）中内蒙古相关数据整理所得。

2019年，新疆贫困地区农村通公路、通电话、所在自然村接收有线电视信号及所在自然村进村主干道路硬化的农户比重均已达到100%，得到了全面覆盖，所在自然村能通客运班车的农户比重也由2014年的86.8%上升至2019年的92.4%，上升了5.6个百分点（见表7-16）。"十三五"期间，新疆维吾尔自治区坚持把基础设施建设作为补短板、强弱项的重点，持续加大有效投资，一大批交通、水利、能源等重大基础设施项目建成投运，有力支撑了经济社会发展，深刻改变了城乡面貌。五年累计完成固定资产投资4.1万亿元，是"十二五"时期的1.29倍。加快交通基础设施建设，"疆内环起来，进出疆快起来"取得重大进展，综合交通网络不断健全，2020年，全区公路通车里程达20.9万公里、五年新增3万公里，其中高速公路5500公里、新增1184公里，全区所有地州市迈入高速公路时代。所有行政村实现了通硬化路、通客车、通动力电、通光纤宽带。②

---

① 《2013年到2020年我区累计完成贫困地区交通投资2716亿元》，内蒙古自治区乡村振兴局，2021年3月14日，http：//fpb. nmg. gov. cn/fpxw/fpyw/202103/t20210314_1167152. html。
② 《新疆维吾尔自治区政府工作报告（2021年2月1日 雪克来提·扎克尔）》，中国经济网，2021年2月9日，http：//district. ce. cn/newarea/roll/202102/09/t20210209_36306945_1. shtml。

表 7 – 16　　2014～2019 年新疆维吾尔自治区贫困地区农户基础设施状况　　单位：%

年份	通电话的 自然村比重	通有线电视信号 的自然村比重	通宽带的 自然村比重	主干道路面经过硬化 处理的自然村比重	通客运班车的 自然村比重
2014	98. 1	72. 7	49. 7	90. 8	86. 8
2015	98. 1	80. 3	50. 2	90. 8	89. 7
2016	100. 0	85. 1	72. 7	93. 3	76. 1
2017	100. 0	94. 0	98. 0	100. 0	74. 7
2018	100. 0	100. 0	98. 6	100. 0	78. 4
2019	100. 0	100. 0	100. 0	100. 0	92. 4

资料来源：根据《中国农村贫困监测报告》（2015～2020）中新疆相关数据整理所得。

广西壮族自治区结合实施"美丽广西"乡村建设活动、农村人居环境整治三年行动和乡村振兴产业发展基础设施公共服务能力提升三年行动计划，进一步加强贫困村基础设施建设。如表 7 – 17 所示，广西壮族自治区贫困地区 2019 年通电话和通有线电视信号的自然村比重均达到 100%。2014～2019 年，通宽带、主干道路面经过硬化处理和通客运班车的自然村比重逐年提高。

表 7 – 17　　2014～2019 年广西壮族自治区贫困地区农户基础设施状况　　单位：%

年份	通电话的 自然村比重	通有线电视信号 的自然村比重	通宽带的 自然村比重	主干道路面经过硬化 处理的自然村比重	通客运班车的 自然村比重
2014	91. 7	42. 4	32. 4	52. 6	31. 8
2015	93. 0	78. 2	38. 3	64. 0	38. 5
2016	100. 0	89. 1	75. 4	96. 9	47. 0
2017	99. 6	88. 7	83. 2	98. 2	49. 1
2018	100. 0	100. 0	93. 4	99. 2	50. 6
2019	100. 0	100. 0	96. 1	99. 7	55. 0

资料来源：根据《中国农村贫困监测报告》（2015～2020）中广西相关数据整理所得。

随着脱贫任务进入攻坚期，青海省贫困地区基础设施和公共服务建设投入力度不断加大，农村道路、通信设施、环境治理有了进一步提升。如表 7－18 所示，2019 年通电自然村比重达 96.2%，比上年提高 1.1 个百分点；通电话自然村比重达 94.3%，比上年略下降 1.6 个百分点；通有线电视和宽带自然村比重分别为 82.5% 和 87.2%，分别比上年提高 7.0 个和 3.7 个百分点；通客运班车的自然村比重达 73.0%。这表明党的十八大以来，青海贫困地区农村道路通达情况和电力通信设施状况显著改善。

表 7－18　　　　　2014～2019 年青海省贫困地区农户基础设施状况　　　单位：%

年份	通电的自然村比重	通电话的自然村比重	通有线电视信号的自然村比重	通宽带的自然村比重	主干道路面经过硬化处理的自然村比重	通客运班车的自然村比重
2014	94.5	93.9	74.5	47.9	90.1	72.8
2015	94.5	93.9	77.3	53.8	93.4	74.7
2016	94.6	93.3	80.2	57.6	96.0	71.6
2017	94.6	93.8	76.2	71.1	94.3	75.4
2018	95.1	95.9	75.5	83.5	95.4	77.1
2019	96.2	94.3	82.5	87.2	90.6	73.0

资料来源：根据《中国农村贫困监测报告》（2015～2020）中青海相关数据整理所得。

如表 7－19 所示，云南省农村贫困地区所在自然村交通、网络和人居环境稳步改善。2014～2019 年，进村主干道路硬化的自然村比重、所在自然村能通客运车的比重、所在自然村通宽带比重逐年升高；所在自然村通电话和通有线电视信号在 2019 年实现了全覆盖。2018 年初，云南省印发了《全省建制村通客车三年行动方案（2018－2020 年）》，确保 2020 年全省建制村通客车 2018－2020 年滚动计划完成。经过全省上下共同努力，2020 年 5 月 17 日，云南省提前完成了具备条件建制村全部通客车的行业扶贫兜底性目标任务。对原不具备条件的 121 个建制村，各地认真分析，自加压力，全力改善路基和安全防护工程，积极消除通客车制约因素，创造条件开通客车。[1]

---

① 《云南通村客车动力澎湃　发挥脱贫攻坚兜底作用》，云南网，2020 年 8 月 13 日，https：//baijiahao.baidu.com/s？id=1674911577993654076&wfr=spider&for=pc。

表 7 - 19　　　　　　2014~2019 年云南省贫困地区农户基础设施状况　　　单位：%

年份	通电话的自然村比重	通有线电视信号的自然村比重	通宽带的自然村比重	主干道路面经过硬化处理的自然村比重	通客运班车的自然村比重
2014	95.0	65.3	22.6	48.4	34.5
2015	99.1	88.5	32.4	58.5	41.3
2016	99.9	95.1	71.1	88.3	47.6
2017	97.5	97.1	80.8	92.6	49.4
2018	100.0	98.2	88.3	93.2	51.6
2019	100.0	100.0	93.9	97.6	93.9

资料来源：根据《中国农村贫困监测报告》（2015~2020）中云南相关数据整理计算所得。

　　如表 7 - 20、表 7 - 21 所示，2014~2019 年，贵州省、西藏自治区贫困地区的基础设施建设状况不断改善。2019 年，贵州省通电话的自然村比重达到 100%，通有线电视信号的自然村比重、通宽带的自然村比重、主干道路面经过硬化处理的自然村比重分别为 99.6%、97.6%、98.0%，通客运班车的自然村比重较 2014 年大幅上升。2020 年，贵州全省已建成近 8 万公里硬化路，实现 30 户以上的村民组 100% 通硬化路，彻底解决了沿线 1200 万群众出行问题。[①]

　　2019 年，西藏自治区通电话的自然村比重达到 100%，通有线电视信号的自然村比重为 85.4%，主干道路面经过硬化处理的自然村比重达到 99.5%。

表 7 - 20　　　　　　2014~2019 年贵州省贫困地区农户基础设施状况　　　单位：%

年份	通电话的自然村比重	通有线电视信号的自然村比重	通宽带的自然村比重	主干道路面经过硬化处理的自然村比重	通客运班车的自然村比重
2014	87.1	46.1	30.7	60.4	42.5
2015	95.9	95.4	36.6	73.2	50.1
2016	100.0	100.0	67.7	94.2	55.2
2017	100.0	97.0	82.8	97.2	66.5
2018	100.0	98.1	92.8	98.5	67.7
2019	100.0	99.6	97.6	98.0	70.3

资料来源：根据《中国农村贫困监测报告》（2015~2020）中贵州相关数据整理所得。

---

　　① 《贵州——脱贫攻坚网络展》，国家乡村振兴局（原国务院扶贫开发领导小组办公室），http：//fpzg.cpad.gov.cn/429463/429470/429496/index.html。

表7-21　　　　2014～2019年西藏自治区贫困地区农户基础设施状况　　　单位:%

年份	通电话的自然村比重	通有线电视信号的自然村比重	通宽带的自然村比重	主干道路面经过硬化处理的自然村比重	通客运班车的自然村比重
2014	86.7	75.8	7.2	51.6	28.9
2015	89.5	79.3	8.5	57.7	29.1
2016	100.0	81.8	14.4	97.1	74.3
2017	99.0	77.0	27.1	100.0	51.0
2018	98.8	82.3	67.6	98.0	66.4
2019	100	85.4	—	99.5	—

资料来源：根据《中国农村贫困监测报告》（2015～2020）中西藏相关数据整理所得。

（二）居住条件和生活设施明显改善

民族地区坚持把脱贫攻坚与乡村振兴、小康村建设、农村人居环境整治结合起来，从农村危房改造、能源建设、综合保障建设、村饮水安全、厕所改造等方面入手，加快补齐深度贫困地区发展短板，全面改善贫困群众生存条件，形成了以改善生存条件为基本前提，以增强自我发展能力为根本途径的扶贫方式。

如表7-22所示，宁夏贫困地区农户饮水更加安全。20世纪初期，宁夏贫困地区农民多喝窖水、苦咸水和污染水，净化入户的自来水减少了不安全不卫生的饮水造成的健康危害。2014年以来，使用管道供水的农户比重、使用经过净化处理自来水的农户比重逐年升高，截至2019年，饮水无困难的农户比重达到100%。住房条件得到改善，居住在竹草土坯房的农户比重从2014年至今一直下降，数据显示截至2019年，下降了15.7个百分点。农村居民日常生活用燃料也发生了质的变化。2014年以来，宁夏贫困地区主要以柴草、煤炭为主要炊用能源的农户占比下降，传统的以农作物秸秆、柴草、树枝等日常生活用燃料已逐步被液化气、天然气等替代。

表 7 – 22　　　　　　　　　2014 ～ 2019 年宁夏回族自治区贫困
地区农户住房及家庭设施状况　　　　单位：%

年份	居住竹草土坯房的农户比重	使用管道供水的农户比重	使用经过净化处理自来水的农户比重	饮水无困难的农户比重	使用独立厕所的农户比重	炊用柴草的农户比重
2014	18.1	58.3	45.2	88.7	97.8	31.0
2015	13.4	66.9	50.7	89.5	98.7	23.3
2016	8.4	71.6	67.0	90.8	98.7	12.6
2017	6.3	72.3	67.0	92.2	98.7	14.4
2018	3.1	86.9	80.9	97.8	98.1	13.6
2019	2.6	88.5	80.9	100.0	98.5	5.9

资料来源：根据《中国农村贫困监测报告》（2015 ～ 2020）中宁夏相关数据整理所得。

如表 7 – 23 所示，随着扶贫政策的实施，内蒙古贫困地区农牧民居住条件和生活设施进一步得到改善。2014 ～ 2019 年，居住条件逐渐改善，内蒙古贫困地居住竹草土坯房的农户比重逐年下降，2019 年居住竹草土坯房的农户比重为 2.8%，比 2014 年下降了 18.3 个百分点。在生活设施上，2014 ～ 2019 年，使用管道供水的农户比重、使用经过净化处理自来水的农户比重持续上升。"十三五"期间，内蒙古自治区完成 12.49 万贫困人口易地搬迁任务，建设安置住房 5.33 万套。有劳动能力的贫困人口全部落实产业扶贫项目，40.3 万贫困人口纳入低保。[①]

表 7 – 23　2014 ～ 2019 年内蒙古自治区贫困地区农户住房及家庭设施状况　　单位：%

年份	居住竹草土坯房的农户比重	使用管道供水的农户比重	使用经过净化处理自来水的农户比重	饮水无困难的农户比重	使用独立厕所的农户比重	炊用柴草的农户比重
2014	21.1	35.2	29.2	91.6	91.4	77.5
2015	19.4	39.2	32.5	91.6	91.4	75.1
2016	14.3	51.7	43.9	94.9	91.0	70.2

---

① 《巩固"脱贫果"汇聚"振兴力"》，内蒙古自治区乡村振兴局，2021 年 3 月 8 日，http：//fpb. nmg. gov. cn/fpxw/fpyw/202103/t20210314_1167219. html。

续表

年份	居住竹草土坯房的农户比重	使用管道供水的农户比重	使用经过净化处理自来水的农户比重	饮水无困难的农户比重	使用独立厕所的农户比重	炊用柴草的农户比重
2017	14.1	52.5	43.3	93.5	91.0	70.0
2018	4.8	51.8	46.2	96.5	89.4	54.3
2019	2.8	68.1	50.6	100.0	95.2	46.1

资料来源：根据《中国农村贫困监测报告》（2015～2020）中内蒙古相关数据整理所得。

如表 7-24 所示，新疆贫困地区农村居民在农户住房及生活设施状况均较 2014 年得到显著改善。在 2018 年，居住竹草土坯房的农户全部清零，砖混材料、砖瓦砖木以及钢筋混凝土材料的住房比重为 99.6%。2019 年，饮水无困难的农户比重达到 100%，实现了全覆盖；使用经过净化处理自来水的农户比重、使用管道供水的农户比重分别达到 93.0%、93.7%，供水保障能力得到加强。2020 年，新疆全区城镇供水普及率、污水处理率、生活垃圾无害化处理率分别达 98%、96.9%、97%。建成区绿化覆盖率 39.47%。五年累计建成农村安居工程 116.98 万户、城镇保障性住房 129.36 万套，改造城镇棚户区住房 112.2 万套，近千万群众喜迁新居。农村人居环境整治三年行动任务圆满完成，农村卫生厕所普及率达到 84.95%，87.15% 的行政村生活垃圾得到有效处理。[①]

表 7-24　　　　　　　**2014～2019 年新疆维吾尔自治区贫困地区农户住房及家庭设施状况**　　　　　单位：%

年份	居住竹草土坯房的农户比重	使用管道供水的农户比重	使用经过净化处理自来水的农户比重	饮水无困难的农户比重	使用独立厕所的农户比重	炊用柴草的农户比重
2014	22.0	89.3	88.9	91.8	97.1	56.7
2015	16.3	84.7	79.4	83.1	97.4	56.3
2016	10.8	87.6	82.0	87.6	98.4	52.1
2017	9.7	87.2	82.0	90.1	98.8	44.9

---

① 《新疆维吾尔自治区政府工作报告（2021 年 2 月 1 日　雪克来提·扎克尔）》，中国经济网，2021 年 2 月 9 日，http：//district.ce.cn/newarea/roll/202102/09/t20210209_36306945_1.shtml。

续表

年份	居住竹草土坯房的农户比重	使用管道供水的农户比重	使用经过净化处理自来水的农户比重	饮水无困难的农户比重	使用独立厕所的农户比重	炊用柴草的农户比重
2018	0	89.8	88.3	97.3	98.7	49.5
2019	0	93.7	93.0	100	98.9	40.8

资料来源：根据《中国农村贫困监测报告》（2015~2020）中新疆相关数据整理所得。

　　西藏一些深度贫困村山势险峻、居住分散，老旧输水管道和设施改造提升任务重，安全饮水巩固提升工程实施难度大、投资成本高。2014年以来，西藏贫困地区的生活设施状况不断提升。截至2019年，使用管道供水和经过净化处理自来水的农户比重、独用厕所的农户比重分别达到68.8%、39.4%、81.3%，分别较2014年提高18.8个、18.1个、11.9个百分点（见表7-25）。居住条件得以改善，2014~2019年，西藏贫困地区农村居住竹草土坯材料的农户比重逐年下降。2016年以来，西藏自治区加大了以扶贫脱贫为目标的易地搬迁力度，截至2020年底，在海拔较低、适宜生产生活的地区建成964个易地扶贫搬迁点，6万余套安置房全部建成，26.6万群众自愿搬迁入住，建成配套村道1891公里、给排水管网1882公里、电网2828公里，幼儿园342所、卫生院（室）303所，村级活动场所510处。①

表7-25　　2014~2019年西藏自治区贫困地区农户住房及家庭设施状况　　单位：%

年份	居住竹草土坯房的农户比重	使用管道供水的农户比重	使用经过净化处理自来水的农户比重	饮水无困难的农户比重	使用独立厕所的农户比重	炊用柴草的农户比重
2014	3.4	50.0	21.3	64.8	69.4	68.2
2015	2.5	50.0	25.5	65.8	71.5	64.9
2016	1.7	48.9	25.8	75.0	71.2	54.7
2017	1.5	60.7	26.1	81.0	71.2	54.7
2018	1.3	53.1	33.3	87.4	71.1	54.0
2019	0.9	68.8	39.4	—	81.3	55.5

资料来源：根据《中国农村贫困监测报告》（2015~2020）中西藏相关数据整理所得。

①《西藏建成6万套易地扶贫安置房改善群众居住条件》，海外网，2021年6月24日，https://baijiahao.baidu.com/s? id=1703384514473693249&wfr=spider&for=pc。

　　2014 年以来，贵州贫困地区的基本生活条件和卫生环境都有所提升。如表 7－26 所示，2019 年，贵州贫困地区农户使用独用厕所的比重为 96.9%，比 2014 年提高 4.7 个百分点；使用管道用水的农户、使用经过净化处理自来水的农户、饮水无困难的农户比重均比 2014 年有显著提高。

表 7－26　　　2014～2019 年贵州省贫困地区农户住房及家庭设施状况　　　单位：%

年份	居住竹草土坯房的农户比重	使用管道供水的农户比重	使用经过净化处理自来水的农户比重	饮水无困难的农户比重	使用独立厕所的农户比重	炊用柴草的农户比重
2014	1.3	67.9	31.7	73.7	92.2	35.7
2015	0.9	73.7	34.5	81.4	93.2	29.4
2016	0.5	78.9	42.3	87.7	94.3	23.7
2017	0.4	83.1	47.1	90.3	95.3	21.1
2018	1.1	90.8	58.5	93.9	95.9	15.6
2019	0.8	93.6	60.0	94.6	96.9	12.4

资料来源：根据《中国农村贫困监测报告》（2015～2020）中贵州相关数据整理所得。

　　住房安全得到进一步巩固提升。如表 7－27 所示，2014～2019 年，云南省贫困地区农村居民住房安全明显改善，竹草土坯房屋基本消除，人均住房建筑面积达 37.1 平方米。此外，饮水安全进一步得到保障，2019 年云南省使用经过净化处理自来水的农户比重为 47.3%，比 2014 年增加 19.8 个百分比；生活质量不断提升，独立卫生厕所农户比重进一步提升，达到 90.3%；炊用柴草的农户比重为 32.2%，比 2014 年减少 22.3 个百分点。截至 2020 年底，通过实施 86.6 万户建档立卡贫困户危房改造，实现"危房不住人、住人无危房"；贫困人口水量、水质、取水方便程度、供水保障率全部达标。①

―――――――――――

　　①　《书写逐梦小康新传奇——云南巩固拓展脱贫攻坚成果有效衔接乡村振兴综述》，云南省人民政府，2021 年 1 月 15 日，http：//ynfp. yn. gov. cn/f/view－8－3dccdb2da1314b0799f4f418e9873fe6. html。

表7-27　　　2014～2019 年云南省贫困地区农户住房及家庭设施状况　　　单位：%

年份	居住竹草土坯房的农户比重	使用管道供水的农户比重	使用经过净化处理自来水的农户比重	饮水无困难的农户比重	使用独立厕所的农户比重	炊用柴草的农户比重
2014	5.8	71.2	27.5	72.6	79.8	54.5
2015	5.5	72.3	28.3	75.1	81.0	52.6
2016	4.4	76.6	28.6	79.4	82.6	50.7
2017	4.0	77.3	30.4	80.3	82.6	48.1
2018	1.5	86.9	42.2	89.9	86.2	39.5
2019	1.0	87.8	47.3	—	90.3	32.2

资料来源：根据《中国农村贫困监测报告》（2015～2020）中云南相关数据整理所得。

　　如表7-28、表7-29 所示，2014 年以来，青海、广西贫困地区农村居民在住房条件、生活设施和卫生环境方面明显改善，群众饮水和厕所使用问题得到有效解决。2020 年，青海省深度贫困地区 2.2 万户易地扶贫搬迁和 4.4 万户危房改造任务全面完成，24.1 万人口安全饮水保障水平进一步提升。[1] 农村饮水安全巩固提升工程扎实推进，广大农牧民喝上了干净自来水。广大农牧民告别危旧土坯房、住进宽敞明亮砖瓦房，乡村面貌焕然一新。三江源地区清洁供暖正在替代煤炭和牛粪取暖。宽带基本建成，4G 网络全覆盖、5G 加快布局。[2] 2021 年，广西壮族自治区农村生活垃圾收运处置体系覆盖行政村比例达 97%，全区农村卫生厕所普及率达 93.31%，农村人居环境及乡村风貌持续改善。[3]

表7-28　　　2014～2019 年青海省贫困地区农户住房及家庭设施状况　　　单位：%

年份	居住竹草土坯房的农户比重	使用照明电的农户比重	使用管道供水的农户比重	使用经过净化处理自来水的农户比重	饮水无困难的农户比重	使用独立厕所的农户比重	炊用柴草的农户比重
2014	6.3	94.0	77.0	49.9	84.9	93	37.5
2015	4.3	96.4	80.1	54.7	84.9	93.0	31.1

---

①《青海深度贫困地区脱贫攻坚成效显著》，中国农网，2020 年 6 月 9 日，http：//www. farmer. com. cn/2020/06/09/wap_99854792. html。

②《2021 年青海省政府工作报告》，载于《青海日报》2021 年 2 月 9 日。

③《广西将全面巩固拓展脱贫攻坚成果与乡村振兴有效衔接》，中国新闻网，2021 年 6 月 24 日，http：//www. gx. chinanews. com/sz/2021-06-24/detail-ihanruav0565390. shtml。

续表

年份	居住竹草土坯房的农户比重	使用照明电的农户比重	使用管道供水的农户比重	使用经过净化处理自来水的农户比重	饮水无困难的农户比重	使用独立厕所的农户比重	炊用柴草的农户比重
2016	3.4	96.4	83.6	53.7	89.0	90.8	24.8
2017	3.2	95.1	86.7	52.1	92.7	92.5	19.8
2018	4.5	96.9	83.4	56.1	93.4	92.8	10.3
2019	0.4	—	84.2	63.6	95.0	93.7	8.0

资料来源：根据《中国农村贫困监测报告》（2015～2020）中青海省相关数据整理所得。

表 7 - 29   **2014～2019 年广西壮族自治区贫困地区农户住房及家庭设施状况**   单位：%

年份	居住竹草土坯房的农户比重	使用管道供水的农户比重	使用经过净化处理自来水的农户比重	饮水无困难的农户比重	使用独立厕所的农户比重	炊用柴草的农户比重
2014	1.6	76.5	34.7	87.3	95.3	67.9
2015	1.2	82.3	37.7	87.3	95.9	63.8
2016	0.4	85.4	40.5	89.2	97.6	57.5
2017	0.4	85.9	40.7	90.3	98.1	55.2
2018	0.2	86.0	38.6	92.0	98.1	43.7
2019	0	91.8	42.4	93.0	98.1	—

资料来源：根据《中国农村贫困监测报告》（2015～2020）中广西壮族自治区相关数据整理所得。

（三）教育医疗设施持续改善，便利程度提高

稳定实现农村贫困人口不愁吃、不愁穿，义务教育、基本医疗、住房安全有保障，是贫困人口脱贫的基本要求和核心指标。民族地区精准施策，扎实推进，"两不愁三保障"等突出问题基本解决。随着精准扶贫深入推进，建立建档立卡贫困家庭学生信息库，对贫困家庭中正在接受教育的各学段学生进行全面登记造册、建立档案、动态管理。对建档立卡贫困家庭学生享受资助情况进行全程跟踪，因情施策，确保其获得有效资助，完成学业。同时，推动优质医疗资源下沉，公立医院全部取消药品加成，乡镇远程会诊、村级标准化卫生室基本实现全覆盖。

根据表 7-30 可知，2014~2019 年，宁夏贫困地区教育卫生情况明显改善，所在自然村有卫生站（室）的农户比重、所在自然村上幼儿园便利的农户比重、所在自然村上小学便利的农户比重分别由 2014 年的 99.2%、38.8%、78.0% 上升至 2019 年的 100.0%、78.9%、91.7%。卫生站（室）得到了全覆盖。此外，宁夏把文化扶贫惠民工程作为脱贫攻坚的一项重要内容，在各个扶贫县区，高标准建成一批乡镇综合文化站，实现贫困村综合文化服务中心全覆盖。同时，加大对贫困地区刺绣、剪纸、泥塑等手工艺文化产品的开发，发展相关文化产业作为"文化扶贫"的重要内容，推动文化增收富民。

表 7-30　　　　2014~2019 年宁夏回族自治区贫困地区教育卫生情况　　　单位：%

年份	所在自然村有卫生站（室）的农户比重	所在自然村上幼儿园便利的农户比重	所在自然村上小学便利的农户比重
2014	99.2	38.8	78.0
2015	99.2	38.8	78.0
2016	93.7	77.6	89.1
2017	96.0	87.8	90.3
2018	97.4	66.1	94.0
2019	100.0	78.9	91.7

资料来源：根据《中国农村贫困监测报告》（2015~2020）中宁夏回族自治区相关数据整理所得。

目前，内蒙古贫困地区医疗卫生保障、文化教育设施水平不断提高。如表 7-31 所示，在医疗卫生保障方面，2018 年所在自然村有卫生站（室）的农户比重为 95.1%，比 2014 年增长 5.9 个百分点，2019 年有卫生站的自然村基本实现全覆盖。在教育设施方面，2019 年，所在自然村上幼儿园、上小学便利的农户比重分别为 74.4%、79.5%，分别比 2014 年提高 38.5 个百分点和 56.3 个百分点，基础教育便利程度得到极大改善。2020 年内蒙古全区共落实各级各类学生资助资金 53.9 亿元，惠及学生 457.9 万人次。其中落实义务教育阶段家庭经济困难学生生活费补助资金 4.42 亿元，惠及 38.07 万人次。实施全面改善贫困地区义务教育薄弱学校基本办学条件项目，全区 76 个旗县、2087 所学校纳入项目实施范围，惠及 116 万学生，累计投入 93.25 亿元，校舍建设竣工面积 316 万平方米，完成设施设备购置金额 27.22 亿元，校舍建设开工率、竣工率、设备采购完成率均达到 100%。项目实施后，生均校舍面积小学达到 9.81 平方米，较 2013 年增长 19.05%。改造室外运动场 524.3 万平方米，体育运动场面积学校达标率小学达到 97.34%，较 2013 年提高 33.87 个百分点；初中达到 97.83%，较 2013 年提高 27.88 个百分点。购置图书 1100 余万册，小学生均图书达到 20.09 册，初中达到 31.38 册，超出国家规定的基本要求。2016 年起 31 个国家级贫困县全部实施了学生营养改善计划，覆盖学校 985 所、学生 25 万余名。推进全区学校信息化建设，全区中小学校（含教学点）全部接入互联网。[①]

表 7 - 31　　　　2014～2019 年内蒙古自治区贫困地区教育卫生情况　　　单位：%

年份	所在自然村有卫生站（室）的农户比重	所在自然村上幼儿园便利的农户比重	所在自然村上小学便利的农户比重
2014	89.2	35.9	23.2
2015	92.0	39.1	25.3
2016	95.4	70.1	71.8
2017	97.7	75.6	74.8
2018	95.1	79.5	78.9
2019	98.3	74.4	79.5

资料来源：根据《中国农村贫困监测报告》（2015～2020）中内蒙古自治区相关数据整理所得。

如表 7 - 32 所示，2014～2019 年，新疆贫困地区教育、卫生医疗条件不断提高。2019 年，新疆贫困地区农村居民所在自然村有卫生站、上幼儿园便利的农户比重达到 100%，实现了全覆盖；所在自然村上小学便利的农户比重达到 99% 以上，几乎实现全覆盖。2020 年，学前教育毛入园率达到 98% 以上，小学净入学率达到 99.9% 以上，九年义务教育巩固率达到 95% 以上，高中阶段毛入学率达到 98% 以上。南疆四地州实现从幼儿园到高中的 15 年免费教育，现代职业教育体系基本建立，新疆大学"双一流"建设和部区合建工作稳步实施，高等教育分类发展加快推进，新疆的教育面貌

---

① 《内蒙古扎实推进教育脱贫攻坚各项工作》，内蒙古自治区人民政府，2021 年 1 月 27 日，http：//www.nmg.gov.cn/zwyw/gzdt/bmdt/202101/t20210127_800027.html。

发生了根本性变化。①

表 7 – 32　　　2014～2019 年新疆维吾尔自治区贫困地区教育卫生情况　　单位：%

年份	所在自然村有卫生站（室）的农户比重	所在自然村上幼儿园便利的农户比重	所在自然村上小学便利的农户比重
2014	80.5	74.9	77.0
2015	85.9	77.3	81.3
2016	93.3	95.0	94.6
2017	94.8	97.5	96.6
2018	96.1	97.4	97.2
2019	100.0	100.0	99.0

资料来源：根据《中国农村贫困监测报告》（2015～2020）中新疆维吾尔自治区相关数据整理所得。

如表 7 – 33 所示，2014～2019 年，西藏自治区始终坚持新时期卫生与健康方针，以群众需求为出发点，继续深化公立医院改革，完善行业队伍和基层医疗卫生设施建设，推动全区基层医疗卫生服务能力不断提高，2019年，西藏贫困地区所在自然村有卫生站的农户比重达 82.8%，比 2014 年提高 18.2 个百分点。在教育方面，所在自然村上幼儿园及小学便利的农户比重均达到 98% 以上，几乎实现全覆盖。在提供免费义务教育基础上，对农牧民子女实行的包吃、包住、包基本学习费用政策，与对城镇困难家庭子女实行的同等标准助学金一道，为西藏全区贫困家庭子女受教育提供了强有力的保障。2016 年以来，西藏教育"三包"资金投入达 104.74 亿元，年均增幅 11.4%，占"十三五"期间西藏教育投入的 9.13%，2020 年"三包"经费已达 25.48 亿元，惠及学生 64.86 万人。② 截至 2020 年，西藏教育实现整体发展水平接近全国平均水平，逐步实现基本公共教育服务均等化，教育现代化取得重要进展，服务全面建成小康社会的能力显著增强的总体目标。③

---

① 《新疆维吾尔自治区政府工作报告（2021 年 2 月 1 日 雪克来提·扎克尔）》，中国经济网，2021 年 2 月 9 日，http：//district. ce. cn/newarea/roll/202102/09/t20210209_36306945_1. shtml。

② 《西藏：教育架起脱贫天路》，中国教育新闻网，2020 年 11 月 14 日，http：//www. jyb. cn/rmtzgjyb/202011/t20201114_373422. html。

③ 《西藏自治区教育事业发展"十三五"规划》，西藏政府网，2018 年 11 月 20 日，http：//www. xizang. gov. cn/zwgk/xxfb/ghjh_431/201902/t20190223_61956. html。

表 7 - 33　　　　　　2014～2019 年西藏自治区贫困地区教育卫生情况　　　　单位：%

年份	所在自然村有卫生站（室）的农户比重	所在自然村上幼儿园便利的农户比重	所在自然村上小学便利的农户比重
2014	64.6	30.0	21.0
2015	73.0	34.1	27.9
2016	91.3	83.4	94.7
2017	73.0	90.2	95.1
2018	72.5	91.6	90.4
2019	82.8	98.7	98.4

资料来源：根据《中国农村贫困监测报告》（2015～2020）中西藏自治区相关数据整理所得。

广西贫困地区基础设施和公共服务状况持续改善。如表 7 - 34 所示，2014～2019 年，贫困地区教育可及性程度大幅度提高，截至 2019 年，贫困地区的所在自然村上幼儿园、上小学便利的农户比重分别为 86.2%、89.7%，分别比 2014 年提升 31.9 个百分点、21.5 个百分点。为巩固脱贫攻坚成果，截至 2021 年 6 月，广西围绕搬迁群众所急所需，在全区 506 个集中安置区配套建设义务教育学校 1175 所、医疗卫生场所 870 所，建设社区综合服务等便民利民"九个中心"3226 个。抓好安置区社会综合治理体系建设，健全社区党组织和居民自治组织，推动集中安置区设立党组织 432 个、自治组织村（居）民委员会 167 个，工青妇联等组织 1447 个，完成全区 73 个易地搬迁村（社区）"两委"换届。①

表 7 - 34　　　　　　2014～2019 年广西壮族自治区贫困地区教育卫生情况　　　　单位：%

年份	所在自然村有卫生站（室）的农户比重	所在自然村上幼儿园便利的农户比重	所在自然村上小学便利的农户比重
2014	95.2	54.3	68.2
2015	95.6	56.4	72.4
2016	95.2	78.1	88.6

---

① 《广西将全面巩固拓展脱贫攻坚成果与乡村振兴有效衔接》，中国新闻网，2021 年 6 月 24 日，http://www.gx.chinanews.com/sz/2021 - 06 - 24/detail - ihanruav0565390.shtml。

续表

年份	所在自然村有卫生站（室）的农户比重	所在自然村上幼儿园便利的农户比重	所在自然村上小学便利的农户比重
2017	97.1	87.6	93.4
2018	81.9	83.4	87.4
2019	90.5	86.2	89.7

资料来源：根据《中国农村贫困监测报告》（2015～2020）中广西壮族自治区相关数据整理所得。

如表7-35所示，2014～2019年，贵州省贫困地区教育卫生情况继续改善，截至2019年，所在自然村上幼儿园便利的农户比重为91.2%，比2014年增加31.6个百分点；所在自然村有卫生站（室）的农户比重为98.0%，基本实现全覆盖。2020年，贵州省全面完成健康扶贫"三个三"，实现基本医疗有保障。每个县均至少建有1所二级甲等及以上公立医院且每个专业科室至少有1名合格的执业医师；每个乡镇均建成1所政府办卫生院且至少有1名合格的执业（助理）医师或者全科医师；每个行政村均有1个卫生服务机构且至少有1名合格的乡村医生。全省现有二级及以上公立医院215个，执业医师36997人；卫生院1370个，执业（助理）医师15446人；村卫生室20265个，合格村医29850人。通过推进县医院能力建设、"县乡一体、乡村一体"机制建设，提升了贫困地区医疗卫生服务的能力，历史性地消除了农村贫困地区、乡村两级医疗卫生机构和人员"空白点"。[①]

表7-35　　　　　　2014～2019年贵州省贫困地区教育卫生情况　　　　单位：%

年份	所在自然村有卫生站（室）的农户比重	所在自然村上幼儿园便利的农户比重	所在自然村上小学便利的农户比重
2014	96.2	59.6	78.9
2015	96.9	60.2	82.1
2016	84.8	73.7	83.3
2017	84.9	80.1	86.5
2018	96.3	90.9	92.2
2019	98.0	91.2	91.0

资料来源：根据《中国农村贫困监测报告》（2015～2020）中贵州省相关数据整理所得。

_____

① 《贵州健康扶贫成效显著》，新华网，2020年11月17日，http://www.gz.xinhuanet.com/2020-11/17/c_1126749408.htm。

如表 7－36 所示，随着扶贫攻坚深入推进，青海贫困地区教育文化卫生事业稳步发展。2019 年，90.9% 的村有文化活动室，比 2013 年提高 16.4 个百分点；劳动力平均受教育年限由 2013 年的 6.0 年上升至 2019 年的 6.5 年；有病能及时就医人口比重为 95.0%，比 2013 年提高 10.5 个百分点；拥有合法行医证医生/卫生员的村比重为 86.9%，比 2013 年提高 3.8 个百分点，医务人员专业素质提升；所在自然村垃圾能集中处理的农户比重为 79.9%，比 2013 年提高 66.0 个百分点，村庄环境得到改善。截至 2020 年底，青海省 7.8 万建档立卡因病致贫返贫人口全部脱贫，2.3 万名大病得到集中救治，5.46 万名慢性病贫困患者纳入家庭医生签约服务管理，贫困人口人均住院自付比例稳定控制在 10% 以内，贫困人口健康获得感进一步提升。[①]

表 7－36　　2013 年与 2019 年青海省贫困地区农村居民教育和卫生状况　　单位：%

指标名称	2013 年	2019 年	增加
文化教育情况			
所在自然村上幼儿园便利的农户比重	77.9	85.6	7.7
所在自然村上小学便利的农户比重	82.1	86.1	4
劳动力平均受教育年限（年）	6.0	6.5	0.5
有文化活动室的村比重	74.5	90.9	16.4
医疗卫生情况			
所在自然村有卫生站的农户比重	84.5	95.0	10.5
拥有合法行医证医生/卫生员的村比重	83.1	86.9	3.8
所在自然村垃圾能集中处理的农户比重	13.9	79.9	66.0

资料来源：根据《中国农村贫困监测报告》（2015～2020）中青海相关数据整理所得。

如表 7－37 所示，云南省教育扶贫覆盖面积扩大，控辍保学质量提高。2019 年，农村贫困地区所在自然村上幼儿园和小学便利的农户比重分别为 86.9%、92.2%，比 2014 年分别提高 18 个百分点和 10.2 个百分点。健康

---

① 《加强领导　健全机制　精准施策　强力推进——青海省健康扶贫攻坚工作取得显著阶段性成效》，新华网，2020 年 12 月 16 日，http：//www. qh. xinhuanet. com/2020 - 12/16/c_11268 66297. htm。

扶贫受益人口增加，患者医疗负担减轻。强化基本医疗保险、大病保险、医疗救助等多重保障，加强县级医院、乡镇卫生院、村卫生室建设和医务人员配备，确保常见病、慢性病有地方看、看得起，得了大病、重病后基本生活有保证。2018 年，云南全省 750 多万建档立卡贫困人口实现基本医保、大病保险、医疗救助全覆盖，因病致贫返贫减少 15.5 万户、60.7 万人，对全省贫困人口脱贫的贡献度达 23.8%。[①] 2020 年末，88 个贫困县实现县域义务教育均衡发展，义务教育学校办学条件"20 条底线"全部达标，义务教育阶段辍学学生实现动态清零；88 个贫困县县乡村医疗机构全部达标，实现建档立卡贫困人口基本医保、大病保险、医疗救助全覆盖。[②]

表 7 – 37　　　　　2014～2019 年云南省贫困地区教育卫生情况　　　　单位：%

年份	所在自然村有卫生站（室）的农户比重	拥有合法行医证医生/卫生员的行政村比重	所在自然村上幼儿园便利的农户比重	所在自然村上小学便利的农户比重
2014	97.5	89.1	68.9	82.0
2015	98.4	89.1	71.8	85.3
2016	80.3	87.3	84.4	91.3
2017	81.5	89.5	86.5	92.5
2018	86.3	92.1	82.6	90.1
2019	89.1	—	86.9	92.2

资料来源：根据《中国农村贫困监测报告》（2015～2020）中云南省相关数据整理所得。

四、脱贫群众精神风貌焕然一新

脱贫攻坚既是一场深刻的物质革命，也是一场深刻的思想革命；既"取得了物质上的累累硕果，也取得了精神上的累累硕果。"[③] 民族地区贫困

---

① 《全省 750 多万建档立卡贫困人口实现基本医保大病保险医疗救助全覆盖》，昆明信息港，2019 年 3 月 14 日，https：//www. kunming. cn/news/c/2019 – 03 – 14/12600795. shtml。

② 《书写逐梦小康新传奇——云南巩固拓展脱贫攻坚成果有效衔接乡村振兴综述》，云南省人民政府，2021 年 1 月 15 日，http：//ynfp. yn. gov. cn/f/view – 8 – 3dccdb2da1314b0799f4f418e9873f e6. html。

③ 《习近平：在全国脱贫攻坚总结表彰大会上的讲话》，中国政府网，2021 年 2 月 25 日，http：//www. gov. cn/xinwen/2021 – 02/25/content_5588869. htm。

群众的精神世界在脱贫攻坚中得到充实和升华，信心更坚、脑子更活、心气更足，发生了从内而外的深刻改变。

脱贫致富热情高涨。脱贫攻坚不仅使贫困群众拓宽了增收渠道、增加了收入，而且唤醒了贫困群众对美好生活的追求，极大提振和重塑了贫困群众自力更生、自强不息，勤劳致富、勤俭持家，创业干事、创优争先的精气神，增强了脱贫致富的信心和劲头。"好日子是干出来的"，贫困群众比着把日子往好里过，依靠自己的辛勤劳动摆脱贫困，形成了你追我赶奔小康的浓厚氛围。

主人翁意识显著提升。脱贫攻坚为贫困群众参与集体事务搭建了新的平台。扶贫项目实施、资金使用等村级重大事项决策，实行"四议两公开"①，建立健全村务监督机制，推广村民议事会、扶贫理事会等制度，让村民做到"大家的事大家议、大家办"，拓展了贫困群众参与脱贫攻坚的议事管事空间，提高了参与集体事务的积极性自觉性，激发了建设家乡的热情，乡村发展的凝聚力大大增强。

现代观念不断增强。一直以来，民族地区贫困地区处于"封闭"状态，脱贫攻坚打开了民族地区贫困地区通往外部世界的大门。交通基础设施的改善打通了贫困地区与外界的联系，公共文化事业的发展丰富了贫困群众的精神文化生活，网络的普及让贫困群众增长了见识、开阔了视野。贫困群众的开放意识、创新意识、科技意识、规则意识、市场意识等显著增强，脱贫致富的点子越来越多、路子越来越宽。

文明新风广泛弘扬。通过贫困地区文明村镇和文明家庭、"五好"家庭创建，持续推进新时代文明实践中心建设，发挥村规民约作用，推广道德评议会、红白理事会等做法，开展移风易俗行动，开展弘扬好家风、"星级文明户"评选、寻找"最美家庭"等活动，社会主义核心价值观广泛传播，贫困地区文明程度显著提升。俭朴节约、绿色环保、讲究卫生等科学、健康、文明的生活方式成为贫困群众的新追求，婚事新办、丧事简办、孝亲敬老、邻里和睦、扶危济困、扶弱助残等社会风尚广泛弘扬，既有乡土气息又有现代时尚的新时代乡村文明新风正在形成。②

---

① "四议两公开"，是指在村党组织领导下对村级事务进行民主决策的基本工作程序。"四议"指党支部会提议、村"两委"会商议、党员大会审议、村民代表会议或村民会议决议；"两公开"指决议公开、实施结果公开。

② 国务院新闻办公室：《〈人类减贫的中国实践〉白皮书》，求是网，2021年4月6日，http：//www.qstheory.cn/yaowen/2021-04/06/c_1127297359.htm。

重视民族教育，加强人才培养。民族各省区市高度重视民族教育事业的发展，根据本地情况，采取有针对性的政策和措施，提出了"民族教育跨越式发展"的思想，使民族教育事业得到持续、健康发展，实现教育公平，通过实施民族教育特殊政策与优惠政策并重为本土经济与社会发展培养适合各级各类建设者，以增强自我发展能力。如2009年，四川省实施的藏区"9+3"免费职业教育计划，组织藏区学生到内地免费接受3年的中等职业教育，是探索少数民族地区教育事业发展的一个创举，2014年，进一步扩大到大小凉山州彝族地区和其他民族县，目前，该计划实施范围覆盖藏区和大小凉山彝区45个深度贫困县。该计划实施10年以来，中央和省级财政投入20.73亿元用于"9+3"免费教育计划，内地先后有100余所中职学校承担该任务，累计招收藏区学生5万余人和大小凉山彝区学生近3万人。惠及的8万余个民族地区家庭中，来自偏远、贫困的农牧民家庭子女占90%以上。①

文化建设水平不断提升。随着人们对文化需求的不断增加，民族八省区也越来越注重文化发展，积极发展文化事业。西部地区文化基础设施进一步改善，每十万人口拥有文化馆/图书馆/博物馆由2000年的1.67个增加到2019年的10.25个，人均拥有公共图书馆藏量也由2000年的0.33册增加到2019年的0.65册，尽管有所增加，但增长趋势不明显。② 实施广播电视"村村通工程"、"西新工程"、农村电影"2131工程"等一系列文化资源信息共享工程，将广播电视和信息网络覆盖西藏、新疆等边疆少数民族地区等农村偏远山区，加强少数民族语言广播和电视节目制作、译制、播映，实现城乡信息化统筹发展，给地域辽阔、地形复杂、民族众多的西部边远地区的人民群众带来了巨大实惠。

五、特殊困难群体生存发展权利得到有效保障

我国人口较少民族脱贫工作取得了显著成效，如表7-38所示，截至2018年底，我国已实现独龙族、布朗族、基诺族、俄罗斯族、塔塔尔族、裕固族、锡伯族、鄂伦春族、乌孜别克族、赫哲族、门巴族、鄂温克族、

---

① 《四川民族地区"9+3"免费教育计划实施十年》，新华网，2020年1月6日，http://www.sc.xinhuanet.com/content/2020-01/06/c_1125425397.htm。

② 根据国家统计局公布的《中国统计年鉴》（2001~2020）以及国家统计局分省年度数据（https://data.stats.gov.cn/easyquery.htm? cn=E0103）中相关数据整理计算所得。

珞巴族和达斡尔族等民族"率先脱贫"。2020年5月，我国人口较少民族之一的毛南族实现整族脱贫，11月，云南省、新疆维吾尔自治区、广西壮族自治区等省区人民政府宣布，怒族、柯尔克孜族、仫佬族相继整族脱贫。至此，中国人口较少民族全部实现整族脱贫，历史性告别绝对贫困。

表7-38　　　　　　　2018年我国28个人口较少民族贫困发生率

序号	民族	贫困发生率（%）	发展等级	发展目标
1	怒族	25.13	发展水平较低	夯基础
2	塔吉克族	11.30		
3	普米族	9.94		
4	仫佬族	6.33		
5	柯尔克孜族	6.07		
6	独龙族	4.11	发展水平中等	促发展
7	保安族	3.78		
8	毛南族	3.58		
9	景颇族	2.95		
10	阿昌族	2.66		
11	布朗族	2.12		
12	德昂族	2.11		
13	撒拉族	0.97		
14	京族	0.78		
15	土族	0.70		
16	基诺族	0.65		
17	高山族	0.50	发展水平较好	率先奔小康
18	达斡尔族	0.47		
19	珞巴族	0.46		
20	鄂温克族	0.43		
21	门巴族	0.30		
22	赫哲族	0.15		
23	乌孜别克族	0.12		
24	鄂伦春族	0.08		
25	锡伯族	0.06		

序号	民族	贫困发生率（%）	发展等级	发展目标
26	裕固族	0.05	发展水平较好	率先奔小康
27	塔塔尔族	0.03		
28	俄罗斯族	0.01		

资料来源：实地调研数据。

如表7-39所示，截至2018年底，人口较少民族中124617户建档立卡贫困户人均纯收入为8387.62元，超过2018年国家贫困收入标准（年人均纯收入低于3535元）。人口较少民族中有五个民族年人均纯收入达到全国贫困地区农村居民人均可支配收入以上，分别为俄罗斯族（12644.03元）、鄂温克族（12208.52元）、塔吉克族（12731.28元）、赫哲族（12097.93元）和柯尔克孜族（10738.46元）。塔吉克族人均纯收入水平最高，是人均纯收入最低的保安族（4806.62元）的2.65倍。2018年底，人口较少民族整体性人均纯收入的中位数为6861.59元，有16个人口较少民族未达到整体性人均纯收入的中位数水平。高山族人均纯收入的中位数水平最低，为4590.00元，与人均纯收入中位数水平最高的塔吉克族（11405.22元）相比低6815.22元。将28个人口较少民族的建档立卡贫困户划分为三类：未脱贫人口、已脱贫人口和返贫人口，其中已脱贫人口包括稳定脱贫人口和已脱贫（享受政策）人口。未脱贫人口中，2018年人均纯收入水平最高的为塔吉克族（11244.45元），最低的为保安族（3016.37元），相差8228.08元。已脱贫人口中，2018年人均纯收入水平最高的为塔吉克族（13184.29元），最低的为保安族（5134.23元），相差8050.06元。其中，稳定脱贫人口2018年人均纯收入水平最高的为俄罗斯族（46758.51元），最低的为门巴族（3650.89元），相差43107.62元；已脱贫（享受政策）人口2018年人均纯收入水平最高的为塔吉克族（13184.29元），最低的为保安族（5134.96元），相差8049.33元。返贫人口2018年人均纯收入水平最高的为塔吉克族（14133.48元），最低的为高山族（824.00元），相差13309.48元。总体来看，塔吉克族的未脱贫人口、已脱贫人口和返贫人口的2018年人均纯收入水平均为10000元以上，整体性收入水平较高（具体见表7-41）。人口较少民族收入水平获得了较大提升，2020年，全国人口较少民族全部实现整族脱贫，历史性告别绝对贫困。

表7-39   2018年人口较少民族人均纯收入描述性统计

民族	总人数（人）	人均纯收入（元/年）						
		未脱贫	稳定脱贫	民族	已脱贫（总体）	返贫	总体	总体中位数
珞巴族	1258	3239.21	5465.16	5844.91	5831.88	—	5769.86	5018.20
门巴族	2360	4736.66	3650.89	6894.86	6889.52	—	6820.96	5948.53
赫哲族	63	5790.95	18020.13	12924.10	3161.12	—	12097.93	10529.60
鄂伦春族	213	7845.24	13263.10	11058.52	11322.45	—	11204.17	6340.00
裕固族	359	6092.00	6000.00	9278.87	9262.56	—	9200.70	7267.00
俄罗斯族	88	3470.00	46758.51	12334.86	12996.88	—	12644.03	10074.43
保安族	5340	3016.37	4215.00	5134.96	5134.23	—	4806.62	4603.26
达斡尔族	6847	5986.89	10291.04	9838.58	9982.27	—	9619.37	7650.17
鄂温克族	2579	6951.37	12322.96	12699.11	12556.32	3187.50	12208.52	9044.72
独龙族	3273	5071.36	—	8609.86	8609.86	4268.56	8130.36	6345.85
德昂族	3363	3878.50	—	8337.63	8337.63	4727.57	7683.34	6543.88
基诺族	1861	5766.78	8539.45	8988.24	8980.75	—	8655.11	7131.43
京族	1053	6637.81	18185.68	9950.48	9967.25	3197.36	9272.26	8243.65
怒族	20720	4003.31	5484.72	7471.99	7470.99	4447.82	5957.96	4705.25
普米族	13083	3668.17	—	6919.63	6919.63	3593.09	5837.43	4635.00
阿昌族	8132	3830.90	8050.61	8563.69	8560.14	3656.08	7838.37	6473.12
毛南族	26516	6278.29	4387.78	8378.24	8376.67	5786.77	8020.27	6390.77
景颇族	45725	4390.06	8748.06	8599.87	8600.01	4179.55	8102.34	6664.16
布朗族	23546	4415.48	10449.91	8741.14	8742.47	5289.69	8193.25	6893.62
高山族	119	2922.88	4981.63	7480.94	6772.80	824.00	6102.00	4590.00
土族	44301	4304.15	5133.47	6142.91	6123.76	4702.64	6026.08	5055.54
仫佬族	52689	6932.93	4917.77	9725.56	9721.88	6245.89	8950.95	7491.43
锡伯族	1958	4650.42	8308.82	6117.92	6154.51	4306.11	6047.80	4891.50
柯尔克孜族	91857	8136.32	6091.23	11117.42	11117.18	6846.46	10738.46	9184.33
撒拉族	21082	3673.88	5978.33	6030.58	6030.54	3134.52	5862.25	5212.67
塔吉克族	24440	11244.45	—	13184.29	13184.29	14133.48	12731.28	11405.22
塔塔尔族	145	4638.30	—	8841.59	8841.59	—	8785.55	7546.80
乌孜别克族	254	5521.99	—	7696.42	7696.42	3450.00	7546.04	6244.50
总体	403224	5253.38	9965.65	8818.11	8833.77	4776.51	8387.62	6861.59

资料来源：实地调研数据。

对人口较少民族教育状况进行分析，在 2018 年，124617 户建档立卡贫困户里（见表 7－40），享受教育补助率、享受职业学历教育补助率、技能培训参加率均为 100%。说明已经意识到阻断贫困的代际传播问题，并努力在建档立卡贫困户里培养掌握更多知识、更能应对风险的新一代人。

表 7－40　　　2018 年人口较少民族建档立卡贫困户受教育补助情况

民族	2010 年人口（人）	建档立卡户人数（人）	享受教育补助率（%）	享受职业学历教育补助率（%）	技能培训参加率（%）
珞巴族	3682	418	100	100	100
门巴族	10561	628	100	100	100
赫哲族	5354	50	100	100	100
鄂伦春族	8659	147	100	100	100
裕固族	14378	205	100	100	100
俄罗斯族	15393	54	100	100	100
保安族	20074	1508	100	100	100
达斡尔族	131992	3346	100	100	100
鄂温克族	30875	1327	100	100	100
独龙族	6930	1122	100	100	100
德昂族	20556	1144	100	100	100
基诺族	23143	602	100	100	100
京族	28199	614	100	100	100
怒族	37523	7096	100	100	100
普米族	42861	4043	100	100	100
阿昌族	39555	2560	100	100	100
毛南族	101192	9186	100	100	100
景颇族	147828	14394	100	100	100
布朗族	119639	7358	100	100	100
高山族	4009	72	100	100	100
乌孜别克族	10569	115	100	100	100
塔塔尔族	3556	75	100	100	100
塔吉克族	52069	6153	100	100	100
撒拉族	130607	5756	100	100	100
柯尔克孜族	186708	23733	100	100	100
锡伯族	190481	1095	100	100	100

续表

民族	2010 年人口（人）	建档立卡户人数（人）	享受教育补助率（%）	享受职业学历教育补助率（%）	技能培训参加率（%）
仫佬族	216257	17968	100	100	100
土族	289565	14822	100	100	100

资料来源：实地调研数据。

　　基本医疗是防止农村贫困人口因病返贫的重要保障。人口较少民族聚居村落的基本医疗保障可以从人口较少民族家庭所在村是否有卫生室或是否有执业医生两个方面分析。人口较少民族聚居村不断完善基本医疗卫生服务体系，切实解决了贫困地区居民"看病难"的问题。截至 2018 年底，人口较少民族建档立卡贫困户所在村有卫生室或执业医师共 6936 个，占总体的 68%，共 101144 户建档立卡贫困户所在村实现有一定的医疗保障，占人口较少民族建档立卡贫困（124617 户）的 81%。其中珞巴族、保安族、独龙族、德昂族、基诺族、怒族、普米族、阿昌族、景颇族、布朗族和高山族 11 个民族超过总体平均水平，门巴族和柯尔克孜族趋近平均水平。人口较少民族聚居村扎实开展卫生室达标建设，在 2018 年度全国村卫生室数量减少 8292 个的情况下，仍有 49% 的人口较少民族聚居村落实现村村有卫生室，其中聚居村有卫生室占比达 90% 以上的民族有 6 个（见表 7－41）；聚居村有卫生室占比在 80%～90% 的民族有 5 个，占比 70%～80% 的民族有 4 个，占比 60%～70% 的民族有 3 个，占比 50%～60% 的民族有 4 个，有村卫生室占比从高到低依次是：独龙族、基诺族、景颇族、锡伯族、裕固族、撒拉族、珞巴族、高山族、门巴族、柯尔克孜族、赫哲族、乌孜别克族、鄂伦春族、毛南族、塔塔尔族、京族。

表7－41　　2018 年人口较少民族聚居村有卫生室占比超过 90% 的民族

民族	所在村数（个）	有卫生室村数（个）	有卫生室村数占比（%）
普米族	316	116	95
德昂族	225	62	94
布朗族	867	302	94
怒族	306	123	93
保安族	129	14	93
阿昌族	354	95	91

资料来源：实地调研数据。

执业医师协助提高人口较少民族所在村落的医疗卫生水平。2018 年，人口较少民族建档立卡贫困户所在村配备了执业医师，占比为 51%，其中执业医生占比高于总体平均水平的民族有 15 个，保安族所在村执业医生占比高达 89%，执业医生占比不足总体平均水平的民族有 13 个，由高到低依次是：乌孜别克族、门巴族、赫哲族、土族、毛南族、京族、塔塔尔族、仫佬族、达斡尔族、俄罗斯族、鄂伦春族、塔吉克族、鄂温克族（见表 7－42）。保安族、德昂族、普米族等人口相对较多的民族，在村卫生室和执业医师两方面均较其他人口和较少民族好。

表 7－42　　　　　　2018 年人口较少民族村有执业医生占比率
总体平均水平以上的民族情况

民族	户数（户）	所在村数	有执业医师户数（户）	有执业医师户占比（%）	有执业医师村数（个）	有执业医师村占比（%）
保安族	1508	129	1487	0.99	115	0.89
阿昌族	2560	354	2295	0.90	259	0.73
德昂族	1144	225	822	0.72	163	0.72
裕固族	205	40	112	0.55	28	0.70
景颇族	14394	933	11005	0.76	632	0.68
布朗族	7358	867	4467	0.61	565	0.65
普米族	4043	316	2617	0.65	200	0.63
独龙族	1122	110	956	0.85	68	0.62
高山族	72	43	54	0.75	26	0.60
珞巴族	418	60	317	0.76	36	0.60
怒族	7096	306	4687	0.66	183	0.60
撒拉族	23733	417	19000	0.80	230	0.55
柯尔克孜族	5756	351	3728	0.65	193	0.55
基诺族	602	126	323	0.54	69	0.55
锡伯族	6153	120	3520	0.57	63	0.53

资料来源：实地调研数据。

　　截至 2018 年底，未脱贫人口覆盖的 7974 个村中，基础设施比较完善、交通运输相对便利，但一些例如通网络宽带、村致富带头人等乡村振兴"硬指标"有待提升。其中，"四通"分指标中，有 5437 个样本村已通硬化路，通硬化路指标接近 70%，为 68.18%；通客运班车和通宽带网络指标分别为 47.96% 和 46.31%。"八达"分指标中，综合性公共文化设施和场所指标也接近 70%，为 67.32%；共有 4057 个样本村有卫生厕所，卫生厕所建设情况指标为 50.88%；创业致富带头人指标为 12.89%（见图 7-3）。可见，整体样本村中，"四通八达"各指标在近些年的脱贫攻坚战中取得了长足进步。

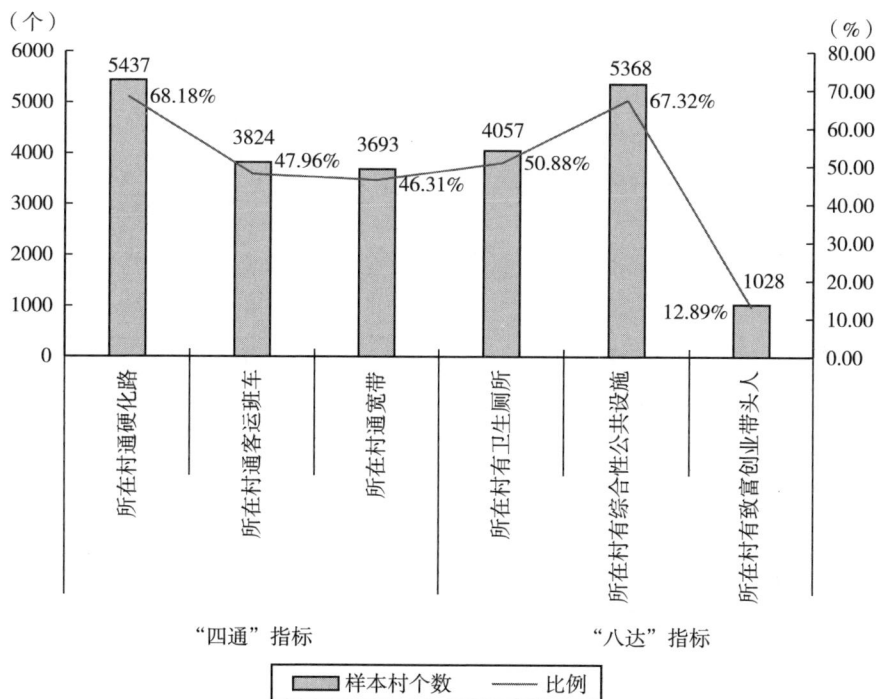

图 7-3　2018 年人口较少民族样本村"四通八达"各项指标的总体统计描述

资料来源：实地调研数据。

　　截至 2018 年底，按照人口较少民族人口来衡量"四通"指标，其统计结果如表 7-43 所示。

表 7 – 43　　　　　2018 年人口较少民族人口"四通"指标统计　　　单位：%

民族	通硬化路比率	通客运班车比率	通宽带比率	总比率
珞巴族	0.63	0.25	0.29	1.17
门巴族	0.44	0.15	0.26	0.85
赫哲族	0.50	0.46	0.42	1.38
鄂伦春族	0.43	0.35	0.29	1.08
裕固族	0.36	0.25	0.28	0.89
俄罗斯族	0.43	0.39	0.33	1.15
保安族	0.99	0.97	0.97	2.93
达斡尔族	0.67	0.53	0.38	1.58
鄂温克族	0.54	0.41	0.23	1.19
独龙族	0.98	0.44	0.76	2.18
德昂族	0.98	0.72	0.78	2.48
基诺族	0.97	0.36	0.95	2.27
京族	0.47	0.28	0.33	1.08
怒族	0.93	0.38	0.39	1.70
普米族	0.99	0.32	0.59	1.90
阿昌族	0.99	0.77	0.73	2.48
毛南族	0.65	0.34	0.41	1.40
景颇族	0.99	0.75	0.65	2.39
布朗族	0.99	0.61	0.79	2.39
高山族	0.43	0.74	0.31	1.47
乌孜别克族	0.54	0.37	0.37	1.28
塔塔尔族	0.61	0.47	0.24	1.32
塔吉克族	0.85	0.33	0.68	1.86
撒拉族	0.85	0.64	0.18	1.67
柯尔克孜族	0.92	0.80	0.79	2.51
锡伯族	0.45	0.42	0.23	1.10
仫佬族	0.56	0.32	0.42	1.30
土族	0.74	0.50	0.43	1.67

资料来源：实地调研数据。

2018 年，人口较少民族样本的"四通"分指标中，通硬化路指标达到 90% 以上的民族有保安族、独龙族、德昂族、基诺族、怒族、普米族、阿昌族、景颇族、布朗族和柯尔克孜族共 10 个民族，低于 40% 的为裕固族；通客运班车指标达到 70% 以上的民族有保安族、德昂族、阿昌族、景颇族、高山族、柯尔克孜族共 6 个民族，而低于 30% 的有珞巴族、门巴族和裕固族；通宽带指标达到 70% 以上的民族有保安族、独龙族、德昂族、基诺族、阿昌族、布朗族和柯尔克孜族，而低于 30% 的有珞巴族、门巴族、鄂伦春族、裕固族、鄂温克族、塔塔尔族、撒拉族和锡伯族。由表 7－43 可见，三个分指标均方差较大，说明 28 个人口较少民族"四通"指标异质性明显。将三个指标赋予等权重并进行加总，总比率可衡量人口较少民族"四通"指标综合水平，即总比率越高，说明"四通"指标综合水平越高，反之越低。其中，总比率超过 2 的民族有保安族、独龙族、德昂族、基诺族、阿昌族、景颇族、布朗族和柯尔克孜族共 8 个民族，其每一分指标比率均值都达到 0.67 以上，说明这些人口较少民族"四通"水平较高。

人口较少民族的"八达"指标统计分析。截至 2018 年底，按照人口较少民族人口来衡量"八达"指标，其统计结果如表 7－44 所示。

表 7－44　　　　　2018 年人口较少民族人口"八达"指标统计　　　　单位：%

民族	有卫生厕所比率	有综合性公共设施比率	有创业致富带头人比率	总比率
珞巴族	0.73	0.99	0.01	1.73
门巴族	0.80	0.90	0.05	1.75
赫哲族	0.29	0.57	0.14	1.00
鄂伦春族	0.40	0.80	0.00	1.20
裕固族	1.00	1.00	0.25	2.25
俄罗斯族	0.50	0.50	0.00	1.00
保安族	0.82	1.00	0.02	1.84
达斡尔族	0.32	0.64	0.04	1.00
鄂温克族	0.30	0.57	0.01	0.88
独龙族	0.95	0.97	0.21	2.13
德昂族	0.98	0.98	0.02	1.98
基诺族	0.97	0.97	0.26	2.20

续表

民族	有卫生厕所比率	有综合性公共设施比率	有创业致富带头人比率	总比率
京族	0.13	0.36	0.07	0.56
怒族	0.99	0.99	0.02	2.00
普米族	0.91	0.89	0.10	1.90
阿昌族	0.92	0.97	0.06	1.95
毛南族	0.21	0.47	0.17	0.85
景颇族	0.94	0.97	0.09	2.00
布朗族	0.89	0.98	0.18	2.05
高山族	0.17	0.58	0.08	0.83
乌孜别克族	0.43	0.54	0.15	1.12
塔塔尔族	0.51	0.61	0.19	1.31
塔吉克族	0.77	0.95	0.03	1.75
撒拉族	0.34	0.74	0.00	1.08
柯尔克孜族	0.83	0.94	0.08	1.85
锡伯族	0.11	0.44	0.02	0.57
仫佬族	0.33	0.55	0.05	0.93
土族	0.49	0.72	0.03	1.24

资料来源：实地调研数据。

　　人口较少民族样本的"八达"分指标中，有卫生厕所的比率达到90%以上的民族有裕固族、独龙族、德昂族、基诺族、怒族、普米族、阿昌族、景颇族共8个民族，低于30%的为赫哲族、京族、毛南族、高山族和锡伯族共5个民族；有综合性公共设施的比率达到90%以上的民族有珞巴族、门巴族、裕固族、独龙族、德昂族、基诺族、怒族、阿昌族、景颇族、布朗族、塔吉克族和柯尔克孜族共12个民族，而低于50%的有京族、毛南族和锡伯族；有创业致富带头人的比率达到20%以上的民族有裕固族、独龙族和基诺族，而低于5%的有珞巴族、鄂伦春族、俄罗斯族、保安族、达斡尔族、德昂族、怒族、塔吉克族、锡伯族和土族共10个民族。由表7-44可知，三个分指标均方差也较大，说明人口较少民族"八达"指标异质性明显。将三个指标赋予等权重并进行加总，总比率可衡量28个人口较少民族"八达"指标综合水平，即总比率越高，说明"八达"指标综合水平越高，反之越低。其中，总比率超过 2 的民族有裕固族、独龙族、基诺族、怒族、景颇族和布朗族共 6 个民族，其每一分指标比率均值达到 0.67 以上，说明这些人口较少民族"八达"水平较高。

以内蒙古、辽宁、福建、广西、贵州、云南、西藏、甘肃、青海、新疆、黑龙江等 11 个省份和新疆生产建设兵团的 2390 个人口较少民族聚居行政村（人口较少民族人口比例不低于 20%）为对象，基于 2018 年，28 个人口较少民族 124617 建档立卡贫困户和 403224 贫困人口观测值，重点分析人口较少民族聚居的 698 个建档立卡贫困村的脱贫成效和发展态势，研究结果共涉及云南等 10 个省区的人口较少民族贫困村。从各地区人口较少民族发展情况来看，基本解决了吃、穿问题和教育、医疗及住房问题，卫生条件显著改善，扶贫脱贫工作取得了很大的进展。

六、贫困地区基层治理能力显著提升

在决战决胜脱贫攻坚战中，民族八省区贫困地区基层治理体系得到进一步健全、治理能力显著提升，主要表现在农村基层党组织更加坚强、基层群众自治更加有效、"三农"工作队伍不断壮大、社会治理水平明显提升等方面。

农村基层党组织更加坚强有力。农村基层党组织是中国共产党在农村全部工作和战斗力的基础，是贯彻落实扶贫工作决策部署的战斗堡垒。坚持抓党建促脱贫攻坚、抓扶贫先强班子，整顿软弱涣散基层党组织，精准选派贫困村党组织第一书记、驻村工作队，把农村致富能手、退役军人、外出务工经商返乡人员、农民合作社负责人、大学生村官等群体中具有奉献精神、吃苦耐劳、勇于创新的优秀党员选配到村党组织书记岗位上。2013年以来，全国累计选派 300 多万名第一书记和驻村干部开展精准帮扶。① 广大基层干部和扶贫干部心系贫困群众、甘愿牺牲奉献，满腔热情地为贫困群众办实事、解难题，赢得了贫困群众发自内心的认可。基层党组织的战斗堡垒作用不断增强，凝聚力、战斗力、号召力明显提高，党群干群关系更加密切，贫困地区群众对党和政府的信赖、信任、信心进一步增强，党在农村的执政基础更加牢固。

---

① 国务院新闻办公室：《〈人类减贫的中国实践〉白皮书》，求是网，2021 年 4 月 6 日，http：//www.qstheory.cn/yaowen/2021-04/06/c_1127297359.htm。

基层群众自治更加有效。脱贫攻坚有力推动了贫困地区基层民主政治建设，使得基层治理更具活力。村委会（居委会）作用更好发挥，贫困群众自我管理、自我教育、自我服务、自我监督不断加强。认真落实村（居）务公开，坚持重大问题民主决策。坚持群众的事由群众商量着办，群众的事由群众定，群众参与基层治理的积极性主动性创造性进一步增强。脱贫攻坚之初，很多贫困村几乎没有集体经济收入，到 2020 年底全国贫困村的村均集体经济收入超过 12 万元。① 稳定的集体经济收入改变了很多村级组织过去没钱办事的困境，增强了村级组织自我保障和服务群众的能力。

懂农业、爱农村、爱农民的"三农"工作队伍不断壮大。在脱贫攻坚的艰苦磨砺中，广大基层干部和扶贫干部坚韧、乐观、充满奋斗精神，带领群众脱贫致富的信心更加坚定、本领进一步增强。大批教育、科技、医疗卫生、文化等领域的专业人才支援贫困地区建设，大批企业家到贫困地区投资兴业，很多高校毕业生放弃城市的优厚待遇回到农村建设家乡。变富变美的农村吸引力不断增强，大批热爱农村、扎根农村、建设农村的人才留下来，为农业农村现代化继续贡献力量。

社会治理水平明显提升。脱贫攻坚为贫困地区带来了先进发展理念、现代科技手段、科学管理模式，显著提升了贫困地区的社会治理水平。脱贫攻坚行之有效的制度体系和方法手段，为基层社会治理探索了新路径，促进了网格化管理、精细化服务、信息化支撑、开放共享的基层管理服务体系的建立和完善，社会治理的社会化、法治化、智能化、专业化水平进一步提升，基层社会矛盾预防和化解能力显著增强，贫困地区社会更加和谐、稳定、有序。

由于民族地区乡村治理的复杂多样性以及基层组织作用发挥不到位等多种原因，民族地区乡村治理是我国基层治理相对薄弱的环节。② 党的十九大报告指出，要发挥社会组织作用，实现政府治理和社会调节、居民自治良性互动。近年来，随着我国民族地区社会结构快速分化和人口大规模流动，各类社会组织快速发展。社会组织参与社会治理，高效整合了民族地区的社会资源，改善了民族地区公共治理结构，取得了显著成效。③ 同时，

---

① 国务院新闻办公室：《〈人类减贫的中国实践〉白皮书》，求是网，2021 年 4 月 6 日，http：//www.qstheory.cn/yaowen/2021–04/06/c_1127297359.htm。

② 张爱民、林榕：《民族地区村规民约在乡村治理中的价值功能思考》，载于《辽宁行政学院学报》2020 年第 1 期，第 82~87 页。

③ 谢勇：《促进民族地区社会组织参与社会治理的几个着力点》，中国社会科学网，2019 年 3 月 25 日，http：//ex.cssn.cn/mzx/201903/t20190325_4852580.shtml。

公民广泛地通过社会组织参与到民生事务或者基层政治事务的管理当中有利于铸牢中华民族共同体意识。各民族群众通过自下而上的政治互动参与到民族地区的社会治理，一方面可以使决策构建在各民族的共同利益之上，加强"平等、团结、互助、和谐"的民族关系。另一方面也可以使各族群众的交往交流交融在社会组织这一平台上更加深入，广泛的交流可以使共同体认同更加内化于个体的身份认同之中。①

（一）在社会共治中创新社区治理机制

社会组织承接了政府简政放权后移交的社会性事务和社会服务工作，成为政府职能转变的重要载体。如内蒙古包头市进一步推进"三社联动"工作，目前的试点街道社区共有4个，分别是：青山区自由路街道办事处、昆区白云街道办事处、昆区东友谊22社区、昆区昆北街道海威社区。"三社联动"就是把社区、社工和社会组织三个"社"联动起来，建立以城乡社区为平台、以社会组织为载体、以专业社会工作人才为骨干的工作机制，让有专业服务能力的社会工作者，通过社会组织这个桥梁和纽带，为社区居民提供专业的服务。② 治理机制理清了各自职能，理顺相互关系，激发了内在活力，集聚了各方力量，提高了社区治理的人力、物力、财力资源使用效能，形成了基层政府、社会组织、自治组织、辖区单位、居民群众等多元参与、协商共治和良性互动的社区生动局面③，有效解决了民族地区社区建设中管理主体单一、管理方式以强制为主等问题，为社会释放社会管理的空间。借助专业社工队伍的发展，"三社联动"机制能够根据不同的公共服务需求和不同特点的服务对象，有针对性地采用个案工作法、小组工作法、社区工作法开展社会工作实务，提供志愿无偿和公益性低偿的公共服务，提升了社区精细化管理水平。例如，青山区社会服务中心打造了以"共迎风雨"的救助服务和"社工与你同行"的法律援助服务项目；幸福路街道幸福社区开展了老人自我认同小组项目，以及其他社区打造了残疾人康复训练项目、困难救助服务项目、农民工服务项目等。

同时，近年来，民族地区基层政府在创造社会组织的硬件环境和软件

---

① 陈延斌：《民族地区社会组织结构与区域经济发展适度性研究——基于民族八省区的样本分析》，载于《西南民族大学学报（人文社科版）》2020年第3期，第14～22页。

② 《包头市进一步推进"三社联动"工作实施方案政策解读》，包头新闻网，2020年12月30日，http://www.baotounews.com.cn/p/722447.html。

③ 《青山区"三社联动"多元融合社区治理模式实现新突破》，青山区政府网，2019年7月23日，http://www.qsq.gov.cn/information/qsq40/msg10794200791.html。

环境方面不断探索，在外部环境和发展政策上为社会组织成长提供支持。如贵阳市、南宁市和呼和浩特市等成立社会组织孵化基地，在选定孵化对象后，通过政策引导、项目支持、培育指导等措施，为社会组织成长提供必要指导和服务，通过相关培训，协助社会组织健全组织管理、完善团队沟通和规范财务管理制度等。在制度建设上，南宁市、呼和浩特市等专门出台社会组织孵化基地管理暂行办法，在制度上规范社会组织孵化基地的建设和管理。在硬件建设上，呼伦贝尔市建立旗市区社会治理服务大厅，为社会组织提供集中服务平台。①

（二）在社会共治中完善基层公共服务多元供给

民族地区的基层地理位置偏远，生产力水平发展相对落后，基层政府财政困难，经常出现基层政府提供的公共服务供给无法满足基层群众需要的情况。而民族地区的社会组织能够多渠道吸引资金参与社会治理，解决民族地区政府财力不足的问题，优化整合分散的社会资源解决民族地区组织化程度不高的问题。社会组织可以通过项目合作、慈善捐赠、政府购买服务等形式，广泛吸纳、充分撬动社会资金，推进地方政府"放管服"改革，不断完善政府和社会资本合作模式，促进民族地区经济社会转型升级。同时，在民族地区发展社会组织，可以更好地组织、调动、整合社会资源，凝聚社会多方力量，提升民族地区"自我造血"功能。②

民族地区社会组织能够满足基层社会中的多元化公共需求，通过帮助政府开展公益活动、扶贫济困、社区参与、保护妇女儿童、亲子沟通、老年人权益等活动，在心理慰藉、生活帮扶、文体娱乐等方面提供政府无法提供的专业和全面服务，有效解决基层公共服务短缺问题。通过多元公共服务供给，体现了社会多元价值追求，有效改善基层群众生活。例如，随着农村基层留守老人、留守妇女和留守儿童的增多，探索建立农民互助性、兴趣性组织或农民自愿组织，为上述人群提供适度的生活或情感关照。又如，许多民族地区地广人稀，政府的服务很难深入，分散的农民难以抵御市场经济冲击，一些农民专业合作社将分散的个体经营者组织起来，通过组织集体行动保护农民利益，避免了分散状态造成的不必要损失。再如，

---

① 胡佳：《民族地区基层社会共治的困境与路径探析——基于领导型网络治理的视角》，载于《广西民族大学学报（哲学社会科学版）》2019 年第 1 期，第 109～115 页。
② 谢勇：《促进民族地区社会组织参与社会治理的几个着力点》，中国社会科学网，2019 年 3 月 25 日，http://ex.cssn.cn/mzx/201903/t20190325_4852580.shtml。

结合民族地区丰富的民族文化传统，挖掘具有民族特色的文化组织，提高民族地区基层的文化生活，促进基层社会风气的转变。

（三）在社会共治中应用转化传统社会自治组织

民族地区社会组织具有民族性、地方性和民间自治性等特点，是法治、德治和自治有机融合的媒介。除了民族地区基层组织、行业协会和社团等社会组织，在不同民族地区，仍保留了诸如"家支""理老""寨老"等传统社会组织。民族传统社会组织长期在基层社会的生产生活中发挥经济发展、社会控制、政治统治、文化传承和宗教管理的社会调控功能，在社会治理中具有潜移默化的影响。传统社会组织与基层政府协同合作，各有管辖范围，又互助互惠，共同发挥社会治理的相应作用。在社会治理中要充分认识到传统社会组织的特殊性，以利于规范和发挥该类社会组织的积极作用。① 寨老制是诸多壮族村落共同奉行的一种传统治理制度，尤其是在传统乡村社会里，寨老的权威至高无上，发挥着弥足重要的作用。② 昭旺、安章和康郎在寨子的整个精神生活中扮演着重要角色，而伙子头、老庚、老人群体和互助小组则在村民的日常生产生活中发挥着重要的作用。这些传统组织不仅满足了傣族自身繁衍生息的需要，也满足了从事农业生产的需要，发挥着经济纽带和维护社会稳定的作用。③

同时，在实践中对传统社会组织进行"因地制宜""因俗而治"地转化，以发挥其在基层社会治理中的作用。传统的侗寨是以寨老、族老等宗族组织有效治理村落。现在侗族村寨里的老人协会其实就是以前侗族自治组织"寨老"的变形。老人协会的主要人员由全体老年人选举产生，由他们参与投票选举产生，每届任期3年。老人协会所做的具体工作主要可以分为以下几类：（1）在村内架桥、铺路、建造维修庙宇、维修保护鼓楼、风雨桥；（2）到村内村外募捐筹集架桥、修路等公益事业所需的资金；（3）做好村内的防火工作；（4）协调处理村内事务；（5）负有维护本村治安的责任；（6）对外协调处理本村与周边村寨的矛盾纠纷；（7）老年人协会负责办理村与村之间的交往、联谊活动等相关事宜；（8）监督村委会工作，并与村

---

① 胡佳：《民族地区基层社会共治的困境与路径探析——基于领导型网络治理的视角》，载于《广西民族大学学报（哲学社会科学版）》2019年第1期，第109～115页。

② 罗彩娟：《民族地区乡村治理的资源结构与整合逻辑——以马关县马洒村为例》，载于《广西民族大学学报（哲学社会科学版）》2016年第2期，第25～30页。

③ 张跃、刘娴贤：《社会调控在少数民族社会运行中的作用——以西双版纳曼刚傣族寨为例》，载于《思想战线》2007年第6期，第15～20页。

委会共同解决处理村内大事。① "老年人协会" 与村 "两委" 之间是一种合作关系。湖南省通道侗族自治县 "老年人协会" 的成立与发展，事实上是国家权力深入地介入到传统侗族乡村社会的结果，只是国家权力介入不能再以强力为手段，而是应很好地利用自外而内的市场力量及自上而下的项目制管理来实现。地方政府通过诸如特色文化村寨建设等项目制等形式，赋予村寨项目治理的自主性，一方面，要争取到项目，需要传统的寨佬们帮助向 "上" 找 "关系"；另一方面，项目要被广大村民所接受并得到很好的实施，也需要他们帮忙向 "下" 找 "村民"。②

---

① 张爱华：《加强农村老年人协会建设促进农村社会稳定——以湖南通道县阳烂村老年人协会为例》，载于《辽宁行政学院学报》2010 年第 7 期，第 154～156 页。

② 彭庆军：《论民族地区传统社会组织的创造性转化——以湖南省通道侗族自治县为例》，载于《华中科技大学学报（社会科学版）》2013 年第 5 期，第 83～89 页。

第八章 中国共产党治理贫困的 经验及对世界反贫困 事业的启示

 贫困是全世界面临的共同难题，消除贫困是人类社会的共同责任。虽然联合国等国际组织一直高度重视和致力于解决全球贫困问题，并取得了较大的成就，但目前的全球治理任务仍然十分艰巨。① 百年来，中国共产党带领人民同贫困作斗争，近 8 亿农村人口摆脱贫困，取得了举世瞩目的伟大成就，谱写了人类反贫困历史上的辉煌篇章，中国也成为全球最早实现联合国千年发展目标中减贫目标的发展中国家，为全球减贫事业作出了重大贡献，受到了国内外的广泛关注。中国消除绝对贫困的成功实践和宝贵经验，深化了人类对减贫规律的认识，丰富发展了反贫困理论，它所蕴含的价值导向、发展理念与减贫方略提振了世界各国特别是广大发展中国家消除绝对贫困的信心，为其他国家选择适合自己的减贫发展道路提供了参考和借鉴，为破解现代国家治理难题、开辟人类社会发展更加光明的前景提供了中国方案。

第一节 中国共产党治理贫困的宝贵经验

一、坚持党的领导，提供坚强的政治和组织保证

 消除贫困、改善民生、逐步实现共同富裕，是我们党一直以来坚持的目标。坚持中国共产党对农村治贫的全面引领，构成了我国农村治贫道路

---

① 张远新、董晓峰：《论脱贫攻坚的中国经验及其意义》，载于《浙江社会科学》2021 年第 2 期，第 4 ~ 10、115 页。

的底色、特色与优势。中国共产党真正把消除贫困放在心上、抓在手上、落实在行动上。在中国共产党的领导下，党和人民经过长期艰辛探索开创出来了一条成功道路，从而建立了中国特色脱贫攻坚制度体系，各级党委和政府，特别是贫困县党委和政府对脱贫攻坚负主体责任，为脱贫攻坚提供了有力的政治和组织保证。①

（一）构建分工明确，权责明晰的责任体系

一直以来，中国共产党在消除贫困的百年征程中充分发挥着总揽全局、协调各方的领导核心作用。在脱贫攻坚过程中，我们党采取了中央统筹、省负总责、市县抓落实的工作机制，形成五级书记抓扶贫、全党动员促攻坚的局面，层层压实领导责任。其中，党中央主要负责统筹制定脱贫攻坚大政方针，出台重大政策举措，完善体制机制，规划重大工程项目，协调全局性重大问题、全国性共性问题；省级党委和政府的主要任务是确保责任制层层落实，全面贯彻党中央、国务院关于脱贫攻坚的大政方针和决策部署，结合本地区实际制定政策措施，根据脱贫目标任务制定省级脱贫攻坚滚动规划和年度计划并组织实施，对本地区脱贫攻坚成果负总责；市级党委和政府主要负责协调域内跨县扶贫项目，对项目实施、资金使用和管理、脱贫目标任务完成等工作进行督促、检查和监督②；县级党委、政府承担脱贫攻坚主体责任，负责制定脱贫攻坚实施规划，组织落实各项政策措施，做好进度安排、项目落地、资金管理使用、人力调配、推进实施等工作；乡镇、村两级是脱贫攻坚的"最后一公里"，乡镇党委、政府承担贫困村和贫困户脱贫的具体责任，通过在行政村建立脱贫攻坚责任组，由包村乡镇领导任组长，驻村第一书记、村干部、驻村工作队员、经济能人等为成员，对贫困人口精准识别、动态管理、增收脱贫、精准退出和群众帮扶工作满意度负包干责任。

驻村帮扶是推动党和政府各项扶贫政策落细、落小、落实的关键举措。驻村第一书记履行建强基层组织、推动精准扶贫、落实基础制度、办好惠民实事的职责任务；驻村帮扶单位落实"干部当代表，单位做后盾，领导负总责"工作机制，细化实化帮扶措施，组织本单位党员干部切实落实

---

① 邢文利、裴丽梅：《党的领导是决战脱贫攻坚的根本保证》，载于《经济日报》2020年10月28日。

② 《中共中央办公厅 国务院办公厅印发〈脱贫攻坚责任制实施办法〉》，中国政府网，2016年10月17日，http://www.gov.cn/zhengce/2016-10/17/content_5120354.htm。

"一对一"帮扶贫困户工作。这种分工明确，责权明晰的责任体系，体现了我们党在带领全国人民实现社会主义现代化和中华民族伟大复兴的中国梦新征程中，始终起着举旗定向、谋篇布局的关键核心作用，展现出强大的政治领导力、思想引领力、群众组织力、社会号召力，有效保证了治贫政策落实的连续性。

（二）构建严密而高效的基层工作体系

中国共产党百年来农村治贫的"合力"不断提升，这得益于我国始终把贫困治理与基层党组织建设密切结合起来，不断健全基层工作体系，实现治贫力量的"下沉"与广泛覆盖。① 基层组织是脱贫攻坚工作的先锋队。"帮钱帮物，不如建个好支部。"一方面，抓党建促脱贫攻坚。习近平总书记十分重视中国反贫困事业中的党建作用，深刻地指出："抓好党建促进脱贫攻坚，是贫困地区脱贫致富的重要经验。"② 牢固树立"党的一切工作到支部"的鲜明导向，切实提高政治站位，以提升组织力为重点，全面织牢党的基层组织体系，精准选配驻村第一书记、精准选派驻村工作队，不断增强党的组织优势、组织功能、组织力量，把党在贫困地区的执政根基筑得更牢、战斗堡垒建得更强，使其成为脱贫攻坚的"主心骨"。另一方面，加强贫困地区农村基层党组织建设，使其成为带领群众脱贫致富的坚强战斗堡垒。强化基层组织抓落实的能力，善于排查贫困地区的重大问题和突出难题。

二、坚持以人民为中心的发展思想，坚定不移走共同富裕道路

我国是人民民主专政的社会主义国家，人民是国家的主人。我国的国家性质决定了一切方针都要始终紧紧围绕"以人民为中心"的发展思想来制定和实施，并时刻强调将增进人民福祉、促进人的全面发展、朝着共同富裕方向稳步发展作为经济社会发展的出发点、着力点和落脚点。

（一）扶贫减贫的出发点：为了人民

脱贫攻坚的出发点是为了维护最广大人民群众的根本利益，是"以人

---

① 刘海军：《中国共产党农村治贫的百年探索：演进、经验与世界意义》，载于《求实》2021年第2期，第4～20、109页。

② 《习近平重要讲话文章选编》，中央文献出版社2016年版，第298页。

民为中心"的发展思想的集中体现和深刻阐释。消除贫困、改善民生、逐步实现共同富裕是社会主义的本质要求，也是我们党坚持全心全意为人民服务的根本宗旨的重要体现。"全面建成小康社会，一个都不能少"是党中央向全国人民作出的郑重承诺。我们党始终关心最困难群众的生活疾苦、最贫苦地区的生产生活，调动一切可以调动的资源，千方百计提高贫困人口生活水平和生活质量，千方百计帮助贫苦地区群众脱贫致富。

习近平总书记指出："我们要随时随刻倾听人民呼声、回应人民期待，保证人民平等参与、平等发展权利，维护社会公平正义，在学有所教、劳有所得、病有所医、老有所养、住有所居上持续取得新进展，不断实现好、维护好、发展好最广大人民根本利益，使发展成果更多更公平惠及全体人民，在经济社会不断发展的基础上，朝着共同富裕方向稳步前进。"① 经过 8 年艰苦卓绝的努力，贫困群众"两不愁三保障"等突出问题得以全面解决；960 多万贫困人口通过易地扶贫搬迁摆脱了"一方水土养活不了一方人"的困境；出行难、吃水难、用电难、上学难、看病难、通信难等问题不再难，维护、实现了贫困群众的各项利益，满足了贫困群众对美好生活的向往。②

（二）扶贫减贫的着力点：依靠人民

人民是历史的创造者，是推动社会发展的决定力量，是社会发展的主体，在扶贫工作中发挥着主体作用。一直以来，中国共产党继承并发展了马克思主义群众史观，始终强调必须坚持人民群众主体地位，发挥人民群众首创精神，从人民群众最关心、最直接、最现实的问题出发，不断让人民群众得到实实在在的利益。习近平新时代中国特色社会主义思想始终坚持辩证唯物主义和历史唯物主义基本原理，坚持以人民为中心，坚持人民主体地位。我们党领导人民进行社会主义建设，始终与人民心心相印、与人民同甘共苦、与人民团结奋斗，认识到人民群众就是我们力量的源泉，依靠人民自我发展是新时代扶贫工作中重要的路径选择。③ "小康不小康，关键看老乡"，脱贫攻坚依靠人民，人民才是主力军。如今脱贫攻坚取得的巨大成就，都是伟大的中国人民团结一致、勤勤恳恳干出来的。

---

① 习近平：《随时随刻倾听人民呼声、回应人民期待》，中国政府网，2013 年 3 月 17 日，http://www.xinhuanet.com/2013lh/2013-03/17/c_115052834.htm。

② 甘庆华：《以人民为中心高质量打赢脱贫攻坚战》，载于《江西日报》2020 年 11 月 23 日。

③ 崔梦圆：《从精准扶贫脱贫看新时代以人民为中心思想的特征》，载于《中小企业管理与科技（下旬刊）》2021 年第 1 期，第 134~135 页。

中国共产党强调培育贫困群众的参与意识，增强主体的内生动力。只靠"输血"是解决不了根本问题的，而是要采用"造血"的方式进行脱贫。在扶贫脱贫的道路上我们党高度重视激发贫困群众的内生动力，并采取"以工代赈"、生产奖补、劳务补助等方式引导贫困群众树立主体意识，发扬自力更生精神，激发他们的干劲和决心，发挥贫困主体的主动性、积极性和创造性。

（三）扶贫减贫的落脚点：人民共享

共享是中国特色社会主义的本质要求，共享发展的内涵主要是全民共享、全面共享、共建共享、渐进共享。党的十八大以来，中共中央把脱贫攻坚作为一项系统工程，纳入社会主义事业"五位一体"总体布局与"四个全面"战略布局中，全面打响了脱贫攻坚战。[①] 共享发展理念是促进社会公平正义、实现共同富裕的理论创新成果。共享发展理念坚持以人为本，突出人民至上，是充分体现中国共产党宗旨、服务伟大奋斗目标、科学谋划人民福祉的重要发展理念。[②] 习近平总书记关于扶贫工作的重要指示，为全国各族人民奔向全面小康指明了方向、注入了动力。脱贫攻坚战的全面胜利补齐了群众发展的短板，拓宽了全民共享经济社会发展成果的覆盖面，促进了贫困群体的全面发展，保障了贫困群体应有的权益，提高了人民的获得感和幸福感。

三、坚持发挥我国社会主义制度集中力量办大事的政治优势，形成扶贫减贫的共同意志、共同行动

"我们最大的优势是我国社会主义制度能够集中力量办大事。这是我们成就事业的重要法宝。"[③] 新中国成立以来，我们党带领全国人民充分发挥这一制度优势，集中力量办成了很多大事难事，攻克了一道道艰难险阻，创造了经济社会发展的巨大成就，为改善民生福祉、逐步实现共同富裕奠定了坚实的物质基础。新时代如何脱贫，习近平总书记提出："分则力散，

---

① 张富文：《以人民为中心：新时代脱贫攻坚的价值逻辑》，载于《中国矿业大学学报（社会科学版）》2020 年第 5 期，第 35~37 页。

② 《坚持共享发展　决胜脱贫攻坚》，人民网理论频道，2016 年 4 月 1 日，http：//theory.people.com.cn/n1/2016/0401/c83846–28244943.html。

③ 《集中力量办大事的显著优势》，人民网理论频道，2020 年 5 月 15 日，http：//theory.people.com.cn/n1/2020/0515/c40531–31709758.html。

专则力全。"① 实践证明，社会主义制度具有强大的整合能力和动员能力，让脱贫攻坚成为 14 亿人的共同事业。依靠全社会多方的力量，构建政府、企业和社会之间的协同机制；充分发挥各主体的优势，构建多元主体格局。这样不仅有利于我国形成脱贫攻坚的共同意志、共同行动，还有利于铸牢中华民族共同体意识，增进民族团结，共同攻克难关，提高我国贫困人口脱贫的效率和质量。

（一）政府的积极引导

中国特色社会主义扶贫道路主要经历了小规模救济式扶贫、体制改革推动扶贫、大规模开发式扶贫、整村推进式扶贫和精准扶贫阶段，在不同的发展阶段政府承担着不同的作用和责任，积极地制定各项扶贫政策，努力地协调和组织有关贫困的评估工作，对扶贫开发项目和建立扶贫机制进行指导和支持。

新中国成立初期，中国共产党带领人民进行扶贫探索，这个时期的主要目的是大力发展生产力。② 进入体制改革带动减贫阶段后，我国政府主要精力还是在解放生产力，调动农民生产积极性上面。1986 年我国成立了专项扶贫工作小组，制定了一系列扶贫战略和计划，如"三西"扶贫开发农业建设计划、"以工代赈"等，在一定程度上解决了我国普遍存在的贫困现象。随后又进入了大规模的开发式阶段和整村推进式阶段，在这两个阶段，政府不仅集中人力、物力、财力和社会各方面力量一起解决贫困问题，为国家重点贫困县提供专项资金和优惠政策，而且还逐步实行农业税费改革、新型农村合作医疗、新型农村养老保险、种粮补贴、农村低保等财政转移支付，为脱贫工作提供了强劲动力。③

2013 年之后，我国开始进入精准扶贫阶段。在这一阶段，政府的扶贫目标更加明确，进行靶向精准脱贫，推动了精准扶贫工作的有序开展和有效实施。④ 首先，政府加强了精准扶贫的组织领导、工作指导和考核督查，确保国务院扶贫开发领导小组办公室、教育部、农业农村部等部门按照职责分工，加强对扶贫工作的指导和支持；其次，完善了土地、税收、人才、

---

① 《学习笔记：习近平总书记"典"论脱贫攻坚》，中国新闻网，2021 年 2 月 20 日，https：//www.chinanews.com/gn/2021/02 - 20/9415418. shtml。

②③ 郭雅媛：《中国特色社会主义扶贫道路的理论和实践探究》，载于《中国经贸导刊（中）》2021 年第 2 期，第 79 ~ 81 页。

④ 黄妮：《中国精准扶贫制度变迁及其路径选择》，载于《统计与决策》2021 年第 6 期，第 24 ~ 27 页。

金融等方面的精准扶贫政策服务，不断激发贫困群体的创新活力，进而加强贫困人口的内生动力；最后，不断完善精准扶贫的考核机制，加强对精准扶贫工作成效的考核。[①]

（二）企业的积极帮扶

我国在开展定点扶贫、东西协作扶贫的基础上开展了以民营企业为主的"万企帮万村"行动，积极调动企业参与到脱贫攻坚中来。企业在扶贫行动中突破了以往简单的捐钱、捐物模式，而是将自身的优势和贫困地区的特点相结合，对不同的地区提供不同的扶贫资源，最终实现企业与贫困地区双赢的局面。目前企业与农户之间的关系主要依靠市场手段来对接，扶贫的模式主要有"国有企业 + 基地""国有企业 + 基地 + 农户""国有企业 + 合作社 + 农户""公司 + 合作社 + 贫困户""公司 + 基地 + 贫困户"等。[②]

我们党在指导企业对民族贫困地区进行帮扶的过程中，一直奉行三个原则：第一，可持续发展的原则。企业在参与扶贫工作时要以扶贫资源使用率最大化为目标，根据企业的不同发展阶段采取不同的发展战略，不能以商业行为模式与思维处理问题，要时刻关注扶贫工作的长期性。第二，融合发展的原则。企业的扶贫模式要与贫困地区的资源、生产生活方式相结合，不能以破坏贫困地区环境为代价发展经济。第三，合力发展原则。采用"专业化 + 抱团"的发展模式，围绕精准脱贫目标，瞄准脱贫人员需求，把参与扶贫的企业有效组织起来，以多对一方式，合理规划、安排、衔接好企业接力活动。通过这些模式以及具体措施推动企业参与到扶贫活动中，在很大程度上帮助了贫困人口实现长期可持续性稳定脱贫。

（三）社会的积极参与

社会力量参与扶贫开发就是组织和动员全社会力量通过多种途径和方式为扶贫开发做贡献，共同推进减贫事业发展。社会力量在贫困治理过程中占据重要的地位，其主要的任务是弥补政府的低效率问题和市场的"马太效应"。首先，面对贫困群体它的运行机制要更加直接、快速，避免了因

---

① 刘琼莲：《脱贫攻坚需多元主体"同频共振"》，载于《人民论坛》2018 年第 21 期，第 38 ~ 40 页。

② 张春敏、赵萌：《国有企业在精准扶贫中的角色定位和参与方式探析》，载于《广西民族大学学报（哲学社会科学版）》2018 年第 1 期，第 51 ~ 56 页。

走流程而耽误的时间，保证了资源配置的及时性，保障了贫困治理的效率；其次，社会力量的参与有效避免了市场因趋利性而导致的"马太效应"，保障了扶贫资源为更多的贫困人口服务。①

中华民族历来具有扶贫济困的优良传统。贫困治理需要弘扬中华民族和衷共济、团结互助的优良传统，营造人人皆愿为、人人皆可为、人人皆能为的良好气氛。中国共产党坚持动员全社会力量参与扶贫开发，党政机关、军队和武警部队、国有企事业单位进行定点扶贫；东部发达地区和西部贫困地区进行扶贫协作，通过对口帮扶项目注入活力，为贫困地区提供支医支教、捐资助学、社会工作和志愿服务等活动，充满了更多人性化的意味；人民团体、社会组织、民营企业和广大公众通过多种途径和方式参与，构建起了政府、社会、市场协同推进，专项扶贫、行业扶贫、社会扶贫互为支撑的大扶贫格局。组织和动员全社会力量参与扶贫开发，不仅有助于贫困地区振兴发展和贫困群众脱贫致富，而且有助于铸牢中华民族共同体意识。

四、坚持精准扶贫精准脱贫方略，用发展的办法消除贫困根源

（一）精准识别、精准脱贫的工作体系

"精准扶贫、精准脱贫"思想是习近平新时代中国特色社会主义思想的重要组成部分。2013 年 11 月 3 日，习近平在湖南花垣县十八洞村首次提出精准扶贫的重要论述。自此，中国贫困治理进入了精准扶贫时期。习近平总书记在论及精准扶贫时强调："扶贫开发推进到今天这样的程度，贵在精准，重在精准，成败之举在于精准。"② 要变"大水漫灌"为"精准滴灌"，做到"六个精准"基本要求，切实解决扶持谁、谁来扶、怎么扶、如何退的"四个问题"。第一，扶贫对象精准，解决和回答"扶持谁"的问题。以合理有效的方式准确找到要扶持的贫困家庭和人口，找准致贫根本原因。第二，因村派人精准，解决和回答"谁来扶"的问题。首要任务是选好第一书记，这是扶贫工作能否完成的关键因素。第三，项目安排精准、资金

---

① 张婷：《社会组织参与贫困治理的动因及其现实路径研究》，载于《老区建设》2021 年第 4 期，第 46～53 页。

② 《打赢脱贫攻坚战的科学指引》，百度－人民网官方号，2020 年 10 月 15 日，https：//baiji-ahao. baidu. com/s？id = 1680576163816590055&wfr = spider&for = pc。

使用精准和措施到户精准，解决和回答"怎么扶"的问题。从精准扶贫的效果和长远性出发，根据贫困人口致贫原因与发展需求，因地制宜、因人施助，科学安排扶贫项目，合理使用资金。认真落实每一个项目、每一项措施，通过扶贫项目精确到户，确保家庭及个人积极参与扶贫项目，实现脱贫。第四，脱贫成效精准，解决和回答"如何退"的问题。在精准扶贫措施实施完成后，对扶贫工作成效进行考核和评估，促进脱贫目标实现。习近平关于扶贫工作的重要论述强调做到"六个精准"，解决"四个问题"，在具体实践中逐步形成了我国贫困治理的新体系，对推进国家治理体系和治理能力现代化具有重要意义。①

精准扶贫精准脱贫是新时代脱贫攻坚的基本方略，也是我国脱贫攻坚的重要经验。这一方略，把目标导向与问题导向相结合、精准施策与真抓实干相结合，实现了脱贫攻坚过程精准、举措精准、效果精准，具有鲜明的科学性、针对性和有效性。新时代以来，我国脱贫攻坚正是坚定不移地贯彻执行了精准扶贫精准脱贫基本方略，才使贫困治理取得了显著成就。②

（二）实施区域发展战略带动贫困地区发展

经济发展没有自然促进减贫的属性，但经济发展是促进减贫的基础，没有经济的高速发展，大规模地实现减贫是不可能的。③用发展的办法解决发展不平衡不充分问题，将为经济社会发展和民生改善提供科学路径和持久动力。

通过实施区域发展战略促进贫困地区发展就是以区域发展带动扶贫开发、以扶贫开发促进区域发展。改革开放以来，我国东部地区和中西部地区的发展差距逐步扩大。西部地区尤其是民族地区是中国贫困人口最多、贫困程度最深、贫困结构最复杂的地区。为了缩小地区发展差距，中国共产党先后实施了"西部大开发""兴边富民行动"等发展战略和行动计划，加大对中西部地区的建设资金投入、财政转移支付，优先安排生态保护、产业发展、基础设施等项目，有力地促进了中西部地区的发展。同时，将抓扶贫与统筹城乡区域发展有机结合，与新型工业化、信息化、城镇化和

---

① 刘晓玲：《习近平关于贫困治理重要论述的内涵与价值》，载于《马克思主义研究》2020年第12期，第62～71页。

② 张远新、董晓峰：《论脱贫攻坚的中国经验及其意义》，载于《浙江社会科学》2021年第2期，第4～10、155页。

③ 韩广富、李万荣：《中国共产党扶贫开发道路的世界意义》，载于《理论探讨》2017年第6期，第126～131页。

农业现代化联动发展，合力推进扶贫开发。区域发展战略和促进贫困地区发展政策的实施，对于缩小地区差距、实现共同富裕、促使贫困人口脱贫致富发挥了重要作用，有助于铸牢中华民族共同体意识。

（三）配套实施普惠政策与保障政策，消除贫困根源

普惠政策与保障政策相配套是在对贫困地区实施共同性支持政策的基础上，对一些特殊贫困人口实施的特殊性扶持政策和保障政策。普惠政策旨在防范农村贫困的大规模发生，保障政策则尽可能地覆盖所有贫困人口。

为了实现稳定脱贫，党和国家分别从产业、金融、生态、教育等领域开启了大规模的扶贫实践，实施普惠政策，解决发展问题。同时，国务院制定实施了《国家八七扶贫攻坚计划（1994－2000年）》《中国农村扶贫开发纲要（2001－2010年）》《中国农村扶贫开发纲要（2011－2020年）》等规划，在财政税收、项目投资、金融服务、产业发展、生态建设等方面对贫困地区和贫困人口实行特殊扶持政策。

党的十八大以来，习近平总书记多次强调，农村贫困人口脱贫是最突出的短板，全面建成小康社会，关键是把经济社会发展的"短板"尽快补上。[①] 在金融方面，党和国家主要是加强了各项扶贫工作中对资金、信贷和融资需求的支持。在国家政策引导下，金融机构通过保险、信贷等方式，有针对性地向贫困人口提供金融产品和服务，满足贫困人口对金融资金的需求，解决了贫困地区融资难、融资贵等问题。在产业方面，我们党积极倡导贫困地区因地制宜的发展区域特色产业，实现贫困群体的稳定收入和持续增收。产业扶贫已经成为覆盖面最广、带动人口最多、减贫效果最好、可持续性最强的扶贫举措。[②] 在生态方面，"绿水青山就是金山银山"的发展理念为脱贫攻坚指明了新的方向。[③] 我们党根据不同地区的环境特点采取了不同的扶贫政策，对于生活在深山、荒漠化、地方病多发等自然条件很差、缺乏生存条件的地区，党和国家采取易地搬迁扶贫的方式，将这部分人口转移到自然环境良好，有利于开展生产生活的地区，有

---

① 中共中央文献研究室：《十八大以来重要文献选编（下）》，中央文献出版社2018年版，第29页。

② 《全国90%以上建档立卡贫困人口得到了产业扶贫和就业扶贫支持 脱贫群众端稳就业饭碗有保障》，中国政府网，2021年4月3日，http://www.gov.cn/xinwen/2021－04/03/content_5597618.htm。

③ 郭苏豫：《生态扶贫与生态振兴有机衔接的实践基础及现实路径》，载于《生态经济》2021年第3期，第217~222、229页。

效解决了"一方水土不能养活一方人"的困境。易地搬迁之后贫困人群的就业能力明显提高，有劳动力的搬迁家庭实现了至少1个人的就业目标，建档立卡贫困户人均收入实现了年增幅30.2%，贫困人口生活水平明显提高，根本上解决了搬迁群众的发展问题。① 而对于生活在自然环境良好但没有稳定的收入来源的贫困人口，采取旅游扶贫的手段。在旅游扶贫过程中，不仅带动了当地特色农产品种植养殖、精深加工与销售、避暑休闲与度假等为主的各地乡村第一、第二、第三产业共同发展，也带动了乡村经济朝着多元化方向发展，给贫困人口带来了更多的创业就业机会，推动了贫困地区的经济长期发展。② 在教育方面，我们党经历了由基本消除子女不识字现象的大规模扫盲教育运动，到不仅让每个孩子都"有学上"还能让孩子"上好学"的保障义务教育，再到由"扶教育的贫"转向"依靠教育扶贫"，实现了从"输血式"扶贫到"造血式"扶贫的转变③，提高了贫困人口的文化水平，使他们能够依靠自己的一技之长，改善生活质量，远离贫困。

此外，进入21世纪以后，中国农村贫困人口呈现出一个显著特征，即在贫困人口中有很大一部分是因为病残、年老体弱、丧失劳动能力以及生存条件恶劣等原因而致贫的，尤其在民族地区表现更为明显。开发式扶贫远远不能满足他们的基本生活需要，必须以保障政策为辅。因此，从2001年起，我国开始将农村特殊困难人口纳入社会保障；2007年，中国共产党在全国开始建立农村最低生活保障制度，推进最低生活保障制度与特困人员供养、医疗救助、教育救助、住房救助、就业救助等专项救助制度的配套衔接；党的十八大以来，进一步加强了农村低保制度与扶贫开发政策有效衔接，加大了临时救助、特困人员救助供养力度，落实了残疾人员福利保障政策，做好了农村留守儿童、妇女和老年人关爱保护工作，对丧失劳动能力无业可扶的贫困人口实行了综合性保障兜底。④

---

① 《"十三五"易地扶贫搬迁任务已全面完成》，国家发展和改革委员会，2020年12月3日，https：//www.ndrc.gov.cn/fzggw/wld/zcx/lddt/202012/t20201203_1252215.html。

② 赵燕鸿：《脱贫攻坚期乡村旅游精准扶贫的难题与对策研究》，载于《农业经济》2021年第3期，第83～84页。

③ 刘晋如、朱炳元：《新中国成立以来我国教育扶贫的历程、经验及启示》，载于《广西社会科学》2021年第1期，第61～66页。

④ 国务院扶贫办：《人类历史上波澜壮阔的减贫篇章——新中国成立70年来扶贫成就与经验》，载于《旗帜》2019年第12期，第46～48页。

五、坚持调动广大贫困群众积极性、主动性和创造性，激发脱贫内生动力

"人穷最怕志短，扶贫必先扶志。"国家帮扶是贫困群众摆脱贫困的重要方式和途径，但更关键的是要依靠自身的拼搏奋斗，充分调动群众自我脱贫致富的积极性、主动性和创造性，实现脱贫的"内生动力"与扶贫的"外在推力"的有机协作。[①]

（一）扶贫与扶志、扶智相结合

始终把激发贫困地区、贫困人口的内生动力作为扶贫开发的目标是中国共产党消除贫困的重要经验之一。在激发内生动力的具体实施上，习近平总书记鲜明提出了"扶贫先扶志""扶贫必扶智"等重要论述，强调"扶贫先要扶志，要从思想上淡化贫困意识"。这些重要论述突出了"以人民为中心"的发展思想，旨在提振人的精气神，培育人的可持续发展能力。[②]

"扶贫先扶志""弱鸟可望先飞，至贫可能先富"，关键在于头脑中是否有"先飞"与"先富"的意识。中国共产党坚持把贫困人口作为脱贫的主体和动力，坚持把激发和培育内生脱贫动力摆在突出位置。在精准扶贫过程中，全国各地下大力气做好贫困群众动员、引导、教育组织工作，注重将治贫与治愚、"富口袋"与"富脑袋"相结合，培育群众自力更生、艰苦奋斗的观念，摆脱意识贫困、思想贫困，拔除"穷病根"。

"扶贫必扶智。"通过加强劳动技能培训，提升贫困人口整体素质，摆脱能力贫困，增强贫困群众的脱贫志气、信心和行动力。如一些民族地区高校充分利用其自身的教育资源，对边疆民族贫困村的村民进行教育培训，对其"摆事实、讲道理"，促进其观念的及时转变。同时，吸引有劳动能力的贫困户参与精准脱贫产业发展，消弭贫困户头脑中的"等、靠、要"等思想，树立起正确的发展观，最大程度激发贫困人口参与生产发展的主动性和创造性。此外，通过实施"控辍保学"提高义务教育巩固率，从源头上切断贫困代际传递。

---

① 王福强：《着力创新精准扶贫实施机制》，载于《学习时报》2019 年 4 月 10 日。
② 刘晓玲：《习近平关于贫困治理重要论述的内涵与价值》，载于《马克思主义研究》2020 年第 12 期，第 62~71 页。

（二）充分调动群众积极性、主动性和创造性

在扶贫实践中，中国共产党尤为注重发挥贫困群众的主观能动性以及创造性，让贫困群体意识到"未来可期"，而非囿于贫富差距而止步不前，努力把人民群众的智慧转化为鲜活的实践。我们党通过采取多种措施，千方百计地调动贫困户的内生发展动力。例如，通过村级党支部的引导，推行"生产、供销、信用"三位一体合作社，建立健全贫困户信用合作机制，激活农村资源要素，培育新型集体经济组织，激发贫困户内生动力；创建"党委政府＋金融机构＋龙头企业＋合作社＋贫困户"的资产收益扶贫模式，解决贫困户贷款难、贷款贵的问题，为贫困户提供创业有本、发展有保的产业金融体系，支持和鼓励贫困户创业就业；深入开展"扶志"与"扶智"教育，充分利用农民夜校、新时代文明实践中心等载体，加强社会主义核心价值观培育，树立贫困户脱贫致富的信心和勇气；加强对有劳动能力贫困人口的技能培训、资金支持，引导贫困人口自力更生、脱贫致富；采取"以工代赈"、以奖代补的帮扶方式，除低保金、养老金外一律不再直接发钱发物。[①]

六、坚持弘扬和衷共济、团结互助美德，营造全社会扶危济困的浓厚氛围，实现各民族互帮互扶共同繁荣

（一）全国一盘棋，集中力量办大事

中国共产党的扶贫减贫经验中很重要的一条就是坚持全国一盘棋，调动各方面积极性，发挥集中力量办大事的显著优势。习近平总书记指出："当今世界正经历百年未有之大变局，但时与势在我们一边，这是我们的定力和底气所在，也是我们的决心和信心所在。"[②] 我们要调动一切可以调动的积极因素，团结一切可以团结的力量，锲而不舍实现中华民族伟大复兴的宏伟目标，就要有足够的民族精神气节，这股精气神能够为中华民族共同体提供自律且自信的坚定意志、矢志不渝且无可撼动的坚韧气质、不畏艰难且勇于挑战的坚毅品质，从而在各种处境尤其是面临挑战或逆境时，

---

① 崔学华：《构建长效扶贫机制　巩固脱贫攻坚成果》，载于《河南日报》2019 年 12 月 6 日。

② 《深刻认识"时与势在我们一边"》，新华网，2021 年 1 月 27 日，http：//www. xinhuanet. com/mrdx/2021 - 01/27/c_139701059. htm。

能够众志成城，坚守住独立自主的原则立场和道路方向，不屈不挠、从容不迫、镇定自若。

党的十八大以来，党中央把贫困人口的脱贫作为全面建成小康社会的底线任务和标志性指标，全国一盘棋统一部署，全面打响了脱贫攻坚战，脱贫攻坚力度之大、规模之广、影响之深，前所未有。党的十八大以来，全国共派出 25.5 万个驻村工作队，累计选派 290 多万名县处级以上党政机关和国有企事业单位干部到贫困村担任第一书记或驻村干部；党中央从财政、金融等方面加大对贫困地区贫困人口的资金支持，中央财政专项扶贫资金在 2013 ~ 2017 年年均增长 22.7% 的基础上，2018 ~ 2020 年又大幅度增加。① 我国有效进行了社会动员与资源整合，缓解了贫困地区发展中遇到的人才短缺、技术落后、资金匮乏、基础设施差、内生发展能力弱等难题，充分发挥了全国一盘棋组织动员资源的巨大作用。②

（二）构建"三位一体"大扶贫格局

构建"三位一体"大扶贫格局是中国共产党扶贫的特色经验。习近平指出："扶贫开发是全党全社会的共同责任，要动员和凝聚全社会力量广泛参与。要坚持专项扶贫、行业扶贫、社会扶贫等多方力量、多种举措有机结合和互为支撑的'三位一体'大扶贫格局。"③ 构建"三位一体"大扶贫格局，推进贫困治理由"政府主导分配、个人被动接受"的二元模式转变为"政府宏观指导、个人主动参与、社会共同合作"的"三足鼎立"格局，改变了"政府热、社会弱、市场冷"的状况。深化东西部扶贫协作和党政机关定点扶贫，全面调动社会各界参与脱贫攻坚的积极性，切实改变过去依靠政府"单打独斗"的境况，全面激发社会合力扶贫，构建主体多元、社会协同、公众参与、东西部协作的"协同作战"体系，凝聚起全党全社会积极有序参与贫困治理的巨大合力。④

积力之所举，则无不胜也。342 个东部经济较发达县结对帮扶 570 个西部贫困县，310 家中央单位定点帮扶 592 个扶贫开发工作重点县，解放军和

---

① ② 郑有贵：《新时代中国脱贫攻坚的重要经验》，载于《经济日报》2020 年 10 月 21 日。

③ 《打赢脱贫攻坚战，习近平召开的 7 个专题会议》，中国经济网，2020 年 3 月 7 日，http：//www.ce.cn/xwzx/gnsz/gdxw/202003/07/t20200307_34436773.shtml。

④ 刘晓玲：《习近平关于贫困治理重要论述的内涵与价值》，载于《马克思主义研究》2020 年第 12 期，第 62 ~ 71 页。

武警部队定点帮扶 3500 个贫困村。① 东西扶贫协作、对口支援（包括"对口援疆"和"对口援藏"）是社会主义制度优越性的充分体现，从一个侧面呈现出在祖国大家庭中实现"共同团结奋斗，共同繁荣发展"的图景。东西扶贫协作、对口支援是实现贫困地区社会稳定和长治久安总目标的重要措施，是解决发展不平衡、不充分问题的战略选择。实践证明，东西部扶贫协作、对口支援不仅给民族地区带来扶持资金、项目和技术，加快了民族地区经济社会的发展，改善了民族地区的民生状况，而且促进了中央与民族地区的联系，促进了民族地区与东部发达地区之间的相互交流，增进了各民族进一步交往、交流、交融，客观上起到了促进民族团结、增强铸牢中华民族共同体意识的作用。例如，通过"对口援疆"这个平台，湖北省第八批对口援疆团队基于当地的实际情况，有针对性地实施了一些扶持项目，包括扶持当地特色产业发展、帮助建设各族群众的安居富民房、组织医疗专家深入偏僻乡间开展巡回会诊、推动当地干部到内地挂职培训等等。此外，还开展了以"结亲戚、结对子，促民族团结、促长治久安"为主要内容的"双结双促"活动，在 600 多名对口援疆干部参与、带动下，湖北省有 800 多人次到新疆结对"走亲戚"，两地认亲结对 1297 户、组织交往交流 2.2 万多人次②，这不仅给当地群众带去帮扶资金、项目和新的观念，提升了当地群众的内生发展动力，还促进了各族干部群众在共同活动中增进了解、加深感情、加强团结，涌现出许许多多"民族团结一家亲"的感人事迹。③

七、坚持求真务实、较真碰硬，做到真扶贫、扶真贫、脱真贫

（一）求真务实、较真碰硬是全面从严治党的充分体现

扶贫要做到求真务实，必须坚持从严要求，促进真抓实干，把全面从严治党要求贯穿脱贫攻坚的全过程和各环节，开展脱贫攻坚专项巡视和各

---

① 《凝聚合力的大扶贫格局》，百度－求是网官方号，2021 年 3 月 14 日，https：//baijiahao. baidu. com/s？ id＝1694142166110955310&wfr＝spider&for＝pc。

② 《民族地区反贫困 70 年的实践与启示》，中国社会科学网，2020 年 2 月 13 日，http：// ex. cssn. cn/mzx/202002/t20200213_5088067_1. shtml。

③ 刘小珉：《民族地区反贫困 70 年的实践与启示——基于民族交往交流交融视角》，载于《贵州民族研究》2019 年第 11 期，第 61～69 页。

党派民主监督，实施最严格的督察巡查和考核评估。国家每年组织脱贫攻坚成效考核，组织省际间交叉考核、第三方评估、扶贫资金绩效评价和记者暗访，检查责任落实、政策落实、工作落实情况和脱贫质量，评估识别准确率、退出准确率和群众满意度，树立脱贫实效导向，确保扶贫成效经得起实践和历史检验。①

贫困之冰，非一日之寒；破冰之功，非一春之暖。敢于攻坚体现的是一种敢于斗争、坚韧不拔的奉献精神。正是这种意志品质激励着中国人民攻克了一个又一个贫中之贫、坚中之坚。习近平总书记指出："脱贫攻坚取得举世瞩目的成就，靠的是党的坚强领导，靠的是中华民族自力更生、艰苦奋斗的精神品质，靠的是新中国成立以来特别是改革开放以来积累的坚实物质基础，靠的是一任接着一任干部的坚守执着，靠的是全党全国各族人民的团结奋斗。"② 全国累计选派 25.5 万个驻村工作队、300 多万名第一书记和驻村干部，同近 200 万名乡镇干部和数百万村干部一道奋战在扶贫一线。③ 在脱贫攻坚这个没有硝烟的战场上，35 年坚守太行山的"新愚公"李保国；献身教育扶贫、点燃大山女孩希望的张桂梅；回乡奉献、谱写新时代青春之歌的黄文秀；扎根脱贫一线、鞠躬尽瘁的黄诗燕，他们用执着与拼搏诠释了无私的奉献精神。④

（二）真扶贫、扶真贫、脱真贫体现了我们党的根本政治立场

中国共产党突出实的导向、严的规矩，不搞花拳绣腿，不搞繁文缛节，不做表面文章，坚决反对大而化之、撒胡椒面。2013 年 11 月 3 日，习近平总书记在湖南省湘西土家族苗族自治州花垣县十八洞村考察时首次提出"精准扶贫"，强调扶贫要实事求是，因地制宜。⑤ 这就告诫我们在脱贫攻坚实践中一定要避免形式主义，应该在充分了解贫困群众的需求和意愿的基础上制定扶贫方案，因地制宜地选择脱贫路径，将贫困地区的贫困状况、

---

① 国务院扶贫办：《人类历史上波澜壮阔的减贫篇章——新中国成立 70 年来扶贫成就与经验》，载于《旗帜》2019 年第 12 期，第 46~48 页。

② 《脱贫攻坚取得举世瞩目的成就靠什么？习近平总书记这样回答》，光明网，2021 年 2 月 25 日，https：//m. gmw. cn/baijia/2021-02/25/34641851. html。

③ 国务院新闻办公室：《〈人类减贫的中国实践〉白皮书》，求是网，2021 年 4 月 6 日，http：//www. qstheory. cn/yaowen/2021-04/06/c_1127297359. htm。

④ 曾汉君、刘增辉：《伟大脱贫攻坚精神的时代意义》，载于《南方日报》2021 年 3 月 16 日。

⑤ 《习近平：坚决打赢脱贫攻坚战》，中国共产党新闻网，2017 年 11 月 3 日，http：//cpc. people. cn/xuexi/n1/2017/1103/c385474-29626301. html。

地理条件、历史文化等情况，结合贫困群众的自身发展状况与条件进行统筹规划，促使贫困群众挖掘自身潜力，找到适合自己的发展路径，用创新方法激活减贫"细胞"，全面助推脱贫攻坚工作接地气、见实效。坚决反对搞不符合实际的"面子工程"，坚决反对形式主义、官僚主义，把一切工作都落实到为贫困群众解决实际问题上。

习近平总书记要求脱贫攻坚工作要"打得准""干得实"，"要把握脱贫攻坚正确方向，确保目标不变、靶心不散，聚力解决绝对贫困问题。"① 达到既"准"又"实"的要求，需要切实深入了解贫困地区的致贫原因、发展的优劣势，以及贫困群众的具体难处，要善于开发和利用资源、创造条件，要坚持因人因地施策、因贫困原因和贫困类型施策，合理有效地解决贫困问题。在东西部扶贫协作座谈会上，习近平总书记还针对各级领导干部的具体工作进一步提出了四个"实"的基本要求，即领导工作要实、任务责任要实、资金保障要实、督察验收要实，既补充了"准"和"实"的工作要求，又进一步确保了精准扶贫工作成效的精准度。

八、为解决"三农"问题打下良好的经济基础，开启乡村振兴战略新篇章

统筹推进脱贫攻坚与乡村振兴战略实施是新时代中国共产党为解决"三农"问题和城乡发展不平衡、不充分做出的重大战略部署，二者具有内在统一性，在历史逻辑上具有前后相继性，在实践逻辑上具有协同耦合性。②

首先，脱贫攻坚和乡村振兴的服务主体是人民，党中央时刻秉持着"以人民为中心"的发展理念，时刻维护人民的根本利益，一切战略的目标都是为了更好地服务人民。其次，从历史逻辑来看，脱贫攻坚和乡村振兴是我们党坚守初心、牢记使命，为民减贫的前后两环。③ 虽然目前我国已经实现了农村人口全面脱贫，消除了绝对贫困，实现了"两不愁，三保障"的目标，为解决"三农"工作奠定了良好基础，但这只是我国减贫事业的

---

① 《习近平在甘肃代表团谈脱贫攻坚：不获全胜决不收兵》，中国共产党新闻网，2019 年 3 月 7 日，http：//cpc. people. com. cn/xuexi/n1/2019/0307/c385474 - 30963636. html? tdsourcetag = s_pcqq_aiomsg。

②③ 姜正君：《脱贫攻坚与乡村振兴的衔接贯通：逻辑、难题与路径》，载于《西南民族大学学报（人文社会科学版）》2020 年第 12 期，第 107～113 页。

一个阶段性成就。习近平总书记反复强调，要在全面完成脱贫任务的基础上压茬推进乡村振兴战略，巩固拓展脱贫攻坚成果。2020 年 5 月，在全国两会上，习近平总书记深切地说道："实际上我们这一代人也有这个情结，一定要把我们的老百姓，特别是我们的农民扶一把。社会主义道路上一个也不能少啊，共同富裕。"① 2020 年 6 月 8 日，习近平总书记在宁夏考察时强调："全面建成小康社会，一个少数民族也不能少。"② 接下来，仍不能松气，还要进一步强化中国精神、凝聚各方力量，集中精力抓重点、补短板、强弱项，做好脱贫攻坚与乡村振兴战略的有效衔接。

九、为我国相对贫困治理指明了方向

2021 年 2 月 25 日，习近平总书记在全国脱贫攻坚总结表彰大会上宣告："通过全党全国各族人民共同努力，我国脱贫攻坚战取得了全面胜利，现行标准下 9899 万农村贫困人口全部脱贫，832 个贫困县全部摘帽，12.8 万个贫困村全部出列，区域性整体贫困得到解决，完成了消除绝对贫困的艰巨任务。"③ 这代表着我们党贫困治理的工作重点将转移到相对贫困的治理。与绝对贫困相比，相对贫困治理更加隐蔽，我们党将面临更大的挑战。④

首先，相对贫困的精准识别难度更大。目前我国在识别贫困时主要是靠收入来衡量，但收入并不是其唯一判断依据，相对贫困的发生是由多方面的因素共同导致的，我们应该从多维的角度来分析相对贫困，这就增加了我们对贫困的识别难度。其次，随着改革开放的不断推进，我国的贫富收入差距也在不断扩大，穷人与富人之间财富平衡的难度更大，这也会造成相对贫困人口的比例不断增大，影响社会的持续发展。⑤ 鉴于相对贫困的复杂性和长期性，我们党不仅要吸收治理绝对贫困的宝贵经验，还要不断

---

① 《习近平：一定要把我们的农民扶一把》，中国网，2020 年 5 月 23 日，http：//news. china. com. cn/2020 - 05/23/content_76081696. htm。

② 《习近平在宁夏考察时强调　决胜全面建成小康社会决战脱贫攻坚　继续建设经济繁荣民族团结环境优美人民富裕的美丽新宁夏》，中国共产党新闻网，2020 年 6 月 11 日，http：//cpc. people. com. cn/n1/2020/0611/c64094 - 31742448. html。

③ 《习近平：在全国脱贫攻坚总结表彰大会上的讲话》，新华网，2021 年 2 月 25 日，http：//www. xinhuanet. com/politics/leaders/2021 - 02/25/c_1127140240. htm。

④⑤ 增福生：《后扶贫时代相对贫困治理的长效机制构建》，载于《求索》2021 年第 1 期，第 116 ~ 121 页。

创新、不断完善现有的贫困治理体系。第一，我们党在治理相对贫困的过程中也要建立起扶贫的长效机制，不能将目光放在短期的成果上，要时刻考虑到返贫风险的发生，在保障各地区贫困人口长期生活水平的稳定的基础上，尽快出台系统性相对贫困治理政策。第二，由于相对贫困人口的贫困识别难度比较大，要从多个维度出发，建立贫困标准动态调节机制，不再将收入看成评判贫困的唯一标准。第三，要继续发扬绝对贫困治理时的协同机制，坚持城市与农村、中央与地方、东部与西部的协同治理机制，尽量实现产业互补、人员互动、技术互学、观念互通、作风互鉴、共同发展。①

第二节　中国共产党治理贫困对世界反贫困事业的启示

消除贫困是人类社会的共同使命。20 世纪 70 年代以来，以欧美为代表的资本主义国家非但未能遏制贫困的全球蔓延，反而造成贫富分化的加剧。② 与此形成鲜明对比的是，中国作为一个 14 亿人口的大国，能够在这样非常短的时间内迅速消除绝对贫困，对全球减贫事业的贡献率超过 70%③，无疑是对全球减贫事业的巨大鼓舞。中国的减贫成就为世界的反贫困事业树立了新典范，提供了中国方案，贡献了中国智慧。

一、为全球减贫事业提供理论镜鉴

（一）消除全球贫困需要坚持以人民为中心的价值和目标导向

消灭贫困，实现共同富裕，是世界性难题。世界上任何国家都应满足人民对美好生活向往的需求，积极与其他国家合作谋求共同发展，共同营造出一个人人富足安康的美好生活图景。

---

① 《习近平：在全国脱贫攻坚总结表彰大会上的讲话》，新华网，2021 年 2 月 25 日，http://www. xinhuanet. com/politics/leaders/2021 – 02/25/c_1127140240. htm。
② 刘海军：《中国共产党农村治贫的百年探索：演进、经验与世界意义》，载于《求实》2021 年第 2 期，第 4～20、109 页。
③ 《外交部：中国对世界减贫贡献率超过 70%》，海外网，2020 年 10 月 19 日，https://baijiahao. baidu. com/s？id = 1680969303187015521&wfr = spider&for = pc。

回顾中国共产党的反贫困历程，我们党始终坚持"人民至上"的立场，把"以人民为中心"的发展思想贯穿于扶贫开发全过程。开展扶贫工作过程中，我们党始终坚持倾听群众声音、接受群众监督，把人民拥护不拥护、赞成不赞成、高兴不高兴、答应不答应作为衡量一切工作得失的根本标准。检验我们党的一切工作是否取得成功，要看最终人民是否得到了实惠，人民的生活是否得到了改善，人民的权益是否得到了保障。①

总体而言，世界各国在解决贫困问题时，首先，要着眼于维护广大人民的利益，在维护国家安全中捍卫人民安全，不断增强人民群众的政治意识、大局意识、核心意识和看齐意识，在思想政治上要保持高度一致；其次，要着眼于实现人民群众对平安幸福的向往，任何制度、政策的制定与实施都要尊重人民的意愿，保障群众的权益；最后，要健全社会公平公正的法制保障体系，提高执法司法公信力，回应人民群众对公平正义的新期待。

（二）应对全球贫困需要以科学的理念为引领，增进扶贫的有效性和可持续性

减贫理念是关于贫困事业稳固的、科学的、具有预见性和指导性的思想观念。在减贫工作中树立科学的理念，将会提高我们的工作成效。② 提高减贫的有效性和可持续性，不仅是全球关于贫困治理的价值理念和追求，更关系到全球是否能实现共同发展，共同幸福的目标。世界各国在解决贫困时要以科学的理念为引领，增进扶贫发展的有效性和可持续性。③

中国共产党扶贫开发道路蕴含着"创新、协调、绿色、开放、共享"发展理念，鲜明地回答了"实现什么样的发展，怎样实现发展"这个根本性问题。扶贫开发理念是新发展理念的反映，体现了新发展理念的要求。④ 这五大发展理念就是我们党脱贫工作中的科学指引：第一，创新扶贫模式主要是解决了传统扶贫模式动力不足、缺乏效能的问题，通过教育、文化、

---

① 《精准扶贫生动诠释以人民为中心的发展思想》，人民网理论频道，2018 年 8 月 10 日，http://theory.people.com.cn/n1/2018/0810/c40531－30220771.html。

② 邹广文、李坤：《习近平扶贫论述的全球价值》，载于《马克思主义研究》2020 年第 9 期，第 54～61 页。

③ 何植民、蓝玉娇：《精准脱贫的可持续性：一个概念性分析框架》，载于《行政论坛》2021 年第 1 期，第 28～38 页。

④ 韩广富、李万荣：《中国共产党扶贫开发道路的世界意义》，载于《理论探讨》2017 年第 6 期，第 126～131 页。

旅游和金融等多种扶贫方式构建了多维的扶贫动力机制；第二，发展失衡是贫困发生的重要原因。因此我们党致力于协调扶贫资源，在工作中广泛调动和协调社会的各方面资源积极参与扶贫工作，提高工作效率，确保扶贫工作在贫困地区真正落实；第三，实现可持续发展，生态问题不容小觑，在扶贫过程中坚持绿色扶贫理念，构建绿色发展格局，才能维持扶贫成果的长效持续；第四，构建开放的扶贫格局，使得扶贫结构更加多元化，引入多方力量参与扶贫工作；第五，共享扶贫成果，将扶贫成果共享有利于实现社会公平公正，激发贫困人群的内生发展动力，推动社会健康稳定发展。

（三）消除全球贫困需要树立创新意识，在理论创新与实践创新的良性互动中推进减贫事业发展

创新是一个民族进步的灵魂，是一个国家兴旺发达的不竭动力。只有拥有创新精神的国家，才能让自己立足于世界之林。习近平总书记强调："所谓创新思维能力就是敢于打破陈规旧俗，善于因时制宜、知难而进、开拓创新的能力。"[①] 秉承创新思维，结合中国减贫事业的具体实践，在理论创新与实践创新的良性互动中推动减贫事业发展是习近平总书记关于扶贫工作重要论述形成的重要思路。理论来源于实践、高于实践的同时，又能反作用于实践、指导实践。[②]

1. 减贫事业的理论创新

在扶贫治贫这条艰辛的道路上，中国共产党继承和发展了马克思主义反贫困理论，贯彻社会主义的价值取向，超越资本主义贫困治理的制度瓶颈，跳出经济高速增长的"涓滴效应"，将经济增长与贫困治理统一起来，科学协调政府与市场、公平与效率的关系，形成了中国特色社会主义反贫困理论。这一反贫困理论将中国特色社会扶贫实践与马克思反贫困理论相结合，使马克思主义反贫困理论有了新的发展。首先，在制度建设上，我们党不断探索更加成熟、更加有效的治贫制度体系，保证扶贫制度的稳定性与扶贫政策的延续性；其次，不断提升人民群众的积极性与创造性，这与纯粹依靠市场安排、进行外部扶贫有着本质上的差别；最后，坚持维护

---

① 《习近平扶贫重要论述的深刻内涵与重大贡献》，求是网，2019 年 4 月 24 日，http：//www.qstheory.cn/llwx/2019－04/24/c_1124407835.htm。

② 邹广文、李坤：《习近平扶贫论述的全球价值》，载于《马克思主义研究》2020 年第 9 期，第 54～61 页。

人民的根本利益，不断根据时代的变化和人们的现实需要完善扶贫模式。①因此，世界各国在进行扶贫的理论创新时，要与时俱进，敢于打破旧理论，在构建新理论时要真正了解贫困的根源是什么，对不同贫困地区采取不同的扶贫方法，对症下药，精准滴灌，靶向治疗。

2. 减贫事业的制度创新

随着减贫事业的不断发展，在不同的阶段、不同的领域，我国围绕扶贫开发制度进行了多次探索和创新，为我国实现共同富裕提供了有效的制度保障。

在土地改革时期，通过变革土地制度使人民摆脱了封建土地所有制所带来的困顿局面，提高了农业生产效率，保障了人民的基本生活；实施家庭联产承包责任制，打破了过去集体劳作、平均分配的制度，调动了人民群众的生产积极性；随后从传统救济式扶贫逐步发展为开发式扶贫，通过"造血式"扶贫，提高了原来"输血式"扶贫的效率；进入21世纪后，针对不少扶贫项目粗放"漫灌"，针对性不强，更多的是在"扶农"而不是"扶贫"等问题，我们党开始实施精准扶贫精准脱贫方略，并在精准扶贫过程中将开发式扶贫与保障式扶贫相结合。不仅采用了区域发展战略打破了区域规划带来的贫困治理困局，还通过建档立卡系统形成了以户为单位的精准扶贫帮扶。通过低保兜底机制的全面确立，农村医疗救助和最低生活保障制度等的全面实施，创新了扶贫脱贫和增收致富的长效机制。②

二、为全球减贫事业提供中国经验

（一）坚持和平与发展是消除贫困的重要途径

和平，是人类永恒的追求。只有坚持和平发展、携手共进，才能实现真正意义上的共赢、多赢。虽然当今世界单边主义、贸易保护主义、逆全球化发展思潮扑面而来，但我们党一直坚信，求和平、求发展、求繁荣是世界人民的共同呼声。对于人类而言，和平与发展才是解决各种全球挑战的根本出路，它承载着人类的生存与希望。党的十九大报告中指出："坚

---

① 王奎：《精准扶贫：全球贫困治理的理论、制度和实践创新》，载于《思想理论教育导刊》2020年第10期，第80~84页。

② 张琦、张涛、李凯：《中国减贫的奇迹：制度变革、道路探索及模式创新》，载于《行政管理改革》2020年第5期，第47~56页。

持推动构建人类命运共同体，必须统筹国内国际两个大局，始终不渝走和平发展道路、奉行互利共赢的开放战略，坚持正确义利观，树立共同、综合、合作、可持续的新安全观，谋求开放创新、包容互惠的发展前景，促进和而不同、兼收并蓄的文明交流，构筑尊崇自然、绿色发展的生态体系，始终做世界和平的建设者、全球发展的贡献者、国际秩序的维护者。"[1]

历史告诉我们，冲突和战争会给人类带来灾难，会为人类贫困埋下深深的种子，会将人类对美好生活的向往埋葬在炮火之中。因此，我们比任何人都更渴望和平、珍惜和平。中国永远是世界和平坚强的守护者、捍卫者，中国的发展带给世界的绝不是威胁而是机遇。随着我国经济的快速发展、综合国力的不断增强、国际地位不断提升，我们创建了中非合作论坛机制、中拉合作论坛机制等，先后提出了一系列关注民生、促进减贫与发展的政策和项目，例如，对非援助的"八项措施""十大合作计划"等，以此来帮助其他国家减贫。支持发展中国家减少贫困、改善民生一直是中国对外援助的主要内容，主要涉及农业发展、公共卫生、基础设施、教育医疗等领域。我国对外扶贫援助的方式主要有：一是通过资金捐助支持受援国各类民生和社会公共设施项目；二是派遣农业专家，通过专家授课培训当地农民的生产技术，帮助发展中国家培养大量的技术人才；三是举办或参加国际会议，通过出席会议向贫困国家传播我国的减贫成就和经验，在会议中表明中国政府愿意积极参与和支持全球的减贫事业的决心和信心；四是开展减贫示范合作项目，将中国的减贫经验应用到试点国家的某个社区，希望通过政府和其他机构的支持，帮助试点国家贫困地区的人口增强自身的"造血功能"，提高经济发展水平，从而实现减贫。

减贫不是某个国家的事情，而是全人类共同的事业。世界各国在发展减贫事业时应该摒弃封闭狭隘的思想，建立荣辱与共的全球性观念。历史的经验告诉我们，要坚持全球共同富裕、共同繁荣、共同发展的理念，让全世界人民过上美好的生活应是世界各国最终追求的目标。和平与发展是文明发展的诉求，是人民对世界未来发展的理性选择。

（二）坚持精准扶贫精准脱贫是开展扶贫工作的基本方略

贫困问题一直是阻碍人类社会文明发展的难题和痛点。中国共产党自

---

① 《习近平在中国共产党第十九次全国代表大会上的报告》，中国共产党新闻网，2017年10月28日，http://cpc.people.com.cn/n1/2017/1028/c64094-29613660-14.html。

成立之日起就把保障人民群众温饱同争取民族独立、人民解放的事业紧紧联系在一起。改革开放以来，中国共产党人更是以"人民小康"为己任，想尽一切办法致力于消除贫困，反贫困事业加快发展，脱贫质量稳步提升。以习近平同志为核心的党中央结合时代特征和反贫困问题的现状成因，提出了"精准扶贫精准脱贫"方略，对症下药、精准滴灌、靶向治疗，有效解决了"扶持谁、谁来扶、怎么扶"等一系列具体问题，创造了人类减贫史上的奇迹。

中国共产党提出的精准扶贫精准脱贫方略不仅强调党和国家主体的精确识别、精准管理和精准施策，而且注重扶贫对象的"扶志"与"扶智"相结合，激发贫困户脱贫的内生动力，帮助其树立起"要脱贫、敢脱贫、真脱贫"的决心和意志，调动其脱贫的主动性、积极性和创造性，既治标又治本，最大限度地减少脱贫之后的返贫现象发生。这不仅对解决中国的贫困问题具有很强的针对性、实效性，而且对于推动全球贫困治理具有重要的参考价值和借鉴意义。①

（三）维护开放型发展格局，加强国际合作是消除贫困的重要途径

中国始终坚持世界各国互利共赢，共建人类命运共同体。中国积极学习国际先进减贫理念和成功经验，借鉴而不照搬，坚守而不僵化。在致力于消除自身贫困的同时，力所能及地向其他发展中国家提供不附加任何政治条件的援助，累计向 170 个国家和国际组织提供援助资金 4000 多亿元，实施各类援外项目 5000 多个，派遣 60 多万援助人员，为发展中国家培训各类人员 1200 多万人次，支持和帮助广大发展中国家特别是最不发达国家消除贫困。②

立己达人，兼济天下。中国积极推动建立以合作共赢为核心的新型国际减贫交流合作关系，以实际行动支持国际减贫事业。从倡议筹建亚洲基础设施投资银行、金砖国家新开发银行，到设立丝路基金、南南合作援助基金、中国—联合国和平与发展基金；从全面落实南南合作圆桌会议上宣布的"100 个减贫项目"，到扎实推进"东亚减贫合作倡议""中非减贫惠民合作计划"框架下的合作，再到不断深化共建"一带一路"倡议与《联

---

① 肖述剑：《中国脱贫攻坚的世界意义》，载于《湖北日报》2021 年 2 月 9 日。
② 国务院扶贫办：《人类历史上波澜壮阔的减贫篇章——新中国成立 70 年来扶贫成就与经验》，载于《旗帜》2019 年第 12 期，第 46～48 页。

合国 2030 年可持续发展议程》的对接。一批批合作项目在广大发展中国家落地生根，为世界减贫与可持续发展注入强大动能。根据世界银行报告，到 2030 年，"一带一路"倡议的全面实施有望使相关国家的 760 万人摆脱极端贫困，3200 万人摆脱中度贫困。①

2020 年，全球新冠肺炎疫情持续蔓延，国际减贫面临巨大压力。联合国关于可持续发展目标的年度评估报告预计，2020 年全球将有 1 亿人因疫情重新陷入极端贫困，这是自 1998 年以来全球贫困人口首次增加。联合国开发计划署的报告显示，到 2030 年，全球或将再有 2.07 亿人陷入极端贫困，从而使极端贫困总人数突破 10 亿。② 关键时刻，习近平总书记提出一系列重要倡议和举措，为推动国际减贫合作发挥了重要引领性作用。"我们要直面疫情挑战，推动国际社会将落实《联合国 2030 年可持续发展议程》置于国际发展合作核心，将消除贫困作为首要目标。"③ "中国已有多支疫苗进入Ⅲ期临床实验，研发完成并投入使用后将作为全球公共产品，优先向发展中国家提供。""中国将落实好两年提供 20 亿美元国际援助的承诺，深化农业、减贫、教育、妇女儿童、气候变化等领域国际合作，助力各国经济社会恢复发展。"④ 中国秉持人类命运共同体理念，呼吁国际社会凝聚共识、砥砺前行。

道阻且长，行则将至。敞开胸怀，团结合作，才能迎来共同发展，从根本上解决全球贫困问题。放眼长远，标本兼治，中国将积极携手各方为消除全球贫困创造更加有利的环境。⑤

三、为全球减贫事业提供中国力量

（一）中国的减贫推进全球减贫进程，获得国际认可

百年来，在中国共产党的坚强领导下，中国人民实现了从基本小康到

---

① 《白皮书：共建"一带一路"使相关国家 760 万人摆脱极端贫困》，腾讯网，2021 年 4 月 6 日，https://new.qq.com/omn/20210406/20210406A02RJ700.html。

② 《非凡一年　中国为全球减贫事业贡献智慧与力量》，中国经济网，2020 年 12 月 28 日，https://baijiahao.baidu.com/s? id = 1687276630503657424&wfr = spider&for = pc。

③ 《习近平在金砖国家领导人第十二次会晤上的讲话（全文）》，新华网，2020 年 11 月 17 日，http://www.xinhuanet.com/politics/leaders/2020 - 11/17/c_1126752059.htm。

④ 《习近平在第七十五届联合国大会一般性辩论上发表重要讲话》，中国共产党新闻网，2020 年 9 月 23 日，http://cpc.people.com.cn/n1/2020/0923/c64036 - 31871320.html。

⑤ 邹志鹏、王芳：《携手推进国际减贫进程》，载于《人民日报》2020 年 12 月 28 日。

全面小康，为人类减贫事业作出了巨大贡献。改革开放以来，按照现行贫困标准计算，中国 7.7 亿农村贫困人口将摆脱贫困；按照世界银行国际贫困标准，中国减贫人口占同期全球减贫人口 70% 以上。[①] 在全球贫困状况依然严峻、一些国家贫富分化加剧的背景下，中国如期打赢了脱贫攻坚战，提前 10 年实现了《联合国 2030 年可持续发展议程》的减贫目标，显著缩小了世界贫困人口的版图，为实现 2030 年可持续发展议程所描绘的更加美好和繁荣的世界作出了重要贡献。作为世界上最大的发展中国家，中国实现了快速发展与大规模减贫同步、经济转型与消除绝对贫困同步，如期完成脱贫攻坚目标任务，大大加快了全球减贫进程，谱写了人类反贫困历史新篇章。[②]

　　中国共产党的扶贫开发道路获得了国际认可。2015 年 10 月 16 日，联合国秘书长潘基文在给"2015 减贫与发展高层论坛"发来的致辞中说道："千年发展目标成功地帮助全世界十亿多人摆脱极端贫困，中国在此领域取得了举世瞩目的成就，这一成就占据了全球减贫的 3/4。"[③] 同年 10 月 23 日，世界银行全球社会发展局局长访华时说道："当前国际减贫存在一些共性的问题，希望中国作为新的世界领导者，能在经济取得大发展后在社会政策领域出台有效的减贫政策，继续为世界提供中国减贫方案以资其他国家借鉴。"[④] 2016 年 1 月 21 日，联合国开发计划署亚太局局长访华时说道："中国的减贫经验对于全球发展中国家具有重要借鉴意义，今后联合国开发计划署与中国国务院扶贫办将在案例研究、经验推广、政策咨询等领域推进双方更多务实合作。"[⑤] 2017 年 2 月 23 日，联合国儿童基金会新任驻华副代表访问国务院扶贫办时说道："中国在减贫领域取得了巨大成就，提出了打赢脱贫攻坚战的目标，令人振奋，联合国儿童基金会期待与中国国务院

---

　　①② 国务院新闻办公室：《〈人类减贫的中国实践〉白皮书》，求是网，2021 年 4 月 6 日，http：//www.qstheory.cn/yaowen/2021 – 04/06/c_1127297359.htm。

　　③ 《习近平的精准扶贫方略走向世界》，人民网，2015 年 10 月 18 日，http：//world.people.com.cn/n/2015/1018/c1002 – 27710912.html。

　　④ 《黄承伟副主任会见世界银行全球社会发展局局长》，国家乡村振兴局（原国务院扶贫开发领导小组办公室），2015 年 10 月 26 日，http：//www.cpad.gov.cn/art/2015/10/26/art_39_26343.html。

　　⑤ 《联合国开发计划署亚太局局长徐浩良拜访国务院扶贫办》，国家乡村振兴局（原国务院扶贫开发领导小组办公室），2016 年 1 月 26 日，http：//www.cpad.gov.cn/art/2016/1/26/art_39_44201.html。

扶贫办共同为减缓儿童贫困作出贡献。"① 2017 年 5 月 3 日，坦桑尼亚联合共和国新任驻华大使访问中国国际扶贫中心时，对中国脱贫攻坚事业取得的成就表示了高度赞赏，并认为中国减贫的成功经验值得坦桑尼亚学习借鉴。② 越南驻华大使邓明魁也对中国消除贫困工作高度赞赏，并指出中国的精准扶贫工作是他最钦佩的。世界银行中国局经济政策国别业务主任苏薰燮表示："世界银行应该向中国学习减贫知识与经验并与其他国家分享。实际上，作为全球减贫的良好实践案例之一，中国已经成为其他国家获取减贫知识与经验的重要来源。"③ 2019 年 11 月，世界银行行长马尔帕斯表示："改革开放给中国人民带来巨大福祉，让近 10 亿人脱离贫困，同时也让中国在 GDP 和收入增长方面取得显著成就。"④

（二）提供减贫发展援助，支持减贫事业发展

我国始终支持广大发展中国家减贫事业的发展。新中国成立伊始，在国家百废待兴、财力紧张的情况下，我国仍向其他国家提供援助，为发展中国家争取民族独立和解放、促进经济社会发展提供支持；改革开放后，中国对外援助内容更加丰富、形式更加多样，促进了中国与其他发展中国家的共同发展；进入新时代，中国担负起大国责任，推动对外援助向国际发展合作转型升级，为破解全球发展难题、落实《联合国 2030 年可持续发展议程》提出了中国方案、贡献了中国智慧、注入了中国力量。中国 2013年发起的共建"一带一路"倡议，推动了更大范围、更高水平、更深层次的区域经济社会发展合作，支持帮助了相关国家更好实现减贫发展。新中国成立以来，中国向亚洲、非洲、拉丁美洲和加勒比地区、大洋洲和欧洲等地区 60 多个国家和国际组织提供了多种形式的援助，减免了有关国家债务，为广大发展中国家落实千年发展目标提供了帮助。

我国一直大力实施惠及民生的国际减贫合作项目。在亚洲地区，中国与东盟国家共同开展乡村减贫推进计划，在老挝、柬埔寨、缅甸三国乡村

① 《联合国开发计划署亚太局局长徐浩良拜访国务院扶贫办》，国家乡村振兴局（原国务院扶贫开发领导小组办公室），2016 年 1 月 26 日，http：//www.cpad.gov.cn/art/2016/1/26/art_39_44201.html。

② 韩广富、李万荣：《中国共产党扶贫开发道路的世界意义》，载于《理论探讨》2017 年第 6 期，第 126 ~ 131 页。

③ 《世行官员：中国实施精准扶贫对世界减贫产生积极影响》，人民网，2017 年 11 月 13 日，http：//world.people.com.cn/n1/2017/1113/c1002 - 29642921.html。

④ 《中国减贫成就获世界点赞　看好中国发展》，东方网，2020 年 1 月 23 日，http：//news.eastday.com/eastday/13news/auto/news/china/20200123/u7ai9046294.html。

基层社区实施东亚减贫示范合作技术援助项目；在非洲地区，中国为非洲国家援建水利基础设施、职业技术学校、社会保障住房等设施，打造农业合作示范区，推进实施中非菌草技术合作、中非友好医院建设、非洲疾控中心总部建设等项目；在南太平洋地区，中国推动落实对太平洋岛国无偿援助、优惠贷款等举措，开展基础设施建设和农业医疗等技术合作援助项目；在拉美地区，中国援建农业技术示范中心，帮助受援国当地民众摆脱贫困。此外，中国还与联合国教科文组织合作设立国际农村教育研究与培训中心等机构，面向非洲、东南亚等国家实施农村教育转型、教师培训等项目。

中国通过搭建平台、组织培训、智库交流等多种形式，开展减贫交流，分享减贫经验。在国际消除贫困日，中国与联合国驻华机构联合举办减贫与发展高层论坛活动。与此同时，中国还发起了中国—东盟社会发展与减贫论坛、人类减贫经验国际论坛，举办了"中非减贫与发展会议""摆脱贫困与政党的责任国际理论研讨会""改革开放与中国扶贫国际论坛"等一系列研讨交流活动。此外，我国还与有关国家和地区组织合作开展国际减贫培训，2012 年以来，共举办 30 余期国际减贫培训班，来自 116 个国家（组织）的官员参加培训。①

（三）摒弃传统的封闭思维与狭隘眼界，构建人类命运共同体

构建人类命运共同体为全球治理明确了目标——建构持久和平、普遍安全、共同繁荣、开放包容、清洁美丽的世界。亲望亲好、邻望邻好不仅是中国人的处事观念，更深深嵌入中国人的精神世界。和平、和睦、和谐的追求深深植入中华民族的精神世界之中，深深融化在中国人民的血脉之中。中国人对和平的追求、对和平的珍惜、对和平的维护是中国传统外交文化的精髓，为人类命运共同体理念提供了思想源泉。② 消除贫困是让全世界各国人民共享世界经济发展成果的必然要求，也是推动经济全球化朝着更加开放、包容、普惠、平衡、共赢方向发展的重要途径。当前，贫富悬殊和南北差距扩大问题依然严重存在，根源还是在于发展的不充分、不平衡。推动减贫国际合作、帮助发展中国家人民摆脱贫困，就是要弥合南北

---

① 中华人民共和国国务院新闻办公室：《人类减贫的中国实践》，载于《人民日报》2021 年 4 月 7 日。

② 应霄燕：《习近平全球治理观的核心要义及其时代价值》，载于《思想理论教育导刊》2020 年第 3 期，第 35~39 页。

鸿沟，缩小发展差距，通过消除贫困、提高收入、改善生产生活条件，加快释放有效需求，创造全人类共同发展的良好局面，把中国梦和发展中国家人民过上美好生活的梦想紧密联系起来，携手走出一条共同发展的康庄大道。①

---

① 沈小平：《决胜全面建成小康社会，决战脱贫攻坚——学习〈习近平谈治国理政〉第三卷系列党课之六》，载于《党课参考》2020 年第 22 期，第 46 ~ 67 页。

主要参考文献

［1］［德］卡尔·马克思：《1844年经济学哲学手稿》，人民出版社2018年版。

［2］［美］奥斯卡·刘易斯：《桑切斯的孩子们——一个墨西哥家庭的自传》，李雪顺译，上海译文出版社2014年版。

［3］［英］托马斯·罗伯特·马尔萨斯：《人口原理》，朱泱译，商务印书馆2017年版。

［4］《当代中国》编辑部：《当代中国的广西（上）》，当代中国出版社1992年版。

［5］《当代中国》编辑部：《当代中国的广西（下）》，当代中国出版社1992年版。

［6］《当代中国》编辑部：《当代中国的内蒙古》，当代中国出版社1992年版。

［7］《当代中国》编辑部：《当代中国的青海（上）》，当代中国出版社1991年版。

［8］《当代中国》编辑部：《当代中国的云南（下）》，当代中国出版社1991年版。

［9］《当代中国的民族工作》编辑部：《当代中国民族工作大事记》，民族出版社1989年版。

［10］《邓小平军事文集（第一卷）》，军事科学出版社、中央文献出版社2004年版。

［11］《邓小平文选（第一卷）》，人民出版社1994年版。

［12］《邓小平文选（第二卷）》，人民出版社1994年版。

［13］《邓小平文选（第三卷）》，人民出版社1993年版。

［14］《关于少数民族地区扶贫工作有关政策问题请示的通知》，载于《中华人民共和国国务院公报》1989年第21期。

［15］《广西壮族自治区概况》修订本编写组：《广西壮族自治区概况》，民族出版社2008年版。

[16]《国务院批转关于经济发达省、市同少数民族地区对口支援和经济技术协作工作座谈会纪要的通知》，载于《中华人民共和国国务院公报》1983 年第 2 期。

[17]《胡锦涛文选（第二卷）》，人民出版社 2016 年版。

[18]《胡锦涛文选（第三卷）》，人民出版社 2016 年版。

[19]《江泽民文选（第一卷）》，人民出版社 2006 年版。

[20]《江泽民文选（第三卷）》，人民出版社 2006 年版。

[21]《列宁全集（第一卷）》，人民出版社 1986 年版。

[22]《列宁选集（第三卷）》，人民出版社 2012 年版。

[23]《列宁选集（第四卷）》，人民出版社 1995 年版。

[24]《列宁选集（第四卷）》，人民出版社 2012 年版。

[25]《列宁全集（第三十三卷）》，人民出版社 2012 年版。

[26]《列宁全集（第四十卷）》，人民出版社 2012 年版。

[27]《马克思恩格斯选集（第一卷）》，人民出版社 2012 年版。

[28]《马克思恩格斯选集（第二卷）》，人民出版社 1972 年版。

[29]《马克思恩格斯选集（第三卷）》，人民出版社 2012 年版。

[30]《毛泽东农村调查文集》，人民出版社 1982 年版。

[31]《毛泽东文集（第三卷）》，人民出版社 1999 年版。

[32]《毛泽东文集（第五卷）》，人民出版社 1996 年版。

[33]《毛泽东文集（第六卷）》，人民出版社 1999 年版。

[34]《毛泽东文集（第七卷）》，人民出版社 1999 年版。

[35]《毛泽东选集（第一卷）》，人民出版社 1991 年版。

[36]《毛泽东选集（第一卷）》，人民出版社 1967 年版。

[37]《毛泽东选集（第二卷）》，人民出版社 1991 年版。

[38]《毛泽东选集（第三卷）》，人民出版社 1991 年版。

[39]《毛泽东选集（第四卷）》，人民出版社 1999 年版。

[40]《毛泽东早期文稿》，湖南出版社 1990 年版。

[41]《内蒙古自治区国民经济和社会发展第十四个五年规划和 2035 年远景目标纲要》，载于《内蒙古日报》2021 年第 1 期。

[42]《宁夏回族自治区概况》修订本编写组：《宁夏回族自治区概况》，民族出版社 2008 年版。

[43]《全国边防工作会议》，载于《中国民族》2008 年第 11 期。

[44]《习近平出席中央扶贫开发工作会议并发表重要讲话》，载于《共

产党员》2015 年第 24 期。

[45]《习近平谈治国理政（第三卷）》，外文出版社 2020 年版。

[46]《习近平在东西部扶贫协作座谈会上强调认清形势 聚焦精准 深化帮扶 确保实效》，载于《实践（思想理论版）》2016 年第 8 期。

[47]《新疆维吾尔自治区概括》修订本编写组：《新疆维吾尔自治区概括》，民族出版社 2009 年版。

[48] 阿班·毛力提汗：《2018 年新疆扶贫攻坚报告》，载于《新西部》2019 年第 Z1 期。

[49] 白和金：《从新民主主义到社会主义初级阶段的中国经济发展》，载于《宏观经济研究》1999 年第 9 期。

[50] 曹征海、马飚：《起飞前的战略构想——中国少数民族地区经济长期发展研究》，民族出版社 1990 年版。

[51] 曾汉君、刘增辉：《伟大脱贫攻坚精神的时代意义》，载于《南方日报》2021 年 3 月 16 日。

[52] 曾和平：《新疆民族区域自治研究》，新疆人民出版社 2009 年版。

[53] 陈光：《用胡锦涛同志区域协调发展思想指导中西部地区科学发展》，载于《东岳论丛》2012 年第 1 期。

[54] 陈立鹏、仲丹丹：《新中国成立 70 年：对民族教育"深层次问题"的再思考》，载于《民族教育研究》2019 年第 5 期。

[55] 陈学明：《中国道路对马克思主义的发展——论中国道路的马克思主义意义之三》，载于《南京政治学院学报》2015 年第 6 期。

[56] 陈延斌：《民族地区社会组织结构与区域经济发展适度性研究——基于民族八省区的样本分析》，载于《西南民族大学学报（人文社科版）》2020 年第 3 期。

[57] 陈宗胜、张小鹿：《少数民族地区扶贫工作的做法与经验——以天津等援疆单位在和田地区开展扶贫工作为例》，载于《全球化》2018 年第 7 期。

[58] 崔梦圆：《从精准扶贫脱贫看新时代以人民为中心思想的特征》，载于《中小企业管理与科技（下旬刊）》2021 年第 1 期。

[59] 崔学华：《构建长效扶贫机制巩固脱贫攻坚成果》，载于《河南日报》2019 年 12 月 6 日。

[60] 当代中国研究所：《中华人民共和国史稿（第一卷）（1949 - 1956）》，人民出版社 2012 年版。

［61］邸延生：《历史的回眸：毛泽东与中国经济》，新华出版社 2010 年版。

［62］董强：《习近平关于民族工作重要论述的马克思主义政治哲学基础》，载于《民族研究》2020 年第 6 期。

［63］杜毅：《农村最低生活保障资金筹集机制研究》，载于《兰州商学院学报》2010 年第 6 期。

［64］段美枝：《社会救助制度变革方向》，载于《北京行政学院学报》2010 年第 5 期。

［65］段美枝：《中国农村贫困线分析及贫困规模测算》，载于《内蒙古财经大学学报》2015 年第 2 期。

［66］多吉才旦、江村罗布：《西藏经济简史（上）》，中国藏学出版社 2002 年版。

［67］范连生：《黔东南少数民族地区土地改革及其经济绩效》，载于《当代中国史研究》2013 年第 3 期。

［68］范永明：《论我国少数民族地区的扶贫开发问题》，吉林大学硕士学位论文，2007 年。

［69］冯强：《中国西部地区的扶贫开发》，载于《农业经济问题》2001 年第 10 期。

［70］富文主：《当代中国的新疆》，当代中国出版社 1991 年版。

［71］甘庆华：《以人民为中心高质量打赢脱贫攻坚战》，载于《江西日报》2020 年 11 月 23 日。

［72］高桂英、韩秀丽：《西部贫困地区新农村建设与反贫困治理——以宁夏贫困地区为例》，载于《宁夏大学学报（人文社会科学版）》2007 年第 6 期。

［73］高强：《陈云反通胀实践与思想研究》，人民出版社 2015 年版。

［74］耿铎文：《1949 年 10 月－1952 年新疆国民经济恢复和发展的历史经验》，载于《新疆大学学报（哲学社会科学版）》2006 年第 1 期。

［75］广西区扶贫办、广西区老区办：《广西老区扶贫攻坚的实施与今后任务》，载于《广西社会科学》1999 年第 6 期。

［76］郭苏豫：《生态扶贫与生态振兴有机衔接的实践基础及现实路径》，载于《生态经济》2021 年第 3 期。

［77］郭雅媛：《中国特色社会主义扶贫道路的理论和实践探究》，载于《中国经贸导刊（中）》2021 年第 2 期。

[78] 国家民族事务委员会：《中国共产党主要领导人论民族问题》，民族出版社 1994 年版。

[79] 国家民族事务委员会：《中央民族工作会议精神学习辅导读本》，民族出版社 2015 年版。

[80] 国家民族事务委员会《中国民族工作五十年》编委会：《中国民族工作五十年》，民族出版社 1999 年版。

[81] 国家民族事务委员会经济司、国家统计局国民经济综合统计司：《中国民族统计年鉴》（1949－1994），民族出版社 1994 年版。

[82] 国家统计局农村社会经济调查总队：《2000 中国农村贫困监测报告》，中国统计出版社 2000 年版。

[83] 国家统计局农村社会经济调查总队：《2011 中国农村贫困监测报告》，中国统计出版社 2011 年版。

[84] 国务院：《关于少数民族地区扶贫工作有关政策问题请示的通知》，载于《中华人民共和国国务院公报》1989 年第 21 期。

[85] 国务院扶贫办：《人类历史上波澜壮阔的减贫篇章——新中国成立 70 年来扶贫成就与经验》，载于《旗帜》2019 年第 12 期。

[86] 韩广富、李万荣：《中国共产党扶贫开发道路的世界意义》，载于《理论探讨》2017 年第 6 期。

[87] 韩广富、周耕：《我国东西扶贫协作的回顾与思考》，载于《理论学刊》2014 年第 7 期。

[88] 郝维民：《内蒙古自治区史》，内蒙古大学出版社 1991 年版。

[89] 郝永平、黄相怀：《集中力量办大事的显著优势成就"中国之治"》，载于《人民日报》2020 年 3 月 13 日。

[90] 何仁仲：《当代贵州简史》，当代中国出版社 2003 年版。

[91] 何燕：《云南的社会主义改造》，载于《云南党的生活》2013 年第 4 期。

[92] 何毅亭：《论江泽民同志的执政党建设思想》，载于《光明日报》2006 年 8 月 29 日。

[93] 何植民、蓝玉娇：《精准脱贫的可持续性：一个概念性分析框架》，载于《行政论坛》2021 年第 1 期。

[94] 胡佳：《民族地区基层社会共治的困境与路径探析——基于领导型网络治理的视角》，载于《广西民族大学学报（哲学社会科学版）》2019 年第 1 期。

[95] 胡锦涛：《在中央民族工作会议暨国务院第四次全国民族团结进步表彰大会上的讲话》，载于《今日民族》2005 年第 6 期。

[96] 华正学：《胡锦涛同志对马克思主义反贫困理论中国化的新贡献》，载于《毛泽东思想研究》2012 年第 3 期。

[97] 华正学：《江泽民反贫困思想的精神特质及成因分析》，载于《河北省社会主义学院学报》2015 年第 4 期。

[98] 黄光学：《当代中国的民族工作（上）》，当代中国出版社 1993 年版。

[99] 黄健英：《当代中国少数民族地区经济发展史》，中央民族大学出版社 2016 年版。

[100] 黄妮：《中国精准扶贫制度变迁及其路径选择》，载于《统计与决策》2021 年第 6 期。

[101] 黄治元：《坚决啃下深度贫困"硬骨头"——改革开放 40 年云南脱贫攻坚历程回顾》，载于《社会主义论坛》2019 年第 3 期。

[102] 江泽民：《国务院贫困地区经济开发领导小组第一次全体会议纪要（摘要）》，载于《中华人民共和国国务院公报》1986 年第 16 期。

[103] 江泽民：《全党全社会动员起来为实现八七扶贫攻坚计划而奋斗——在中央扶贫开发工作会议上的讲话（摘要）》，载于《山区开发》1996 年第 5 期。

[104] 江泽民：《全党全社会进一步动员起来夺取八七扶贫攻坚决战阶段的胜利———在中央扶贫开发工作会议上的讲话》，载于《人民日报》1999 年 7 月 21 日。

[105] 姜正君：《脱贫攻坚与乡村振兴的衔接贯通：逻辑、难题与路径》，载于《西南民族大学学报（人文社会科学版）》2020 年第 12 期。

[106] 金炳镐：《民族纲领政策文献选编（第二编）》，中央民族大学出版社 2006 年版。

[107] 金继斯：《民族地区实施"八七计划"第一年——访国家民委副主任文精》，载于《民族团结》1995 年第 4 期。

[108] 苦喜乐：《关于中国少数民族经济的探讨》，载于《新西部（理论版）》2013 年第 Z2 期。

[109] 兰志明、王清先：《"八五"时期西藏"一江两河"综合开发效益分析与评价》，载于《中国藏学》2000 年第 1 期。

[110] 蓝红星：《新时期西藏扶贫开发的探索》，载于《安徽农业科

学》2011 年第 9 期。

[111] 李俊杰、罗如芳：《习近平关于少数民族和民族地区同步小康的重要论述研究》，载于《民族研究》2019 年第 1 期。

[112] 李玲：《实现各民族的共同发展繁荣是实施西部大开发战略的根本任务》，载于《经济问题探索》2002 年第 2 期。

[113] 李霈霖、罗雪菱、傅新禾：《甘孜州民族地区社会保障现状探析》，载于《前沿》2011 年第 16 期。

[114] 李清源：《新中国成立 70 年青海民族地区经济社会实现跨越发展》，载于《柴达木开发研究》2019 年第 5 期。

[115] 李树基：《整村推进扶贫开发方式研究——以甘肃为例》，载于《甘肃社会科学》2006 年第 2 期。

[116] 李斯颐：《也谈建国初期私营传媒消亡的原因》，载于《当代中国史研究》2009 年第 3 期。

[117] 李天华：《改革开放以来民族地区扶贫政策的演进及特点》，载于《当代中国史研究》2017 年第 1 期。

[118] 李占德：《抗日战争时期陕甘宁边区的经济建设》，载于《中央财政金融学院学报》1995 年第 5 期。

[119] 李资源：《共同发展，共同繁荣——新中国成立以来党的民族工作理论与实践研究》，广西人民出版社 2014 年版。

[120] 李资源：《土地革命时期少数民族革命斗争述略》，载于《中南民族学院学报（哲学社会科学版)》1989 年第 2 期。

[121] 林仕梁：《中国少数民族高等教育的发展与研究》，高等教育出版社 2002 年版。

[122] 刘朝明：《广西民族地区的贫困状况与反贫困战略》，载于《广西社会科学》1998 年第 3 期。

[123] 刘春、夏辅仁、崔健行：《十年民族工作成就》，民族出版社 1959 年版。

[124] 刘海军：《中国共产党农村治贫的百年探索：演进、经验与世界意义》，载于《求实》2021 年第 2 期。

[125] 刘甲金：《关于我国少数民族地区经济发展的几个问题》，载于《民族研究》1982 年第 3 期。

[126] 刘晋如、朱炳元：《新中国成立以来我国教育扶贫的历程、经验及启示》，载于《广西社会科学》2021 年第 1 期。

［127］刘琼莲：《脱贫攻坚需多元主体"同频共振"》，载于《人民论坛》2018 年第 21 期。

［128］刘日新：《新中国经济建设简史》，中央文献出版社 2006 年版。

［129］刘小珉：《民族地区反贫困 70 年的实践与启示——基于民族交往交流交融视角》，载于《贵州民族研究》2019 年第 11 期。

［130］刘晓玲：《习近平关于贫困治理重要论述的内涵与价值》，载于《马克思主义研究》2020 年第 12 期。

［131］柳建文：《防控能力建设、资源优化配置与国际协作：我国民族地区公共卫生治理研究》，载于《云南民族大学学报（哲学社会科学版）》2021 年第 1 期。

［132］罗彩娟：《民族地区乡村治理的资源结构与整合逻辑——以马关县马洒村为例》，载于《广西民族大学学报（哲学社会科学版）》2016 年第 2 期。

［133］罗建文、石巧红：《论我国脱贫攻坚战取得全面胜利的理论逻辑和实践逻辑》，载于《重庆工商大学学报（社会科学版）》2021 年第 6 期。

［134］罗莉：《简析西藏扶贫攻坚及其伟大成就》，载于《西南民族学院学报（哲学社会科学版）》2001 年第 4 期。

［135］罗绒战堆：《西藏"扶贫攻坚"调研报告》，载于《中国藏学》1998 年第 4 期。

［136］孟向京：《中国生态移民的理论与实践研究》，中国人民大学出版社 2016 年版。

［137］民族图书馆编：《中华人民共和国民族工作大事记（1949 –1983）》，内蒙古人民印刷厂 1984 年版。

［138］闵言平：《谋划好"十四五"时期少数民族和民族地区发展》，载于《中国民族报》2021 年第 3 期。

［139］宁夏社会科学院：《宁夏社会发展报告》，宁夏人民出版社 2019 年版。

［140］庞松：《中华人民共和国史（1949 –1956）》，人民出版社 2010 年版。

［141］彭庆军：《论民族地区传统社会组织的创造性转化——以湖南省通道侗族自治县为例》，载于《华中科技大学学报（社会科学版）》2013 年第 5 期。

［142］秦放鸣：《新疆少数民族地区反贫困战略面临的挑战及调整思

路》，载于《新疆大学学报（哲学社会科学版）》2003 年第 1 期。

[143] 青觉、金炳镐、朱振军：《中国共产党少数民族经济政策的形成和发展——中国共产党民族纲领政策形成和发展研究之十二》，载于《黑龙江民族丛刊》2002 年第 2 期。

[144] 青觉：《中国共产党民族观的形成和发展》，中央民族大学 2004年博士学位论文。

[145] 冉茂文：《贵州省少数民族贫困地区扶贫开发的成效、现状、对策及建议》，载于《贵州民族研究》1996 年第 2 期。

[146] 任仲平：《气吞山河的壮阔行进》，载于《人民日报》2021 年 3月 3 日。

[147] 沈小平：《决胜全面建成小康社会，决战脱贫攻坚——学习〈习近平谈治国理政〉第三卷系列党课之六》，载于《党课参考》2020 年第22 期。

[148] 施由明、刘清荣：《从毛泽东到胡锦涛：中国扶贫开发理论的不断深化》，载于《农业考古》2007 年第 6 期。

[149] 史克明：《青海经济地理》，新华出版社 1988 年版。

[150] 舒松：《新中国发展少数民族教育的政策回顾》，载于《民族教育研究》2013 年第 2 期。

[151] 水电部计划司统计处：《国家拿出粮、棉、布支援贫困地区水利建设》，载于《中国水利》1987 年第 6 期。

[152] 苏文、王薇：《新中国成立 70 年来内蒙古医疗卫生发展历程与展望》，载于《理论研究》2019 年第 5 期。

[153] 孙健：《中国经济通史下卷（1949－2000）》，中国人民大学出版社 2000 年版。

[154] 汪海波：《国民经济恢复时期恢复、发展工业的基本经验》，载于《中国社会科学院研究生院学报》1995 年第 1 期。

[155] 汪海波：《新中国工业经济史》，经济管理出版社 1986 年版。

[156] 汪三贵、曾小溪：《从区域扶贫开发到精准扶贫——改革开放 40年中国扶贫政策的演进及脱贫攻坚的难点和对策》，载于《农业经济问题》2018 年第 8 期。

[157] 汪三贵：《当代中国扶贫》，中国人民大学出版社 2019 年版。

[158] 王福强：《着力创新精准扶贫实施机制》，载于《学习时报》2019 年 4 月 10 日。

[159] 王奎：《精准扶贫：全球贫困治理的理论、制度和实践创新》，载于《思想理论教育导刊》2020 年第 10 期。

[160] 王平：《消除贫困与少数民族人权保障——以中国少数民族地区扶贫为例》，载于《人权》2010 年第 5 期。

[161] 王倩倩：《中央与民族自治地方财政关系研究》，东北财经大学出版社 2012 年版。

[162] 王文长、刘云喜、王玉玲：《少数民族地区反贫困：实践与反思》，中国社会科学出版社 2016 年版。

[163] 王雪梅：《建国初期毛泽东民族思想研究》，内蒙古大学 2016 年硕士学位论文。

[164] 王雨磊、苏杨：《中国的脱贫奇迹何以造就？——中国扶贫的精准行政模式及其国家治理体制基础》，载于《管理世界》2020 年第 4 期。

[165] 王跃飞：《党在土地革命战争时期的少数民族政策》，载于《学术论坛》2005 年第 9 期。

[166] 魏华祥、马瑞萍、尚勇：《加强东西扶贫协作　缩小区域经济发展差距——对福建省与宁夏回族自治区开展对口扶贫协作的调查》，载于《理论前沿》2003 年第 12 期。

[167] 温军：《中国少数民族经济政策稳定性评估（1949～2002 年）（下）》，载于《开发研究》2004 年第 4 期。

[168] 文建龙：《中央领导集体对新中国扶贫理论的贡献述评》，载于《中共云南省委党校学报》2013 年第 5 期。

[169] 文秋良：《支持整村推进扶贫促进新农村建设》，载于《中国财政》2006 年第 3 期。

[170] 西北五省区编纂领导小组、中央档案室：《陕甘宁边区抗日民主根据地（文献卷·下)》，中共党史资料出版社 1990 年版。

[171] 习近平：《论中国共产党历史》，中央文献出版社 2021 年版。

[172] 习近平：《习近平重要讲话文章选编》，中央文献出版社 2016 年版。

[173] 习近平：《在打好精准脱贫攻坚战座谈会上的讲话》，载于《共产党员》2020 年第 12 期。

[174] 习近平：《在第十二届全国人民代表大会第一次会议上的讲话》，人民出版社 2013 年版。

[175] 习近平：《在深度贫困地区脱贫攻坚座谈会上的讲话》，载于

《人民日报》2017 年 9 月 1 日。

[176] 向德平、华汛子：《改革开放四十年中国贫困治理的历程、经验与前瞻》，载于《新疆师范大学学报（哲学社会科学版）》2019 年第 2 期。

[177] 肖时花、吴本健：《轨迹与趋向：民族地区 70 年扶贫历程研究》，载于《广西民族研究》2018 年第 5 期。

[178] 肖述剑：《中国脱贫攻坚的世界意义》，载于《湖北日报》2021 年 2 月 9 日。

[179] 谢俊春：《论西部民族地区社会稳定的指标体系及其实现途径》，载于《重庆文理学院学报（社会科学版）》2009 年第 1 期。

[180] 谢之雄：《广西壮族自治区经济地理》，新华出版社 1988 年版。

[181] 辛丽平：《对西部大开发中贵州民族地区经济发展的思考》，载于《贵州民族研究》2000 年第 1 期。

[182] 新疆社会科学院经济研究所：《新疆经济概述》，新疆人民出版社 1985 年版。

[183] 新疆维吾尔自治区地方志编纂委员会：《新疆通志·轻工业志》，新疆人民出版社 1997 年版。

[184] 邢文利、裴丽梅：《党的领导是决战脱贫攻坚的根本保证》，载于《经济日报》2020 年 10 月 28 日。

[185] 许飞琼：《中国的贫困问题与缓贫对策》，载于《中国软科学》2000 年第 10 期。

[186] 许琳、薛许军：《论我国社会救助的多元化主体》，载于《中国软科学》2002 年第 8 期。

[187] 颜寿：《新民主主义革命时期党在少数民族地区的政策与工作》，载于《黑龙江民族丛刊》1990 年第 1 期。

[188] 杨伯峻：《论语译注》，中华书局 2017 年版。

[189] 杨春蓉：《建国 70 年来我国民族地区生态环境保护政策分析》，载于《西南民族大学学报（人文社科版）》2019 年第 9 期。

[190] 杨聪：《中国少数民族地区交通运输史略》，人民交通出版社 1991 年版。

[191] 杨凤城、朱金鹏：《中国共产党的百年奋斗与全面建成小康社会》，载于《陕西师范大学学报（哲学社会科学版）》2021 年第 1 期。

[192] 杨军昌、李永贤：《新中国成立以来贵州少数民族地区经济发展的成就、经验与启示》，载于《人口·社会·法制研究》2011 年第 8 期。

［193］杨军昌、周惠群：《贵州民族地区基础教育资源配置的问题与优化分析——以黔东南苗族侗族自治州为例》，载于《贵州民族研究》2018 年第 9 期。

［194］杨清震、周晓燕：《民族地区的反贫困与经济可持续发展》，载于《黑龙江民族丛刊》2001 年第 4 期。

［195］杨寿川：《我国民族经济政策与实践》，载于《思想战线》2000 年第 4 期。

［196］杨维周、王慧：《坚持和完善民族区域自治制度的四重逻辑》，载于《西藏大学学报（社会科学版）》2020 年第 3 期。

［197］杨艳玲、孟繁杰：《内蒙古自治区农村牧区扶贫开发效益分析》，载于《农业经济问题》2002 年第 S1 期。

［198］叶兴庆、殷浩栋：《从消除绝对贫困到缓解相对贫困：中国减贫历程与 2020 年后的减贫战略》，载于《改革》2019 年第 12 期。

［199］伊敏：《中国的贫困与反贫困理论研究综述》，载于《技术经济与管理研究》2019 年第 11 期。

［200］应霄燕：《习近平全球治理观的核心要义及其时代价值》，载于《思想理论教育导刊》2020 年第 3 期。

［201］岳天明、毛桂芸：《城市化进程中我国少数民族地区社会保障现状及其改善》，载于《社会保障研究》2009 年第 4 期。

［202］增福生：《后扶贫时代相对贫困治理的长效机制构建》，载于《求索》2021 年第 1 期。

［203］张爱华：《加强农村老年人协会建设促进农村社会稳定——以湖南通道县阳烂村老年人协会为例》，载于《辽宁行政学院学报》2010 年第 7 期。

［204］张爱民、林榕：《民族地区村规民约在乡村治理中的价值功能思考》，载于《辽宁行政学院学报》2020 年第 1 期。

［205］张春敏、赵萌：《国有企业在精准扶贫中的角色定位和参与方式探析》，载于《广西民族大学学报（哲学社会科学版）》2018 年第 1 期。

［206］张峰：《共同富裕取得更为明显的实质性进展：新的庄严承诺》，载于《人民论坛·学术前沿》2020 年第 24 期。

［207］张富文：《以人民为中心：新时代脱贫攻坚的价值逻辑》，载于《中国矿业大学学报（社会科学版）》2020 年第 5 期。

［208］张静如：《中国共产党历届代表大会——一大到十八大》，河北

人民出版社 2012 年版。

[209] 张丽君、侯霄冰：《西藏多维贫困特征及精准扶贫研究》，载于《黑龙江民族丛刊》2017 年第 3 期。

[210] 张琦、张涛、李凯：《中国减贫的奇迹：制度变革、道路探索及模式创新》，载于《行政管理改革》2020 年第 5 期。

[211] 张锐、张宝成：《少数民族地区经济社会发展的现状及政策分析》，载于《前沿》2011 年第 7 期。

[212] 张婷：《社会组织参与贫困治理的动因及其现实路径研究》，载于《老区建设》2021 年第 4 期。

[213] 张伟：《统筹地区发展，促进各民族共同繁荣》，载于《赤峰学院学报（汉文哲学社会科学版）》2011 年第 5 期。

[214] 张远新、董晓峰：《论脱贫攻坚的中国经验及其意义》，载于《浙江社会科学》2021 年第 2 期。

[215] 张跃、刘娴贤：《社会调控在少数民族社会运行中的作用——以西双版纳曼刚傣族寨为例》，载于《思想战线》2007 年第 6 期。

[216] 赵曦：《中国西部少数民族贫困地区发展战略研究》，载于《中央民族大学学报》1998 年第 5 期。

[217] 赵燕鸿：《脱贫攻坚期乡村旅游精准扶贫的难题与对策研究》，载于《农业经济》2021 年第 3 期。

[218] 郑有贵：《新时代中国脱贫攻坚的重要经验》，载于《经济日报》2020 年 10 月 21 日。

[219] 郑长德：《伟大的跨越：中国少数民族地区经济发展 70 年》，载于《民族学刊》2019 年第 6 期。

[220] 郑长德：《中国少数民族地区包容性发展研究》，载于《西南民族大学学报（人文社会科学版）》2011 年第 6 期。

[221] 郑长德：《中国西部民族地区贫困问题研究》，载于《人口与经济》2003 年第 1 期。

[222] 中共广西区委党校课题组、凌经球：《广西少数民族聚居县脱贫攻坚问题研究》，载于《改革与战略》2020 年第 4 期。

[223] 中共江西省委党校党史教研室：《中央革命根据地史料选编（下册）》，江西人民出版社 1983 年版。

[224] 中共中央办公厅：《中国农村的社会主义高潮（下册）》，人民出版社 1956 年版。

［225］中共中央党史和文献研究院：《习近平扶贫论述摘编》，中央文献出版社 2018 年版。

［226］中共中央统战部：《民族问题文献汇编》，中共中央党校出版社 1991 年版。

［227］中共中央文献研究室、中央档案馆编：《建党以来重要文献选编（第 2 册）（1921－1949）》，中央文献出版社 2011 年版。

［228］中共中央文献研究室：《三中全会以来重要文献选编（上）》，中央文献出版社 2011 年版。

［229］中共中央文献研究室：《十五大以来重要文献选编（中）》，中央文献出版社 2011 年版。

［230］中共中央文献研究室：《十七大以来重要文献选编（下）》，中央文献出版社 2013 年版。

［231］中共中央文献研究室：《十八大以来重要文献选编（上）》，中央文献出版社 2014 年版。

［232］中共中央文献研究室：《十八大以来重要文献选编（下）》，中央文献出版 2018 年版。

［233］中共中央文献研究室：《习近平关于全面建成小康社会论述摘编》，中央文献出版 2016 年版。

［234］中共中央文献研究室：《习近平关于社会主义经济建设论述摘编》，中央文献出版社 2017 年版。

［235］中共中央宣传部：《习近平总书记系列重要讲话读本》，人民出版社 2016 年版。

［236］中华人民共和国国务院新闻办公室：《人类减贫的中国实践》，载于《人民日报》2021 年 4 月 7 日。

［237］中华人民共和国国务院新闻办公室：《中国的农村扶贫开发》，载于《人民日报》2001 年 10 月 16 日。

［238］中央档案馆：《中共中央文件选集（1921－1925）》，中共中央党校出版社 1989 年版。

［239］中央党的群众路线教育实践活动领导小组办公室：《党的群众路线教育实践活动学习文件选编》，党建读物出版社 2013 年版。

［240］周恩宇：《定点扶贫的历史溯源与实践困境——贵州的个案分析》，载于《西南民族大学学报（人文社科版）》2017 年第 3 期。

［241］朱庆芳：《1992 年各省、市、自治区社会保障水平比较与评

价》，载于《社会工作研究》1994 年第 3 期。

　　[242] 朱玉福：《改革开放 30 年来我国民族地区扶贫开发的成就、措施及经验》，载于《广西民族研究》2008 年第 4 期。

　　[243] 邹广文、李坤：《习近平扶贫论述的全球价值》，载于《马克思主义研究》2020 年第 9 期。

　　[244] 邹志鹏、王芳：《携手推进国际减贫进程》，载于《人民日报》2020 年 12 月 28 日。

　　[245] 左停、李卓、赵梦媛：《少数民族地区贫困人口减贫与发展的内生动力研究——基于文化视角的分析》，载于《贵州财经大学学报》2019 年第 6 期。